海民の移動誌

西太平洋のネットワーク社会

小野林太郎
長津　一史　編
印東　道子

昭和堂

序章　ブギス人のピニシ船（インドネシア・マルク州にて長津撮影）

序章　オーストラリア・アーネムランドに残されたマカサンによる船（おそらくピニシ）を描いた壁画
（フリンダース大学・Daryl Wesley 博士提供）

第２章　サタワル島の遠洋航海用のカヌー、ワーセラック（秋道撮影）

第３章　マダガスカルで利用されている帆付きアウトリガーカヌーの一例（飯田撮影）

第４章　フィリピン・マガピット貝塚の赤色スリップ押捺紋土器（田中撮影）

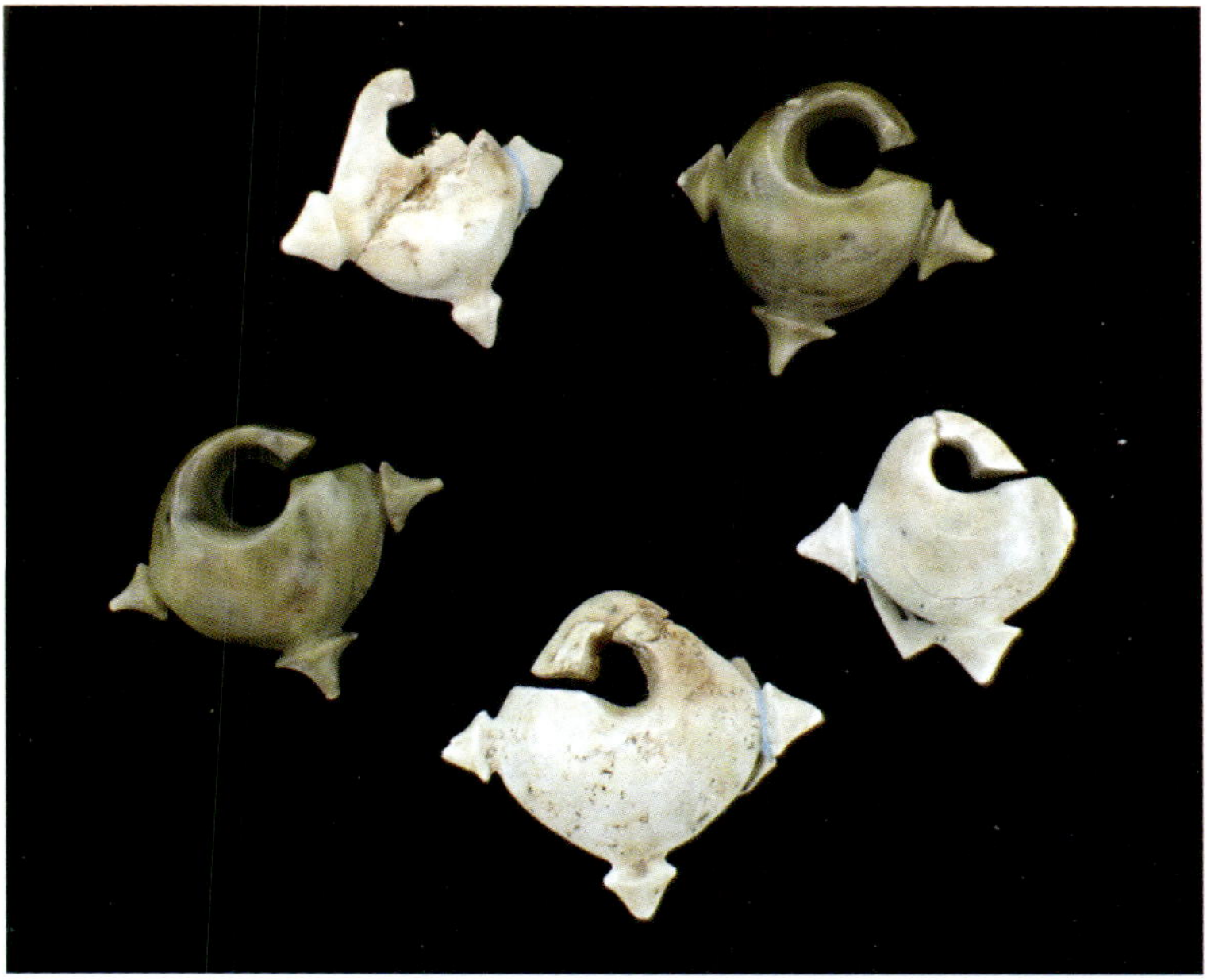

第５章　ベトナム中部出土の耳飾（深山撮影）

6 章 -1　サゴヤシを刳り舟で運ぶバジャウ人女性（インドネシア・中スラウェシ州）（長津撮影）

6 章 -2　ハタ漁のために集まったバジャウ人の漁船（インドネシア・東ジャワ州）（長津撮影）

7 章　モーケン人によるナマコ漁の風景（鈴木撮影）

第８章　浦底遺跡出土のシャコガイ製貝斧（宮古島市教育委員会提供）
宮古島の浦底遺跡で約 2,600 ～ 1,800 年前に生活していた人々が利用していたシャコガイの貝殻で作られた斧の刃（貝斧）。様々な形があるが、基本的には木製の柄に装着して斧として利用したと考えられている。先史時代にサンゴ島へ住みついた人々は、石材よりも身近にあった貝殻を利用してこのような道具を作り上げ、長い間生活を営んでいた。

第９章　奉納されたジュゴンの骨（新城島下地）

第 10 章　糸満における港川ハーレーの風景（玉城撮影）

第 11 章　ヴァヌアツ・テオウマ遺跡出土のラピタ土器（小野撮影）

第 12 章　ミクロネシアのアウトリガー（印東撮影）

第 13 章　ココポマーケットでのムシロガイ販売の様子（深田撮影）

コラム１　ホアジェム遺跡出土のカラナイ式土器壺（山形撮影）

コラム３　屋良部沖海底遺跡の四爪鉄錨と調査風景（山本裕司氏撮影＆提供）

コラム４　滋賀県高島市朽木麻生の正月１日のシイラの式包丁

コラム５　草原に立つイースター島のモアイ像

目次

第Ⅰ部――序論

第3章　マダガスカル島と海域アジアを結ぶネットワーク

第Ⅱ部——東南アジアの海域世界

第Ⅲ部——東アジアの海域世界

第Ⅳ部――オセアニアの海域世界

第I部——序論

第1章

海民の移動誌とその視座

小野林太郎・長津一史・印東道子

はじめに

アフリカ大陸で誕生した現生人類（＝新人）は、約五万年前頃までにはアジアやオセアニアの島嶼海域に移住・拡散した。島嶼海域に進出していく過程で、人類＝ヒトは海を跨ぐヒトとモノの関係の網の目、すなわち海域ネットワークを形成してきた。ここでの海域ネットワークとは、人びとが資源や生産物、技術等の獲得・交換を目的として、海を渡る移動を繰り返す過程で紡がれた地域間の社会関係の連鎖を指す。アジア・オセアニア海域には、こうした海域ネットワークを生活基盤とする社会がいまも各地にみられる。そうした社会を「海域ネットワーク社会」と呼ぼう。

海域ネットワークは、人類が島嶼海域に移住・拡散するのと時を同じくして紡がれ始めたに違いない。海域ネットワークには、このように考古学研究が対象とするような古い時代に築かれ、長期にわたり維持されたネットワークから、民族誌研究が対象とするような数世代前までに築かれ、現在も維持されているネットワークまで、多様な時間幅のものが含まれる。本書の目的は、アジア・オセアニア海域における海域ネットワーク社会の普遍性と地域性を、ヒト・モノ・情報の移動や、その痕跡としての物質文化や生業文化の分布、連続、非連続などを手がかりに、時間と空間双方の面での比較を通じて、人類史的な視点から検討することにある。

海を渡る人びとの移動、そのネットワークは、わたしたち日本列島の住民にとって、とりわけ魅力的な知的領域を構成してきた。柳田国男は一九五二(昭和二七)年に「海上の道」と題する論考を発表し、後に他の論文とあわせて同名の書籍にまとめた[柳田 一九七八(一九六一)]。愛知県渥美半島伊良湖に漂着した椰子の実の話を柳田が島崎藤村に伝え、島崎が『椰子の実』を作詞したという逸話は、よく知られている。『海上の道』にはこの逸話が掲載されるとともに、椰子の実との遭遇が人類の日本列島への移動史に関する考察につながったことが記される。

ともかくもこの植物が東方列島の風土にふさわず、一度も芽を吹き親木を成長せしめ得なかったということが、埋もれたる海上の道を探るうえに、好箇の手掛を供与する[柳田一九七八(一九六一)、三二]。

『海上の道』は日本人の移住史と稲作伝播の歴史を主題とする。ただし具体的な考察材料としては、海を渡るモノや言葉、説話、信仰が取りあげられており、琉球列島から本州、北海道に至るそれらの関係や連続性、つまり海域ネットワークが論じられているとみることもできる。同書は柳田の作品のなかでも、もっとも広く読まれたもののひとつである。読者を惹きつけたのは、上記の『椰子の実』の逸話を媒介とした、海域ネットワーク論の面白さであったに違いない。

海を渡る人びととの移動とそのネットワークを探ることの魅力は、日本人起源論のような狭い(時にナショナリズムに結びつけられがちな)領域に限定されるわけではない。人類の歴史に目を向ければ、アジアの大陸部から東南アジアの島嶼部を経由して、「遠きオセアニア(リモート・オセアニア)」と呼ばれるメラネシア、ポリネシアの離島域に至る壮大な人類の移動史がある。それは、優れた造船技術と航海術をともなういわば「海のグレートジャーニー」

であった。

人類はいかにしてポリネシアの最果ての島々となるイースター島やハワイ諸島、ニュージーランドに到達したのか。この航海者たちの移動と移住後のネットワーク形成の歴史過程は、考古学者や人類学者を魅了してやまないテーマになっている（本書の第11、第12章、コラム4）。本書第13章の事例が示すように、メラネシアの人びとは、今もモノをめぐって広大な海を渡る定期的な交易を続けている。

東南アジアに目を転じると、その島嶼部と大陸部の沿岸には、、海を媒介として密接に関係しあう社会文化生態圏、つまり海域世界が長い歴史を通じて形成された。地域形成の主体は海を生活の基盤とする海民たちであった［立本 一九九六、長津 二〇一六］。かれらの海を渡る移動は、東南アジアを越え、西に向かってはインド洋をわたり、最終的にはアフリカ南東岸のマダガスカル島にまで到達した。本書第3章の飯田論文にも記されているように、マダガスカル島の高地・東岸では東南アジアのマレー語系の言語が話されている［崎山 一九九二］。それは、東南アジアの海民の海をわたる移動史の帰結だった。

東南アジアの海民の移動は南にも向かい、インドネシア南部からイギリスの侵略が始まる前のオーストラリア北岸にまで達した。先住民アボリジニとかれらの交流の痕跡は、アボリジニの単語や神話壁画にも残されている［Macknight 1976］（口絵写真参照）。

こうした歴史過程は、近代国家と国境が世界を覆うようになる前の、あるいはいまも国家・国境にとらわれない、海民と海域世界の存在を想起させる。しかしながら、そうした世界が、私たちの一般的な世界認識や、さらには人文社会科学の世界認識において具体的にイメージされることはまれである。いま述べたインドネシアからオーストラリア北岸までの距離は四〇〇キロメートルほどでしかない。にもかかわらず、私たちはオーストラリアをアジアではなく「西欧」のひとつであるかのように思い込んでしまっている。アカデミズムの世界においても、インドネシアとオーストラリアの間には、「アジア」と「オセアニア」という区分に基づく研究上の分断がある。その結果、両者を結ぶ在地の人びとの交流史に目が向けられることはほとんどない。そこにあるのは、国ごとに色分けされ、そして国境線に拘束された、私たちの歪な世界認識にほかならない。本書が「海域」に焦点をおく理由はここにある。

従来の人文社会科学は、しばしば近代国家を社会の絶対的な枠組みであるかのようにみなしてきた。これに対し私たちは、「海域」という空間単位を設定することにより、近代国家の枠組みを相対化し、地域や歴史に関するより広い視野を得ることが可能になると考える［e.g. 羽田 二〇一三］。地域研究者は、たとえば東南アジア海域世界のようなそこに生きる人びとにとって有意な空間単位を「地域」や「世界単位」として再定義し、新たな世界認識を構築しようとしてきた［e.g. 鶴見 一九九〇；高谷 一九九六；立本 一九九六；村井 一九九七］。こうした先行研究を土台にして本書では、海を媒介として社会・文化・生態が密接に関係しあい、その関係が歴史的に維持されてきた地理空間を海域世界とみなし、そこに生きる海民とかれらのネットワークを手がかりに同世界の構造や歴史を見通そうとする。

第1節　海民研究と三つの海域

1　日本の海民研究

本書はアジア・オセアニアにおける海民の移動とネットワークの時空間比較を具体的な課題としている。同時にそれは、マクロな視点からは、一九八〇年代以降に日本で著しい発展を遂げた海民研究を継承しつつ、より総合的な海民研究の端緒を開くことも目指している。このような研究においては、いうまでもなく海民が行為主体としての対象になる。海民について定まった定義があるわけではない。本書所収の論考に限っても、その定義にはばらつきがある。ここでは海民をゆるやかに「海に生計・生活の基盤をおく人びと」と定義しておこう。

海民に関する研究は、日本では、民俗学、民族学、文化人類学、日本史、東南アジア研究、オセアニア研究などにおいて主要な研究領域のひとつをなしてきた。ここで簡潔に先行研究をふりかえり、各海域における海民の性格や特徴を整理しておきたい。

日本における海民研究には、民俗学の漁民研究の蓄積を踏まえて、漂泊・移動する漁撈集団である「海の民」の歴史と民俗を包括的に検討した宮本常一［一九六四、一九九二］や河岡武春［一九八六］の研究、漁業経済史的知見を土台としてアジア各地の「漂海民」とその社会経済変容に関する情報をまとめた羽原又吉［一九六三］の研究、民族誌的な調査に基づく比較の視点から、長崎県の家船《えぶね》や沖縄の糸満漁民、東南アジアの「漂海民」の文化変容、特に定住化（船上居住から定着家屋居住への移行、陸あがりともいう）にともなう文化的適応・非適応を論じた野口武徳［一九七六、一九八二］の研究、世界各地の漁撈文化を包括的に比較考察した西村朝日太郎［一九七四］の研究など、かなりの蓄積がある。これらの民俗学的な研究より指摘されてきた日本における海民や海人の種類は、宮本が整理したように、大きく「移動型の家船民」と、海浜に定住しアマと呼ばれてきた「半農半漁民」の二つに分けて認識されてきた。

これに対し、日本中世史の分野では網野善彦［一九九二、一九九八など］が、稲作農民ではなく、漁民、航海者、海洋交易の商人、造船大工、製塩職人などに焦点をおき、「海からみた日本列島の歴史」を描きだした。その海民の移動と交流に関する発見、分析枠組は、歴史分野のみならず、文化人類学や東南アジア研究など人文社会科学の領域全体に大きなインパクトを与えた。文化人類学においては、大林太良が網野らと共同で編集した『海からみた日本文化』（一九九二）や柳田によって提唱された日本における「海の道」を東南アジアや東アジアも含めた海域の視点から発展的に論じた大林による研究がよく知られている［大林 一九九六など］。

このうち中世以降における長期的な時間軸より展開された網野の海民論が、海民を「主に海を舞台にする様々な活動を通じてその生活を営む人びと」であり、かつ「漁業、塩業、水運業、商業、から略奪にいたるまでの生業を、なお完全に分化させることなく担っていた人びと」でもあったと指摘している点は［網野 一九九八］、同じく長期的な視点から海民にアプローチする本書にとっても重要である。網野の定義に基づくなら、一五世紀頃より東アジアの海域に出現した華人海商やムスリム海商、そして倭寇に代表される海賊や水軍として活動した人びと［羽田 二〇一三］も海民の一形態とみることができる。

近年では、網野や大林の海民論の影響を受けた秋道智彌［一九八八、二〇一三］、後藤明［一九九六、二〇〇三、二〇一〇等］や小野林太郎［二〇一一］の論考など、生態人類学や民族考古学的な視点から東南アジアやオセアニアの海民を論じる研究も増えつつある。いっぽう、日本民俗学の分野においては瀬戸内海の漁民研究を精力的におこなってきた小川徹太郎が、網野や大林らによる海民論を海民モデルとして批判的に乗り越え、海の近代を民俗学から捉えなおそうとした［小川 二〇〇六］。とくに「海民思想」が、「陸」の農民たちの民俗学に対するアンチテーゼのようなかたちで「海」が語られてしまう点や、「支配」の歴史に対する「無縁」の歴史といった図式で概括し抽象化されてしまう危険性に着目した小川の指摘は特筆すべきであろう。

2　三つの海域世界

本書は二つの独自のアプローチをとることにより、従来の海民研究に新たな知見を加えようとする。第一は、アジア・オセアニアの熱帯・亜熱帯海域を三つの空間軸に分け、比較の視点から海域ネットワーク社会の普遍性と地域性を探ろうとする点である。第二は、約四〇〇〇年の幅からなる考古学的な時間と約一〇〇年程度の民族誌的な時間の論考を組み合わせることにより、海域ネットワーク社会の連続性・非連続性を、上記の地域間の差異も念頭

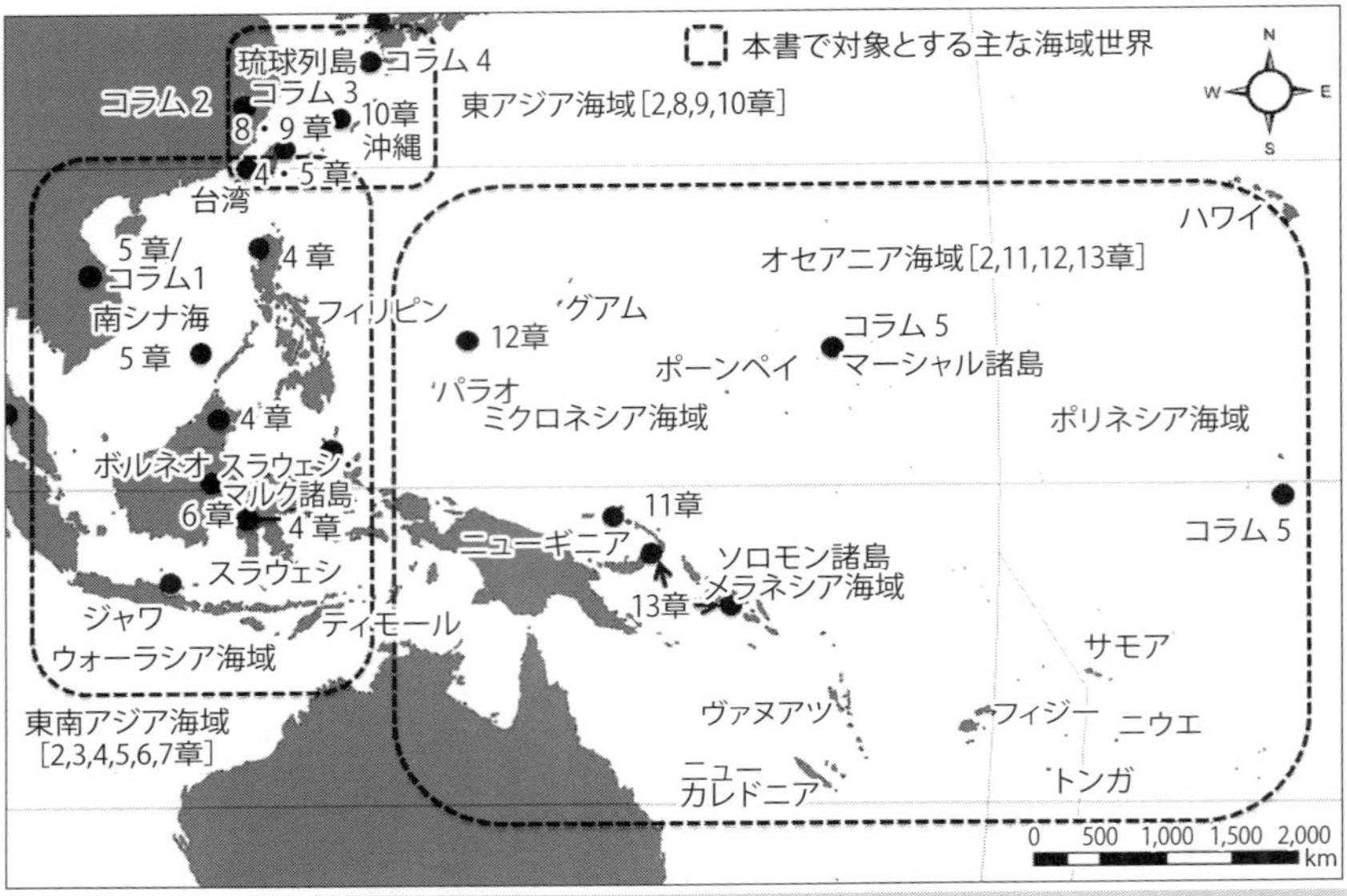

図 1-1　本書の主な対象となる三つの海域世界と対応する章

におきつつ、探ろうとする点である。考古学的時間軸の大きな枠組みとなる四〇〇〇年という幅は、アジア・オセアニアの海域世界域においては新石器時代から現代までの期間とほぼ一致するが、その根拠については後述する。一方、アジア・オセアニアの熱帯・亜熱帯海域の三つの空間軸とは、①東アジア海域（主に琉球と中国）、②東南アジア海域、③オセアニア海域を指す（図1―1）。

東アジア海域は、中国大陸沿岸から朝鮮半島沿岸、そして琉球を含む日本列島と台湾からなる。生態環境的にはその大半が温帯圏に属すが、琉球列島と台湾は亜熱帯島嶼圏に位置する。とくに台湾は、後述するように東南アジア海域からオセアニア海域にかけて広く分布するオーストロネシア諸語の起源地ともされており、前近代（旧石器～金属器時代）にかけては人類の熱帯島嶼圏の入り口として存在してきた。

歴史的にこの海域圏は中華文明・中国王朝の影響圏におかれてきた。ここではヒトやモノ、あるいは思想は、中心たる中国の王都や商業都市から東シナ海や南シナ海を渡って各地方に拡散し、またそこから中心に環流した。そうしたヒトやモノ、思想の往還は、中国を中心とし、周囲をその文明に従う遅れた地域とみなす華夷概念によって秩序づけられていた。思想文化の面では、儒教と漢字がこの海域一帯に共通の価値観を広めてきた。

東アジア海域の南方に隣接するのが、東南アジア海域である。その範囲には、東南アジア大陸部のシナ海からシャム湾、アンダマン海までの沿岸部と、島嶼部マレー半島からフィリピン諸島、島嶼部インドネシアにかけての沿岸・島嶼が含まれる。この海域のほぼすべての土地は熱帯に属し、生態環境面では熱帯多雨林が卓越する多島海であることを特徴とする。

東南アジア海域はその西側でインド洋とも接している。そのため、この海域の社会や文化は、西に位置するインドと、北東に位置する中国という二大文明圏の影響を強く受け続けてきた。言語学的には、ほぼすべての空間でオーストロネシア系統の言葉が話されている。しかし、民族単位での言語分化はかなり多様で複雑である。言語の数は一〇〇〇以上にも及び、それらの間に相互理解性がないこともまれではない。

東南アジア海域の東・東南に広がるのが、オセアニア海域である。生態環境的には、多くの土地が東南アジア海域と同じく熱帯に位置する。ただし、もっとも東方のポリネシア周縁に位置するニュージーランドやハワイ諸島、イースター島は、比較的、高い緯度に位置しており、例外的に亜熱帯ないし温帯に属している。オセアニア海域で話される言語も、ニューギニア島とその周辺で話されているパプア語群を除けば、オーストロネシア系統の言葉で占められている。オセアニア海域は、地理学的特徴や島民の形質・文化的特徴から、一般にミクロネシア、メラネシア、ポリネシアの三地域に分けられる。このうち東アジア海域に最も近いミクロネシアは、ミクロ＝小、ネシア＝島々という名が示すとおり面積の小さい島々からなる。その西部に位置するマリアナ諸島の北限は、日本の小笠原諸島の南端にほど近い。東南アジア海域にもっとも近い島は、同じくミクロネシア西部に位置するパラオ諸島で、フィリピン諸島南部や東インドネシア北部と隣接する。

先に触れたものも含むが、海外の文化人類学や地域研究における海民研究は、東南アジア海域を対象として行われることが多かった。東南アジアでは、近年まで家船に暮らす人びとが残っており、また海産資源を求めて、あるいは商業・流通のためにダイナミックな移動、移住を繰り返す海民がいまも各地で暮らすからであろう。東南アジア以外では、オセアニア海域の航海者や海上居住民、中国沿岸の水上居民を対象とする海民研究がみられる。以下では、これら三つの海域における海民を対象とした先行研究について整理しておきたい。

3 東アジアの海民研究

東アジア海域における海民・海人研究としては、まず先述した日本における研究がもっとも豊富である。とくに戦前まで、瀬戸内海や九州の大分県や長崎県沿岸に広くみられた家船居住民を対象とした民俗学的研究に蓄積がある。海女を対象とした漁民研究は戦後も継続されたが［e.g. 瀬川 一九五五］、海民や海人研究の枠組による研究は少なくなった。唯一、琉球列島で「海人」と書いて「ウミンチュ」と呼ばれる沖縄本島の糸満や島を出自とする専業漁民を対象にした民俗学や文化人類学的研究が、現在に至るまで継続されている［e.g. 野口 一九八二、加藤 二〇一二、三田 二〇一五］。本書でもこれら糸満研究の成果については、玉城による第10章で紹介される。

中国大陸や東南アジア大陸部の水上居民については、中国の蛋民やベトナムなどの東南アジア大陸部に分布する家舟・水上家屋民の研究が進められてきた［e.g. 可児 一九七〇、一九九六、浅川 二〇〇三、長沼 二〇一〇、長沼ほか 二〇〇七］。中国沿岸の都市となる香港や上海、あるいは福建省の沿岸域に暮らしてきた家舟・水上居住民の多くはもともと専業漁民で、中国で「蛋」や「蛋家」とも呼ばれてきた。歴史的にその出現は、一〇世紀の北宋時代まで遡るともいわれている［e.g. 湯川 二〇〇三、長沼 二〇一五］。東南アジア大陸部のベトナム沿岸に暮らす家船居住民、あるいは水上居民も歴史的には蛋民と何らかの関係を持っていた可能性がある。彼らの多くは、世界自然遺産としても有名な北ベトナムのハロン湾とその周辺から、中部ベトナム沿岸にかけて集中している。やはり専業漁民としての性格が強い。カンボジアでは、世界文化遺産で有名なアンコールワットに隣接するシェムリアップ湖に多くの水上居民が暮らす。彼らは家船居住民ではないが、湖の水産資源を対象とする専業的な漁民集団を構成している。

4　東南アジアの海民・海域研究

東南アジアの海域は、熱帯多雨林が卓越する多島海である。この生態環境面の特徴は、人びとの社会や文化のあり方と深く関わりあってきた。にもかかわらず、一九七〇年代までの東南アジア研究は、ジャワ島などの水田稲作農耕民の社会に焦点をおくことが多かった。そうした研究パラダイムが変わり始めたのは、一九八〇年代に入ってからのことである。J・ウォレン［Warren 1981］の海洋イスラーム国家、スル王国に関する研究や、A・リードらによる商業の時代（The Age of Commerce）や港市国家（Port Polity）に関する研究［Reid 1989; Kathirithamby-Wells and Villiers 1990］の展開にともなって、多くの研究者が海域世界としての東南アジアを論じるようになった。

日本でも同時期から、京都大学東南アジア研究センターの研究者らが、東南アジア海域世界を分析枠組みとして設定し、その社会・文化・生業の個性を描き出すようになった［古川 一九九二、田中 一九九三、立本 一九九六］。鶴見良行と村井吉敬は、一九八〇年代以降、たとえばバナナやエビ、ＯＤＡのような独自の調査テーマを媒介に、東南アジアの海域世界や海民を論じるようになった［e.g. 鶴見 一九八二、一九八七、一九九〇、村井 一九八八、一九九七、門田一九八〇］。これらの研究は、従来のアカデミズムにおける歴史観や国家認識を、海域世界や海民の視点から脱構築しようとする試みでもあった。その視点は、日本の歴史を海から、あるいは漁民や商人などの非農耕民の視点から再考しようとする、網野ら同時代の日本史研究者のそれと共通していた［e.g. 網野 一九九二］。

近年では、床呂郁哉が文化人類学的視点からフィリピン・スル諸島に暮らすバジャウの歴史表象や越境移動、宗教変容などを論じている［床呂 一九九九など］。長津一史は、マレーシア・サバ州や東インドネシアのバジャウを対象に、開発の受容過程や民族生成の社会史的ダイナミクスを地域間比較の視点から考察している［長津 二〇一六など］。これに対し、フィリピンのビサヤ海における漁民の季節移動を対象とした関恒樹は、海域世界における海民的なネットワークのあり方を論じている［関 二〇〇七］。また鈴木佑記は、先行研究の少ないアンダマン海のモーケンを対象に「災害人類学」の視点から民族誌的研究［鈴木 二〇一六等］まとめている。これらの研究はいずれも、先行する立本、鶴見、村井らの東南アジアの海域世界研究のほか、先に記した網野や野口らの日本の海民研究の影響を強く受けている。

5　オセアニアの海民・海域研究

オセアニア海域における海民・海人研究は、メラネシアを中心に行われてきた。メラネシアには、特定の資源をめぐって人が行き交う海民の航海・交易ネットワークが各地でみられる（本書の第2章、第13章）。文化人類学の金字塔、マリノフスキーの『西太平洋の航海民』が対象としたニューギニア離島トロブリアント諸島におけるクラ交易は、その代表的な事例である。しかし、これらの島嶼間ネットワークをたどってカヌーで航海する人びとは、日常的に海を生活の場とする海民とはかぎらない。そのため、オセアニア研究では海民という分析概念を前景化して、いまみたような海域ネットワークを論じることはあまりなかった。

ソロモン諸島マライタ島のラウ人は、メラネシアでほぼ唯一の専業的な漁民で、日常的に海を生活の場とする海民と呼びうる。このラウ人についての研究が、メラネシア研究では代表的な海民研究の一つとなっている。その嚆矢は、一九七〇年代前半に行われた秋道による一連の研究であった。秋道は生態人類学的手法に基づいて、ラウの漁撈活動や漁場・漁期認識に関する多くの論考を公表した［e.g. Akimichi 1978］。このほか貝貨の製作と流通で有名なマライタ島のランガランガ人を対象とした後藤による研究も、生態人類学的手法が積極的に援用されている［後藤 一九九六］。さらに秋道や後藤は、日本における海人（海民）概念を手がかりに、オセアニアのほか、東南アジアや日本の海民集団の歴史過程、経済活動、文化的特徴などを共同研究において比較検討し、その成果をまとめている［e.g. 秋道 一九九五、後藤 二〇一〇］。秋道によるエスノ・ネットワーク論はこうした比較研究から生まれた成果のひとつであり、本書の第2章でその詳細が論じられる。

オセアニア海域では、島嶼間の距離が離れているため、島を渡る航海は必然的に長距離航海になる。そのため在地の航海術や航海用カヌーには、独特の進化が認められる。こうした歴史・文化状況を反映して、オセアニア研究では、航海術や航海用カヌーに関する研究の蓄積は厚い。とくにミクロネシアでは、現代に至るまでスターナヴィゲーションとして知られる航海術が伝えられ、実践されてきた。ミクロネシアは、日本から近いうえに、第二次世界大戦以前は日本の統治下にあった。そのため、これらの航海術や航海用カヌーに関しては、日本人が多くの研究成果を残してきた［e.g. 秋道 一九八四、一九八五、須藤 一九七九、一九八二］。本書では第12章の印東論文が、こうした在地の航海術を用いて行われてきたミクロネシアのサウェイ交易に代表されるような資源交換のネットワークを詳しく論じている。

第2節　地域間比較に基づく海民像とネットワーク――

1　地域間比較からみえる新たな海民像

本書では大きく三つの海域を設定している。ただし、留意するべきはその対象範囲は国家のように明確な境界線を持たないことである。たとえば東南アジア海域世界はグラデーションを描きながら、東アジア海域世界やオセアニア海域世界に移っていく。ゆえに海域世界のメインアクターとして、私たちは海民に注目した。

では海民とは、具体的にどのような人びとを指すのであろうか。先述したように、広義には「海に生計・生活の基盤をおく人びと」であるが、これまでの研究に基づくなら、その暮らしや居住形態は大きく二つのタイプが知られてきた。一つは、「漂海民」や「海のジプシー」とも呼ばれる、移動性の高い家舟居住を基本とする海民である。たとえば日本においては戦前まで、瀬戸内海を中心に家船《えぶね》を住まいとし、漁業を中心として季節移動を繰り返す人びとが存在した。家船居住や水上居住を特徴とする人びとは、福建省や香港などを拠点とする中国の沿岸部から、東南アジアのベトナム沿岸部、カンボジアのシェムリアップ湖畔まで、アジアの大陸部においても広く見られる。さらに東南アジア島嶼部においてはマレー半島からインドネシアのオランラウト、フィリピンのスル諸島とその周辺に暮らすバジャウ（本書第6章）、そしてアンダマン海のモーケン（本書第7章）にも家舟居住が認められる。これらの人びとに見られる共通性は、漁撈や水産業に従事する傾向が強い点であろう。生業という視点に基づくなら、彼らは専業漁民や季節漁民としての性格が強い。

一方、時間軸に基づく視点から見た場合、土地を持たず、完全に漁業や輸送業に従事するかれらのような居住・生業様式が成立するのは、市場経済や生業分化がそれなりに発達して以降の時代と推測できる。実際、中国において「蛋民」と呼ばれる船上生活者が文献に登場するのは先述したように一〇世紀の北宋時代とやや新しい［湯川二〇〇三、長沼二〇一五］。東南アジアにおいても家船民に関する記録は、一七世紀以降に西欧人が残したものに限定され、それ以前の様子や起源については不明な点が多い。また第6章で長津が言及しているように、バジャウと称される海民の全てが家船居住をしていたわけでもなく、家船居住や季節移動のみに注目して一つの「民族」や「集団」と認識することは難しい。

日本においても家船民に関する記述が文献上に登場しだすのは近世期に入ってからであり、第10章で玉城毅が指摘するように琉球列島や台湾では家船居住の漁民や水上生活者は出現していなかった。同様に島嶼間の距離が離れているオセアニアでも家船居民の存在は確認されていない。このことは社会や経済的要因のほかに、沿岸や海洋環境の違いも大きく影響していたことを示唆する。アジア圏における家船居民の分布からは、①多くの島々が点在する多島海域か、②大小多数の河川が流れ込む沿岸域に多く出現する傾向が指摘できる。すなわち、家船居住という暮らしは、こうした沿岸環境に加え、市場の発達といった社会経済的な影響の下に出現した比較的新しい生活様式だったとも考えられる。

これに対し、民俗学者の宮本が「半農半漁集団」と称した海民とその生活様式は、より古くから存在してきた可能性が高い。日本の事例においては、弥生時代後期に相当する時代に中国で記された魏志倭人伝に登場する潜水漁を得意とする白水郎や、その後の時代に海部や海女、海士として知られるアマ集団がこれにあたる。アマというと潜水漁を得意とする漁民という印象をもつ人が多いかもしれないが、宮本が指摘したように、アマ集団の居住地は、農業に適した後背地が限られる沿岸部に集中する傾向が強い。このため生業的には、農業だけに依存した暮らしは厳しく、海に依存した漁業や塩業、水運業、交易といった諸活動にも特化した人びとという印象が強い。

日本では遅くとも弥生時代まで遡れるように、歴史的にはこのタイプの海民的な暮らしがより古くからあったと考えられる。網野は海で暮らす「非農耕民」として、漁業から略奪といった海賊行為にいたる様々な生業を完全に分化させることなく担っていた人びとを「海民」と定義したが〔網野 一九九八〕、中世以降に出現する倭寇のような人びとも、このタイプの海民に含めることができよう。後藤は海民や海人の特徴として「身代わりの素早さ」にみられる適応戦略の多様性を指摘しているが〔後藤 二〇〇三、二二頁〕、農業を専業とせず、海や水域を舞台に時代の状況に応じながら、漁撈や資源の運搬・交易から略奪、あるいは船造りやその他の工芸といった多様な生業に従事してきた人びとに海民を重ね合わせることができる。東南アジア海域においても、第5章で深山絵実梨が論じるように二二〇〇年前頃の金属器時代に、南シナ海舞台に移動を繰り返した技能集団が出現した考古学的痕跡があり、こうした集団にも先の海民像を当てはめることが可能であろう。東南アジア海域における金属器時代の始まりが、日本における初期金属器時代ともなる弥生時代とほぼ同時期となる点も興味深い。

ところで海民の暮らしの基層が「半農半漁」に求められると仮定した場合、その最初の出現期として注目すべきは、人類史的に農耕や家畜飼育が出現したとされる新石器時代である。農耕が本格化する以前の人類の生業は、移動性の高い狩猟採集が基本だったと考えられているが［e.g. 池谷 二〇一七］、農耕や家畜飼育の発達とともに定住化と人口増加が本格化し、やがて人口が集中する都市の出現や社会の階層化が起こったというのが、一般的な理解である。第4章や第11章でも論じられるように、東南アジアやオセアニア海域における新石器時代は、南中国の沿岸域から台湾辺りが起源地と推測される新石器集団の新たな移住により、約四〇〇〇～三三〇〇年前頃に始まったとする説が有力である［e.g. 印東 二〇一七、小野二〇一七、Bellwood 2011, 2017］。

このアジア系新石器集団が具体的にどのような人びとだったのか、どのくらいの人口規模による移住だったのかはまだ不明な点が多い。しかしこれまでの考古学研究からは、農耕や家畜飼育の技術・知識のほか、土器や磨製石斧といった新たな物質文化を携えていたことは間違いない。また言語学の分野では、現在の東南アジア海域とオセアニアのほぼ全域、それに台湾の先住民の話すオーストロネシア語族に属す言葉の拡散も新石器時代以降との指摘がある。本書において対象とする時間軸の上限を新石器時代期とした理由もここにある。実際、東南アジアやオセアニア海域へと最初に移住してきた新石器集団の残した遺跡からは、彼らが「半農半漁」的な暮らしをしていた痕跡や、水域や沿岸環境への高い適応を果たしていたことも指摘できる（本書の第4章、第11章）。また遺跡の立地も、多くが沿岸か内陸の場合は河川沿いである点から、この海域世界に最初に進出した新石器集団に海民的な要素を認めることができそうである。

以上の理解から、本書では対象とする時間軸の一つとして、約四〇〇〇年の幅をもつ考古学的時間と、一〇〇年ほどの民族誌的時間の二つを設定した。東アジア海域では、日本の海民について歴史的な視点から論じた網野［一九九八］が、海民や海人的な要素をもつ集団の出現が約四〇〇〇年前の縄文時代晩期にさかのぼる可能性を指摘している。しかしこれら先行研究における指摘は、具体的な考古学的資料に基づいた仮説ではなく、その検証もまだ試みられていない。網野が指摘する縄文時代晩期は、日本列島において約一万年間にわたって発展的に継続されてきた狩猟採集経済を軸とする縄文社会が成熟期を迎える一方、大陸からの渡来系集団の到来により、その後の弥生時代へと移行する時期にあたる。これまでの理解では、この渡来系集団が水田稲作を営む農耕民であり、ゆえに弥生時代以降は日本列島でも農耕が本格化したとされる。

しかし、近年の考古学的成果からは、渡来人が持ち込んだ技術は水田農耕のみでなく、青銅や鉄といった金属器の生成技術、大陸で発達したと推測される集団網漁や様々な漁法、馬や牛を含む家畜飼育、大陸起源の新たな造船技術など、多数に及ぶことがわかってきた。そこから表象される渡来人とは、「農耕民」として括られる単一の生業集団というより、水田稲作を基礎にしながらも様々な技術体系を習得した多様な人びとだった印象を与える。

同じく縄文時代においても、五〇〇〇年前頃に集落の大規模化がみられた青森県の三内丸山遺跡の事例が示すように、縄文人は移動に基づく完全な狩猟採集民というより、季節的な半定住や集落の形成、さらにはクリの栽培等も行うような多様な生業を営む人びとだった可能性が明らかとなりつつある。また沿岸部においては貝塚の形成やマグロやカツオなどの外洋魚類も対象とした多様な漁撈活動を行っていた痕跡も多々残されている。こうした痕跡から表象される縄文人のイメージには、半農半漁的な性格を認めることも可能である。また沿岸域で暮らしていた縄文人の場合、その前面に広がる海の資源を積極的に利用していた点において、本書で示す広義の「海民」に含まれるという見解も成り立つ。網野が海民の出現期として、四〇〇〇年前頃の縄文後期を想定した理由もこの辺りにあったのかもしれない。

本書においては第8章と第9章で、八重山諸島や宮古島の先史時代から歴史時代における事例を論じるが、これらの島々を含む琉球列島においても、先史時代の大半（沖縄本島ではグスク時代まで）は狩猟採集民的な暮らしが続いたとするのが現在の一般的な理解である［高宮 二〇〇五］。しかし、山極が第8章で指摘するように、この島々に暮らした先史時代人も縄文人と同じように魚介類の利用や、島嶼間をめぐる資源の移動を行っていた考古学的痕跡が残っており、この点においては広義の「海民」的な要素が認められる。

これらを総合するなら、「半農半漁」に代表されるような多様な生業を営む「海民」を明確に規定できるようになるのは、日本においては農耕社会の拡散や定着が考古学的にも認識できるようになる弥生時代以降となるものの、「海民」的な要素が強まる萌芽期は、それ以前の時代にまで遡る可能性を指摘できよう。現時点では仮説の域を出ないが、移動性や定住性という視点から見た場合、半農半漁民としての「海民」とは、移動性のより高い「狩猟採集民」と定住性のより高い「農耕民」の中間に位置づけられるような集団とも認識できるかもしれない。

東南アジアやオセアニア海域においても、四〇〇〇年前頃から始まる新石器時代の担い手となった人びとが、実際どの程度に農耕を行い、農耕民と呼ぶのにふさわしいかは極めて曖昧である。たとえば台湾とフィリピン北部の一部を除けば、稲作農耕が実践された痕跡はまだない。基本的には、タロイモ等の根茎類を栽培する熱帯型（焼き畑系）農耕が実践されたと考えられているが、残念ながらこうした農耕による考古学的な痕跡は極めて残りにくい。一方、海域世界に進出した新石器集団は様々な魚介類の食料としての利用や、多様な貝製品を製作・利用した考古学的痕跡を残しており、この点に注目するなら「海民」的な暮らしぶりを想像しやすい。これに加え、彼らがそれまでは人類未踏だった離島への渡海と移住に成功した事実から、高い海洋適応を果たした半農半漁民＝海民的な集団の出現期として、新石器時代が注目されているといえよう。

2　ネットワークからみる海民社会

立本成文［一九九六］は、東南アジアの海民のプロトタイプ的性向として、離散移住傾向の強さ、商業志向の卓越、ネットワークの中心性の三つをあげている。本書でも議論のたたき台として、東南アジア海域の海民を軸に、他の海域に暮らす海民との比較検討を行う。その詳細については各章に委ねるが、ここでは大まかな傾向について議論してみる。

（1）離散移住傾向の強さについて

東南アジア海域では古くから、おそらくは人類が住み始めたときから、ヒトは自然資源を求めて移住・拡散を繰り返してきた（本書の第4、5章参照）。いまも人びとは自然資源を求めて、あるいは自然資源の集散地、交易の拠点の移転にあわせて、移動・移住を繰り返している（本書の第6、7章参照）。そのため集落の生成・消失が頻繁に生じる。東南アジアの海民にみられる離散移住傾向の強さとは、居住様式にみるこうした性向を指す。

これに対し、東アジアやオセアニア海域における現代の海民には、それほど強い離散移住傾向は認められない。ただし、糸満漁民の事例にみられるように、時代によっては活発に離散移住が起こっている（本書の第10章参照）。日本の瀬戸内海や北九州沿岸に多くみられた家船漁民も、季節的に移動を繰り返すことで知られてきた［宮本一九六二、一九九二、野口　一九六七］。こうした状況を踏まえるなら、離散移住傾向の強さは、東アジアでも海民については そのプロトタイプ的性格として認めることができる。東アジア海域ではそうした傾向が消えつつあるのに対し、東南アジア海域ではまだ各地に残っているとみることもできる。

オセアニア海域では、第11章で論じるように人類が最初に移住・拡散を行った移住初期の時代には、人びとが離散移住を繰り返した考古学的痕跡が認められる。しかし、島嶼間の距離が離れるミクロネシアやポリネシアなどリモート・オセアニアの島々では、集団レベルでの離散移住は頻繁化しなかった。

ただし（人類定着後の）移住が全くみられなかったわけではない。ミクロネシアには、ポリネシア語が主要言語となっている離島がいくつかある。その島々は、ポリネシア・アウトライヤーとして知られている。近年の考古学研究によれば、これらの島々は八世紀以降に、ポリネシア系集団によって移住・植民されたことが明らかとなった［e.g. 印東 二〇一三、小野 二〇一七］。とはいえ、これらの事例における移住は、個人や世帯単位で頻繁に繰り返されるような、東南アジア海域における移住離散とは性格が異なることには留意しておきたい。

（2）商業志向の卓越について

東南アジア海域において、ヒトは海のきわ、河口、河川の合流点を生活の場とすることが多かった。それらの土地は、稲作を主とする農耕には適していない。人びとがそうした土地に住むのは、商品として、より価値の高い森林資源、海産資源の獲得を生業において優先してきたからである。東南アジアでは、遅くとも六〜七世紀頃までに、白檀、香料、真珠、ベッコウ（鼈甲）をとることを主目的として、人びとがジャワ島より東の島々に拡散していった。それらの天然産物は、もっぱらインドや中国に輸出された。ブギス人やバジャウ人は、一八世紀までに、中国向けのナマコを求めてオーストラリア大陸にまで到達している。これらの人びとは、農産物や他の必要物資を交換・交易によって手に入れることを生活の前提としてきた。

商業志向の卓越とは、経済生活面での海民のこうした性向を意味する。沖縄の糸満漁民の移住やネットワークにも強い商業志向は認められる（第9章参照）。いずれもその背景には市場経済の発達を指摘できる。中国とインド・

中東という大文明圏に挟まれた東南アジアでは、香料交易などに影響され、約二〇〇〇年前の紀元前後から特定資源の商品化が生じたと思われる（第3、4、5章参照）。東アジアでは中国の歴代王朝を軸とした経済や商業活動の影響を直接的に受ける中で、海民社会が形成された。沖縄にも一五世紀に明王朝の影響下で琉球王国が成立した。琉球王国は、明や続く清王朝への朝貢を行いつつ、中国、東南アジア、日本を対象とする活発な中継交易を行った（コラム3参照）。糸満漁民に代表される海民社会も、こうした琉球王国の経済や交易システムを背景として形成された。

大陸の文明圏からの距離が遠く、また島嶼間の距離もより大きいオセアニア海域では、西欧諸国による植民地支配が進む近代まで、市場経済や貨幣経済の原理に基づく資源の商品化は起こらなかった。この海域世界に市場原理が導入され、ナマコなどの特定海産物の商品化と乱獲が一気に起こるのは、一九世紀以降になってからである［e.g. 鶴見 一九九〇］。

しかしながら、オセアニアでも内陸部の集団と沿岸域の集団が、お互いの資源を交換・交易によって入手する交換経済は、古くから行われてきた。とくにそうした交換経済が発達したメラネシアでは、貝やイルカの歯を貨幣化し、親族関係や儀礼を通して、威信材としての価値を保つことで、経済活動とも連動するシステムが現在まで継続されている地域もある。貝貨などの威信材に基づく交換経済が、歴史的にどこまで遡れるかは不明な点が多いが、第13章で深田が紹介するような貝貨仲買人の個人単位での行動や選択にみられる性向は、まさに海民的な商業志向に基づいている印象を与える。

（3）ネットワークの形成原理について

東南アジア海域世界では、個々の二者関係の連鎖が、境界線があいまいで流動的な圏的集団として現れる。そうした関係の連鎖が「見つけ出されることによって関係があることが確認され、その関係にふさわしい行為形式がとられる」〔立本 一九九六：二〇五頁〕ような柔軟なネットワークを形づくる。二者関係は、たいてい非拘束的であるため容易に解消される。同様に、新たな二者関係の生成とその関係に基づく新たなネットワークへの接合も日常的に生じうる。東南アジアの海民は、こうした柔軟な二者関係に基づく「ネットワーク」を社会関係の中心におく傾向が強い。

他方、東アジア海域に位置する日本や中国では、血縁や地縁に基づく固定的な集団どうしの、あるいはそうした集団内の関係が、社会関係において特別な位置を占める場合が多い（第10章参照）。オセアニア海域のネットワークも集団を基本とし、他島との資源や物質文化をめぐる互酬性に基づき形成されることも多い（第2章参照）。本書でも、こうした各海域におけるネットワークの形成原理とその性格について、時空間に基づく比較論的視点から検討を加える。

第3節　時空間比較からみえるネットワークの諸特徴

「海域ネットワーク」の定義について補足しておくと、私たちが「海域ネットワーク」と考えるのは、①人が海を越えてある地点（島）から、別の地点（島）へ、②何らかの特定資源・モノ・技術を運ぶことを目的として、移動することで生まれる「ネットワーク」である。このうち何らかの資源・モノ・技術を目的とした場合の渡航であれば、移動者はその獲得後に再び出発地点・島へ戻ると仮定できる。また渡航先をその後の拠点とした場合、移動者は「移住者」とも認識されるが、この場合でも目的が資源・モノの場合はその出発点に何らかの形で運ばれるはずで、そこにネットワークが成立する。同じく特定の資源・モノや技術を「運ぶ」ことに主点が置かれている場合も、運搬者が出発点に戻る可能性は高い。その際に運搬先で別の資源・モノを交換等により獲得した場合、今度はそれらが出発地点に移動することになる。

問題はその頻度や時間幅である。とくに考古学的には、その頻度を検証するのは極めて難しい。ヒトやモノの移動が一度切りだった場合、それを「ネットワーク」と呼ぶのには抵抗があろう。そこで考古学的視点においては、少なくとも複数回、あるいは数百年の時間幅をもって継続性が認められるヒトやモノの動きに注目した。またその動きが資源の交換に基づく可能性がある場合は「交易ネットワーク」(第3、4、5章)、交換が成立しているかは不明だが、ヒトやモノの動きが複数の島嶼間で認められる場合は「島嶼間ネットワーク」とし(第8、9、12章)、それらの集合体からなる広い定義として、「海域ネットワーク」を位置づけている。概して長期的な考古学的時間軸に基づくアプローチは、ネットワークの生成や発展、衰退を通時的な視点から捉える上で有効と言えよう。

これに対し、より短期的な民族誌的時間軸からはネットワークを共時的・動態的な視点から捉えることができる。場合によっては個人のレベルで具体的に動く人びとの姿やネットワーク上を動くモノ、またその移動の頻度や移動ルートの変化を追うことも可能となる。本書においては、第2章で秋道が特定のモノや技術が動くことで形成されていく様々なネットワークを紹介する。ここで示唆的なのは、対象とするモノや技術によって、そのネットワークが出現した時代や空間は無数に存在し、これらが重層的に重なりつつ、様々なモノや技術が同時代的に動いていることである。さらにモノや技術の動きは、それを運ぶ航海者や人びとの動きともクロスする。

つまり共時的な視点からは、ネットワークは常に複数が同時に存在し、その生成や消滅を繰り返してきた可能性が指摘できよう。またこれらのネットワークの背後には、モノであればその生産者、運搬者、そして消費者(利用者)といった異なるエージェントが存在する。海域世界の場合、これらのエージェントは言葉や文化の異なる民族集団に分かれることが少なくない。ゆえに秋道はこうした海域ネットワークのあり方を「エスノ・ネットワーク」と呼ぶ。またネットワークを結ぶエージェントのエスニシティや言葉が異なる場合、そこにはパトロン・クライアントや市場原理、契約といった関係性が前提となりやすいのに対し、共通性の高い民族間や特定の地域間におけるネットワークにおいては、等価交換、贈与、互酬性といった性格が強くなる場合もあるという。たとえば東アジアから東南アジア海域ではパトロン・クライアントや市場原理の影響がより濃いのに対し、オセアニア海域で贈与や互酬性の要素がより強くなるという彼の指摘は重要であろう。

こうしたネットワークの背後にある民族、言語、そして関係性における重層性は、考古学による通時的なネットワーク論ではアプローチが難しく、抜け落ちてしまうことが多い。このため、考古学者が描く過去のネットワークでは、ネットワーク状を動いたモノにのみ注目が集まり、実際にどのような集団が、どのような関係性に基づき、さらに言語や文化の違いを乗り越えてネットワークを形成していたかについては議論されることはほとんどない。もちろんその理由として、そうした議論が可能になるだけのデータが得られないという制約はある。しかし、それでも考古学者はネットワークを論じる際、実際のネットワークが内包する重層性や複雑性を頭の隅にとどめておく必要があるだろう。本書においては、深山による第5章が、耳飾りというモノの分布から、その製作者となる工人集団が海を越えて移動していた可能性に、考古学的手法により迫っている。

一方、文化人類学的手法により、現在進行形で形成されるネットワーク、すなわちネットワーキングの動態に迫った深田淳太郎による第13章は、ネットワーク形成の発端に、個人の才覚や偶然性といった条件が関わることを指摘している点で重要である。偶発性を要因としたネットワークの出現やヒトの移動については、第12章の印東道子による論文によっても考古学的時間軸の事例より指摘されており、とくに島嶼間の距離がより離れるオセアニア海域では、偶発性の要素はネットワークの形成を語る上で無視できない。

逆に個人の才覚が発端となって新たにネットワークが出現する事例は、他の海域でも頻繁にみられる。赤嶺のコラムによるナマコの事例のように、それがブームとなれば模倣者が続出し、新たなエスノ・ネットワーク形成へと一気に発展することは少なくない。しかし、そうした新たなネットワークが、場合によっては一世代や短期間で終焉を迎えることもまた多い。通時的な視点に偏向しがちな考古学的時間軸に基づくネットワーク論においては、このように短期間のうちに生成と終焉を迎えるネットワークへはアプローチが難しい場合も多い。またそれが一回限りの偶発性によるモノやヒトの移動だった場合でも、何らかのネットワークがあったような印象を受ける場合もある。こうした考古学的視点における制約を批判的に認識する上で、民族誌的時間軸からの共時的な視点に基づくネットワーク論は極めて示唆的である。

このように本書の各章では、通時的な視点か共時的な視点のどちらかに基づきつつ、各海域や時代のネットワークに関する事例が紹介され、論じられる。そこで次節では、最後に本書の構成と各章で論じられる成果について、簡単に紹介しておきたい。

第4節　本書の構成と各章の紹介

本書は対象とする海域別（東南アジア海域、東アジア海域、オセアニア海域）に三部に分け、これに序論・総論として第Ⅰ部を設けた四部構成とした。海域別の事例を扱う第Ⅱ部から第Ⅳ部においては、より長期的な考古学的時間軸による研究事例と、短期的な民族誌的時間軸による研究事例を対比する形で配置した。

このうち本章を含む第Ⅰ部はより総論的な視点に基づく論考をまとめた。本章に続く秋道による第2章は先述したように、アジア・オセアニアの海域世界におけるネットワークのあり方として、特定資源（e.g. サンゴ礁魚類、タカセガイ等の貝類、サツマイモ、芭蕉布）の捕獲や採集から加工、運搬や販売、そして利用にいたるまでに、多様な民族集団が関わりをもつエスノ・ネットワークの動態を論じる。さらに秋道は、特定の資源や技術が民族や空間を越えて広がる背景として言語と交易の重要性も指摘する。とくに東南アジア海域からオセアニア海域で、オーストロネシア諸語が広く分布している事実から、秋道は海民を含む人類による移動や交易において、言語が果たしてきた役割の重要性について改めて喚起する。

飯田卓による第3章では、アフリカ大陸の東岸沖に位置していながら、やはりオーストロネシア語群に属する言語が話されているマダガスカル島を軸に、やや長期的な視点から過去における周辺海域とマダガスカル島間における人類の移動史について論じられる。言語学や考古学による最新の研究成果に加え、文献資料や自身によるマダガスカルでのフィールド研究に基づくデータを総合的に検討しつつ、飯田は九世紀頃と一四世紀頃を画期とする大陸規模の交易活動の変化が、インド洋西端に位置するマダガスカル島にも大きな影響を与えたことを明らかにする。また九世紀頃の画期においては、大量輸送を可能とする大型船舶の開発が大きな意味をもった可能性に注目し、ネットワークの動態を考察するキーワードとして、そのインフラとなる大型船舶や、交易相手として想定される地域の政治経済状況の検討も重要となることを明らかにする。

第Ⅱ部では、東南アジア海域における海域ネットワーク型社会の過去と現在が、考古学的時間軸と民族誌的時間軸という二つの枠組《わくぐみ》から紹介・議論される。まず過去を対象とした長期的な時間軸においては、田中和彦と小野による第4章で東南アジア海域の先史時代と海域ネットワークの成立過程が、最新の考古学的データに基づきながら論じられる。田中はフィリピン諸島、小野はインドネシア諸島での考古調査を継続しており、いずれもこの海域における主要な新石器時代・金属器時代遺跡の発掘により、新たな考古資料の収集と分析に従事してきた。これらの成果に基づき、二人はこの海域において約五万年前まで遡れる現生人類による歴史の中で、新石器時代以降に活発化した新たな人類の動きや海を越えた移住が、現代にまで続く海域ネットワークの発達の出発点となったことを明らかにする。さらに新石器時代に続く初期金属器時代には、ユーラシア大陸よりもたらされた金属器やガラス製品といった新たな物質文化の出現が、より活発な人びとの移住や交流を促進し、大きく二つの海域ネットワークが形成された可能性について指摘する。

深山による第5章では、田中らによって指摘された金属器時代における二つの海域ネットワークのうち、南シナ海を舞台として大陸部のベトナム沿岸とその対岸に位置する台湾からフィリピン諸島、さらにはボルネオ島を結んだ古代の海上の道を、出土したネフライト製耳飾の考古学的な分析により復元していく。近年、これら共通性の高い耳飾の主な石材産地が台湾にあることが判ってきた。さらに深山による分析では、もっとも古いタイプも石材産地がある台湾とフィリピン諸島北部に集中しており、物質文化としての起源がこの海域の新石器時代後期にまで遡ることが明らかとなる。金属器時代に入るとさらに多様なタイプが出現し、中でもベトナム沿岸域での出土数や多様性が突出する。またこれらの耳飾がいずれも埋葬に伴う副葬品として出土する事実から、深山は単にプロダクトとしての耳飾だけではなく、それを製作する工人集団が台湾やフィリピン方面から、ベトナム沿岸へと移住した可能性や海民的性格について論じる。

しかし、考古学的資料に基づく復元では、過去に存在したであろう海域ネットワークの動態――実際にどのような個人や集団が、どのような背景や動機により移動や移住を実践したのか等――にまでアプローチするのは至難の業である。これに対し、同時代に暮らす海民の生き様や移動のあり方に直に迫れる民族誌的時間軸からの論考は、考古学研究にとっても多くのヒントを与えてくれる。長津による第6章は、東南アジア海域に広く分布し、海民の代表的存在として知られてきたサマ・バジャウ人の民族誌事例から、彼らの越境的な海域ネットワークがどのような社会的、あるいは個人的背景の下で形成されてきたかを紹介する。主にボルネオ島やスラウェシ島に居住するサマの事例を通し、長津は東南アジアの海民にみられる離散移住の強さや、商業的志向の動態を明らかにしていく。

鈴木による第7章は、東南アジア海域の中でもビルマやタイの沿岸から離島域のみに暮らす海民として知られるモーケン人の事例に基づく。モーケン語は、サマ・バジャウ語に近く、歴史的には共通の祖先集団から空間的に分離していったのがモーケンだともいわれる。しかし、現在のサマ・バジャウ人が主に暮らしているスラウェシ以東のインドネシアやフィリピン諸島南部と異なり、モーケン人が暮らすメルギー諸島は多島海と呼ぶには島数が少なく、東南アジア海域の中でもやや孤立している印象が強い。その結果として、モーケン人は近年にいたるまでより伝統的な家船家屋による海上生活を継続してきた一方、歴史的には華僑による強固なパトロン・クライアント関係に基づく経済活動に従事させられてきた傾向も強い。

本書では各章のほかに、五編のコラムを掲載している。このうち第Ⅱ部では二編が含まれ、考古学的時間軸に基づくコラムとして山形眞理子によるベトナムの金属器時代の埋葬遺跡に関わる事例、民族誌的時間軸からのコラムとして赤嶺淳による現代のグローバル化しつつあるナマコのネットワークに関する事例が紹介される。いずれも各章で論じられるテーマを補強する事例であるとともに、今後の研究課題へとつながる刺激的な問題提供がなされる。とくに山形によるコラムでは、ベトナム沿岸とフィリピン中部に位置する金属器時代の埋葬遺跡から出土した、極めて共通性の高い土器について論じられており、深山による第5章との関わりが強い。赤嶺によるコラムでは、ナマコの捕獲から流通、そして販売に至るプロセスがグローバル化し、そこに多くの民族・国家に属する個人や集団が関わりつつある現状と、ナマコや海産資源の管理や規制に関わる問題に切り込んでいる点において、秋道による第2章、長津や鈴木による第6、7章との関わりが強い。

つづく第Ⅲ部では東アジアの海域世界における事例が紹介されるが、本書では東アジアの中でも琉球列島に的を絞った。亜熱帯に位置するうえ、島の数や規模、また島嶼間の距離において、東南アジアやオセアニア海域の島嶼群ともっとも類似性が高いことがその大きな要因である。もちろん本来的には、近年にいたるまで多くの水上居民が認められ、その歴史も古い中国沿岸の事例も含めるべきではあったが、時間や紙面の関係上、本書には含めることができなかった。

しかし、第10章で玉城毅によって論じられる、近世以降における糸満漁民による移住村の形成に基づくネットワーク形成のあり方は、中国沿岸の水上居民による移動・移住ネットワーク形成［e.g. 長沼 二〇一〇］とも類似する部分が認められ、興味深い。玉城によれば、糸満の村落形成と強く関連する要素として、埋立によって形成された「門」（ジョー）と呼ばれる宅地群＝埠頭がある。これまでの糸満研究では、門中（父系出自集団）を軸とした祖先崇拝に基づく村落形成が注目されてきた。玉城はしかし、門が兄弟の実践によりヨコの関係から展開されるもので、祖先や父系に基づくタテ的な門中の論理とは異なることを指摘する。祖先を共にするタテ的な親族ネットワークを強固な軸とする移動・移住のあり方は、中国沿岸部でも認められ、東アジア海域における特徴とも認識できる。玉城は糸満にもそれが認められる一方、兄弟関係を軸にしたヨコ的なネットワークも併存するところに、沖縄や糸満によるネットワークの特徴があると論じる。

近世以降における糸満漁民の事例をみると、琉球列島では古くより海を越えた積極的な人びとの移住が展開されていたような印象を受ける。しかし第8、9章で主な対象となる先島、あるいは八重山諸島においては、とくに先史時代における人びとの域外への移住や移動の痕跡はほとんど認められない。石垣島や西表島、与那国島などからなる八重山諸島は琉球列島の最南端に位置し、これに宮古島を加えた場合は先島諸島と呼ばれる。山極海嗣による第8章は、これらの島々に土器が出現して以降の時代から一一世紀頃までの先史時代における、資源を巡るネットワーク性について論じている。

先島諸島の石垣や波照間島では、約四三〇〇年前頃から下田原式土器と呼ばれる土器が出現するが、この土器は沖縄本島まで伝わっていた縄文土器とは別系統で、先史台湾の土器により近い。実際、先島諸島の多くは台湾の方が距離的に近く、その土器文化の影響を受けた可能性は高い。ただし物質文化全体では、台湾とは異なる部分も多く、山極もその関係性は限定的であったと指摘する。一方、下田原式土器は先島で土器の素材となる粘土のないサンゴ島をふくむ多くの島で出土しており、諸島内では土器、あるいは素材となる粘土の移動があったようだ。その後、二八〇〇年前頃より先島諸島では土器利用が消滅する「無土器時代」に入る。土器の利用がなくなるのは世界的にも珍しいが、人の動きにおいては、この時代により活発化したことが考古資料からは指摘できるという。ただし一貫し、先島諸島におけるネットワークは諸島内で完結しており、沖縄本島や台湾との積極的な交流を示す痕跡は今のところ見つかっていない。

これに対し、第9章で島袋綾野が論じる一二世紀以降にあたる中世・近世期の八重山諸島においては、沖縄本島との交流の痕跡が増え始める。島袋は八重山の中世・近世期に相当する考古学的時代が、その指標となる土器に基づき、新里村期、中森期、パナリ期に分けられることを紹介したうえで、各時期に出土する主な物質文化や構築物について整理する。土器利用のなかった無土器時代後に、再び土器を製作・利用する時代が到来した事実は、新たな文化的影響が八重山にあったことを強く示唆している。土器の中には徳之島産のカムィヤキや南宋の陶磁器が含まれる上、炭化米や麦も出現し、稲作文化の導入も開始された。その後、一三世紀以降の中森期になると中国陶磁器の出土量が激増し、中国との直接的な交流が本格化した可能性が高い。ところが一七世紀以降のパナリ期になると、中国陶磁器が激減する一方、九州産土器が激増するという。この時期は、薩摩藩による琉球侵攻以後に相当し、そうした政治的状況の影響をうかがえる。しかし、中世以降の八重山に生まれた島嶼間ネットワークは、外からの影響を受けて形成された面が強く、それ以前と同じく限定的だった可能性を島袋は指摘する。

南北一〇〇〇キロメートル以上におよぶ琉球列島では、列島全域にまたがる海域ネットワークの出現は、一五世紀の琉球王国の成立まで待たねばならなかった。しかし、中継交易により発展した琉球王国は、中国や東南アジア海域と積極的な交易を繰り広げ、さまざまなルートで物資が琉球に集まった。片桐千亜紀によるコラムでは、この時代に海に沈んだ船や積載物といった考古学的痕跡から見えてきた新たな事実を紹介する。水中文化遺産はロマンの世界にとどまらず、過去における海域ネットワークを科学的に探る上での重要な考古・歴史資料となりつつある。一方、橋村修によるコラムは民俗誌的アプローチを駆使し、日本の本州や九州の沿岸域を中心に利用されてきたシイラに注目することで、かつて内陸と沿岸部との間をつないでいた、見逃されがちなネットワークの存在を鮮やかに描き出す。そのネットワーク形成の背後に、シイラに対する儀礼や文化的価値の付加という要素がある点は興味深い。シイラはオセアニア海域でも伝統的に利用されてきた魚であり、海域を越えたシイラの利用文化や流通ネットワークの比較は、今後の課題である。

第Ⅳ部では、面積的に最も広大なオセアニア海域における海域ネットワークについて論じられる。このうち小野による第11章は、東南アジア海域について論じた第4章と対になる形で、人類がこの海域の一部に登場した約五万年前まで遡りつつも、その主眼は新石器時代に置かれる。オセアニアのほぼ全域で話されているオーストロネシア語群も、新石器時代以降に広まっており、東南アジア海域と同様に人類による移動が活発したのは間違いない。実際、リモート・オセアニアに含まれるミクロネシアやポリネシアの島々は、それ以前は人類未踏の無人島でもあった。ゆえに新石器時代以降におけるこれらの島々への新たな移住は、人びとの航海術や海洋適応の発達を物語る。中でも最初にオセアニア海域に到達したオーストロネシア語系集団と推測されるラピタ人は、その急速な移住拡散とそれを可能にしたネットワーク性においてに注目に値する。小野は考古学研究の成果から、彼らの中に東南アジア海域の海民とも共通する要素が見いだせることを指摘し、考古学的視点からの海民論を展開する。

印東による第12章は、リモート・オセアニアの一部にあたり、新石器時代以降に人類による暮らしが始まったミクロネシアの島々を事例に、オセアニアにおける海域ネットワークの形成過程を整理しつつ、いくつかの特徴を明らかにしていく。一九世紀以降にオセアニアで記録された伝統的なネットワークは、互酬制と威信財の存在を基盤にしており、近代の貨幣経済を基盤とした交易関係とは異なる側面ももっていた。印東はミクロネシアにも存在したこうした島嶼間ネットワークのうち、民族誌的によく知られた中央カロリン諸島とヤップ島の間で形成されていたサウェイ交易ネットワークをとりあげる。印東はこのネットワーク圏に含まれるングルー環礁とファイス島において自身が行ってきた考古調査の成果にも基づきながら、ネットワークにより動いた資源、ネットワーク維持の背景、そして近代以降の変化について論じる。

これに対し、深田による第13章では民族誌的時間軸により、現代においても継続されている特定資源のネットワークとして、メラネシアのソロモン諸島でみられる貝貨の素材となるムシロガイの交易・運搬ネットワークの変化が、約一〇〇年間の枠組みの中で紹介される。印東も指摘するように、オセアニアのネットワークにおける近代化以降の最大の影響としては、西欧社会との接触による貨幣経済の浸透がある。メラネシアにおいても伝統的な物資の交換に基づいていたムシロガイの交易ネットワークは、とくに直近の数十年の間に貨幣との交換に基づくようになる。しかし対照的に、現代貨幣によって売買されたムシロガイから製作される貝貨は、伝統的な貨幣として婚資や儀礼における重要な財として、現在においても重要な価値を持っている点は興味深い。

深田はさらに、この約十年間におけるムシロガイ交易のネットワークが一名の男性によって開拓され、実践されてきたことを明らかにし、現在進行形によるネットワークの形成について論じる。そこで強調されるのは、個々人の人生と同じくネットワークの形成にも偶発性や運、あるいは個人による開拓といった要素が認められる点である。こうしたオセアニアにおけるネットワークやモノの移動における偶発性は、他の海域ネットワークを考える上でも無視できない要素であろう。

これらの議論による延長として、山口徹によるコラムでは、モアイで有名なイースター島や彼自身が調査を行ってきた東ミクロネシアのマジュロ環礁での事例に基づき、資源の限られたオセアニアの離島へ移住した人びとが、新たに持ち込んだ資源（バナナやタロイモ、サツマイモ等）を定着化させてきたかが紹介される。その結果、イースター島のように人間の開発に伴う火入れで森林後退が進み、さらに丘陵斜面の土壌浸食により景観が激変した場合もあった。しかし、そうした激変後の新たな環境においても、さらなる適応を試みたヒトによる活動の様々な痕跡が認められるという。交易ネットワークによる資源やモノの獲得・交換もそうした手段の一つである。山口はそうしたネットワーク研究へのアプローチとして、共時的な交換関係の網の目を考古学的証拠で示すだけでなく、ヒトやモノの移動が特定の島嶼社会や島嶼生態系に引き起こしてきた変化の動態を、通時的視点から描出することの重要性を指摘する。

本書では、これら一三章と五編のコラムから、アジアからオセアニアの海域にみられるネットワーク型社会とそのメインアクターとなる海民について時間と空間の双方の軸より論じる。このうち地域間比較の視点からは、それぞれの海域における①移動や移住の要因群（何をめぐって起こるのかといった移動・移住の生業・文化・社会・経済的要因）、②移動と資源利用の関係性（e.g. 獲得を目的とした移動・移住としても想定できる場合、何が重要な資源となり、それは社会・経済的にどのような意味を持った可能性があるか）の二点をできる限り念頭において、各執筆者に議論を展開してもらった。考古学的時間軸の視点においては、これらの考察は仮説のレベルに留まるが、こうした仮説を検証していく上でも、民族誌的時間軸での事例や比較による検討が役立つであろう。さらに空間軸、時間軸の両方より熱帯海域における人類の移動や移住における「ネットワーク」のあり方、またその過去と現在を比較することで、海を介した人類の移動や移住にみられる歴史性と地域性にアプローチが可能となる。その（おそらく最初の）試みこそが本書ともいえるだろう。

参考文献

浅川滋男　二〇〇三「東アジアの漂海民と家船居住」『鳥取環境大学紀要』創刊号、四一～六〇頁。

網野善彦　一九九二『海と列島の中世』日本エディタースクール出版部。

——　一九九八『海民と日本社会』新人物往来社。

秋道智彌　一九八四「サタワル島における伝統的航海術の研究——島嶼間の方位関係と海域名称」国立民族学博物館研究報告』九巻四号、六五一～七〇九頁。

——　一九八五「サタワル島における伝統的航海術の研究——洋上における位置確認方法とエタックについて」『国立民族学博物館研究報告』一〇巻四号、九三一～九五七頁。

——　一九九五『海洋民族学——海のナチュラリストたち』東京大学出版会。

池谷和信（編）二〇一七『狩猟採集民からみた地球環境史——自然・隣人・文明との共生』東京大学出版会。

印東道子　二〇〇二『オセアニア　暮らしの考古学』朝日新聞出版社。

——（編）　二〇一三『人類の移動誌』臨川書店。

——　二〇一七『島に住む人類——オセアニアの楽園創世記』臨川書店。

ウォーレス、A．R．一九九六『マレー諸島（下）——オランウータンと極楽鳥の土地』新妻昭夫（訳）、筑摩書房。（原著、Wallace, A. R. 1869. *Malay Archipelago: The Land of the Orang-Utan and the Bird of Paradise*. London: Macmillan）

大林太良　一九八七『海人の伝統』中央公論社。

小川徹太郎　二〇〇七『越境と抵抗——海のフィールドワーク再考』新評論。

小野林太郎　二〇一一『海域世界の地域研究——海民と漁撈の民族学』京都大学学術出版会。

——　二〇一七『海の人類史——東南アジア・オセアニア海域の考古学』雄山閣。

加藤久子　二〇一二『海の狩人 沖縄漁民——糸満ウミンチュの歴史と生活誌』現代書館。

可児弘明　一九六六『鵜飼——よみがえる民俗と伝承』中央公論社。

——　一九七〇『香港の水上居民』岩波書店。

河岡武春　一九八七『海の民――漁村の歴史と民俗』平凡社。
後藤明　一九九六『海の文化史――ソロモン諸島のラグーン世界』未来社。
――――　二〇〇三『海を渡ったモンゴロイド――太平洋と日本への道』講談社。
――――　二〇一〇『海から見た日本人――海人で読む日本の歴史』講談社。
末廣昭　二〇〇二「総説」『岩波講座・東南アジア史9「開発」の時代と「模索」の時代』末廣昭（責任編集）、一～一三頁、岩波書店。
鈴木佑記　二〇一六『現代の〈漂海民〉――津波後を生きる海民モーケンの民族誌』めこん。
須藤健一　一九七九「カヌーをめぐる社会関係――ミクロネシア，サタワル島の社会人類学的調査報告」『国立民族学博物館研究報告』四巻二号、二五一～二八四頁。
――――　一九八一「カヌーと航海にまつわる民話――ミクロネシア Satawal 島の伝統的航海術の外延」『国立民族学博物館研究報告』六巻四号、六三九～七六六頁。
瀬川清子　一九五五『海女』古今書院。
関恒樹　二〇〇七『海域世界の民族誌――フィリピン島嶼部における動物・生業・アイデンティティ』世界思想社。
高宮広土　二〇〇五『島の先史学――パラダイスではなかった沖縄諸島の先史時代』ボーダーインク。
高谷好一　一九九六『「世界単位」から世界を見る――地域研究の視座』京都大学学術出版会。
田中耕司　一九九三「フロンティア社会の変容」『地域研究と「発展」の論理』（講座現代の地域研究　4）矢野暢（編）、一一七～一四〇頁、弘文堂。
立本成文　一九九六『地域研究の問題と方法――社会文化生態力学の試み』京都大学学術出版会。
床呂郁哉　一九九九『越境――スールー海域世界から』岩波書店。
鶴見良行　一九八二『バナナと日本人――フィリピン農園と食卓の間』岩波書店。
――――　一九八七『海道の社会史――東南アジア多島海の人びと』朝日新聞出版社。
――――　一九九〇『ナマコの眼』筑摩書房。
長津一史　二〇一二「異種混淆性のジェネオロジー――スラウェシ周辺海域におけるバジョ人の生成過程とその文脈」『民族大国インドネシア――文化継承とアイデンティティ』鏡味治也（編）、二四九～二八四頁、木犀社。

――二〇一六「海民の社会空間――東南アジアにみる混淆と共生のかたち」『小さな民のグローバル学――共生の思想と実践をもとめて』甲斐田万智・佐竹眞明・長津一史・幡谷則子（編）、一一一～一四〇頁、上智大学出版。
長沼さやか　二〇一〇『広東の水上居民――珠江デルタ漢族のエスニシティとその変容』風響社。
長沼さやか他　二〇〇七「水上居民の家船居住と陸上がりに関する文化人類学的研究」『住宅総合研究財団研究論文集』三四号、六五～七六頁。
西村朝日太郎　一九七四『海洋民族学――陸の文化から海の文化へ』日本放送出版協会（ＮＨＫブックス）。
野口武徳　一九六七「海上漂泊漁民の陸地定着過程」『成城学園創立五十周年記念論文集』（『漂海民――家船と糸満』谷川健一（編）、三八九～四〇九頁、弘文堂、一九八七年に再録）。
――一九八二「沖縄糸満漁民研究の一側面」『日本常民文化紀要』八巻二号、一九三～二一七頁。
――一九八六『漂海民の人類学』弘文堂。
羽原又吉　一九六三『漂海民』岩波書店。
羽田正（編）　二〇一三『海から見た歴史』東京大学出版会。
三田牧　二〇一五『海を読み、魚を語る――沖縄県糸満における海の記憶の民族誌』コモンズ。
宮本常一　一九六四『海に生きる人びと』（日本民衆史３）未來社。
――一九九二『瀬戸内海の研究――島嶼の開発とその社会形成、海人の定住を中心に』未來社。
村井吉敬　一九八八『エビと日本人』岩波書店。
――一九九七『スラウェシの海辺から――もうひとつのアジア・太平洋』同文舘。
門田修　一九八〇『漂海民』筑摩書房。
柳田国男　一九六一『海上の道』筑摩書房。
Akimichi, T. 1978. The Ecological Aspect of Lau (Solomon Islands) Ethnoichthylogy. *Journal of the Polynesian Society* 87: 301-26.
Bellwood, P. 1997. *Prehistory of the Indo-Malaysian Archipelago*. Revised edition. Hawaii: University of Hawaii Press.
Firth, R. 1946 *Malay Fishermen: Their Peasant Economy*. London: Kegan Paul, Trench, Trubner.

Kathirithamby-Wells, J. and John Villiers 1990. *The Southeast Asian Port and Polity: Rise and Demise*. Singapore: Singapore University Press.

Lapian, A. B. 1984. Perebutan Samudera: Laut Sulawesi pada Abad XVI dan XVII. *Prisma* 13 (11): 28–43.

Macknight, C. C. 1976. *The Voyage to Marege: Macassan Trepangers in Northern Australia*. Victoria: Melbourne University Press.

Nimmo, A. 1972. *The Sea People of Sulu: A Study of Social Change in the Philippines*. San Francisco: Chandler Publishing Company.

Reid, Anthony 1988. *Southeast Asia in the Age of Commerce, 1450-1680*. New Haven: Yale University Press.

Sather, C. 1997. *The Bajau Laut: Adaptation, History and Fate in a Maritime Fishing Society of Southeast Sabah*. Kuala Lumpur: Oxford University Press.

Spoher, David E. 1977 〈1965〉. *The Sea Nomads: A Study of the Maritime Boat People of Southeast Asia*. Singapore: National Museum of Singapore (reprinted in 1977 with postscript).

Tachimoto, Narifumi-Maeda 1997. Symbiotic Dynamics of an Insular Community in the Melaka Strait. *Regional Views*『地域学研究』11: 1–21.

van Leur, J. C. 1955. *Indonesian Trade and Society: Essays in Asian Social and Economic History*. The Hague: W. van Hoeve.

Warren, James F. 1981. *The Sulu Zone 1768-1898: The Dynamics of External Trade, Slavery, and Ethnicity in the Transformation of a Southeast Asian Maritime State*. Singapore: Singapore University Press.

第2章

海のエスノ・ネットワーク論と海民——異文化交流の担い手は誰か——

秋道智彌

はじめに

海を越えるネットワークについて論じるさい、交易の対象となるモノ・情報とともに、交流を担った人びとにたいする注目がこれまで看過されてきたのではないか。これには、それぞれの地域で交易物や産物を生産する人びと、それらを加工ないし調整する人びと、船やカヌーを通じてそれらの交易品を輸送する人びとは誰であったのか。商人や集荷人は交流にどのような役割を果たしたのか。たとえば、バリ島でおこなわれるバリ・ヒンドゥー教の諸儀礼で供犠されるウミガメは、インドネシア各地でバジャウ人や各地の潜水漁撈民が捕獲する。これを生け簀に集荷しておくのは現地のブギス人や華人である。さらにこれを集荷してバリに運ぶのはバリ人からなる輸送集団である。バリ島でウミガメを海岸の小屋に集荷しておくのは華人商人である。そしてこれを各地の儀礼で使うために、バリ各地の地域集団や宗教団体が購入して供犠として用いる。インドネシアにおけるウミガメの流通と消費をめぐるネットワークをわれわれはタートル・コネクションと称している［秋道 二〇一三a、Soegiarto and Polunin 1982］。以下、本章では、海を介したネットワークにおいて、多くの民族集団が具体的な異文化交流に果たしたことを例証してみたい。

第1節　海のエスノ・ネットワークと交易者

海は島嶼をふくむ陸地と陸地をつなぐ媒介となる。海域世界における海のネットワークはどのような人類史的な意義をもつのか。そして、海から世界を見る視点とはどのようなものなのか。本章は資源を媒介として形成されるネットワークについての包括的な議論を提起するものであり、とりわけ、海を越えた人類集団の移動と交流に焦点をあてている。この点から、日本の南部に位置する琉球列島から東南アジア、オセアニアにいたる広大な領域を考察の対象とする。また時代としては、先史時代から現代までを視野において論じることとする。

人類による天然資源の用途は、食料、道具と利器、生活財、商品、財貨（威信財）など多様である。かつての奴隷貿易におけるように、人間も商品として交易の対象とされることがあった。さらに、海を越えて輸送されるのがモノであった場合でも、同時にさまざまな価値観や知識あるいは情報が運ばれたと考えるべきであろう。広義にとらえれば、文化の伝播と拡散にネットワークが寄与してきた。その場合、物流のフローに関与するのは同質集団の場合から、異なった社会階層、異民族集団までがふくまれる。こうして形成されるネットワークには、等価交換、贈与、互酬性、パトロン・クライアント、市場原理、契約など、文化的・経済的・政治的な意味を内包するさまざまな関係性が関与している。以上のような関係性をエスノ・ネットワーク（ethno-network）と称する［秋道　一九九五ａ］。

ネットワーク論において、エスノ－（ethno-: 民族）という接頭辞をつけた理由は、文化の多様な側面にかかわる諸問題が介在するからである。しかも、ネットワークを経済合理主義的な観点だけから論じることの限界と矮小性を勘案し、包括的な観点からの考察が必要と考えたからだ。
エスノ・ネットワークは海域世界だけに固有の概念では決してない。ユーラシア大陸の東西を結ぶ陸のシルクロードには、さまざまな民族集団が関わってきた。また海由来の、あるいは海を媒介として運ばれた産物であっても、内陸奥地や高地に運ばれる例として、ニューギニア高地へのサツマイモの伝播［Yen 1974］やシロチョウガイの交易［Healey 1990］、南米沿岸からアンデス高地への海藻・干し魚、塩蔵魚などの輸送［Masuda 1985; Shimada 1982］、アジア沿岸部からチベット高原への宝石サンゴの交易［秋道 二〇〇八］、トレス海峡域からオーストラリア大陸内陸部に運ばれたシロチョウガイ［McCarthy 1939a, 1939b, 1939c］などが挙げられる。また、海域を越えたネットワークは陸域におけるよりも広大な領域におよぶことがあり、しかも異文化間の越境的な交流を実現するなどの特徴がみられる。

本章では、特定の資源や技術の移動や分布から浮かび上がるエスノ・ネットワークの実態を、東南アジア・オセアニア・琉球における事例から検討し、その異同性を析出することをねらいとしている。もっとも重要な関心は、海のネットワーク論における民族集団の関わりである。先史考古学では物的証拠をもとに論考を進めるのが常套であり、発掘されたモノの属性や形式、産地同定や分布などの分析を目指してきたが、モノや技術の移動・拡散に関与した人類集団についてあまり関心が払われてこなかった。そこで注目したのが民族集団の関与のあり方である。海のエスノ・ネットワーク論では狭義には特定の民族集団を同定して議論を進めるが［秋道 一九九五 a］、広義には海民が海を越えて活動を広めたその役割と意味について洞察を深める。とくに過去の文化史的研究にこの視点の活用可能性を提示したいと考えている。本節では、サツマイモ、芭蕉布、デリス属植物の例をもとに検討する。

1　サツマイモと大陸間ネットワーク

中南米原産のサツマイモが東南アジア・オセアニア・琉球をふくむ世界各地にもたらされた経緯と伝播ルートについては、これまで民族植物学、植物遺伝学、比較言語学などの成果によって大きく三つの伝播ルートが仮説（The Tripartite Hypothesis）として提示されている［O'brien 1972; Yen 1974］。カリブ海から大西洋を越え、さらにインド洋を経て東南アジアにもたらされたバタタ系統（batata）、中米のアカプルコから一六世紀以降に太平洋を横断するガレオン交易を通じてフィリピン、インドネシア北部にもたらされたカモテ系統（camote）、南米からポリネシア、メラネシアへと伝播したクマラ系統（kumara）の三系統である。西インド諸島や中米からアジアへは、西洋人が大西洋・インド洋・太平洋経由でもたらしたものであるが、中南米からオセアニアへはポリネシア人により伝播が達成された公算がきわめて高い。東南アジアに導入されたサツマイモの伝播には、現地住民による交易が大きな役割を果たした。

サツマイモの遺伝学的分析から、サツマイモは北と南の遺伝子プール群に区分されている。バタタ系統とカモテ系統は北グループに、クマラ系統は南グループにそれぞれ対応する。重要なことは遺伝子解析に利用されたサツマイモの標本である。一八世紀にJ・クックの第一回探検航海（一七六九年）のさいや二〇世紀までに収集された標本の分析結果では、クマラ系統のサツマイモはポリネシア人により一三～一四世紀に南米からもたらされた。ただし、現在のポリネシアではクマラ系統よりもバタタ系統、カモテ系統のサツマイモが多く栽培されており、仮に近年におけるサンプルだけからサツマイモの伝播を問題にすれば、誤った結論になった可能性がある［Roullier *et al.* 2013; Switek 2013］（図2―1）。

クマラ系統のサツマイモはメラネシアの島嶼地域において顕著にみられる一方、東南アジアとニューギニアではバタタ系統とカモテ系統が中心である。ニューギニア高地でサツマイモの集約的な栽培とブタ飼育を通じてビッグ

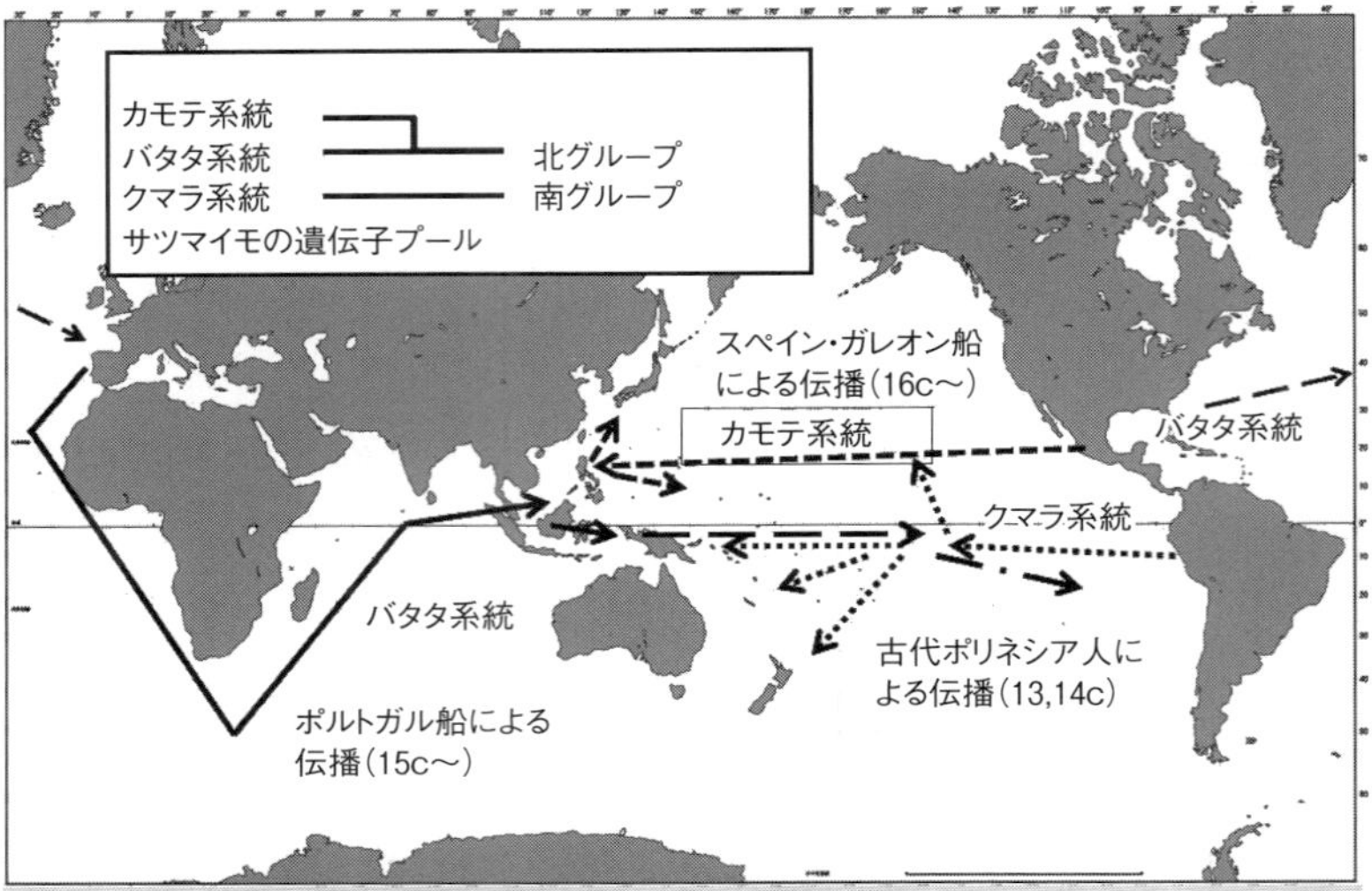

図 2-1　サツマイモの伝播に関する仮説。

マン制度（部族間の戦闘や交易を通じて獲得されたリーダーシップをもつ男性中心の非世襲的制度）が発達したとするサツマイモ革命（Ipomoean Revolution）が提唱されているが［Watson 1965a, 1965b］、一六世紀以前にポリネシア方面からニューギニアにクマラ系統のサツマイモが導入された可能性は低い。サツマイモがニューギニア高地にもたらされるさいには、低地からいくつもの交易パートナーが関与したことはまちがいない。ただし、東南アジア方面からニューギニア沿岸部への輸送には現地住民やマレー系、中国系の商人が関与したと推察されている。

フィリピンから中国にサツマイモが伝播したのは一五九四年とされている。宮古島には、一五九七（ないし一六一八）年に長眞《ちょうしん》氏《うじ》旨《し》屋《おく》（砂川親雲上旨屋）が中国の福建に漂着後、サツマイモ（ンーヌ）を九州経由で宮古島に持ち帰ったとする伝承がある。沖縄本島には明との進貢船の事務長である野国《のぐに》総管《そうかん》により一六〇四年に伝来した。与那国島では島の指導者である兄弟（ウトニア、アニシカ）がけんかの果てに与那国島から明に散逸したのち、与那国島にもどるさいの一六一二年に蕃藷（赤藷：ハンス）を携えて帰島し、島にその品種が定着した［池間 一九八〇］。この蕃薯は、波照間島、西表島、小浜島に広まり、栽培利用された［比嘉 一九九八］。また石垣島には、一六九四年に波照間高康が中国の寧波で買い求めた芋が導入された。サツマイモを明から持ち帰った人物が特定されていること、琉球王国と明との通商がサツマイモの伝播の背景になっていること、琉球のなかで伝播年代のズレや島嶼間におけるひろがり方のちがいに注目すべきであろう。

2　芭蕉布――イトバショウのネットワーク

バショウ属（*Musa*）の植物としてはバナナ（*Musa paradisiaca*）が著名であるが、バナナは、*M. acuminata* と *M. balbisiana* の交雑種を指す。今日利用される料理バナナは、本種か *M. acuminata* の栽培種である。*M. sapientum* は *M. paradisiaca* とおなじものを指すと考えてよい。このほか、リュウキュウイトバショウ（*Musa balbisiana*）やマニラ麻（*Musa textilis*）が食用としてだけでなく、その偽茎の繊維を利用して織物や芭蕉布が作られる。このことに関して、われわれは東南アジア・オセアニア地域における諸民族の文化の基層について、文化要素の「ある・なし」に着目したクラスター分析を試みた［大林・杉田・秋道 一九九〇］。資料として、当該地域のなかから一三七民族を選定し、三四三の文化要素に関する分析を文献資料と現地調査資料に基づいておこなった。その結果、芭蕉布がある（ないし過去にあった）とする民族集団は、台湾の蘭嶼からフィリピン南部、サンギル・タラウド諸島（図2―2）、カロリン諸島、ハワイ諸島などに分布していたことが確認された。芭蕉布はメラネシアではみられない。

植物学的な研究によると、東南アジア島嶼部には、*Musa texilis* と *M. paradisiaca* が栽培され、中国南部にはこれに加えて *M. balbisiana* が繊維をとるために栽培されていた。また、台湾で芭蕉布は蘭嶼のヤミ（タオ）族で知られており、鹿野忠雄によればヤミの栽培するのはコウトウイトバショウ（*M. texilis* Née var. Tashiroi HAYATA）で、フィリピン諸島のものと同一種とみなしている。ヤミはこれをアバカ（abaka）と称し、衣服以外に網、網袋、タタラ（船

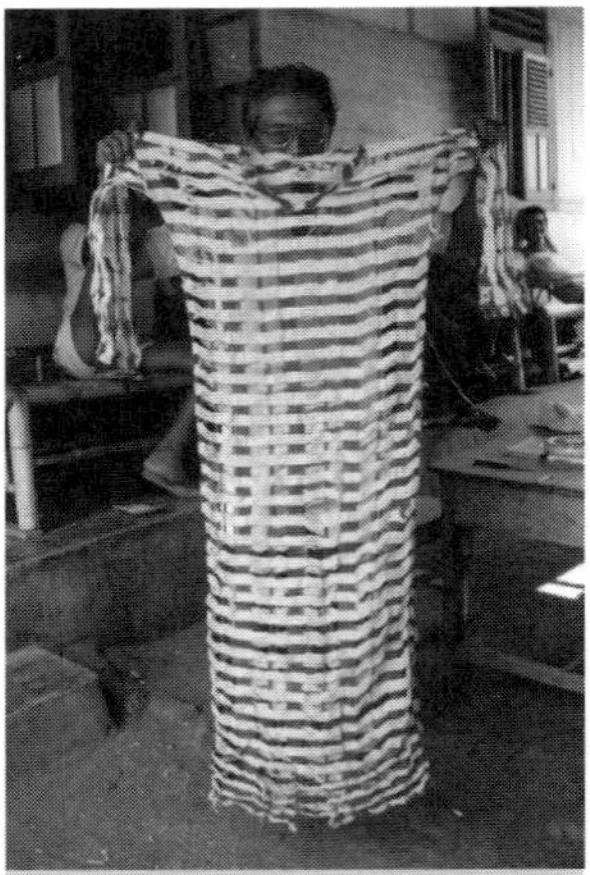

図2-2　サンギル・タラウド諸島のサンギル・ブサール島（Pulau Sangir Besar）における芭蕉布。

の帆、ゆりかごなどとして利用する［鹿野 一九四二］。鹿野や伊波普猷は琉球の芭蕉布の起源を東南アジア（とりわけフィリピン）に求めた。

これにたいして、*M. balbisiana* は琉球列島の固有種ではないこと、芭蕉の原皮から繊維を採るさいや採集の工程で木灰でアルカリ処理をして煮沸し、のちに米のとぎ汁（ユナジ）やヒラミレモンで中和する工程は東南アジアではみられない。また琉球王国の外交文書である『歴代法案』（一四二四（永楽二二）〜一八六七（同治六））によれば、この期間に琉球王国とフィリピンの交易は記録上ない。フィリピンとの交易はマニラ港の開港される一八三〇年以降のことである。琉球王国時代、福建省との交流が大きく、一四世紀末以降、福建省出身の客家を中心とする閩人《びんじん》三十六姓らが大挙、首里や那覇に移住したこともあり、フィリピンよりも南中国との関係が深い経緯がある。こうした点から、琉球列島における芭蕉布は従来、東南アジアのフィリピンから導入されたとされてきたが、南中国から伝播したとする説が有力である（Hendrickx 2007）。なお、中国南部で織物用のムサ属の植物やそれに由来する布は蕉葛（jiao ge）と称され、しかも中国語の蕉布（jiao bu）や芭蕉布（ba jiao bu）と日本語の芭蕉布（bashoufu）とは言語的に異なる。芭蕉布は琉球王国では貢納品や明・清への交易品であり、王族や平民が着用した。

一方、フィリピンのミンダナオ島とインドネシアのスラウェシ島の間にあるサンギル・タラウド諸島のサンギル・ブサール島における筆者の調査では、織物用に *M. textilis* が、料理用に *M. paradisiaca* が栽培されていた。サンギル・タラウド諸島とカロリン諸島間の直接的な文化接触は明示的でないが、芭蕉布についてはミンダナオ島とカロリン諸島との間で共通の文化要素となっている。

カロリン諸島では*M. sapientum*（つまり、*M. paradisiaca*）が芭蕉布用に広く栽培される［Fosberg 1969］。芭蕉布は東南アジアや琉球列島と同様に女性によって織られ、女性の腰布（tower）として日常的に着用されるほか、罪を犯したさいの償いや弁償のさいの財として用いられる。それとともに、帆走カヌーで航海する男性が不慮の事故などで死んだ場合、遺体をくるむ布として利用された［杉藤 一九八二］。

芭蕉布が南中国、東南アジア、オセアニア、琉球に分布し、種ごとの分布と拡散の形態にちがいがみられたこと、それぞれの地域で日常生活から貢納品、交易品として多様な意味付けのあったことを確認しておきたい。

3 デリスとプランテーション農業

デリス植物（*Derris* spp.）は東南アジア島嶼部からオセアニアにかけて魚毒用の植物として広く利用されてきた。デリス植物はボルネオ島周辺からニューギニア、メラネシア、ポリネシアまで広く知られており、根や枝を石などで叩いてしみ出る有毒成分を水に流し、麻痺した魚を容易に獲ることができる（図2─3）。デリス植物のなかでも、マレーシアからニューギニアにかけて分布するトバ（*Derris eliptica*）、マレー半島原産のタチトバ（*D. maraccensis*）、シイノキカズラ（*D. trifoliata*）が重要である。注目すべき点は、マレーシアからフィジーにかけての地域でトゥバ（tuba）という民俗名称が広がっていることである。このトゥバは原オーストロネシア語の祖語（*tuba）として再構成されている［秋道 一九九五b、二〇一三a］。

ところが、サモア、トンガ、ニウエなどのポリネシア地域では、デリス属の植物はカヴァ（kava）ないしアヴァ・アワ（ava, awa）と称される。周知のとおり、フィジー、ポリネシア、東カロリン諸島のポーンペイ島などでカヴァ、アヴァ、シャカウはコショウ科植物（*Piper methysticum*）を指し、根を砕いて水と混ぜた浸出液を儀礼や宴会で回し飲みするカヴァ酒の飲酒慣行が知られている。デリスの場合も、根を砕いてその液を利用する点ではカヴァ酒と

図 2-3　デリス属植物の利用ー魚毒と殺虫剤（a：ココヤシのプランテーション、b：魚毒漁（パプアニューギニア西部州低地）、c：デリス植物、d：デリスをもつ子ども（インドネシア・ケイ諸島）。

おなじ原理に基づいている。そこで、ポリネシアではデリスのことをニューギニアからもたらされたカヴァということでカヴァ・ニウキニ（kava niukini）と称した。また、フィジーでは東南アジアから伝播したと思われるデリス植物はトゥバ・ニウキニ（tuba niukini）と称される。なぜニウキニという名称が使われるのだろうか。

現地社会でデリスが魚毒として広範囲に使われることは明らかだが、一九世紀から二〇世紀にかけて東南アジアからオセアニアにおいて植民地を経営した英国、オランダ、ドイツ、フランスは植民地においてココヤシのプランテーション栽培を実施した。ココヤシの胚乳から採取されるコプラは油脂原料として換金作物となった。植民地経営者らはココヤシの栽培上、害虫駆除を目的として東南アジア産のデリスを導入した。デリスが英国の領有したニューギニアに、さらに東方のフィジーへと導入された歴史が名称として残った。文献上の記録を確かめてはいないが、デリスを東南アジアからオセアニア地域へと輸送したのはココヤシ・プランテーションの経営やコプラの輸送に関与した人びとであった公算は大きいといわなければならない。

第2節　資源と海域ネットワーク

本節では、海洋資源をめぐる交易に注目して、その担い手となった海民集団や民族集団の関係を検討する。琉球列島から東南アジア・オセアニアの低・中緯度には造礁サンゴが広く分布し、サンゴ礁海域の多様な資源が利用されてきた。ここでは、広域分布種に着目してその利用と交易について考察する。

1　海域ネットワークとサンゴ礁魚類

図2-4　バンガイ諸島の固有種・アマノガワテンジクダイ（*Pterapogon kauderni*）。

東南アジア・オセアニアでは、数万年前にアジア側のスンダ大陸とニューギニア・オーストラリア側のサフール大陸があり、その中間部はウォーレシア（Wallacea）と呼ばれる。ウォーレシアにあるスラウェシ島中部のバンガイ諸島には固有種のサンゴ礁魚類が生息している。それがアマノガワテンジクダイ（*Pterapogon kauderni*）である（図2—4）。稚魚はガンガゼと共生している。この魚は世界の水族館で飼育されており、バンガイ諸島から世界中に運ばれる。実例では、北スラウェシのトゥンバック村に住むバジャウの人びとはバンガイ諸島に遠征し、そこで捕獲した鑑賞魚を地元に持ち帰り、屋外の生簀で飼育する。酸素を注入したポリ袋に魚を入れてメナド空港からバリに空輸し、そこから日本へと輸出されていた。この輸送ネットワークには生産者であるバジャウ人とメナド在住のインドネシア華

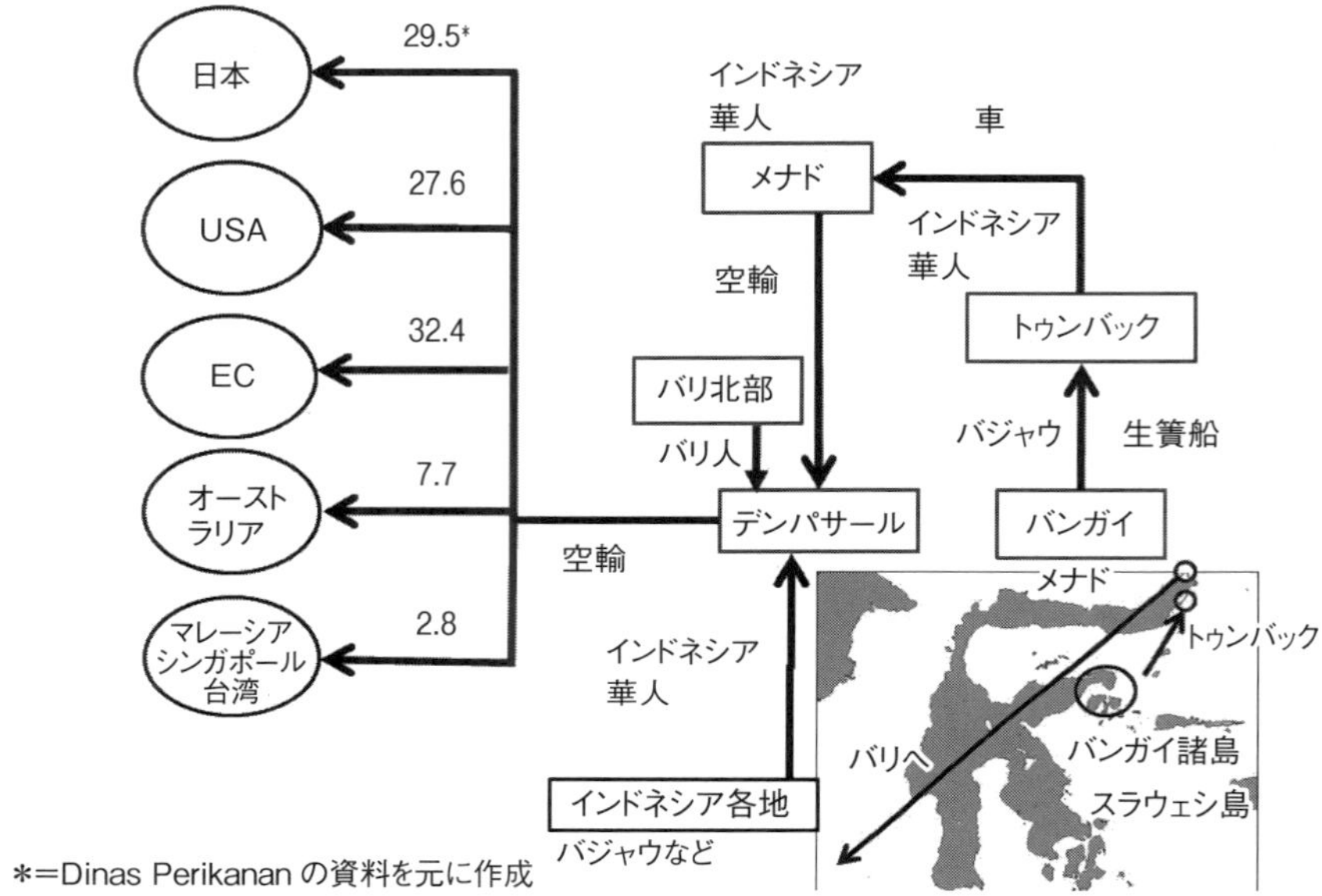

図 2-5　熱帯鑑賞魚の輸送ネットワークの例（2000 年 1 月分の輸出量）。数字は %（合計は、335.961 トン）。

人、バリにおける華人輸出業者、日本の輸入業者がかかわっている。バリ島の政府水産局の資料では、バリから輸出される熱帯鑑賞魚のほとんどが欧米諸国や日本向けであり、熱帯魚を漁獲する各地の漁民と華人の集荷業者、欧米の輸入業者にまたがるネットワークが形成されている（図2―5）。

東南アジアでは、熱帯鑑賞魚以外にも、ナマコ、フカひれなどの乾燥海産物を中国向けに輸出するネットワークが存在し、主要な生産者のバジャウ人とそれを買い取るパトロンとしてのブギス人、マカッサル人、ブトン人、華人がエスノ・ネットワークを形成する。これらの産物は現地で消費されない「特殊海産物」である［鶴見 一九九九］。

さらに、ハタ類を中心とした活魚を集散して香港に輸送するネットワークが一九八〇年代以降、インドネシアや東南アジア各地で形成される。インドネシアのスラウェシ島南東にあるスラヤール島における事例では、ハタ類を漁獲するスラヤール人の生産者漁民、それをスラウェシ島に輸送するブギス人、ウジュンパンダン（スラウェシ島南西部の集散地）で活魚を集荷する複数のブギス人と華人、さらにそこから大型運搬船により香港に輸送する香港の広州人を中心とした集荷人、香港で販売に従事する中国人商人が関与している。

このほか、インドネシア西部のビンタン島で活魚を生簀で蓄養する華人系業者によると、インドネシア各地で中国船により集荷された活魚を輸送するネットワークが形成されていることもわかった。活魚を漁獲するのは各地の漁民であるが、とくに潜水漁に長けたバジャウ人がおおいこと、集荷にはブギス人、ブトン人、マカッサル人が深く関与していることが判明している。インドネシア以外の地域でも、タイ、マレーシア、ベトナムで中国向けの乾燥品（ナマコ、フカひれ）や活魚を集荷するネットワークが発達しており、香港、広州以外に、台北、シンガポールなどの主要な消費地に輸送される［秋道 一九九五a、二〇一三a、二〇一三b］。

こうしたネットワークは、潜水漁に長けたバジャウ人のサンゴ礁海域における広範囲の活動や、商人としてのブギス人、ブトン人、マカッサル人の社会史、華人社会の成立と発展と連動するものであり、他方でインドネシア各地における諸民族の生業や移住史ともかかわっている。とくにバジャウ人が漁撈民として広域におよぶネットワークをもつことと、パトロンとしてのブギス人、マカッサル人、ブトン人などもバジャウの村やその周辺に移住する流動的な生活を継承してきたことがインドネシアにおけるエスノ・ネットワークの広域的な分布と密接にかかわっている［立本 一九九〇、秋道 一九九五a］。

2　タカセガイ・ヤコウガイと貝の道

タカセガイ（サラサバテイラ）はインド・太平洋のサンゴ礁海域に広く分布し、おもに礁縁部（外洋の波がくだける場所）に生息する。タカセガイは先史時代から食用としてのみならず利器（釣りばり）や装飾品（貝輪、ビーズ）、財貨、

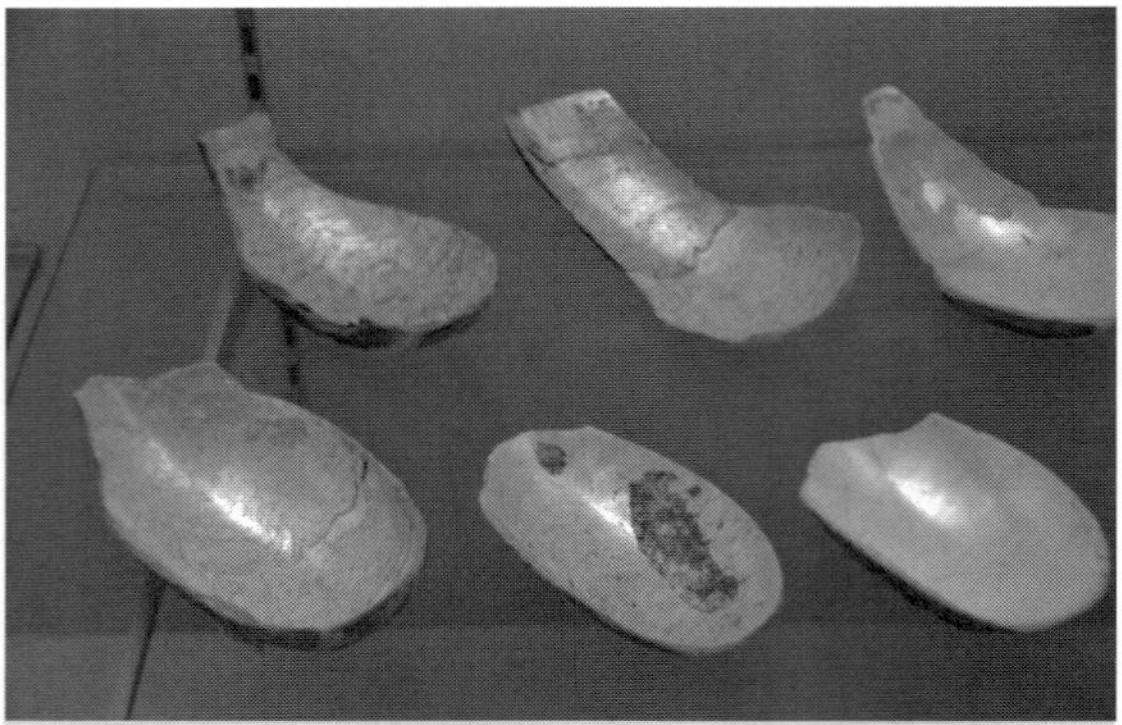

図2-6　ヤコウガイ製の貝匙（小湊フワガネク遺跡）。

ボタンなど、非食用の素材として用いられてきた。

タカセガイ（*Tectus niloticus*）は先史時代より釣りばり［O'connor *et al.* 2011］、腕輪などとして多用されたが、一八六〇年代以降のドイツ植民地時代、ミクロネシアにおいて貝ボタンの材料として採取された。ミクロネシアが日本の委任統治領となって以降、沖縄の糸満系漁民がタカセガイ採取に大きな役割を果たした［片岡 一九九一、秋道 二〇〇六］。蘭領東インド（インドネシア）とビスマルク諸島では、それぞれオランダ系、ドイツ系の商人と現地における華人系商人が集荷に大きな役割を果たした。

ヤコウガイ（*Turbo marmoratus*）もインド・太平洋に広く分布し、おもに礁縁の外延部に生息する。ミクロネシアでは知られていないが、黒潮海域では北緯二九度以南まで分布する。琉球列島にはヤコウガイの遺物を大量に出土する七〜一〇世紀の遺跡が点在している。たとえば、奄美大島の小湊フワガネク遺跡、土盛マツノト遺跡、用見崎遺跡、長浜金久《かなく》遺跡、沖永良部島西原海岸遺跡、沖縄諸島では久米島の大原第二貝塚B地点と清水貝塚、沖縄本島野国貝塚B地点をふくむ遺跡がある。安里進によると［安里 二〇一〇］、久米島の海岸砂丘にある大原遺跡からヤコウガイの半製品、破損した貝片の堆積層が一〇〇メートルにわたって見つかっており、ここが集積されたヤコウガイの加工場であった可能性がある。小湊フワガネク遺跡からはヤコウガイ製の貝匙が大量に出土している（図2―6）。ヤコウガイは貝匙とともに螺杯（盃）、螺鈿細工の重要な材料でもあり、唐代に琉球方面から中国へ運ばれた。また、喜界島中央部の城久《ぐすく》遺跡から九〜一〇世紀の大規模な集落群が見つかっている。この遺跡からは大宰府で見つかったのとおなじような土師器、須恵器や中国・朝鮮製の陶磁器、滑石製の石鍋などが発見されている。城久遺跡が中国や韓国との交易品の集散地としての役割をはたした可能性があり、奄美におけるヤコウガイ生産が琉球弧全体と東アジアにおける交易に重大な影響を与えた可能性が指摘されている［高梨 二〇〇五、二〇〇六］。

以上、サンゴ礁海域の資源について概観すると、ナマコや熱帯鑑賞魚には多様な種類が存在する。一方、タカセガイ、ヤコウガイなどの貝類は同一種が広域に分布し、多様性はない。こうした資源の特性に応じて、交易のさいに価値（価格）の設定が種類別、サイズ別、あるいは国際的な価格に応じて詳細になされているといえる。また貝類の場合、採集・捕獲にさいして村落ごとに規制が施される場合や禁漁期が設定されることがある［秋道 二〇〇六］。シャコガイの分布と交易については本書で山極がふれるが、交易を媒介としないシャコガイの密漁がミクロネシア西部のヘレン礁で発生しているように［秋道 一九九四］、海域ネットワークから逸脱した行為についても今後、考慮すべきである。おなじことは熱帯鑑賞魚やハタ類の活魚についても青酸カリを使ったＩＵＵ（違法・無報告・無規制）漁業が蔓延していたことも注目しておくべきだろう［秋道 二〇一三ａ］。以上の資源を獲得する活動が潜水をともなうことは重要であり、海域ネットワークの生産者サイドにバジャウを中心とする潜水漁民が大きく関与した点が大きな特徴である。

３　トビウオ漁と凧揚げ漁

トビウオ漁と凧揚げ漁は、これまで議論してきた海域ネットワークを超える広域分布を示す。トビウオと、凧揚げ漁の対象であるダツ類は世界中の海に広く分布する。両者はおなじダツ目の外洋表層魚であり、それぞれトビウオ科（五属約五〇種）、ダツ科（四属六種）に属し、特徴的な長い胸鰭（トビウオ）と鋭い口吻（ダツ）をもつ特徴がある。漁法の分布は両者で顕著に異なる。前者で特徴的な漁法は夜間の松明によるすくい網漁で、日本、台湾の蘭嶼、オ

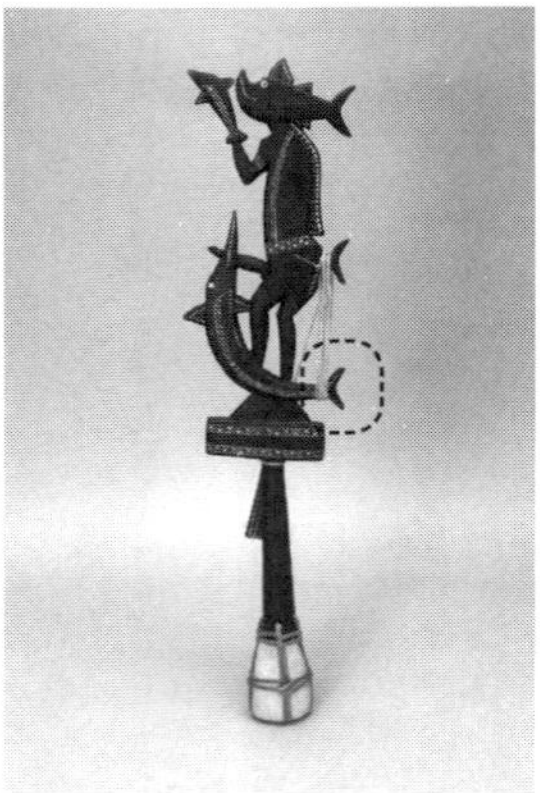

図2-7　トビウオの釣り用浮きとゴージ。左はオノトア環礁・ギルバート諸島、右はソロモン諸島・サンクリストバル島。点線部分がく字形のゴージ。

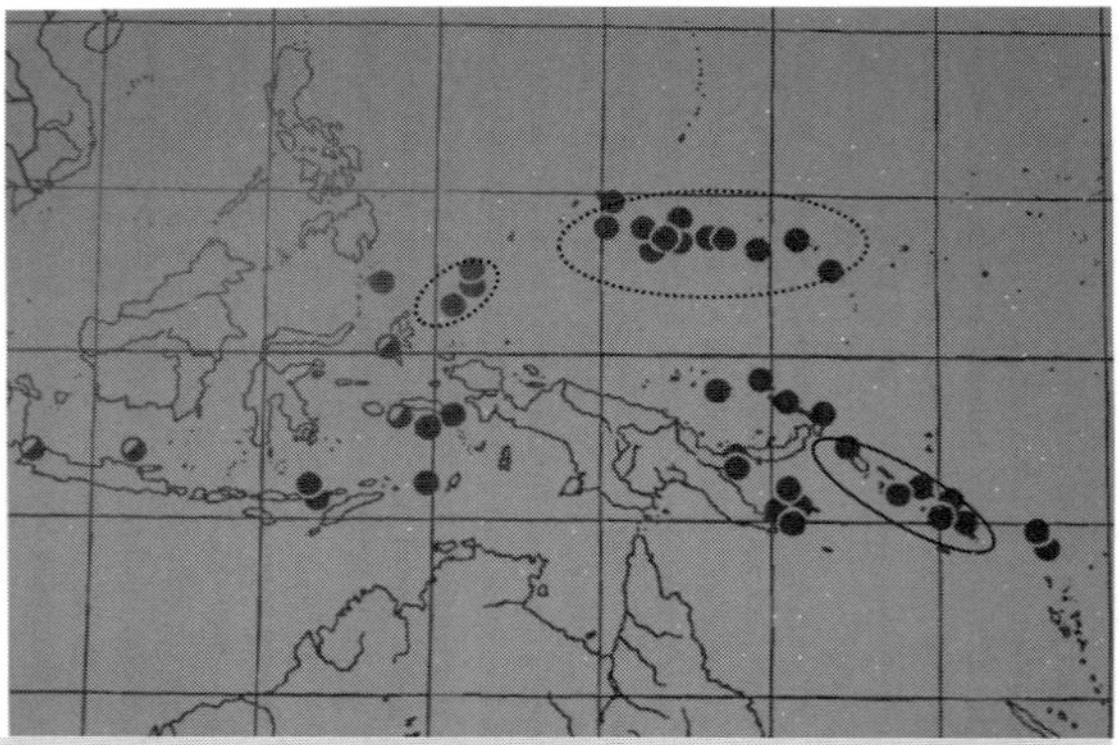

図2-8　東南アジア・オセアニアにおける凧揚げ漁の分布。（Anell 1955による）。細点線はパンノキ、太点線は着生シダ、実線はヤシ。このほか、タロイモ、バナナ、タコノキ、ゾウゲシュロなどが利用される。

セアニアで広域に分布する（秋道　二〇一三a）。

ミクロネシア、メラネシアにおけるトビウオの昼間流し釣り漁では、釣りばりとしてゴージが用いられる。この漁法では、カロリン諸島ではココヤシの殻を浮きとし、ゴージにはココヤシの果肉をつける。ソロモン諸島・サンクリストバル島では細工を施した木製の浮きを用いる（図2—7）。ギルバート諸島・エリス諸島（ココヤシ殻製の浮き）やグアム島（ひょうたん製の浮き）でも流し釣り漁がおこなわれた（Turbott 1950）。蘭嶼でもゴージが使われた（Brandt 1984）。

琉球列島では、網漁が糸満をはじめ波照間島、南九州の種子島でおこなわれた。琉球王朝時代、糸満では沖合のフカ釣り、イカ釣りとともにトビウオ刺網漁がおこなわれ、海雑物として王府、按司や村の親方に上納された。明治中期以降、糸満で考案された廻高網により、サガマア網、すなわち網の一端ないし両端につけたおどし縄を使ってツマリトビウオ（サガマー）の追込網漁が発展した（復帰前後には消滅）。明治期の専用漁業権原簿によると、宮古島・

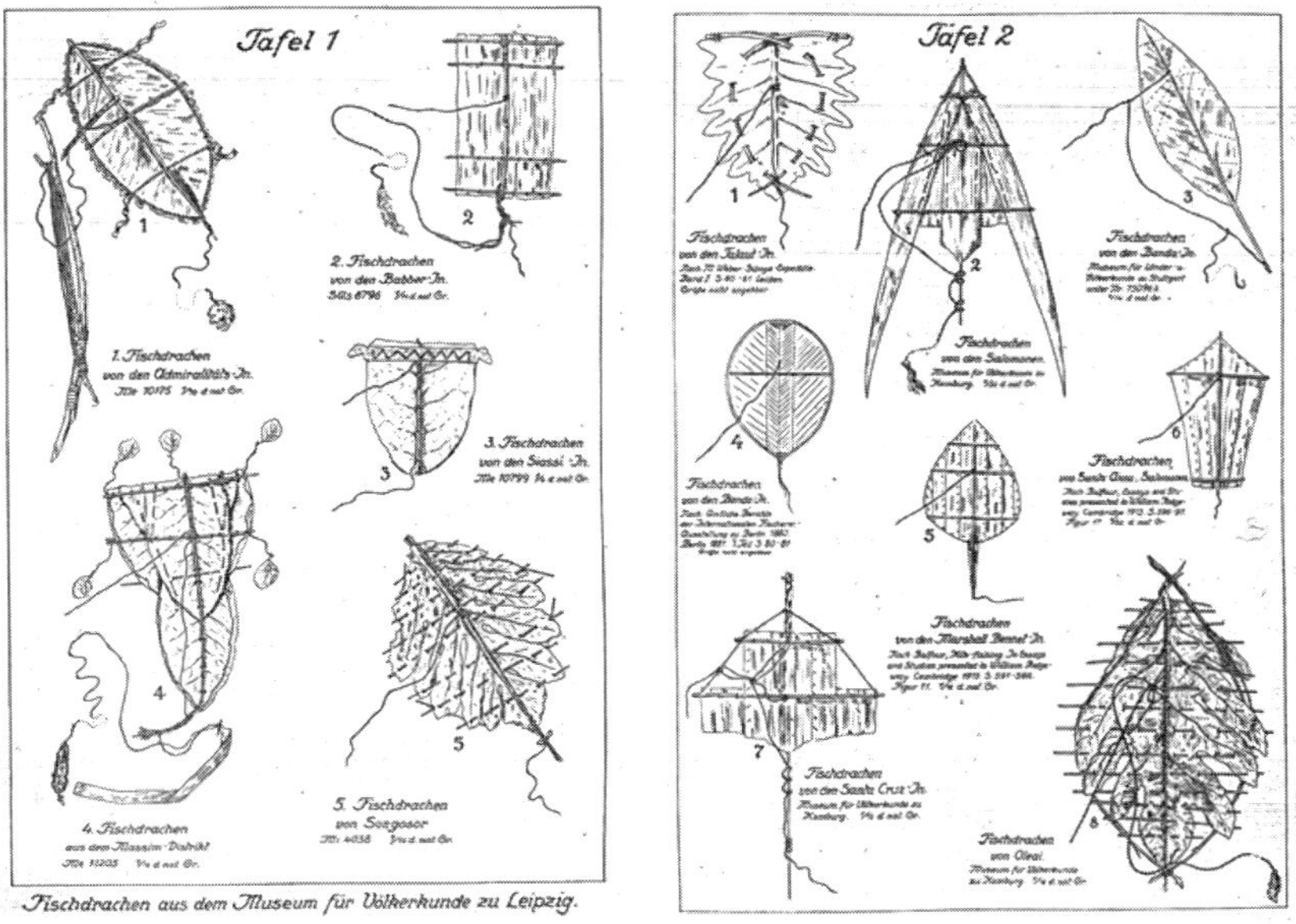

図2-9　ライプチヒ民俗博物館所蔵のオセアニアにおける凧揚げ漁用の凧。（Plischke, H. 1922による）

久松漁業組合、国頭郡・伊江村漁業組合でトビウオ追い込み漁がおこなわれている。同時期、糸満のウミンチュは波照間島に遠征してトビウオ漁に従事し、獲れたトビウオを塩蔵して持ち帰った（加藤　二〇〇〇）。

後者の凧揚げ漁は昼間漁であり、インドネシア東部、カロリン諸島、メラネシアを中心に分布し、ニューヘブリデス諸島以東、ポリネシアには分布しない（図2—8）（Anell 1955; Barton and Dietrich 2009）。凧揚げ漁では、空中に植物製の葉で作った凧を揚げ、凧から垂らした糸にクモの巣やサメ皮などをつけて餌とする。鋭い歯をもつダツが餌に食いつくと、凧の動きで魚がかかったことがわかる。凧揚げ漁は南北の半球で貿易風帯に分布し、凧の素材となる植物と凧の形状は多様である。たとえば、着生シダ（インドネシアのサンギル・タラウド諸島）、パンノキ（カロリン諸島）、野生のヤシ（ソロモン諸島マライタ島）の葉が利用される。このほか、タロイモ、バナナ、タコノキ、ゾウゲシュロなどの葉の報告例がある。

ライプチヒ民族博物館に所蔵の資料図（図2—9）には、前記以外にアドミラルティー諸島、ババル島、マッシム地域、ソンソロル島、タラウド諸島、バンダ諸島、マーシャル・ベネット諸島、サンタ・アンナ島、サンタクルーズ諸島、ウォレアイ環礁の凧が示されている。

ダツの凧揚げ漁は東南アジア・オセアニア西部にかぎられるが、トビウオの夜間漁は西日本からポリネシアまで広く分布する。ただし、昼間のゴージを使った漁法はマリアナ諸島ないし蘭嶼からギルバート諸島、ソロモン諸島までしか分布しない（Brandt 1984; 秋道 二〇一三a）。

海を越えた移動が何度にもわたっておこなわれたとして、広い分布をもつ漁法と狭い分布域の漁法を考察する場合、（1）広域分布の漁撈技術がもっとも古く拡散したとする年代領域説、（2）漁法の原理がおなじでも材料（凧やトビウオ漁の浮き）が変化した変容説、（3）おなじ資源を対象とした独立の漁撈技術の考案（独立発生説）とする考え方が仮説的に成立する。とすれば、移動にともなう海のネットワークの研究に漁撈技術の問題をふくめて議論する有効性が浮かび上がる。今後の海の移動誌の研究に好材料を提供してくれるとおもわれる。

第3節　交易と言語・入漁

ここでは前節を踏まえて、海域ネットワークの現場において、資源取引のさいに用いられた言語の問題と、交易の基盤となるパートナーの受け入れ上、いかなる政治的・経済的な背景が問題となるかについて、入漁、すなわちエントリー（entry）の可否をめぐる事例をもとに検討する。

1　交易と言語

東南アジア島嶼部では、漁撈民と商人とのあいだの交易ネットワークにはパトロン・クライアント関係が介在している。オセアニアでは、カロリン諸島におけるサウェイ交易（sawei）、ラモトレック環礁、エラート環礁、サタワル島の間のコー（kéé）、パプアニューギニアのマッシム地域のクラ（kula）交易のほか、ニューアイルランド島と周辺離島および北ソロモン諸島、サンタクルーズ諸島、ヴィチアス海峡周縁部、ガルフ湾、ソロモン諸島（西部とマライタ島）などが著名な例である［秋道 一九九五a］。これらの交易で顕著な点が三つある。

第一は、さまざまなモノが交易の対象となった点であり、財貨（クラにおけるムワリとソウラヴァの貝貨、ニューアイルランドにおけるケメタス）および財貨の材料（サウェイにおける鯨歯、ソロモン諸島におけるウミギク、サンタクルーズ諸島におけるミツスイの羽毛のほか、土器、木製品、染料、腰布、ベッコウ、食料）など多岐にわたっている。海を越える交易が短距離間（数キロメートル以内）でおこなわれる場合もある。またパプアニューギニアのマヌス州では、漁撈民、半農半漁民、農耕民間や、ソロモン諸島マライタ島における漁撈民と農耕民における食物交換の例がある［秋道 二〇一三a］。

第二は、交易の対象がかならずしも同一の言語・文化集団とはかぎらず、共通語を使用することで異文化交流が実現していた点である。たとえば、ソロモン諸島マライタ島では異民族間の交易でも交易品の品目名は共通語となっている。アドミラルティー諸島でも農耕民、半農半漁民、漁撈民は言語を異にするが、交換品の名称は共通語となっている。交換のさいのレートも相互に了解されている。たとえば、アドミラルティー諸島の漁撈民と農耕民との間では、タロイモ五個が中型のフエフキダイ一尾と等価とされていた［秋道 一九九五a］。

ニューギニアではピジン英語（Tok Pisin）が共通語となっているほか、ヒリ・モツ語はポートモレスビーとガルフ湾とのあいだにおける交易で用いられた共通語であり、ポートモレスビー周辺で製作された土器が交易船ラカトイによりガルフ湾に運ばれ、ガルフ湾からはサゴ・デンプンや食料がもたらされた。マッシム地域のクラ交易において も、異なった言語集団間での交易がおこなわれた。マッシム地域の言語は地理的に大きく北部と南部で異なり、前者でキリウィナ語が、後者でドブ語が話される。キリウィナ語はドブ、ダントルカストー、アンフレット、トロブリアンド諸島の共通語であるが、ドブの人びとはキリウィナ語を話さない［Malinowski 1922］。ソロモン諸島南東部のサンタクルーズ諸島では、オーストロネシア語のナティグ語（Natigu）とポリネシア語（辺境ポリネシア）間で言語接触による言語的な変化が認められるという［Tryon 2009］。

第三は、一四～一八世紀に東南アジア沿岸域で発達した海のネットワークをパシシル文化（pasisir culture）として論じたH・ギアツの提案である［Geertz 1963; Vickers 1993］。パシシルはジャワ島北岸のジャワ海に面する沿岸地域を指す。香料貿易を背景として、イスラームのスルタン王国に従属しながら、中国向けのナマコ、フカひれ、海燕の巣、ヨーロッパ向けのチョウジやニクズクなどを輸送する、民族集団を越えたエスノ・ネットワークが形成された。パシシル文化の特徴は、①ローカリズムとコスモポリタニズムの共存と②多様な経済戦略の併用、であり、日本の「沿海文化」を考察するうえでも重要とされている［大林 一九九六、後藤 二〇一〇］。パシシル文化において共通語として現在のインドネシア語が広く使用されたと考えてよい。

アーネムランドにおけるマカサーンの遠征ナマコ漁の例にもあるように［鶴見 一九九九］、アラフラ海をはさむ地域で、インドネシアのパシシル文化がニューギニア、オーストラリアの文化とのあいだでいかなる言語が媒介となったのかは興味ある課題である［McCarthy1939a, 1939b, 1939c; Martínez 2015］。また、技術面でも、遠方の技術、通常では接触することのない技術伝統が複合化している様相は注目すべきであろう。

2　入漁と相互関係

インドネシア東部ではラジャ（スルタンの王）を頂点とする小王国がかつて林立していた。土地と海面は王が所有し、人びとは土地・海面を王から借用して利用した。ケイ諸島の例では王からの借用期間は一〜三年であり、契約そのものはファムと呼ばれた。契約にさいして、申請した漁法以外の漁をおこなうことはできなかった。漁撈自体は食べてゆくためのものであることが前提である。外部からの入漁は一般に認められず、仮に入漁があった場合、多額の入漁金が要求された。現在は村落の長がラジャ時代の業務を代行しておこなっている。アラフラ海にあるアルー諸島マエコル島マイジュリン村の人びとは自分たちが食べていくために森や沿岸の資源を利用する権利、カマレア・カマラウを慣行権として主張してきた。カマレアは「権利」、レアは「森」、ラウは「海」を表す。しかし、外部からエビや魚を獲るために三カ月入漁した企業には一隻あたり二五万ルピアの高額入漁金を請求した例がある。また、インドネシアのケイ諸島では隣接する村の個人が入漁した場合、生活のための漁であるならば、若干の魚をもらうか、タバコを提供されることで紛争や問題は発生しない。食べるための権利がたがいに了解されていることを意味した。こうした権利はハック・マカン（hak makan）と称される。ハックは「権利」、マカンは「食べる」ことを指す［秋道 一九九六］。

高い入漁金のことを勘案すれば、海を通じた資源の交易に関するネットワークは形成されにくいと考えがちである。もしくは外部漁民の入漁にさいして、紛争が頻発することになる［秋道 一九九六］。注意すべきは、現地の村落に華人やブギス人、ブトン人が常駐し、商売人として現地での資源の買い付け業を手広く進めてきた点である。外部の人間が資源を獲るのではなく、自分たちが獲った資源が域外に運ばれることには問題はない。しかも、ナマコ、高瀬貝、真珠母貝などの場合、ナマコはすべて加工し、貝肉は消費し、貝殻を売買するだけで収入源を得ることができる。パシシル文化では特殊海産物が重要な交易品であったことを確認しておこう。

オセアニア地域においても、相互の政治的な関係性が入漁ないし入島できるかどうかに大きくかかわる例がある。たとえば、メラネシア・マッシム地域におけるクラ交易のネットワークにおいては、財貨を相手から受け取るかどうかは、たがいの同盟・非同盟関係に大きく関与する（Leach and Leach 1983）ミクロネシアのチュークでは、伝統的な呪術や知識を保有する個人はイタン（itang）と呼ばれる「謎かけの言語」に通じていた。イタンの言語により相手に問いを発し、それに答えられるかどうかで敵と味方の区別をしたとされている。

琉球では、王国時代の一七一九年に海方切とよばれる間切《まぎり》ごとの漁業権が確定された。間切内で自由に漁撈をおこなうことができたのは持ち家の所有者にかぎられ、借家住まいの人でタコや貝類を採捕しようとする個人にたいしては、年間に一定額を徴収する義務があった。また、他の間切からの入漁者はあらかじめ決められた額の入漁金を海叶《うみがなえ》（間切の役人）に支払わなければならなかった。もしも無断で入漁した人がいれば、船と漁具は没収され、違反者には罰金が課されたが、没収品は罰金を支払うことで戻された。また、よその間切でタコや貝類を違法に採捕しても、罰金を支払えば元の間切に戻ることが許された。

さらに、間切の占有海面の外側の海域は薩摩藩が管轄した。ただし、一部の地域では特定の間切に税を課して海面の利用権を移譲することがあった。その内容が叶掛（カナイガケ）漁場である。たとえば、一六七三年、琉球王府は那覇沖にある三つのリーフ、すなわち伊那野、知謝嘉《ちしゃか》、神ノ干瀬の漁場を糸満村漁民に年間一〇〇貫（三七五キログラム）の銀納で借用させた。間切の占有権がおよぶ地先の海を越えた海域における漁業権については、琉球王国が直接、管轄するのではなく、村むらに有償で貸与する慣行が那覇周辺の海域でみられた。しかもその漁場の利権をめぐって、糸満村と那覇の泊・若狭両村とのあいだで繰り返し占有権が交代したいきさつが一八世紀前半から五〇年間つづいた［秋道 二〇一六］。

第4節　島嶼間関係とネットワークの展開

これまで東南アジア・オセアニアと琉球列島をふくむ海域における資源利用と交易の問題から、サツマイモ、芭蕉布、デリス属植物、サンゴ礁魚類、貝類（タカセガイ・ヤコウガイ）について検討した。この結果を踏まえて、海のエスノ・ネットワークについて、言語と入漁の課題をもとに議論を進めてきた。最後に、島嶼間ネットワークについての例から交流の担い手の問題に迫ってみたい。

1　八重山の島嶼間ネットワーク

近代の琉球列島における島嶼間交易について興味ある事例がわかっている。安渓［二〇一一］は屋久島と種子島、トカラ列島の島じま、奄美大島と加計呂間島・与論島、沖縄本島国頭地方と与論島、宮古諸島の水納《みんな》島と多良間島、八重山諸島の西表島と黒島の六事例について、交易や島嶼間交流について詳細な検討をおこなった。それによると、種子島と屋久島間でサバの内臓・塩辛とサツマイモ、水納島と多良間島間で燻製・乾燥魚とサツマイモの交換例がみられた。奄美大島住用村と加計呂間島のあいだでは、加計呂間島産のキビナゴが住用村産の芭蕉繊維や藺と交換された。西表島西部（主に祖納・干立）と米のとれない黒島の人びとのあいだで稲束と灰、あるいは稲束・白米と麦・豆・海藻の物々交換がおこなわれていたことや、西表島西部の村落と鳩間島とのあいだで鳩間島産のカツオの頭やアーサー（ヒトエグサ）と西表島産の米が物々交換されていた。このように、琉球列島では上納物とは別に、島嶼間での交易がおこなわれており、貢納品と生業上の資源の交易をセットとして考えることの重要性が明らかとなる。

さらに、八重山諸島における島嶼間関係について、魚垣（石干見）漁とパナリ焼きから興味あることがわかった。まず、サンゴ礁の浅瀬に岩を馬蹄形に積み上げ、潮汐の干満差を利用して干潮時に逃げ遅れた魚を獲る魚垣《うおがき》漁が八重山・宮古諸島に広く分布する［田和 二〇〇七、二〇一四］。ふつうは沿岸地域の村むらが前の浜に造成された魚垣を利用する。しかし、西表島の場合、ニシ崎からユツン川までは鳩間島の島民が、野原から高那までの魚垣は竹富島の島民が、由布島から古見のものは黒島の島民が、大原周辺は新城島の島民がそれぞれ所有して利用していた［仲底 二〇〇一］。

また、新城島で生産されたパナリ焼は八重山諸島内で交易品とされた。西表島東部の古見、大浜、西部の祖納からパナリ焼の土器が発掘されており、石垣市新川の喜田盛遺跡（一五～一六世紀）からはパナリ焼の土製勾玉が出土している。良質な陶土のなかった八重山諸島では、パナリ焼きは砂まじり（星砂をふくむサンゴ礁の砂）の陶土にカタツムリの殻やヤコウガイの貝殻を砕いたものを混ぜて成型された。これにタブノキやネナシカズラの樹液を上塗りして天日乾燥し、露天で焼成された。パナリ焼きは水がめ、大小の壺や鍋、皿などとして使われた。このことは一七四九（乾隆一四）年の参遣状の史料で、「新城村之儀……、（中略）水甕・爐・土鍋・諸焼物、莚・箕之類作調、村々江罷渡商売之補を以て乍漸相営候」とあり、新城島産のパナリ焼が穀物納以外の商売の手段として使うことが許されていたことを得納壽美が指摘している［得納 二〇〇七］。

さらに、八重山諸島における「高い島」（石垣島・西表島・小浜島）と「低い島」（竹富島・黒島・波照間島・新城島）における土壌のちがいに注目した推論もある。先史時代の八重山諸島における下田原式土器の分布に注目すると、下田原式土器の混和剤となる石英・長石は低い島にはなく、石垣島や西表島から波照間島や黒島、竹富島などに完成品の土器が持ち込まれたものと考えられる。

海を越えた交易とネットワークには、等価交換、贈与、互酬性、パトロン・クライアントなど、広義の文化的な意味をふくむ関係性の介在することがわかった。こうして形成されるエスノ・ネットワークには、生業面で異質であるが社会的に同質な集団の場合から、階層性や支配・従属関係にある集団の場合まであることがわかった。

表２―１には、琉球列島、東南アジア、オセアニアにおける海のエスノ・ネットワークにみられる共通性と異質性についてまとめておいた（表２―１）。

ネットワークの形成には、少なくとも二者間での人間の移動を通じてはじめてモノや知識・情報の伝播、拡散が実現される。これには船や航海術の問題が深く関わっており今後の課題としたい。また、人類の海を越えた移動の結果もたらされた漁撈技術の分布から、今後の移動誌研究における大きな可能性と方向性を指摘しておきたい。

２　海のエスノ・ネットワーク論の将来

東南アジア・オセアニア・琉球における海と人類との関わりについて時代性をふまえて議論することは容易ではない。少なくとも、海を越えたネットワークには異文化交流のエージェントとなった交易者の存在

表 2-1　海のエスノ・ネットワークの異同性に関する比較

●共通性

	琉球列島	東南アジア	オセアニア
自然	サンゴ礁海域における島嶼生態系・複数の島嶼間関係・植物性食料の多様性と海産資源への高い依存性		
政治文化	島嶼間の政治的階層制と王権の支配領域における貢納ネットワーク・船の利用によるネットワークの形成・土器の生産と交易（パナリ焼・ラピタ土器・ヒリモツ）・交易における共通語の存在（日本語／漢語（福建語？）・ピジン・ヒリモツ）		
資源	海域と陸域の資源構成・漁撈民と農耕民の共生的ネットワーク・サツマイモの広域伝播・高い島と低い島における資源構成の差異によるネットワーク・黒曜石の遠距離交易（東南アジアとオセアニア間のネットワーク）・芭蕉布の広域分布と技術伝播（*Musa* spp.）・入漁における多様な規制と入漁権の存在		

●異質性

	琉球列島	東南アジア	オセアニア
自然	黒潮の影響海域の地理的勾配（奄美〜八重山）	スンダからサフール、ウォーレシア、ニア・オセアニアとリモート・オセアニアの連続性と断絶性	
政治文化	中国王朝と琉球王国の二重支配によるネットワーク文化的均一性と通耕・通漁・貢納品と自給用の生産	イスラム王国と植民地領域の支配・パシシル文化と集荷商人のネットワーク	首長制基盤のネットワーク、円環・連鎖型のネットワーク、威信財の交換経済ネットワーク
資源	ヤコウガイ産地と集散地の特異性	サンゴ礁資源の多様な利用と商品化（タカセガイ・ヤコウガイ・ナマコ・ふかヒレ・活魚・鑑賞魚）	資源の商品化未発達・ココヤシの殺虫剤は逆方向のネットワーク

を前提とすることが有効であり、言語を異にする集団間での交易の可能性を探ることが今後の大きな課題である。モノ（この場合、漁法）に着目した場合でも、言語の異なる集団間でおなじ原理の漁法が共有されており、言語を超えた次元での接触と技術伝播の可能性を探ることの意義は大きい。わたしが『海人の世界』〔秋道 一九九〇〕で指摘したように、資源・権力・境界性の三つのキーワードを今後ともに重層的な脈絡で検討することが肝要となるだろう。

文献

秋道智彌 一九九〇「海人の変容論」『海人の世界』秋道智彌（編）、三〜一七頁、同文舘出版。

――― 一九九四「海の資源はだれのものか」『講座地球に生きる3 資源への文化適応』大塚柳太郎（編）、二一九〜二四二頁、雄山閣。

――― 一九九五a『海洋民族学――海のナチュラリストたち』東京大学出版会。

――― 一九九五b「魚毒漁の分布と系譜」『生活技術の人類学』吉田集而（編）、六六〜九八頁、平凡社。

――― 一九九六「インドネシア東部における入漁問題に関する若干の考察」『龍谷大学経済学論集』第三五巻第四号、二一一〜四〇頁。

――― 二〇〇六「トロカス・コネクション――西部太平洋におけるサンゴ礁資源管理の生態史」『環境と資源利用の人類学――西太平洋諸島の生活と文化』印東道子（編）、一五〜三五頁、明石書店。

――― 二〇〇八「珊瑚交易とチベット文化」『珊瑚の文化誌――宝石サンゴをめぐる科学・文化・歴史』岩崎望（編）、一八一〜一九六頁、東海大学出版会。

――― 二〇一三a『漁撈の民族誌――東南アジアからオセアニアへ』昭和堂。

――― 二〇一三b『海に生きる――海人の民族学』東京大学出版会。

――― 二〇一六『サンゴ礁に生きる海人――琉球の海の生態民族学』榕樹書林。

安里進 二〇一〇「ヤコウガイ交易二つ口と一つの口――争点の整理と検討」『古代末期・日本の境界 城久遺跡群と石江遺跡群』ヨー

ゼフ・クライナー、吉成直樹、小口雅史（編）、法政大学国際日本学研究所、一六一～一七九頁、森話社。
安渓遊地　二〇一一「隣り合う島々の交流の記憶――琉球弧の物々交換経済を中心に」『日本列島の三万五千年――人と自然の環境史4　島と海と森の環境史』湯本貴和編、田島佳也・安渓遊地（責任編集）、二八三～三一〇頁、文一総合出版。
池間栄三　一九八〇『与那国の歴史』池間苗。
大林太良　一九九六『海の道・海の民』小学館。
――・杉田繁治・秋道智彌　一九九〇『東南アジア・オセアニアにおける諸民族文化のデータベースの作成と分析』（国立民族学博物館研究報告別冊一一号）。
片岡千賀之　一九九一『南洋の日本人漁業』同文舘出版。
加藤久子　二〇〇〇「八重山における糸満漁民の出漁と移住―石垣島の漁民集落形成と漁業活動を中心として」『沖縄八重山の研究』七九―一三一頁、相模書房。
鹿野忠雄　一九四一「臺灣原住民族に於ける數種栽培植物と臺灣島民族史との關聯」『人類学雑誌』五六（一〇）：五二二～五二八頁。
後藤明　二〇一〇「『海人・海民』論と造船について」『国際常民文化研究機構　国際シンポジウム報告書Ⅰ：一五　Ⅱ―2―3』一六七～一七二頁。
杉藤重信　一九八二「エラート環礁の腰布」『季刊民族学』一九、七四～八二頁。
高梨修　二〇〇五『ヤコウガイの考古学』同成社。
――　二〇〇六「古代・中世におけるヤコウガイの流通」『鎌倉時代の考古学』小野正敏・萩原三雄（編）、二〇一―二一六頁、高志書院。
田和正孝編　二〇〇七『石干見』法政大学出版局。
――編　二〇一四『石干見に集う――伝統漁法を守る人びと』（K・G・りぶれっと37）関西学院大学出版会。
立本成文　一九九〇「流動「農」民ブギス」『海人の世界』秋道智彌（編）、一四二～一六七頁、同文舘出版。
鶴見良行　一九九九『鶴見良行著作集9　ナマコ』筑摩書房。
得能壽美　二〇〇七『近世八重山の民衆生活史――石西礁湖をめぐる海と島々のネットワーク』榕樹書林。
仲底善章　二〇〇一「西表島におけるカキィ（魚垣）について」『西表島総合調査報告書―自然・考古・歴史・民俗・美術工芸』、

一三一〜一四七頁、沖縄県立博物館。
比嘉武吉　一九九八『琉球の甘藷を考える 甘藷の文化誌』榕樹書林。

Anell, B. 1955. *Contribution to the History of Fishing in the Southern Seas*. Studia Ethnographica Upsaliensia 9.

Barton, Gerry and Dietrich, Stephan. 2009. *This Ingenious Single Apparatus- Fishing Kites of the Indo-Pacific*. Heidelberg: Herstellung und Verlag.

Brandt, A. von. 1984. The Fishery of Lan Yu (Botel Tobago): An Old Fishing Culture. In *The Fishing Culture of the Wor*ld. edited by B. Gunda, pp. 469-527. Budapest：Akadémiai Kiadó,.

Fosberg, Francis R. 1969. Plants of Satawal Island, Caroline Islands *Atoll Research Bulletin* 132.

Geertz Hildred 1963. Indonesian Cultures and Communities. In *Indonesia*. edited by R. McVey, HRAF Press.

Healey, Christopher 1990. *Maring Hunters and Traders-Production and Exchange in the Papua New Guinea Highlands*. Berkeley: University of California Press.

Hendrickx, Katrien 2007. *The Origins of Banana-Fibre Cloth in the Ryukyus, Japan*. (Studia Anthropologica) Leuven: Leuven University Press.

Leach, Jerry and Leach, Edmund 1983. *The Kula: New Perspectives on Massim Exchange*. New York: Cambridge University Press.

Malinowski, Bronislaw 1922. *Argonauts of the Western Pacific*. Routledge and Kegan Paul.

Martínez, Julia 2015. *The Pearl Frontier: Indonesian Labor and Indigenous Encounters in Australia's Northern Trading Network*. Honolulu: University of Hawaii Press.

Masuda, Shozo. 1985. Algae Collectors and Lomas. In *Andean Ecology and Civilization, edited by* Masuda Shozo, Shimada Izumi, and Morris CraigThe University of Tokyo Press, pp.233-250.

McCarthy, Frederick D. 1939a. "Trade" in Aboriginal Australia, and "Trade" Relationships with Torres Strait, New Guinea and Malaya. *Oceania* 9 (1): 405–438.

———. 1939b. "Trade" in Aboriginal Australia, and "Trade" Relationships with Torres Strait, New Guinea and Malaya. *Oceania* 10 (1): 81–104.

———. 1939c. “Trade” in Aboriginal Australia, and “Trade” Relationships with Torres Strait, New Guinea and Malaya. *Oceania* 10 (2): 171–196.

O’brien, Patriucia J. 1972. The Sweet Potato: Its Origin and Dispersal. *American Anthropologist* 74(3): 342-36.

O’connor, Sue; Ono, Rintaro; and Clarkson, Chris 2011. Skills of Modern Humans Pelagic Fishing at 42,000 Years Before the Present and the Maritime. *Science* 334(6059): 1117-1121.

Plischke, Hans *Der Fischdrachen.*Veröffentlichungen des Städtischen Museums für Völkerkunde zu Leipzig, Heft 6, Leipzi: R.Voigtländers Verlag.

Roullier, Caroline; Benoit, Laure; McKey, Doyle B.; and Lebot, Vince 2013. Historical Collections Reveal Patterns of Diffusion of Sweet Potato in Oceania Obscured by Modern Plant Movements and Recombination. *Proceedings of the National Academy of Science of the United States of America* 110 (6): 2205-2210.

Simada, Izumi 1982. Horizontal Archipelago and Coast-Highland Interaction in North Peru: Archaeological Models. *Senri Ethnological Studies* 10: 137-210.

Soegiarto, A. and Polunin, N.V.C. 1982. The Marine Environment of Indonesia. *A Report Prepared for the Government of Indonesia, under the Sponsorship of IUCN and WWF.*

Switek, Brian 2013. DNA Shows How the Sweet Potato Crossed the Sea. Historical Specimens Reveal that Early Travelers Brought the Tuber to Polynesia. *Nature/News* 21 January 2013.

Tryon, Darrell 2012. Linguistic Encounter and Responses in the South Pacific. In *Oceanic Encounters- Exchange, Desire, Bijdragen tot de Taal-, Land- en Volkenkunde* 168(1)edited by Jolly, M., S. Tcherkézoff, D.Tryon, and H.J.M. Claessen: pp. 136-140.

Vickers, Adrian H. 1993. From Bali to Lampung on the Pasisir. *Archipel* 45 (45): 55–76.

Watson, James B. 1965a. From Hunting to Horticulture in the New Guinea Highlands. *Ethnology* 4(3): 295-309.

———. 1965b. The Significance of a Recent Ecological Change in the Central Highlands of New Guinea. *Journal of the Polynesian Society* 74 (4): 438-450.

Yen, Douglas. E. 1974. *The Sweet Potato in Oceania: An Essay in Ethnobotany.* Honolulu: Bishop Museum Press.

第3章

マダガスカル島と海域アジアを結ぶネットワーク

飯田卓

はじめに

本章では、自然資源の分布をふまえた動的なネットワーク研究を提唱する第1章と、本書のカバーする地理的領域に関して枠組みを与える第2章に続き、海域ネットワークの長期的な動態を把握するうえで鍵となる論点を拾いあげることを目的とする。第2章が空間を重視するのに対して、本章は時間を重視しているといってもよい。そこでかなり荒削りの議論ではあるが、造船をはじめとするインフラ整備がヒトとモノの移動を可能にするという理解から、海域ネットワークの転換点を複数とりあげる。このように交易航路の形成をネットワークの動態ととらえることで、インフラ整備がネットワーク転換の鍵を握ることを示してみたい。

本章で扱うのは、インド洋の西側に位置するマダガスカル島である（図3―1）。他の章が扱う地域からは離れているが、この島でもっとも長期間にわたって話されているマダガスカル語（マラガシ語）は、東南アジアやオセアニアの言語とも関係が深いオーストロネシア語族のひとつであり、本書で扱う地域との歴史的な結びつきは強い。

マダガスカル島はアフリカ大陸に近いため、そこからの文化的影響が強いと思われがちだが、モザンビーク海峡の潮流が速いために海上の行き来はそれほど頻繁ではなかったといわれる。いっぽうで、文化的結びつきが著しい東の東南アジアや北の西アジアとは距離が離れているため、恒常的に強い関係が維持されたわけではない。つまり、マダガスカル島とアジアとの結びつきは、時代によって強くなったり弱くなったりするという特徴があり、この点では、いつの時代にも地域内の相互関係が強かった島嶼部東南アジアと対照的である。つまり、相対的に孤立した位置にあるマダガスカル島は、他の地域と強く結びつく時代に大きく変化し、そうでないときには大きな変化を示さないということをくり返しており、海域ネットワークの長期的な変化をみるうえでは適しているといえよう。

第1節　最初のマダガスカル人

マダガスカル島における人間活動のもっとも古い痕跡

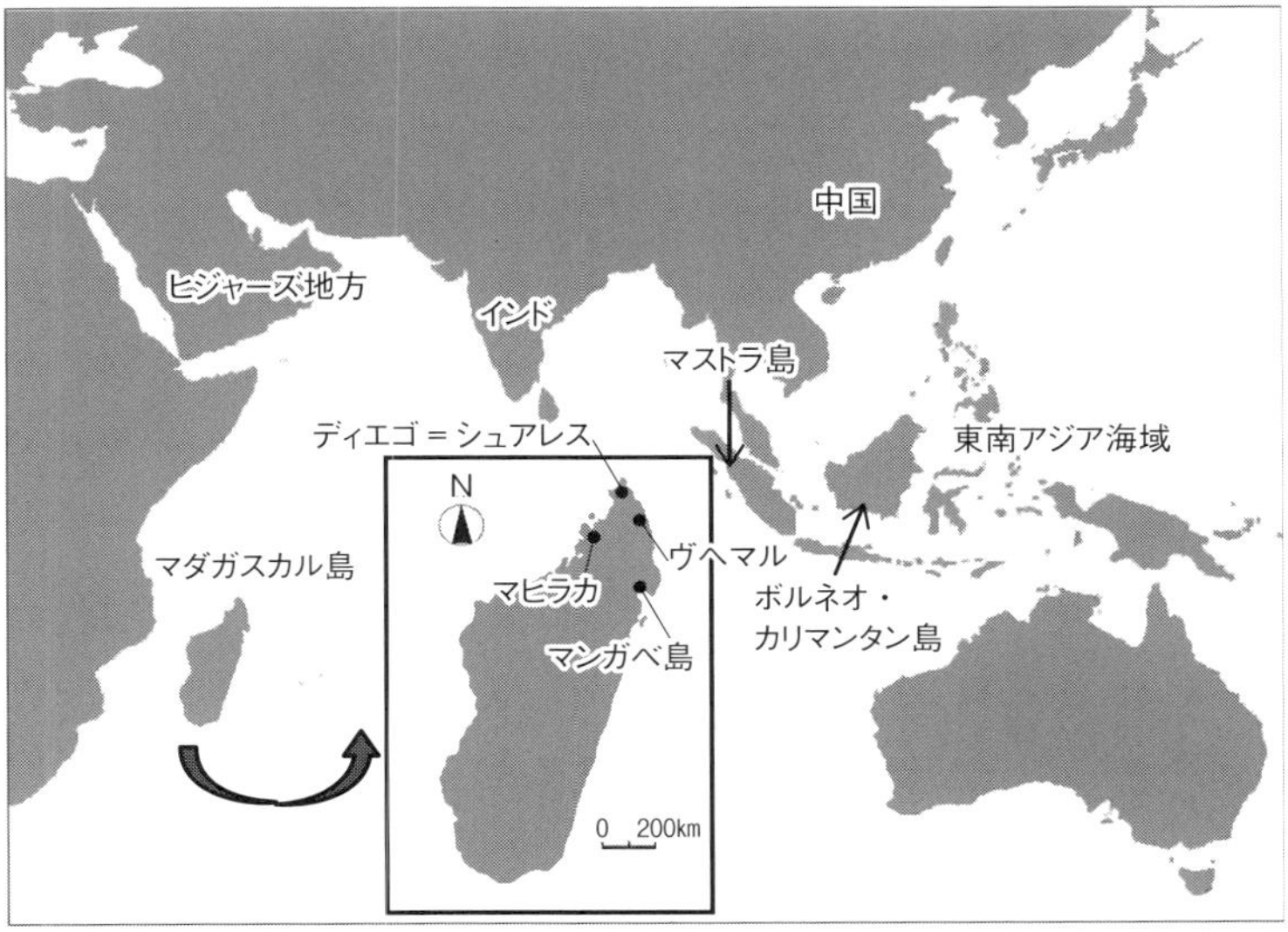

図 3-1　マダガスカル島と本章で登場する地域の位置

としては、フランス国立自然史博物館に保管されているコビトカバの大腿骨（図3—2）が、これまでもっともよくとり上げられてきた。これは、二〇世紀初頭に博物学全般で業績を残したアルフレッド・グランディディエがマダガスカル島南西部で採集したもので、金属器で切りつけた痕跡がある。その年代は長らく不明だったが、ここに付着していた微量のタンパク質を加速度質量分析で年代測定したところ、紀元前八九年から紀元後七〇年頃のものと判明した［MacPhee and Burney 1991］。

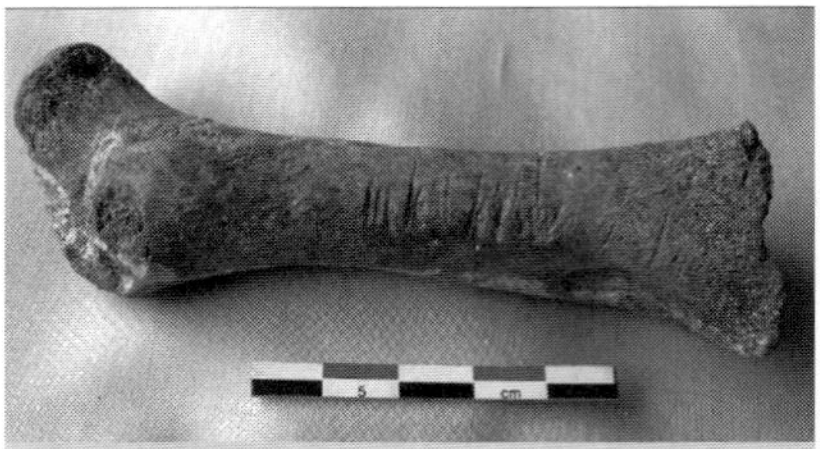

図 3-2　金属器によるカットマークの入ったコビトカバの大腿骨。
出典：http//www.cnrs.fr/inee/communication/breves/dominque-gommery.htm

筆者は当初、この年代を参考ていどにしか考えていなかった。四千年前の人為的痕跡を残す獣骨が発見されたときも［Gommery *et al.* 2011］、グランディディエの発見と同じくいくつかの疑問点があった［飯田 二〇一二、二〇一三］。たとえば、コビトカバが死亡した年代と金属器痕跡がつけられた年代は同じとはかぎらないし、単身で島にたどり着いた漂流者がコビトカバを殺害したのであれば、島への定住がおこなわれるのはもっと後かもしれない。グランディディエが骨を発見したのは海岸近くだから、その可能性はなおさら高い。人間活動を示す他の証拠も、まったく発見されていなかった［cf. Wright and Rakotoarisoa 1997］。ところが近年、北部の都市ディエゴ＝シュアレスに近いラカトゥ・ニ・アンザなどの遺跡では、放射性炭素分析によって四千年前［紀元前二〇〇〇年］頃まで遡る獣骨や細石器が発見されている［Dewar *et al.* 2013; Radimilahy and Crossland 2015］。どうやら、マダガスカル島北部には、細石器技術を用いて狩猟採集をおこなう人びとがくらしていたらしいのだ。出土した遺物の形態から、西アジアや東アフリカとの関連が指摘されているが、詳細は明らかでなく、現在のマダガスカル人とのつながりもわからない。

長期にわたって利用されたもっとも古い住居跡は、北東部のマンガベ島にある。この島の遺跡は八世紀に遡り、九世紀前半の地層からは土器片や陶器片、鉄を溶練するときに生ずるスラグ［鉄滓］などが発見された［Dewar and Wright 1993］。また、木炭片の堆積の状況から、焼畑耕作がおこなわれていたことも推測される。鉄器や土器の利用、および農耕といった活発な人間活動は、当時の住人たちが漂流者などではなく、その場所を拠点として暮らしていたことを示している。村落生活の跡は、一八世紀初期まで連綿と続く（図3―3）。

状況から推測するなら、マンガベ島の遺跡の住人は、東南アジアから東アフリカ沿岸までを股にかけた航海者たちと密接な関係をもっていた可能性が高い。この島は、ディエゴ＝シュアレス湾とともにマダガスカル島でもっとも大きなアントンジル湾の奥部に位置しており、良港の条件を備えている。マンガベ島民たちは、海外との交易もおこないながら、ここにくらしていたのではなかったか。

図3-3　マダガスカル島でみられる、マレー式ふいごを用いた鍛鉄。

同じインド洋西部のコモロ諸島の四つの島では、マンガベ島とほぼ同じ九世紀から一〇世紀にかけて、陶器やスラグなどをともなう遺跡が現れはじめる。しかも、複数の遺跡から、東南アジアを経由して持ちこまれたと思われるアジアイネやココヤシの植物遺存体が出土している［Wright 1984］。この時期、インド洋の西岸と北岸ないし東岸はなんらかのかたちで結びついていたのであって、マンガベ島の生活も、インド洋の彼方に結びついていたと考えて不自然でない。

八〜九世紀といえば、東アジアでは唐朝が栄えており、西アジアではアッバース朝が成立して世界地図を大きく塗りかえていた。その中間に位置する東南アジアでは、スマトラ島に興ったシュリヴィジャヤ朝が活発な海洋交易をおこなっていた。漢籍で室利仏逝と表記されるこの国には、日本に来た高僧鑑真も訪れたといわれる。こうした国家のもとで活躍する人びとが、マダガスカル島に到達していたのかもしれない。

このことを説明するシナリオとしては、考古学のみならず言語学の分野からも有力な説が提示されている。マダガスカル語は、マダガスカル島内で話されている他の言語［フランス語や英語、コモロ語、グジャラート語、クレオール語など］と異なって、一六世紀のヨーロッパ人渡来以前から話されており、話者人口ももっとも多い。この言語は、アフリカ地域で話されている言語として唯一、東南アジア島嶼部やオセアニア地域に大半の話者人口を抱えるオーストロネシア語族に属している。明らかに、大規模な人口がインド洋を横断するような大移動があったのだ。

東南アジアからマダガスカル島への移住について、もっとも実証的でイメージ喚起力に富む仮説を提唱したのは、ノルウェーの言語学者ダールだった。彼によると、マダガスカル語にもっとも近縁な言語は、インドネシアのカリマンタン島内陸地帯に住むマアニャンの言語である［Dahl 1951; Adelaar and Kikusawa 2014］。遠く離れたふたつの地域の言語の類似は、両地域をまたぐように移住が起こった証左だが、ダールはカリマンタン島からマダガスカル島の方向へ移住が起こったと考えた。

マアニャン語に近いプロト・マダガスカル語を話す人びとは、マレー文化の影響が及びはじめた七世紀頃にカリマンタン島を離れ、スマトラ島を含む地域にたち寄ってスマトラ・マレー語やサンスクリット語の影響を受けた。しかしやがて、ヒンドゥー系のシュリヴィジャヤ朝から圧迫を受けたため、遠洋航海にたけた人びとの力を借りて長距離航海にのり出した。マダガスカル語の一部方言にバジャウ語の影響を与えたのは、彼ら遠洋航海者である。彼らに導かれたプロト・マダガスカル人は、七世紀中頃もしくは紀元七〇〇年前後にマダガスカル島にたどり着き、定着してマダガスカル語話者の子孫たちを残した［Dahl 1991］。

ダールの説に従えば、マダガスカル島への大規模移住の年代は、考古学の推定よりも若干早すぎるようだ。しかし、かりにプロト・マダガスカル人がシュリヴィジャヤ朝の影響を直接に受けたのでなく、シュリヴィジャヤ朝の影響を受けたカリマンタン島のマレー人と頻繁に接触したのだとすれば、移住の年代がもっと遅くても説明がつくし、プロト・マダガスカル人がスマトラ島地域にたち寄ったと考える必要もない［Adelaar 1989, 1995］。また、プロト・マダガスカル人がインドネシアからマダガスカルに直行したのでなく、東アフリカにたち寄ってバントゥ諸語をはじめさまざまな言語から影響をうけたと考えれば、シナリオはさらに複雑になろう［Blench 2007, 2008; Adelaar 2009, 2010］。こうしたシナリオの細部は、比較言語学や発掘調査の今後の進展をふまえ、随時修正を加えられていくことだろう。

第2節　九世紀の大規模移住――誰がどのように――

九世紀頃にマダガスカル島に来た人びととはどのような人びとで、移動するのにどのような手段を使ったのだろうか。言語学者であれば、はっきりと、それらの人びとはオーストロネシア系言語を話す人びとだったと言うだろう。また、マダガスカル島を別とすれば、この言語が分布するのはインドネシアなどの東南アジア島嶼部だけだから、その周辺が彼らの故地だと断言するだろう。筆者もまた、基本的にこの考えかたに賛成する。海を渡ってきた人びとの話す言葉が、現在のマダガスカル語の基礎になっているのだ。

オーストロネシア系言語の話者が到着したとき、紀元前二〇〇〇年から島に住んで狩猟採集をおこなっていた人たちはどうなったのだろうか。すでに絶滅しており、マダガスカル島は無人島になっていたかもしれない。あるいは、オーストロネシア系言語の話者たちと争って滅ぼされたかもしれないし、衆寡敵せず降参して、あたらしい文化に同化したかもしれない。いずれのシナリオも可能性がある。はっきりしているのは、九世紀頃に持ちこまれた文化は言語だけでなく、製鉄や農耕、土器製作など、さまざまな技術をともなっていたことだ。住居様式もあたらしかったかもしれない。ただし、九世紀頃を境として住居址が増えるのは、たんに居住形態が変わったからというだけでない。さまざまな技術によって島内の自然資源を有効利用できるようになり、生活が安定し、世代を重ねるにつれて人口が増えていったからという説明のほうが妥当であろう。そう考えると、最初に到着したオーストロネシア系言語話者の人口は、それほど多かったわけではないかもしれない。

とはいえ、漂流者のように着のみ着のままでなかったことは確かだし、農具もふいごも土器も積まずに小船一艘だけで到着したと考えるのも不自然だろう。最低限の技術者を乗せて、道具製作に必要な資材を積むくらいの準備はしたはずだ。だとすると、それらを積載できるほどの大型船が利用されたことになる。この点も、狩猟採集者の移住とは大きく異なっていただろう。彼らは、どのような船を用いてマダガスカル島までたどり着いたのだろうか。

直接的な証拠はないが、彼らの故地であるインド洋北岸や西岸では、すでに大型船が活発に航行していたようだ。そのことは、シュリヴィジャヤ朝の活発な交易活動を史料で読むだけでも明らかだろう。しかし、それでは船の規模や形態などがわからない。近年の水中考古学の発達は、この点を次第に明らかにしつつある。

一九九八年から九九年にかけて、スマトラ島とカリマンタン島の中間に位置するブリトゥン島沖で沈没した船の発掘調査がおこなわれた（図3―1参照）。その報告によると、竜骨の長さは一五・三二メートル、船体幅は五・一メートルで、多数の板を縫合して船体が造られていた。船の様式と材に用いられた樹種から判断すると、アラビアかインドで造られたと推測される。ただし、船には大量の中国製陶器が積まれており、インド洋と太平洋をまたいで航行していたらしい。放射性炭素分析によって年代を測定したところ、積荷によっては古い時代のものもあったが、陶器の様式も考慮した結果、九世紀頃に沈没したと結論された［Flecker 2001］。

板を縫合して大型の船体を形作る技術は、二〇世紀当時でもなお、インド洋横断のための木造船を建造するのに用いられていた。現在はその数が減少しており、確認するのが容易でないが、この技術で造られた大型船が沿岸を行き来するようすは、今も東アフリカから南アジアまでの各地でみることができる。オーストロネシア系言語話者がマダガスカル島に移住するのに、ブリトゥン島沖の船を使えたかどうかは、乗組員たちの熟練次第だろう。

コンピュータシミュレーションを用いた研究によると、季節風を利用してインドネシアからマダガスカル島まで無寄港航海するのは意外とむずかしく、出航地によっては成功の確率が低い［Fitzpatrick and Callaghan 2008］。しかし、東アフリカ近くまで沿岸航海したのちに大陸岸を離れるのであれば、マダガスカル島へ到達するのは可能だっただろう。また、ブリトゥン島沖の船は積載量が多い。言語学者のダールは、インド洋横断航海に用いられた船として、現在もマダガスカル島沿岸で用いられるシングルアウトリガー式カヌー（図3―4）を想定しているが［Dahl 1991、飯田 二〇〇〇］、さまざまな必需物資を積載した移住には不向きだろう。総合的に考えて、ブリトゥン島沖の船のほうが、東南アジアからマダガスカル島への移住に適していたと考えられる。

図3-4　マダガスカル島でみられるシングルアウトリガー式カヌー。

さまざまな生活技術を携えての航海であるからには、インド洋を越えての移住には目的があったのだろう。それを特定することはむずかしい。そもそも女性は乗りこんでいたのだろうか。インド洋横断航海がおこなわれる以前、マダガスカル島が無人島だったのならば、オーストロネシア系言語話者たちは女性を連れてきたといえるだろう。さもなければ、子孫を残して人口を増やすことができないからだ。しかし、狩猟採集生活者がいたとなると話は別で、オーストロネシア系言語を話す男性の船乗りたちは、先住マダガスカル人の女性と結ばれて子孫を残した可能性がある。現代マダガスカル人は、島嶼部東南アジア人とアフリカ人の両方と重複した遺伝子型をもつことから［Hurles *et al.* 2005］、マダガスカル島において遺伝子交流を進めたのかもしれない。

第3節　九世紀の大規模移住――なぜ

もうひとつ、不明なことがある。インド洋を横断する行き来は、どれほど頻繁だったのだろうか。この点について、筆者は長年考えつづけてきたが、結局のところはわからない。東南アジアには香辛料、西アジアには乳香、東アフリカには象牙と、それぞれに特産物がある。しかし、マダガスカル島にはこれといった特産物がなく、移住者たちがなにを求めていったかが明らかでないのだ。

たとえば、比較文学者のドメニキニ＝ラミアラマナナは、比較言語学的な手法でこの点を明らかにしようとした［Domenichini-Ramiaramanana 1988］。具体的には、マダガスカル島各地に伝わるダラフィフィという巨人についての伝承を手がかりとして［Dandouau 1922; Munthe 1982］、そこに登場する人物名がインド洋交易の特産物を表していることを示そうとしたのだ。その特産物とは、香（貝香）の原料となる貝の蓋フィンピ（図3―5）や、香辛料となる植物フェリなどである。人物名として登場するわけではないが、香の原料となる植物ラミ、香辛料となる植物ダラシニなども登場する。

これらの動植物は現在でも珍重されており、容易に同定できる。フィンピはツロツブリボラ（*Hexaplex trunculus*、注（1））の蓋部分で、筆者の調査によると、地域によってはイトマキボラ（*Pleuroploca trapezium*）やテングガイ

（*Chicoreus ramosus*）の蓋部分も同じ名で呼ばれる［飯田 二〇〇八］。鎌倉時代の随筆『徒然草』第三四段が記すところでは、同じく巻貝であるヘナタリの蓋部分も香になる。マダガスカル島では、数百年にわたって、上流階級に需要がある産物を供給してきたのだ。フィンピはほかにも、ナツメグと同じニクズク科樹木（*Haematodendron* sp., *Mauloutchia* sp.）の樹皮や樹脂を指すこともあり、一七世紀の商人も芳香性の樹皮をもつ樹木だと記している［de Flacourt 2007］。

ラミは、乳香や没薬［ミルラ］と同じカンラン科に属する樹木（*Canarium madagascariense, C. boivini, C. multiflorum*）で、一七世紀には「ハラミ」という現地名称で記載された［de Flacourt 2007］。乳香や没薬と同じく、樹脂を香として用いたらしい。フェリは、コショウ科の植物（*Piper pachyphyllum* および *P. pyriofolium*）である。ダラシニはクスノキ科の樹木（*Cinnamomum verum*）で、その樹皮はシナモンあるいは肉桂として知られる［Domenichini-Ramialamanana 1988］。フェリやダラシニなどの香辛料は、たんに調味に用いられただけでなく、防腐の役割もはたし、生薬としても用いられた。

これらの産物はなるほど軽量で単価が高く、船いっぱいに積みこんで他の大陸に売れば、大きな利益をもたらすにちがいない。その点で、ドメニキニ＝ラミアラマナナの立論は妥当だろう。しかしかりに、マダガスカル島でそれらの産物が手に入ると東南アジアの船乗りが聞いたとして、どれほど心を動かされるのだろう。問題になるのは、航海の条件だ。類似の産物が東アフリカや西アジアなどの比較的近場で

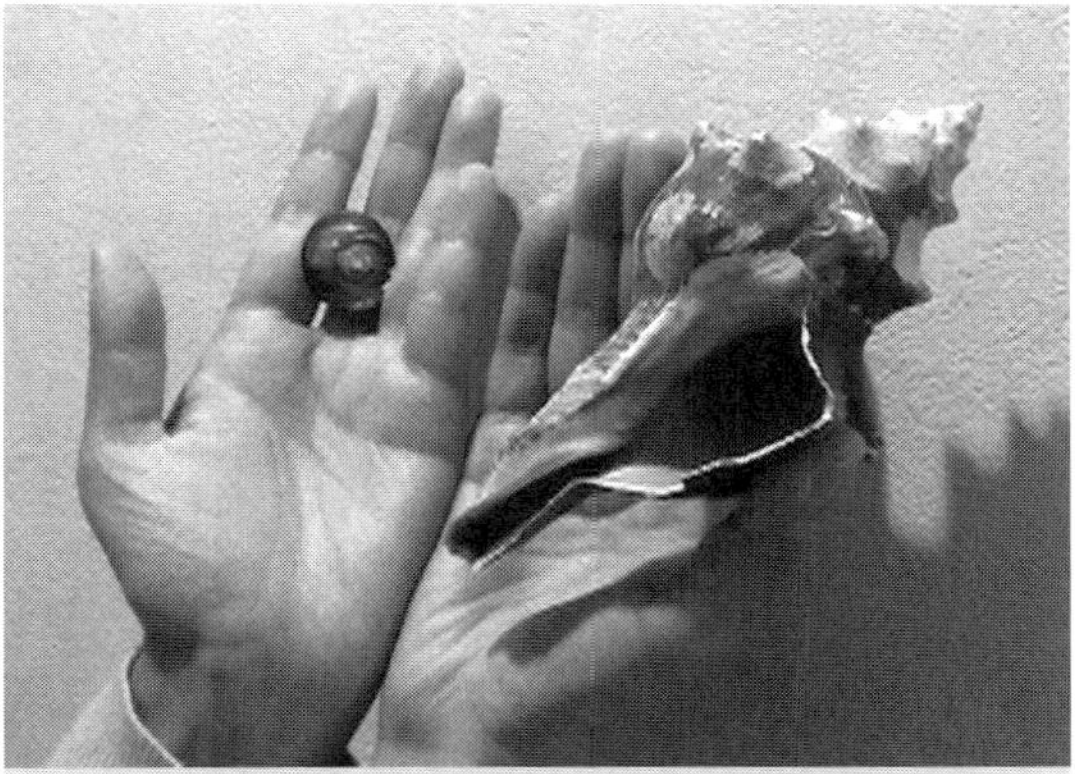

図 3-5　香料の原料となるイトマキボラ（*Pleuroploca trapezium*）の蓋（左）と貝殻（右）。

入手できるなら、遠方のマダガスカル島までリスクを冒して行く意味があるとは思えない。しかもマダガスカル島は、季節風の影響が及ぶ南限で、島の南部にはほとんど季節風が届かない。交易に関わった遺跡が集中する北部でさえ、積み荷作業が遅れれば北向きの季節風に乗り遅れてしまい、次の年までの風待ちを覚悟しなければならなくなる。航海を成功させて、投資した元手を確実に回収しようと思えば、東アフリカをめざすほうが合理的なはずなのだ。

とはいえ、船の来航が少ないマダガスカル島では、東南アジアで積みこんだ荷が東アフリカより高い値段で売れたかもしれない。その意味で、経験を積んだ船乗りたちは、何回かに一度くらいの割合でマダガスカル島を目ざすこともあったかもしれない。そのように考えるとマダガスカル島は、かならずしも交易が盛んといえず、主要航路上にもなかったが、経験を積んだ船乗りの目的地のレパートリーには含まれていた可能性が高い。そして、西アジアや南アジアでじゅうぶんな荷を集めきれなかったときにかぎっての目的地として、船乗りたちの海図のなかに書きくわえられていたのだろう。

第4節　「イスラームの海」という転機

九世紀以降のマダガスカル島では、交易の拠点が着実に増えていく。一二世紀に最盛期を迎える北西海岸のマヒラカや、マンガベ島よりやや北に位置する北東海岸で一四世紀頃に栄えたヴヘマルなどだ［Radimilahy 1997］。ヴヘマルの遺跡では、西アジア産や南アジア産の陶器だけでなく、中国産の陶器も見つかっている［Vérin 1986、鈴木二〇一三］。

これらの人びとがどのような人たちであったのか、詳しくはわかっていない。しかし、海外との結びつきを強く保っていたことは遺物から明らかで、イスラームに従う人びとだったといわれている。本章ではここまで、最初のマダガスカル人の故地を東南アジアと位置づけていたが、遺物や伝承を精査してみると西アジア方面からの影響が強い。たとえば、マダガスカル島南東部で秘密の知識として伝えられてきたオスロA6文書は、アラビア文字表記のマダガスカル語で書かれたもので、それを残した人たちの祖先がメッカ［現在のサウジアラビア］から海を越えて渡来したと伝えている［Munthe 1982］。

しかし前節で述べたように、これらの「港市」は、たとえばケニアやタンザニアの沿岸都市のように船舶で賑わっていたわけではない。西アジアの船乗りたちがめざすのは東アフリカであることが多く、航路から外れたマダガスカル島では、船が訪れない年もめずらしくなかったのではなかろうか。

マダガスカル島はアラビア語文献やペルシア語文献にも登場するが、統一した呼び名で呼ばれているわけではない。コモロ諸島と区別がつかないクマルという名も、またカンバルー島という名も、多くの場合にはマダガスカル島を指していたといわれる。日本を指すという異説のあるワークワーク島も、一説にはマダガスカル島だといわれている［Ferrand 1907、家島 一九九三］。マダガスカル島は、西アジア方面では船乗りたちにもあまり知られていなかったし、また、それを知る船乗りたちも、競争者を排除しようとして積極的にはその名を広めなかったかもしれない。

そう考えれば、マダガスカル島に生息していた巨鳥エピオルニスが、『千夜一夜物語』のような伝説でのみ記憶されている理由も理解できる。この鳥は体高が三メートル、体重が五百キロ近かったと推測されており［山岸 二〇一三］、一七世紀頃まで生息していたと思われる［de Flacourt 2007］。しかしアラビア人の記憶のなかで、この鳥は、『千夜一夜物語』のなかでシンドバッドを連れさる伝説の巨鳥ロックにとどまっている。船乗りたちは、マダガスカル島の実情をヴェールに包んでおこうとしたのではないか。

いずれにせよ、アラブの海の地理的周縁にとどまったマダガスカル島は、島外との結びつきを強めたり弱めたりしながら歴史の歩みを進めてきた可能性が高い。ヴヘマルが栄えた一四世紀は、島外との著しい結びつきが明らかな二度目の時期だった。ダラフィフィについての伝承も、じつは、この時期に起こった歴史的事実をとり入れて成立した可能性が高い。ダラフィフィというのは一個人の名ではなく、それまでの先住マダガスカル人とは文化的背景を異にする外来集団だというのが歴史家たちの定説だ［Vérin 1986; Domenichini-Ramiaramanana 1988］。

ダラフィフィの名は、アラビア文字で書かれたオスロA6文書では、ごく簡単にしか触れられていない。しかし別の文書によると、ダラフィフィ集団はいずこからかヴヘマルとおぼしき場所に到着したのち、島の東岸沿いに南下して、オスロA6文書が伝わっていた島の南東部にたどり着いたという［Dandouau 1922; Vérin 1986］。こうしてみると、オスロA6文書の主役である始祖ラマラカルとその子孫たちをダラフィフィ集団とみなしても、さしたる矛盾はない。ヴヘマルにたどり着く以前に、彼らは、ヴヘマルのインド洋交易にたずさわる船乗りたちとなんらかの関係をもっていたのだろう。

ヴヘマルが栄えた背景を世界史的にみてみると、一三世紀にはユーラシア大陸をモンゴルが席巻し、イスラーム世界も再編を余儀なくされた。しかしそれは、その後の時代に「パクス・モンゴリカ（モンゴル支配下の平和）」を招来し、海陸両方面での貿易を刺激した。ヨーロッパ人がインド洋と太平洋に進出する前のこの時代、東アジアでは海禁政策を掲げる明の朝貢貿易と民間の密貿易が相克的に栄え、倭寇や日明貿易、琉球の対外交易を刺激したことはよく知られている。東南アジアでも、この時期に空前の規模のとり引きがおこなわれたため、ヨーロッパ史とは別の文脈で「大航海時代」と呼ばれている［リード 二〇〇二］。ダラフィフィ集団の故地と伝承されるメッカでは、マムルーク朝が成立し、オスマン帝国が勢いを増す一六世紀まで勢力を維持していた。

ダラフィフィ集団は、中国陶器やアラビア文字とともに、暦法や占星術など、イスラーム科学にもとづいた実用的技術をもたらしたと考えられている。このため、マダガスカル語の曜日の表現には、いまでもアラビア語起源の語彙が用いられる。ダラフィフィ集団はそのほかにも、クルアーンをはじめ、イスラームに関わる儀礼や習慣、教義などももたらしただろう。そのほとんどは、ヨーロッパ人が渡来する一六世紀はじめよりも前に失われてしまった。しかし、交易の活性化がイスラームを各地に伝えるという現象は、よく知られている中国内陸部や沿岸部、東南アジア島嶼部などの例だけでなく、同じ時代のインド洋島嶼部でもみられたといえる[2]。

彼らイスラーム教徒の故地は、東南アジアではなく西部メッカ域（ヒジャーズ地方）なのだろうか。これについてはなんともいえない。東南アジアに浸透したイスラームにおいても、メッカは巡礼地として重要だったため、じっさいには東南アジアを故地とするダラフィフィ集団がメッカから来たと伝承される可能性はおおいにある。また逆に、一四世紀以降の渡来者は東南アジアとの結びつきをまったくもたず、東南アジア的あるいは中国的だったのは、交易品である陶器などだけだったかもしれない。確実に言えるのは、この時代の渡来集団は九世紀頃の渡来集団と異なって、イスラーム化されており、あらたな文化的貢献を果たしただろうということだ。

第5節　海域ネットワークの動態──むすびとして──

本章では、九世紀頃と一四世紀頃を画期とする大陸規模の交易活動の変化が、インド洋西端に位置するマダガスカル島にも大きな影響を与えたことを論じた。とりわけ九世紀頃の画期では、大量輸送を可能とする大型船舶の開発が大きな意味をもったという可能性を指摘した。その後の時代も、マダガスカル島はアジア大陸との関係を控えめに保ったが、一四世紀頃にはイスラーム的な色彩の強い文化が導入され、島内の文化状況を刷新した。この状況は、一六世紀はじめになってヨーロッパ商人が活発な交易活動を開始するまで継続する。

こうしたインド洋をまたがる海域ネットワークの動態を考察するにあたっては、そのインフラとなる大型船舶や、交易相手となるインド洋対岸の政治経済状況をふまえておくことが不可欠だろう。本章では、そのことを示したつもりである。そして政治経済状況への配慮は、よりミクロな範囲での地域間交流をみるうえでも重要だ。このことを、最後に指摘しておきたい。

筆者はかつて、マダガスカル島内の沿岸航行に使われる船舶（カヌー）の類型と分布状況を考察したことがある［飯田 二〇一二］。このうち二つのタイプの船舶は、時間をかければ数百キロメートルにわたって沿岸を航行する性能があり、それぞれの造船および操船の技術も広い地理的範囲にわたっていた。とはいえ、ひとつのタイプの船が分布する範囲をすみずみまで知る者などおらず、わずかな資本を元手に数十キロメートル［一日で到達できる距離］を航行する程度だった。——じつはそれは、筆者が人類学的調査に入る以前の一九八〇年代の状況である。

ヴェズと呼ばれる人びとが住む南西部の漁村で筆者が調査を始めた一九九四年には、ややようすがちがった。村の人たちは、風向きがよくても二日がかりあるいは三日がかりとなる、一五〇から二五〇キロメートル離れた町や島まで泊まりがけの漁に来ていた［飯田 二〇〇八］。ナマコ潜水漁とサメ刺網漁が目的で、明らかに、中国の経済活動が活発化してナマコやフカヒレの需要を高めたのだと推測できた。

もちろん経済自由化などの外的要因のほかに、あたらしい漁具の発明など、漁師たちがはたした能動的な役割も無視できない［飯田 二〇一〇］。しかし、政治経済環境の変化が地域間のコミュニケーションに大きな変化を与えることは、ミクロのレベルでも観測できる。しかもそのインパクトは、長期間のあいだに様相を変えながら持続する。最初の調査から二十年以上経った現在も、遠方への出漁が季節的におこなわれているが、資源の減少によって航海距離は長くなりつつあり、二〇〇九年以降は六百キロメートル離れた場所に出漁することがめずらしくなくなっている。

インド洋交易に話を戻すと、長距離の海域ネットワークが問題となる場合には、大量輸送を担う国家の消長がもっとも大きく作用するだろう。沿岸航行の場合には、比較的パーソナルな輸送手段でかなりのコミュニケーションがはたされるが、それでも、政治経済環境はコミュニケーションを動機づける重要な因子である。こうした因子に敏感に反応し、一方の地域を多能の地域に伝える船乗りたちを、本書でいう「海民」に重ねあわせても良いかもしれない。したがって海域ネットワークの研究においては、たとえ分析がミクロな視点に立つ場合でも、マクロな現象にも目配りをおこなう地域研究的なセンスが必要であろう。

(付記)本章のもととなる研究は、日本学術振興会の科学研究費［課題番号 JP25244043、JP15H02601］から助成を受けて実施されました。

注

(1) 本章に登場する学名の一部は、引用者の判断により、現在よく用いられる学名に改めたものである。引用元の学名とは異なる場合があることを記しておく。

(2) 東南アジアでは、イスラームの浸透がもう少し遅い年代に起こったとするのが適切かもしれない［リード 二〇〇二］。しかし、マダガスカル島におけるイスラームの浸透プロセスが初期的な段階で中断してしまったと考えれば、プロセスの始まりはマダガスカル島と東南アジアとで大差なかったといえるし、マダガスカル島でイスラームが定着しなかった理由の説明にもなろう。

参考文献

飯田卓　二〇〇〇「インド洋のカヌー文化――マダガスカル沿岸漁民ヴェズの村から」『海のアジア2　モンスーン文化圏』尾本恵一・

濱下武志・村井吉敬・家島彦一（編）一八一～二〇七頁、岩波書店。

——　二〇〇八『海を生きる技術と知識の民族誌——マダガスカル漁撈社会の生態人類学』世界思想社。

——　二〇一〇「ブリコラージュ実践の共同体——マダガスカル、ヴェズ漁村におけるグローバルなフローの流用」『文化人類学』七五巻一号、六〇～八〇頁。

——　二〇一二「地域研究の舞台としてのマダガスカル——序にかえて」『マダガスカル地域文化の動態』飯田卓（編）国立民族学博物館調査報告一〇三号、五～二二頁。

——　二〇一三「最初のマダガスカル人」『マダガスカルを知るための六二章』飯田卓・深澤秀夫・森山工（編）八〇～八三頁、明石書店。

鈴木英明　二〇一三「インド洋交易——長距離交易網の中のマダガスカル」『マダガスカルを知るための六二章』飯田卓・深澤秀夫・森山工（編）九四～九八頁、明石書店。

家島彦一　一九九三『海が創る文明——インド洋海域世界の歴史』朝日新聞社。

山岸哲　二〇一三「走鳥エピオルニス——謎の絶滅巨鳥」『マダガスカルを知るための六二章』飯田卓・深澤秀夫・森山工（編）五六～六〇頁、明石書店。

リード、アンソニー　二〇〇二『大航海時代の東南アジア　１４５０—１６８０年——II 拡張と危機』平野秀秋・田中優子［訳］、法政大学出版局。

Adelaar, Alexander 1989. Malay Influence on Malagasy: Linguistic and Culture-Historical Implications. *Oceanic Linguistics* 28 (1): 1-46.
———. 1995. Asian Roots of the Malagasy: A Linguistic Perspective. *Bijdragen tot de Taal- Land- en Volkenkunde* 151 (3): 325-357.
———. 2009. Loanwords in Malagasy. In *Loanwords in the World's Languages: A Comparative Handbook*, edited by Martin Haspelmath and Uri Tadmor, pp. 717-746, Berlin: Wakter de Gruyter.
———. 2010. The Amalgamation of Malagasy. In *A Journey through Austronesian and Papuan Linguistic and Cultural Space:*

Papers in Honour of Andrew K. Pauley, edited by John Bowden, Nikolaus P. Himmelmann and Malcom Ross, pp. 161-178, Camberra: Pacific Linguistics.

Adelaar, Alexander and Kikusawa, Ritsuko 2014. Malasy Personal Pronouns: A Lexical History. *Oceanic Linguistics* 53 (2): 480-515.

Blench, Roger 2007. New Paleozoogeographical Evidence for the Settlement of Madagascar. *Azania* 42: 69-82.

Blench, Roger 2008. The Austronesians in Madagascar and Their Interaction with the Bantu of the East African Coast: Surveying the Linguistic Evidence for Domestic and Translocated Animals. *Studies in Philippine Languages and Cultures* 18: 18-43.

Dahl, Otto Chr. 1951. *Malgache et Maanjan: Une comparaison linguistique.* Oslo: Egede-Instituttet.

———. 1991. *Migration from Kalimanta to Madagascar.* Oslo: Norwegian University Press.

Dandouau, A. 1922. *Contes populaires des Sakalava et des Tsimihety de la region d'Analalava,* Alger: Jules Carbonel de Flacourt, Etienne de Flacourt, Etienne. 2007. *Histoire de la Grande Isle de Madagascar.* Paris: Karthala.

Dewar, Robert E. and Wright, Henry T. 1993. The Culture History of Madagascar. *Journal of World Prehistory* 7 (4): 417-465.

Dewar, Robert E.; Radimilahy, Chantal; Wright, Henry T.; Jacobs, Zenobia; Kelly, Gwendolyn O.; and Berna, Francesco. 2013. Stone Tools and Foraging in Northern Madagascar Challenge Holocene Extinction Models. *Proceedings of the National Academy of Sciences of the Unites States of America* 110 (31): 12583-12588.

Domenichini-Ramiaramanana, Bakoly 1988. Madagascar. In *Africa from the Seventh to Eleventh Century* (General History of Africa 3), edited by UNESCO International Scientific Committee for the Drafting of a General History of Africa, London: Heinemann Educational Books.

Ferrand, Gabriel 1907. Les îles Râminy, Lâmery, Wâkwâk, Komor des geographes arabes, et Madagascar. *Journal Asiatique* 10: 433-566.

Fitzpatrick, Scott M. and Callaghan, Richard 2008. Seafaring Simulations and the Origin of Prehistoric Settlers to Madagascar. In *Islands of Inquiry: Colonisation, Seafaring and the Archaeology of Maritime Landscapes*, edited by Clark, Geoffrey; Leach, Foss; and O'Connor, Sue, pp. 47-58. Canberra: ANU Press.

de Flacourt, Étienne 2007. *Histoire de la Grande Isle Madagascar*, Paris: INALCO et Karthala.

Flecker, Michael 2001. A Ninth-century AD Arab or Indian Shipwreck in Indonesia: First Evidence for Direct Trade with China. *World Archaeology* 32 (3): 335-354.

Gommery, Dominique; Ramanivosoa, Beby; Faure, Martine; Guérin, Claude; Kerloc'h, Patrice; Sénégas, Frank and Randrianantenaina, Hervé 2011. Les plus anciennes traces d'activités anthropiques de Madagascar sur des ossements d'hippopotames subfossiles d'Anjohibe [Province de Mahajanga]. *Comptes Rendus Palevol* 10: 271-278.

Hurles, Matthew E.; Sykes, Bryan C.; Jobling, Mark A. and Forster, Peter 2005. The Dual Origin of the Malagasy in Island Southeast Asia and East Africa: Evidence from Maternal and Paternal Lineages. *American Journal of Human Genetics* 76: 894-901.

MacPhee, R. D. E. and Burney, David A. 1991. Dating of Modified Femora of Extinct Dwarf Hippopotamus from Southern Madagascar. *Journal of Archaeological Science* 18: 695-706.

Munthe, Ludvig 1982. *La tradition arabico-malgache: Vue à travers le manuscript A-6 d'Oslo et d'autres manuscrits disponibles.* Antananarivo: TPFLM.

Radimilahy, Chantal 1997. Mahilaka, an Eleventh- to Fourteenth- Century Islamic Port. In *Natural Change and Human Impact in Madagascar*, edited by Goodman, Steven M.; and Patterson, Bruce D., pp. 342-363, Washington, D.C.: Smithonian.

Radimilahy, Chantal M. and Crossland, Zoë 2015. Situating Madagascar: Indian Ocean Dynamics and Archaeological Histories. *Azania* 50 (4): 495-518.

Vérin, Pierre 1986. *The History of Civilisation in North Madagascar*, translated by David Smith. Rotterdam: A.A.Balkema.

Wright, Henry T. 1984. Early Seafarers of the Comoro Islands: The Dembeni Phase of the IXth-Xth Centuries AD, *Azania* 19: 13-59.

Wright, Henry and Rakotoarisoa, Jean-Aimé 1997. Cultural Transformations and Their Impacts on the Environments of Madagascar. In *Natural Change and Human Impact in Madagascar*. edited by Goodman, Steven M. and Patterson, Bruce D., pp. 309-330. Washington, D.C.: Smithonian.

第Ⅱ部——東南アジアの海域世界

第4章

海域東南アジアの先史時代とネットワークの成立過程
——「海民」の基層文化論——

田中和彦・小野林太郎

はじめに

本章では、海域東南アジアの先史時代における人類＝ヒトの移住・拡散と、そのプロセスの中で成立していった可能性のある海域ネットワークについて、これまでに発見された考古学的痕跡に基づき検討したい。東南アジア海域における人類史は古く、氷期にはスンダ大陸の一部としてアジア大陸と繋がっていたジャワ島には、原人による移住痕跡も多く残っている。その初期移住年代はまだ定まっていないが、近年では一八〇万年前頃まで遡るとの指摘もある。

海面が低下した氷期にもアジア大陸と陸続きにならなかった東インドネシアでは、フローレス島で約八〇万年前の石器が多数発見されている。フローレス島では約七〜三万年前の化石人骨として、フローレス原人と命名された小型の原人骨が出土しているが、ジャワ原人の骨はまだ出土していない。このため八〇万年前と報告される石器群を残したのが誰なのか、まだ不明な点が多いが、すでに原人レベルの人類がフローレスまで到達していた可能性を

図 4-1　海域東南アジアと主な先史遺跡の位置。

示唆している。フローレス島へ移住するには、氷期でも約一〇キロの渡海が求められる。このため、もしこの年代が正しい場合、フローレスの事例は、原人レベルにおける人類の最初の渡海痕跡ともなると注目されている。

バリ島の隣に位置するロンボク島以東の東インドネシアは、ウォーレシアやウォーレシア、ワラセア海域などの呼称で知られる。日本においてはウォーレシアと表記されることが多いため、本章を含む本書ではウォーレシアの表記で統一する。この名称は、バリとロンボク島の間、そしてボルネオ（カリマンタン）島とスラウェシの間を通るウォーレス線にちなむ（図4―1）。またウォーレス線とは、進化論で有名なダーウィンの盟友でもあった博物学者アルフレッド・ウォーレスが、この境界線を挟み、分布する動物群に違いがあることを明らかにしたことから命名された。

ウォーレス自身はその北方の境界を、インドネシアに位置するサンギヘ・タラウド諸島と、フィリピンに位置するミンダナオ島の間に引いたが、ウォーレス線の命名者であるハックスレーは、さらにフィリピン諸島のパラワン島とそれ以東の島々の間に境界線を延ばした。

本章でもハックスレーに従い、パラワン島以東のフィリピン諸島と東インドネシアまでをウォーレシア海域と定義する。先の原人の事例が象徴するように、人類による海洋適応が進んだ地域として、近年このウォーレシア海域に注目が集まっている。ここでは、このウォーレシア海域を中心とした海域東南アジアにおける海域ネットワーク社会がいつ頃から、どのような背景のもとに形成されだしたのかを、近年の考古学的成果に基づきながら論じる。

第1節　アジア系集団による新石器時代の幕開けと新たな移住――

海域東南アジアにおけるヒトの登場は、古くは約一八〇万年前ともされるジャワ原人の出現まで遡るが、ヒトがその全域に拡散し、暮らすようになったのは私たち新人＝ホモ・サピエンスになってからである。今のところその最も古い考古学的痕跡は約四万年前の更新世後期まで遡る。さらにもっとも寒冷化した約二万年前のＬＧＭ期を経て、再び気温が温暖化する一万五〇〇〇年前頃の更新世末期までには、ヒトはそのほぼ全域で暮らしていた可能性が高い。とくに近隣の島々からも一〇〇キロメートル近く離れているインドネシアのタラウド諸島での、更新世後期から完新世前期にかけて利用されたリアン・サル遺跡（図4―1）の発見は、こうした離島域にもヒトが到達していたことを明らかにした［Ono et al. 2010, 2015］。同じくこの発見は、この海域に拡散した新人が、すでに一〇〇キロメートル以上の渡海能力を持っていたことも示唆している。

これは、最低でも八〇キロメートル以上の渡海が必要とされるサフル大陸（現在のオーストラリア大陸とニューギニア島）に、新人が五万年前頃には到達していた痕跡や、同じくらいの距離を渡海する必要がある琉球列島への人類移住の事例（本書第8章）からも指摘できよう。とはいえ、渡海能力があったからといって、海域ネットワーク社会が形成されていたことにはならない。渡海によりヒトとモノが動き、それが恒常化して初めてそこに何らかのネットワーク性が認識されることになる。

この海域におけるヒトの海洋適応の進化を示す考古学的痕跡は、本書の第11章でも論じられるように、更新世後期以降より出現する。しかし、オセアニアの場合と異なり、何らかの資源や物質文化が意図的に交換されたり、拡散した考古学的痕跡が出現するのは、完新世中期以降にはじまる新石器時代期以降になってからである。

現在まで続く完新世期の始まりは、約一万三〇〇〇年前頃と考えられている。完新世期の最大の特徴は、気温の温暖化とそれに伴う海面上昇にある。約六〜五〇〇〇年前の温暖期（日本ではいわゆる縄文海進）以後、世界の平均気温はやや下がり、寒冷化した。こうした地球規模での寒冷化が、各地で人口が増えつつあった新人集団の新たな移住や移動を活発化させた。アジア・オセアニアの海域世界でも、更新世後期に遡るサフル大陸への第一幕の移住後、再びウォーレシア海域からその隣のオセアニア海域へ新たな人類の移住・拡散が起こる。

その端緒となったのが、アジア起源とされる新石器集団による新たな移動である。彼らの南方面への新たな移住により、東南アジアからオセアニアへと続く海域世界にも、約四〜三〇〇〇年前頃に新石器時代が到来した。この地域で考古学的な新石器時代の指標となってきた物質文化は、土器や磨製石斧だが、これらの遺物の出土が始まる時期が、新石器時代の開始時期と認識されてきた。

いっぽう、生業面における新石器時代期以降の大きな特徴と考えられているのが、農耕や家畜飼育の実践であり、栽培植物や家畜動物遺存体の出土も近年ではその指標の一つとなりつつある。ただし先述したように、ニューギニア島だけは例外的に完新世前期までに農耕が出現していた可能性が高い。にもかかわらず、こうした新たな物質文化の出現が、新たな人類による移住とセットで考えられてきた明白な理由は二つある。

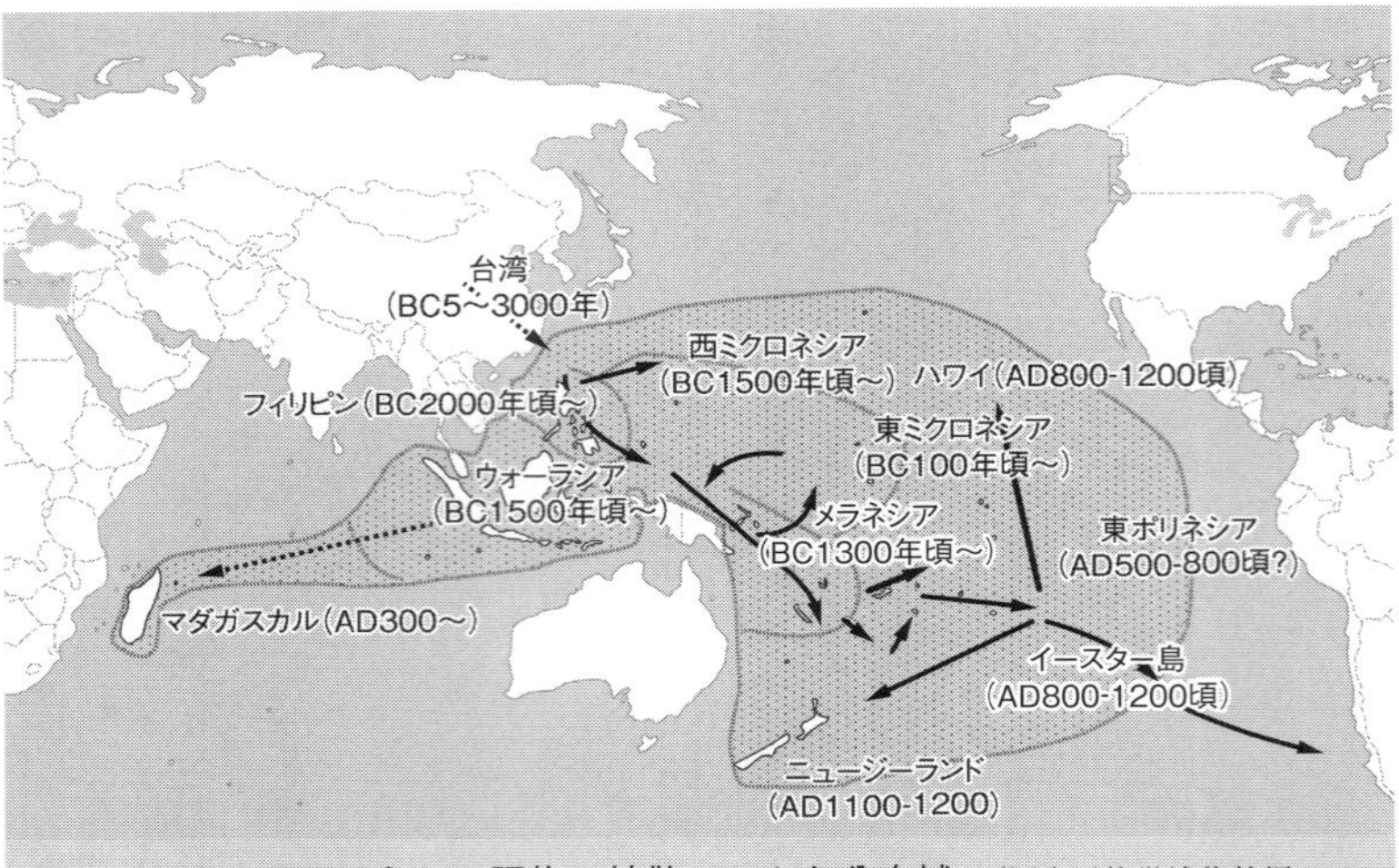

図4-2　オーストロネシア語族の拡散ルートと分布域。（国立民族学博物館編 2007年　一部改変）

一つは、それ以前の更新世や前期完新世期の新人集団は到達できず、無人島として存在し続けていたリモート・オセアニアの島々で、この土器や磨製石斧を利用した人類の痕跡が各地で確認されてきたことである。つまり、ポリネシアやミクロネシアの島々に最初に移住したのは、これら新石器集団であったことが、考古学的に明らかとなった。このうちメラネシアの離島部に最初に出現した新石器時代集団で、ポリネシア人の祖先集団とも考えられてきたのがラピタ集団である（詳細については本書の第11章を参照）。

二つ目の理由として挙げられるのが、東南アジア・オセアニア海域における言語的共通性の高さである。というのも言語学的には、ラピタ人を含むアジア系新石器集団が利用した言語として、オーストロネシア語派に属する言語が指摘されてきた。この言語群は、現在の台湾から東南アジアの島嶼部全域からニューギニア、オーストラリアを除いたオセアニア島嶼部のほぼ全域、さらにはインド洋を隔てたアフリカのマダガスカル島にも分布しており、世界でももっとも広大な空間に分布している言語群でもある（図4—2）。

オーストロネシア語群の起源地は、近年の言語学研究の成果によれば台湾の可能性が高いと指摘されてきた。同じく考古学的に新石器時代の指標として注目されてきた土器や磨製石斧の出土時期も、中国南部や台湾でより古く（台湾では六〇〇〇年前頃～）、フィリピン北部域で四〇〇〇年前頃より出土するなど、より南に位置する他の東南アジアやオセアニア海域より古くなる傾向が分かってきた。こうした考古学的状況と、先の言語仮説を合わせた結果、アジア系新石器集団＝オーストロネシア集団が台湾を起源とし、東南アジア島嶼部を経由してオセアニアへと拡散したとする移住仮説が、現在ではもっとも支持されている。

ただし、近年では新たな遺伝学の研究成果等から、新石器時代期における人類の移住や移動はより複雑で、言語的な起源は台湾や南中国だったとしても、オーストロネシア集団の持つ文化や生業形態は、より南方の東南アジア海域で形成されたとする考え方を支持する研究者も少なくない。したがって起源説についてはまだ不明な点が多いが、ここでは東南アジア海域で発掘された主な新石器時代遺跡の事例から、当時の人びとが新たな移住とともに、何らかの海域ネットワークを形成したのかについて検討してみたい。

第2節　新石器時代遺跡と海域ネットワークの誕生

この地域における新石器時代遺跡は、今でもまだ数えるほどしかない（図4―1参照）。しかし、その中でも注目すべき遺跡として、ここでは（1）フィリピン諸島のマガピット貝塚遺跡の事例と、（2）ボルネオ島のブキットテンコラック遺跡の事例をとりあげる。

1　マガピット貝塚の事例

マガピット貝塚は、フィリピン共和国のルソン島北端に位置し、北流してバブヤン海峡に注ぐカガヤン川の河口から川を南へ約三〇キロメートルほど遡った地点にある。この地点では、ルソン島東岸を走るシェラ・マドレ山脈から川沿いまで石灰岩丘陵が伸びてきており、貝塚は、その丘陵の西端部の斜面及び丘陵の頂部に形成されており、頂部地表面での標高は、四八メートルである。

本貝塚の発掘調査は数度行われているが、この丘陵頂部で岩盤まで達したのは、一九八七年の発掘調査［青柳ほか一九八八、一九九二］で、地表下岩盤直上まで、五メートル六〇センチにわたって連綿と続く貝層を検出し、その堆積はⅠ～Ⅴ層に分けられた［青柳ほか一九八八］。しかしながら、上下の層における時代差は大きなものではなく［田中一九九六、二〇〇五：Tanaka 2002］、得られたC14年代から、その形成は二八〇〇年前頃とされた。

遺跡からは、無紋、有紋の赤色スリップ土器、スリップが施されていない叩き目紋土器、無紋土器、磨製方角石斧、磨石兼敲石、土製円盤、土製紡錘車、土製玦状垂飾品、土製有孔垂飾品、石製玦状耳飾り、貝類遺存体、シカ、イノシシなどの獣骨類が出土した［青柳ほか 一九九一、田中 二〇〇五］。なおその後にカガヤン川下流域で発見されたナグサバラン遺跡では、上層にあたる貝層の下に続く土層から、約三六〇〇年前の年代値とともに類似した遺物群が出土している。

マガピット貝塚の重要な点の一つは、その立地と堆積層の厚さである。遺跡は、先述の如く、ルソン島北部東縁を南北に走るシェラ・マドレ山脈から西へ伸びてきた石灰岩丘陵の西端部に立地する。言わば、川の道と山の道の交流点に立地するといえる。その点を示すように遺跡からは、淡水産の貝類の他、イノシシとシカの骨が出土した。

カガヤン川は、石灰岩丘陵西端部にぶつかったため、大きく東にふくらんで蛇行している。そのため、遺跡からは、川の下流と上流の双方への見渡しがよい。言わば、河川交通の要衝に立地すると言える。こうした点をふまえるならば、本貝塚が立地する地点は、人の移動と交流において鍵になる地点であったといえる。また、五メートル六〇センチに及ぶ厚い堆積層に対し、貝層中に含まれる土器の型式変化からうかがえる堆積期間の短さは、当該期

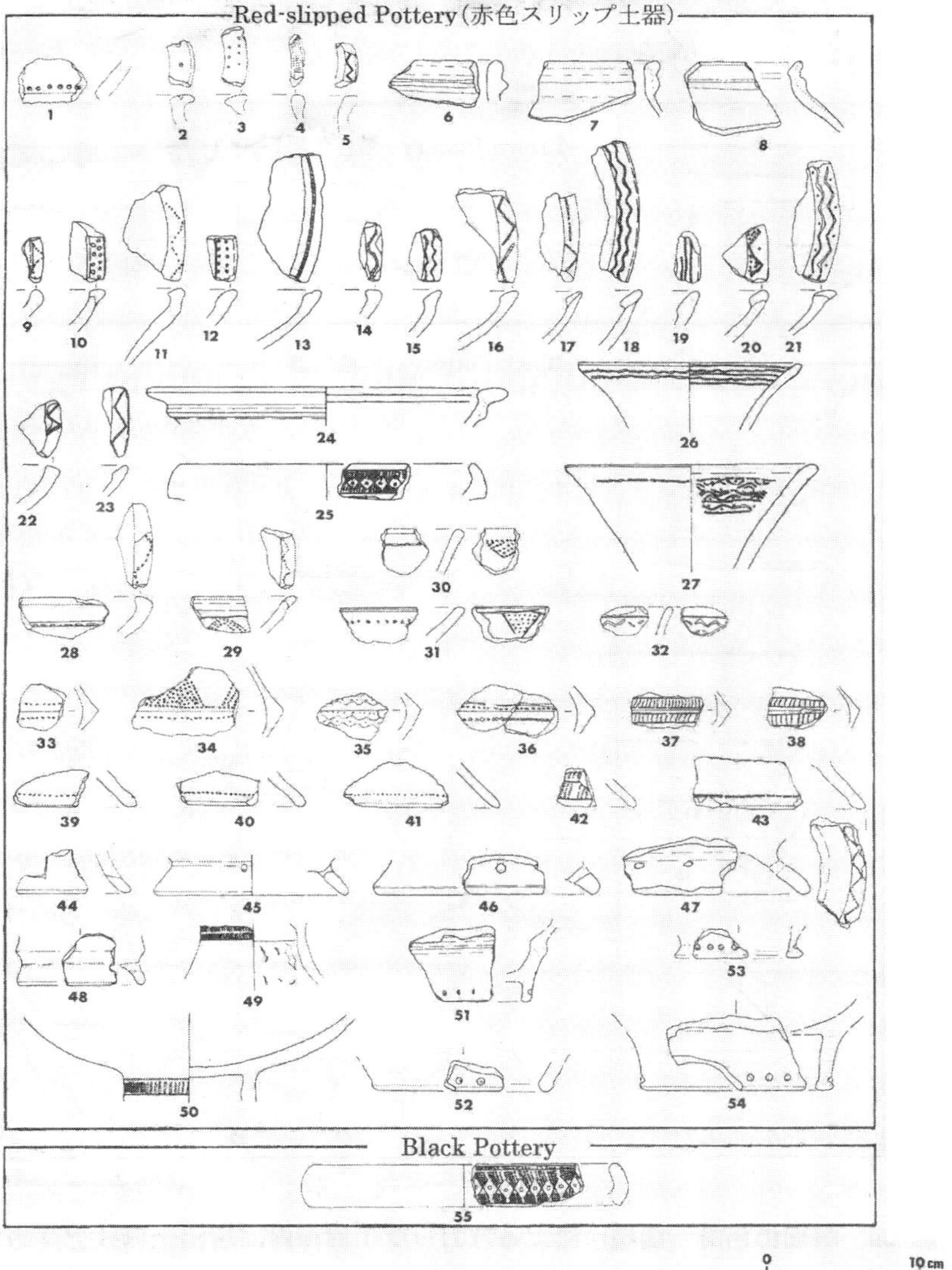

図 4-3　マガピット貝塚遺跡第Ⅱ層出土の有紋、有孔土器群。

の遺跡が少ない点も踏まえるなら、この時期に人びとが当貝塚へ集住していた可能性も指摘できる。

ところでマガピット貝塚からの出土遺物群のうち、当時の人びとの移動や交流との関係で特に重要なのが、赤色スリップ土器、石製ビーズ、そして石製玦状耳飾りであろう。赤色スリップ土器は、無紋のものと有紋のものに細分される。無紋のものには、浅鉢、圏足付深鉢、頸部のくびれた甕、頸部のくびれていない甕などがある〔図4―3〕。

有紋のものには、圏足付浅鉢、角をもった胴部片、胴部にくびれをもった鼓形土器などがある。施文部位は、圏足付浅鉢の場合、口唇部と圏足の端部が、角をもった胴部片の場合、角の上下が一般的である。刺突紋を有する赤色スリップ土器の中には、沈線で区画した連続した菱形の中を竹管状工具によって円形の突刺を施し、連続菱形紋の外側を先端が尖った工具による刺突紋で埋めているもの〔図4―3〕と同様な先端が尖った工具による刺突紋のみで連続する菱形を描くものが出土した。後者はオセアニアのラピタ土器で主に利用される装飾と共通し、「鋸歯印文」としても知られる技術に極めて近く〔小野 二〇一七b〕、より古い年代が得られたナグサバラン遺跡の下層からも出土している。

いっぽう前者は、後述するブキットテンコラック遺跡出土土器の紋様と類似する。また、刺突紋を有する赤色スリップ土器の中には、刺突による土器表面の窪みに白色の石灰を埋め込んだものがあり、地の赤色との色の対比を際立たせている。赤色スリップ土器の刺突の窪みに石灰を埋め込む施文技法は、ミクロネシアのマリアナ諸島でほぼ同時期にあたる遺跡群から出土する土器群にも見られるほか〔e.g. Hung et al. 2013; Carson et al. 2013〕、メラネシアのラピタ式土器群にも見られ、本遺跡出土の土器との関連を指摘できる〔図4―4―①〕。さらに近年、石灰を充填した刺突文や鋸歯印文を施した土器〔図4―4―①〕は、インドネシアのスラウェシ島でも発見が相次いでいる〔e.g. Aziz 2011、小野 二〇一七a、b〕。東海大学とインドネシア国立考古研究所がスラウェシ中部沿岸のトポガロ洞窟遺跡で継続している発掘でも大量の鋸歯印文や円文に石灰が充填された土器が出土した〔図4―4―④〕。

図 4-4　①マリアナ赤色土器、②ヴァヌアツのラピタ土器、③スラウェシ島トポガロ洞窟出土の土器、④ルソン島ナグサバラン貝塚出土の土器、⑤ルソン島マガピット貝塚出土の土器。（①・④はオーストラリア国立大学のフン博士提供、②・③は小野撮影、⑤は田中撮影）

もう一つの重要な遺物となるのが石英片岩製緑色ビーズ［Iizuka and Hung 2009］で、二点が出土した。一点は円形を呈し、直径が六ミリで、中央に円形の孔があけられ、孔の直径は、三ミリである。また、厚さは、三ミリであるが、端部はさらにやや薄い。色調は、淡緑色を呈し、裏面に細いオレンジ色の筋が一本見られる。もう一点は二、円形を呈し、直径が五ミリで、中央に円形の孔があけられ、孔の直径は、二ミリである。また、厚さは、二ミリであるが、端部はさらにやや薄くなっている。色調は、暗緑色を呈する。

ところでこれらのビーズ素材が、フィリピン産の石英片岩製緑色ビーズであったことは重要である。次章でも後述されるように、この時期の南シナ海周辺で広く確認されているネフライトは、台湾の豊田産のネフライト（軟玉）がより一般的だからだ。実際、本遺跡と同じルソン島カガヤン川下流域に位置し、本遺跡よりもやや古い三八〇〇年前頃のナグサバラン遺跡では、台湾・豊田産のネフライトの腕輪が出土している。

これら諸点を考え合わせるならば、本遺跡から出土した石英片岩製緑色ビーズは、台湾産のネフライト製品、あるいは石材のフィリピンへの供給が十分でなくなった時期に、フィリピン内で緑色の類似する石材が利用されるようになった結果とも考えられる。

ビーズと同様にネフライトにかわる石材を用いた装身具に、玦状耳飾り一点がある。素材として使われているのは、安山岩だった。中央やや上端よりには、円形の孔があけられ、この孔から下端までほぼ垂直に切れ目が作出されている。さらに上端部の近くにも小さな孔がある。これらの孔はいずれも表裏両面から、擦り切り技法によって製作され、表裏両面からの穿孔であった。

2　ブキットテンコラック遺跡の事例

ブキットテンコラック遺跡は現在のマレーシア領、ボルネオ島の東岸に位置する海抜一五〇メートルほどの丘陵上の岩陰遺跡である（図4―5―①）。その形成年代は三五〇〇～二五〇〇年前頃と、フィリピンやオセアニアにおける新石器時代遺跡の形成年代とほぼ一致する。また遺跡の立地環境が広大なサンゴ礁に囲まれた海岸部にある点も共通性が高い。

遺跡からは赤色スリップ土器や器台や特徴的な刻線・刺突文をもつ、この時代のウォーレシア海域に特徴的な土器群（図4―5―②）、チャートやメノウ、黒曜石等を石材とした剥片石器、磨製石斧［図4―5―③］のほか、大量の魚骨や貝類遺存体、獣骨群が出土した［e.g. Bellwood 1989; Chia 2003; Ono 2004, 2010; 小野 二〇一一、二〇一七a］。

この遺跡から出土した黒曜石の蛍光X線分析による産地同定では、黒曜石の約六〇パーセントが、ラピタ遺跡からも多く出土するビスマルク諸島タラセア産で占められるという驚くべき結果が得られた［Bellwood and Koon 1988; Chia 2003］。ボルネオ島からビスマルク諸島までは、直線距離にして約三六〇〇キロメートル離れており、この黒曜石がフィジー諸島でも出土することを考慮すると、産地を中心にしてその東西に渡り、半径三五〇〇キロメートルの範囲で人びとに運ばれていた可能性が出てきたのである。

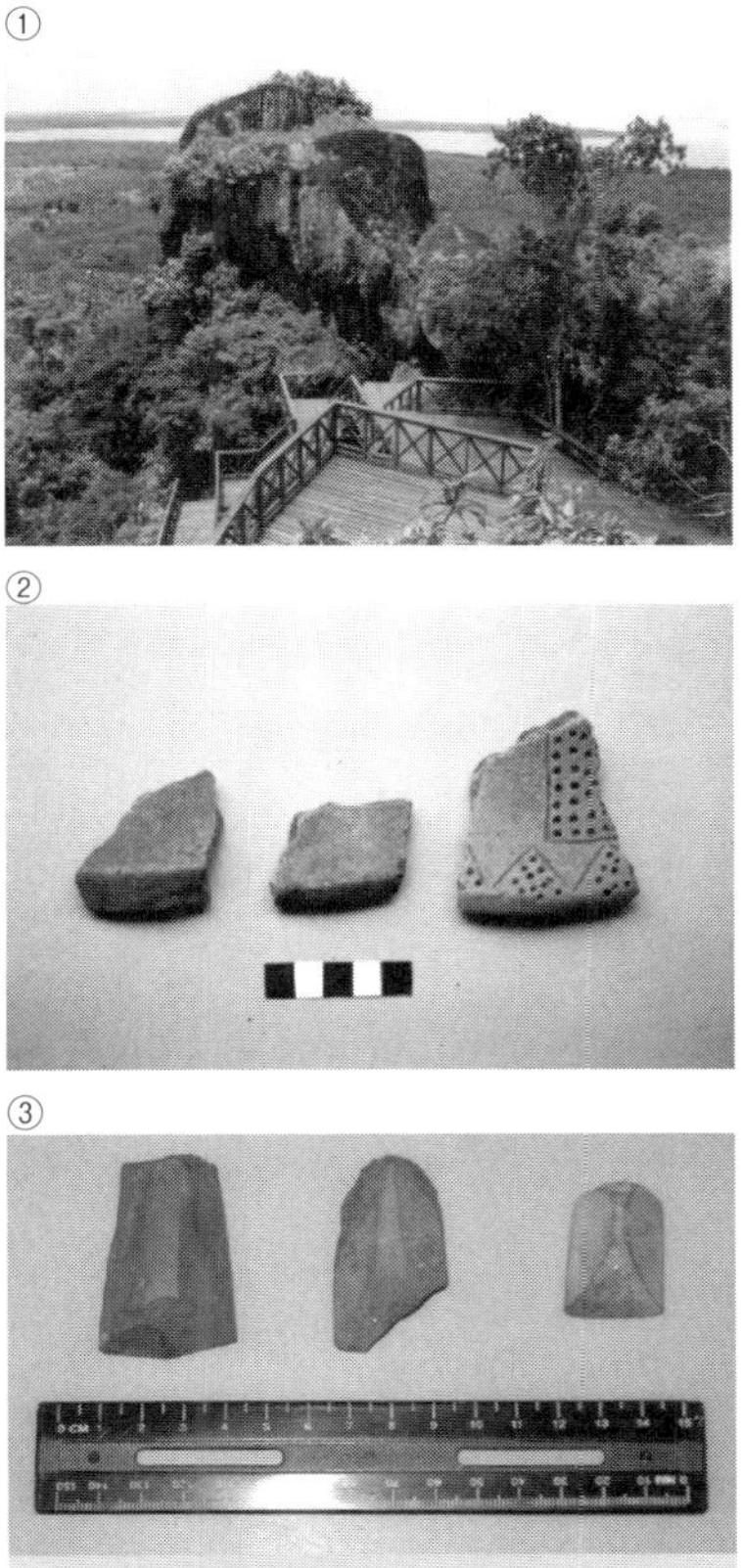

図4-5　ブキットテンコラック遺跡①と出土した土器片②・石斧③。

ボルネオで出土した黒曜石が、同じくラピタ集団によって運ばれたのかは不明だが、両地域において何らかの形で人や資源のネットワークがあったことは確かであろう。またブキットテンコラック遺跡から出土した残りの黒曜石は、現時点では産地不明となっているが、インドネシアのタラウド諸島でも同じ黒曜石が出土していることから、海域内のどこかを産地としている可能性は高く、多様な産地の黒曜石が運ばれる海域ネットワークの存在も想定できる。

もちろんこうしたネットワーク内では考古学的に可視性の強い黒曜石のみでなく、実際にはより様々な資源が運ばれた可能性も高い。またブキットテンコラック遺跡から出土した大量の魚骨は、同定分析の結果、計二二科の魚科が同定されたが、その多くはラピタ人が主に捕獲・利用していたブダイやハタ、ベラといったサンゴ礁付きの魚種で占められていることが判明した［Ono 2004; 2010; 小野 二〇〇九］。

これらの考古学的状況は、オセアニアへと新たに拡散したラピタ集団と、ボルネオ東岸へ移住した新石器集団の移住・生業戦略における共通性も指摘できる。しかしその一方で、ブキットテンコラック遺跡からはラピタ土器に特徴的な、石灰を充填した鋸歯印文の土器は全く出土しておらず、遺跡年代的にもラピタ集団がオセアニアへと拡散する前の前哨地や起源地であったとする決定的な痕跡は残されていない。このことは、両地域にまたがる直接的なネットワークは存在しておらず、黒曜石が直接的に運ばれたとすれば、それは単発的かつ偶発的なものだった可能性を示唆している。

第3節　移住・生業パターンから見えるアジア系新石器集団の姿――

ところでアジア系新石器集団の移住・生業戦略を考えるうえで、もう一つの重要な要素となるのが、農耕や家畜飼育の実践である。実際、オセアニアのラピタ遺跡からは栽培種と想定される多種の植物遺存体のほか、家畜としてブタやイヌ、ニワトリ利用の痕跡が見つかっている。これに対し、東南アジア海域の新石器時代遺跡では、まだ植物遺体の検出を目的とした発掘はほとんど行われておらず、植物資源の利用に関する考古学的検討を行うのは厳しい状況にある。それでも、磨製石斧や石皿、すり鉢状の石製品等の出土からは、ナッツ類や根菜類が積極的に利用されていたことは伺える。

言語学研究からは、すでに初期のオーストロネシア祖語の段階で、イネやコメ、アワ、キビ、ビンロウ、ヤム等の栽培植物を指す語彙が含まれていた上、東南アジア海域への拡散後に、熱帯性の栽培種となるタロイモ、サゴヤシ、ココヤシ、バナナ、パンノキといった語彙が新たに加わったことが指摘されている。これらの断片的な証拠に基づくなら、東南アジア海域の新石器集団も、栽培種を含めた多様な植物利用を行っていた可能性は高い。

しかし、これまでの断片的な考古学データからは、東南アジア海域の新石器集団やオセアニアのラピタ集団は農耕だけでなく、漁撈採集や狩猟採集といった生業と熱帯性農耕の両方に長けた、海洋性志向の強い人びとといった印象を強く受ける。第1章でも論じられたように、彼らの痕跡に見られる「半農半漁民」的要素は、「海民」的性格とも重なる。

同じく彼らのイメージは、安田喜憲が約四〇〇〇年前の気候悪化を契機に起こった畑作牧畜民の移動により、長江下流域の海岸部から押し出され、ボートピープル化して日本や台湾へと移動したと想定する「稲作漁撈民」とも部分的に重なる［安田 二〇〇九］。実際、この時期に東アジア一帯が寒冷化し、新石器文化に大きな影響を与えた可能性は他の研究者によっても指摘されている［e.g. Wu and Liu 2004; Anderson 2005］。

先述したように東南アジアやオセアニア海域へと進出した新石器時代集団の言語的な起源地は、台湾である可能性が高いが、オーストロネシア語群の祖語はこの近辺で約六～五〇〇〇年前頃より形成された。さらに台湾の土器文化が、長江下流域も含めた中国南部方面から入った可能性が高いことも考慮するなら、安田が指摘するような新たな人の移住が、台湾経由で東南アジアやオセアニア海域への移住へと繋がった可能性は十分にある。

とくに気候の寒冷化が約三五〇〇年～三二〇〇前にかけて再び起こったとする安田らの指摘は、まさにウォーレシアやオセアニア海域でアジア系新石器時代集団が登場する時期とも重なる。ただし、オセアニアやウォーレシア海域に出現した新石器時代集団は、人口的には極めて小規模な集団だった可能性も高い。その場合も、まさにボートピープルを彷彿させるが、近年の遺伝子研究でその可能性が指摘されている。

ではこれら海民や稲作漁撈民、あるいはボートピープル的な印象の強い新石器時代の新たな移住集団は、特定の島嶼間を相互かつ頻繁に行き来する海域ネットワークを実践していたのだろうか。これまで紹介してきたように、この問いに答えられる考古データは、現時点では極めて断片的だ。それでもフィリピン北部における台湾産ネフライトの出土事例が示すように、ミクロ的には頻繁な交流や移動による物質文化の共通化が生じていたことは間違いない。

ブキットテンコラックの黒曜石は、そうしたミクロなネットワークの繋がりにより、遠隔地の資源がより広範囲に分布していた可能性を示している。残念ながら、そうしたネットワークの実態にアプローチできるだけの考古資料はまだないが、ここでは新石器時代のとくに後期を海民や海域ネットワーク誕生の萌芽期と捉えたい。さらに海域東南アジアで、そのネットワーク性が考古学的にもより明確化するのが、次に論じる金属器時代である。

第4節　金属器時代における海域ネットワークの発達

1　ウォーレシア海域の金属器時代とその指標

海域東南アジアでは、青銅器と鉄器はほぼ同時期に出現する傾向があり、両者の出現をもって「金属器時代」として認識するのが一般的である。これら金属器の出現は、海域の各地で紀元前三〇〇～紀元後二〇〇年前頃とほぼ

図 4-6　初期金属器時代のおもな遺跡と海域東南アジアにおけるドンソン金属器の分布圏。

同時期に始まる。図４―６はこの時代のおもな遺跡と後述するドンソン系銅鼓の分布地点をまとめたものだ。

フィリピンを含むウォーレシア海域における考古学的理解では、中国産の貿易陶磁が出現し出す時期までを「金属器時代」と認識するのが一般的だ。とはいえ、金属器の種類や利用頻度は時間とともに拡大するため、考古学的な時代区分は、あくまで物質文化組成に基づく時代区分でしかなく、貿易陶磁の出現により、すぐに社会や集団に劇的な変化が起こったとは断定できないことも強調しておきたい。

海域東南アジアの金属器時代は、主に東南アジア大陸部より持ち込まれた金属器の流入によって開始された可能性が高い。日本の初期金属器時代に相当する弥生時代に、大陸から渡来人の移住が起こったのと同じように、東南アジア海域でも金属器とともにヒトの活発な移住や移動が起こった可能性がある。その一つの考古学的痕跡として注目されてきたのが、ベトナムや雲南が起源地とされる大陸系のドンソン金属器の流入に伴うヒトの動きである。

ドンソン系の金属器文化は、ベトナム北部や中国南部から、東南アジア大陸部とマレー半島を経て、スマトラ島やジャワ島等の西インドネシアだけでなく、東インドネシアの島々にも広く分布が確認されており、古くから注目されてきた。ドンソン系金属器には、もっとも有名な銅鼓（図4―7）のほかに、ベル、甕、壺などの大型銅器のほか、槍先、剣、斧などの武器も多い。

図4-7　ヘーガーⅠ式のドンソン銅鼓。（Bellwood 1997, Plate47 より）

また人間や動物の形を模した儀礼用とも推測される像もある。

しかし、ウォーレシア海域におけるドンソン系金属器と認識できる遺物は、スンダ列島を中心とする南部域のみに集中し、スラウェシ中部以北や北マルク諸島でのドンソン系金属器はまだきわめて少ない。また広大なボルネオ（カリマンタン）島でも、ドンソン系金属器はまだ二点しか確認されていない。さらにフィリピン諸島では、ドンソン系金属器がまったく確認されていない点を考慮するなら、その主な流通経路は、ベトナムからタイ、マレー半島を南下し、スマトラやジャワ、そしてスンダ列島へとつながる南方ルートと想定できる。その要因は不明だが、ドンソン系金属器は南シナ海を渡ることは稀であったようだ。

ドンソン系金属器の起源地が北ベトナムの内陸部であること、分布域が広範囲に広がることを考慮するなら、海上ルートによる運搬であった場合でも、ベトナム沿岸からシャム湾沿岸やマレー半島沿岸を通るなど、沿岸域や河川を拠点とした流通ネットワークを推測できる［e.g. 小野 二〇一七a］。こうした流通ネットワークが確立されていく中で、大陸部と島嶼部間を行き来するヒトの移動や移住もより活発化していった。近年、海域東南アジアの各地に居住する人びとを対象に行われたmtDNAの分布調査でも、ドンソン系流通網の発達した西インドネシアやマレー半島の現代集団は、遺伝子的にもベトナムを中心とする大陸部系集団との共通性が高い人が多いことが確認されつつある。

これに対し、ベトナム中部沿岸から南シナ海を経てフィリピン諸島に至る金属器時代の物質文化には、ネフライトを中心とする石製耳飾り、そして特徴的な甕棺を含む土器形態に代表されるサーフィン・カラナイ文化複合がある（耳飾についいては深山による次章を参照のこと）。

大型の甕棺を伴う埋葬遺跡が最初に発見されたのは、ベトナム中部の沿岸に位置するサーフィン遺跡で、その年代は紀元前五〇〇～紀元後一〇〇年とされ、副葬品として金属器、ガラス製品、ネフライト製品等が出土した。近年、ベトナムにおける甕棺埋葬の伝統はサーフィンよりさらに古く後期新石器時代まで遡ることが確認されているが［第5章・山形によるコラム参照］、甕棺埋葬の伝統はフィリピン諸島のパラワン島でも、紀元前五〇〇年頃まで遡る可能性がある［Fox 1970］。

この甕棺群は形態的には箱形と甕形の二つに分けられるが、マヌングル洞穴A室で発見された蓋の上部に舟に乗る二人の人間の像が装飾された甕棺は、ほぼ完形な上、その高い美術的価値からフィリピンの国宝にもなっている。マヌングルA室からは紀元前七〇〇年と九〇〇年を示す放射性炭素年代値が一点ずつ得られているが、この年代が正しければ、ベトナム中部とほぼ同時期に相当することになる。しかし、パラワンで台湾産と同定されたネフライト製の耳飾りやガラス製品が出現するのは紀元前三〇〇年頃からの可能性が高く［Hung et al. 2006］、これらは初期金属器時代の物質文化と捉えるのが妥当であろう。

これに対し、一九五〇年代に中部フィリピンのマスバテ島でソルハイムが発掘したカラナイ洞穴（図4―6）から出土した甕棺・副葬土器群［Solheim 1964a］の中には、タイ半島部スラタニ県のサムイ島で発見された土器に共通するものが確認された。この発見に基づき、ソルハイムは南シナ海を挟んで移住や交流を行った人びとの存在を想定し、「サーフィン・カラナイ土器伝統」の仮説を提唱した［Solheim 1964b］。ただし彼の仮説は両地域における土器組成の詳細ではなく、部分的にみられる特徴の抽出などに基づいたものでもあった。また、この両者に酷似する土器群が、ベトナム中部カインホア省のホアジェム遺跡の発掘調査によって出土した。

しかし近年での理解では、カラナイ洞穴の甕棺埋葬はパラワンのものより時代的にやや新しく、ベトナムではサーフィン文化以降となる［e.g. 山形二〇一〇］。とはいえ、中部フィリピンと中部ベトナム沿岸の両方における共通性の高い土器の存在は、南シナ海を超えて人びとの移住や交流が活発化したことを示唆する、重要な考古学的痕跡であろう。

同じくパラワン島のドゥヨン洞穴で出土したネフライト製耳飾りは、三つの突起を持つ玦状で、紀元前五〇〇～三〇〇年までさかのぼる可能性がある。その後に発見されたルソン島南部のバタンガスや北部のアルク洞穴、さらに台湾やバタン諸島、ボルネオのニア洞窟遺跡、ベトナム中部のゴーマーヴォイ遺跡で出土した耳飾りと同様に、いずれも台湾東岸の豊田産であることが明らかとなった［e.g. Hung 2005］。詳しくは次章に譲るが、その出土年代からは、台湾やバタン諸島で出土したものが最も古く紀元前五〇〇年以前まで遡る可能性があり、むしろこの地域が起源である可能性が高い［深山 二〇一四］。

ソルハイムは晩年、これら南シナ海を挟んで同時期に認められる耳飾りや甕棺伝統、そして共通性の高い副葬土器をもって「サーフィン・カラナイ文化複合」と再認識した［Solheim 2006］。ではこうした南シナ海を中心とする人びとの資源や物質文化の流通ネットワークはどこまで広がっていたのだろうか。ここでは（一）フィリピン諸島北部や、（二）北マルク諸島における同時代遺跡の発掘成果を踏まえ、さらなる検討を加えたい。

2　フィリピン諸島北部の事例

まずフィリピンのルソン島北部における事例を紹介するが、結論を先に言うと、こうしたネットワークの片鱗はルソン島北部でも明らかだ。たとえばバガッグⅠ貝塚は、マガピット貝塚と同様にカガヤン川下流域に所在するラロ貝塚群中の一つの貝塚で、カガヤン川を隔ててマガピット貝塚の対岸に位置している。この貝塚は、一九七七年、青柳洋治氏と国立博物館、カガヤン州分館のロリト・ソリアノ氏によって発見、踏査された［青柳・田中 一九八五］。その後、筆者の一人（田中）を含む日本隊とマニラ国立博物館との共同調査チームによって発掘調査が行われ、表面下二・八メートルの厚さの貝層が検出された。この貝層は、第Ⅰ層から第Ⅺ層までの一一枚の層に細分できた。

遺跡の年代は、第Ⅱ層が紀元後二〇〇年、第Ⅵ層が紀元後三五年の年代、第Ⅺ層は、紀元前一五年の年代が得られた。

バガックⅠ貝塚の出土遺物には、土器、ガラスビーズ、鉄片、鉄滓、人骨、動物骨、貝類があった。このうち土器は、黒色土器、褐色土器、赤色スリップ土器があり、器種としては、甕形土器、鉢形土器、蓋、支脚がある。とくに鉢形土器は全て黒色土器であることが大きな特徴の一つだ。また、甕形土器、鉢形土器ともに無紋のものと有紋のものがみられた。施された紋様には、ヘラ状工具を使った斜位の短い連続刻み目紋も認められた（図4—8）。

このほかに、肥厚した口縁部外面に横位に複数の段にわたって上下で異なる向きに刻み目を施し矢羽根状の紋様を作るものが第Ⅵ層から第Ⅻ層まで出土した。同じ紋様構成を持つ土器は、台湾南部西海岸の鳳鼻頭遺跡の土器［Chang 1969, 田中 二〇一一］にも見られる。また第Ⅺ層出土有紋土器の中には、貝殻腹縁押捺紋土器もみられた。これは甕形土器の肥厚した口縁部外面や鉢形土器の口唇部平坦面に、アルカ貝など肋の顕著な二枚貝の腹縁部を押捺したものである。

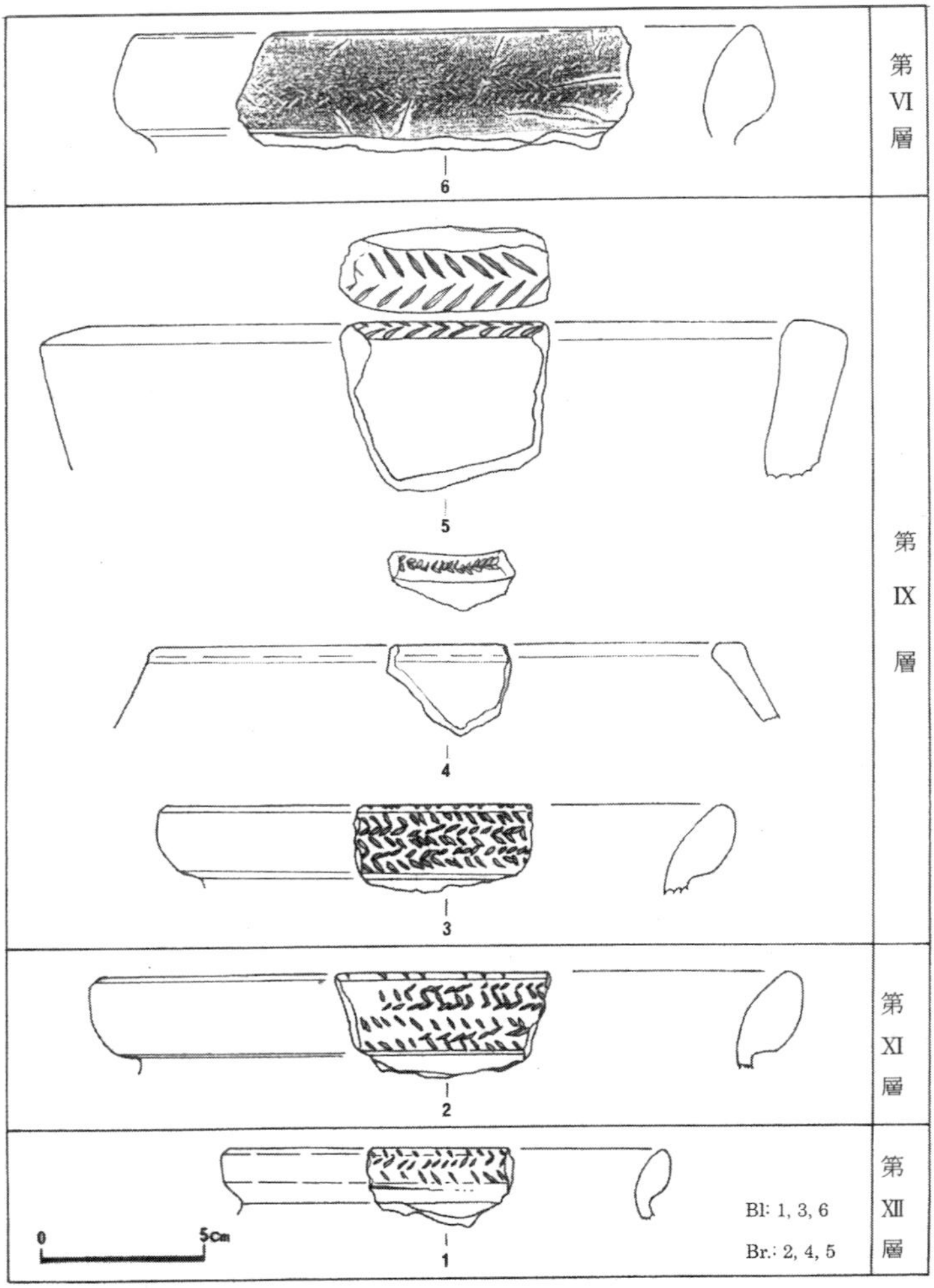

(1～6：筆者原図)

図4-8　バガッグＩ貝塚出土の土器形態。

紋様が施される器種や施文部位と異なるが、こうした肋の顕著な二枚貝の腹縁部を押捺した紋様は、フィリピン中部マスバテ島のカラナイ洞穴出土の土器にみられ、金属器時代に盛行した紋様の一つだったようだ。一方、第Ⅱ層からは八二点の青色、黄色、赤色、緑色、白色といった多彩なガラスビーズが出土し、第Ⅲ層からは一点の青色ガラスビーズが出土している。さらに第Ⅱ層からは鉄滓が、第Ⅵ層からは鉢形土器の内面に付着して鉄片が出土した。

3　北マルク諸島の事例

北マルク諸島は、フィリピン諸島よりさらに南に位置し、ニューギニアに隣接する。そんな地理的特性に加え、言語学的にもこの地域はパプア諸語とオーストロネシア語の両者が混合する遷移帯でもある。このため一九九〇年代には、オーストロネシア語族の台湾起源説を支持するベルウッドにより発掘が行われ、初期金属器時代に相当する遺跡も多数発掘されてきた［e.g. Bellwood 1997］。これらの遺跡はいずれも紀元前一〇〇年から紀元後二〇〇年の間にさかのぼり、北部のモロタイ島、東部のゲベ島、中部のハルマヘラ島とその周辺域に広がる。

結論的に言うと、これらの地域でもフィリピン諸島やインドネシア西部の同時代遺跡で出土する特徴的な文様をもつ土器群が出土しており、土器という物質文化においては共通性が認められる。たとえば、先述のバガッグ遺跡から出土した矢羽根状の紋様を施した土器や黒色土器は北マルクでも出土する。共通性の高い土器文様の広がりは、島嶼間ネットワークの発達により、土器製作におけるトレンドが広範囲に広がり易くなった可能性を示唆している。

しかし、土器の形態や文様だけでは、具体的な島嶼間のネットワーク性についてはなかなかアプローチできない。考古学的にこうしたネットワークの発達に迫るには、埋葬文化にみられる共通性や、ガラスや金属製品、耳飾りに代表される装飾品のような島外で生産・製作され、交易や交換資源として域内を流通した可能性の高い遺物にも注目する必要がある。

このような視点から、二〇一二年に東海大学がインドネシア国立考古学研究所と共同発掘したのが、モロタイ島のアルマナラ岩陰遺跡である。その結果、計一〇平方メートルの発掘において、一・二メートルの堆積層から約五万七〇〇〇点の人骨片とともに特徴的な甕棺群、ガラス製・貝製の装飾品や土製品が出土した。二次埋葬と考えらえる人骨片の多くは、下層に集中しており、人骨から得られた直接年代はいずれも紀元前二〇〇〜後一〇〇年を示した。トカゲが貼付された高坏状の装飾土器［図4—9—①］や、人間像が貼付された箱形甕棺［図4—9—②］、ガラスや貝製品の多くも下層に集中しており、同時期の副葬品である可能性が高い。このほか下層からは、双獣頭耳飾りを想起させる土製品（図4—9—③）も出土した［Ono, et al. in press］。

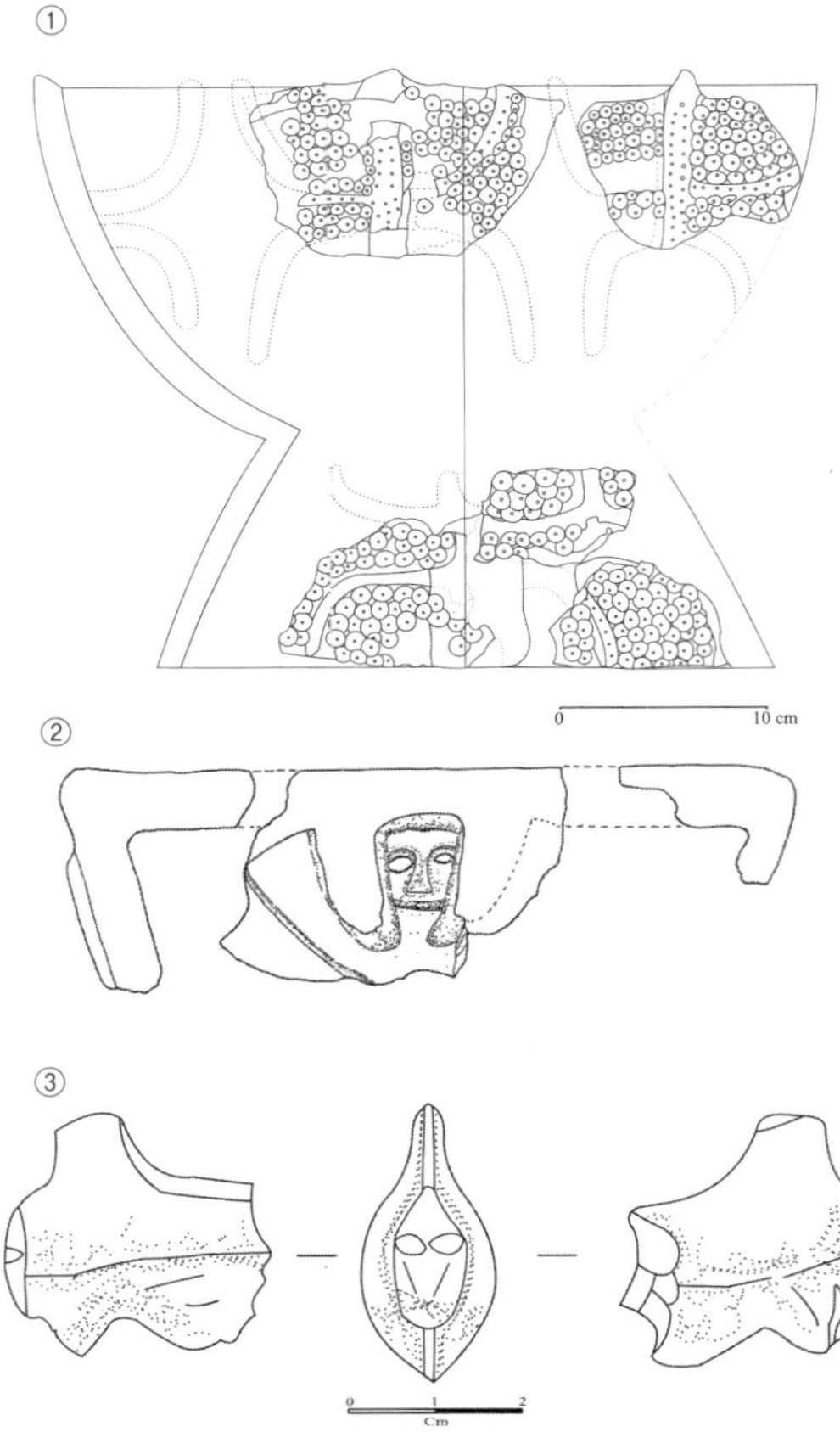

図 4-9　アルマナラ出土の特徴的な甕棺土器と土製品

また出土したガラス製品の蛍光X線分析の結果、その多くはマンガンと鉄を多く含むカリガラスであったほか、「インド太平洋ビーズ」として知られるソーダ石灰ガラスも少数ながら確認された［Ono, et al. 2017］。カリガラス製品は紀元前五〜二〇〇年頃のベトナムやタイの初期金属器時代遺跡でも多く出土するほか、良質なマンガンの産地である中国との関わりも無視できない。いっぽう、ソーダ石灰ガラスは、紀元後四〇〇年以降により普及する。歴史的に北マルク諸島は、紀元前二〇〇年頃にはインドや中国との古代香料交易網で間接的に結ばれていた可能性があるが、アルマナラ出土のカリガラスは、それを示唆する考古遺物とも考えられる。

いっぽう、トカゲ装飾土器はインドネシアでは類例がないが、トカゲのモチーフは、フィリピン諸島やスラウェシ島、ニューギニアで土器やメガリスの装飾に用いられることがある。加えてフィリピン・ネグロス島の初期金属器時代遺跡となるマグシュホット遺跡では、トカゲ装飾の土器や人面土器が出土している。箱形の甕棺も、フィリピンのパラワン島に位置する同時代遺跡で出土例があるほか［Fox 1970］、人面を強調した甕棺はミンダナオ島の同時代遺跡となるアユブ洞穴遺跡で出土している［Dizon and Santiago 1996］。

これらに加え、南シナ海周辺に分布する双獣頭耳飾りに似た土製品が、本当にその摸倣品であるなら、アルマナラの埋葬事例に見られる物質文化は同時代のフィリピン諸島の伝統に最も近いといえそうだ。実際、モロタイ島は北マルクの中でもフィリピン諸島に最も近い島でもある。アルマナラの出土状況は、両地域を結び、経済活動や移動も含めた人間交流があったことを強く示唆している。また出土したガラス製品はそうした交流の中で発達した海上ネットワークにより、持ち込まれたとも考えられよう。

第5節　海域東南アジアにおける基層文化——海民とネットワーク型社会——

本章では海域東南アジアにおけるネットワーク型社会の形成過程について、新石器時代から金属器時代を時間軸に、考古学的な検討をおこなってきた。遺跡に残された考古資料からこのテーマにアプローチできる範囲にはもちろん限りがある。それでもフィリピンのルソン島北部カガヤン川下流域のマガピット貝塚の事例や、ボルネオ島のブキットテンコラック遺跡の事例からは、その具体的なネットワークの在り方は不明なものの、人びとが特定の資源や物質文化を運んでいた痕跡が認められた。

マガピットでは、その土器群が台湾東海岸の潮來橋遺跡の赤色スリップ土器との共通性が高く、台湾東海岸地域との関連がうかがえる［Hung 2005］。また、赤色スリップ土器の中の有紋土器の中にみられる刺突紋の刺突の窪みに石灰を充填する施文技法は、マリアナ諸島の土器を筆頭に、メラネシアのラピタ式土器群や近年、インドネシアのスラウェシ島で発見が相次いでいる土器群との関連も見出せる［小野 二〇一七a、b］。

これに対し、ブキットテンコラック遺跡をはじめ、ボルネオ島の新石器時代遺跡からは、石灰を充填した土器群はまだ見つかっていない。しかし、ブキットテンコラックからは、ラピタ遺跡から多く出土するビスマルク諸島産の黒曜石が出土したほか、遺跡を残した人びとによる生計戦略には、ラピタ集団によるそれとの共通性も認められた。

フィリピン諸島からマリアナ諸島、スラウェシ島、それにメラネシアのラピタ遺跡群における土器の製作技術や文様パターンにみられる共通性の高さは、新石器時代に類似した物質文化をもつ人びとが広範囲に拡散したことを示唆する。これは、この時代に台湾を含む東アジア沿岸域から、海域東南アジアを経てオセアニア海域へ広がったとされるオーストロネシア語族の拡散とも一致する。土器製作にみられる共通性は人びとが頻繁に行き来したネットワーク性を直接的に証明するものではないが、これらの海域世界に移住・拡散した人びとが共通性の高い基層文化を共有していたことは指摘できよう。

これに対し、ボルネオのブキットテンコラック遺跡のように、土器製作においてはそこまでの共通性はないものの、五〇〇〇キロメートル近く離れたビスマルク諸島産の黒曜石が出土している事実は、特定の資源を動かす何らかのネットワークが、この海域に存在していたことを示唆している。現時点では、その流通ルート、あるいはその背景が何らかの資源の交換に基づくものだったのか、その他の理由によるものなのかといった詳細はよくわかっていない。むしろ考古学的に、海域ネットワークの形成がより明確化するのは、続く金属器時代に入ってからとなる。

たとえばフィリピン北部の金属器時代遺跡では、黒色土器が卓越し、有紋土器のうち、矢羽根状刻み目紋を施す土器の紋様は台湾西南部の鳳鼻頭遺跡との関連がうかがえる［田中 二〇一二］。また、後期新石器時代の赤色スリップ土器主体の土器群から金属器時代の黒色土器と褐色土器主体の土器群への変化は、土器製作伝統の大きな変化を示し、それらの製作の担い手の交代があったことを想定させるものである。

北マルク諸島においても土器を伴う遺跡の多くは、金属器時代期に激増する。このことは新たに土器製作の技術や伝統をもった集団による移住も含め、北マルク諸島の人口が増加した可能性も示唆している。また出土する土器群には諸島内でも共通性が高い上、フィリピンで多く見られる黒色土器をはじめ、描かれる文様には、より広く海域東南アジアの各地で出土する土器群との共通性も高い。こうした広域における土器装飾の共通性は、新たな人びとの移住だけでなく、人びとが頻繁に特定の地域間を継続的に行き来するネットワークの発達が見え隠れしている。

装身具については、後期新石器時代の遺跡では、玉類類似石材あるいは玉に替わる石材を素材とするビーズや玦状耳飾りの利用が明らかになった。これは、この時期に台湾東海岸の豊田製玉製品のフィリピン諸島への供給が一時的に減ったことが背景にあると考えられる。また、金属器時代の遺跡で出土したガラスビーズは、北マルク諸島のアルマナラ遺跡で出土したガラス製品の化学分析結果にみられるように、紀元後二〇〇年頃迄には、玉や玉類似の石材を使った装身具に替わってガラス製装身具が大陸部より普及するようになったことを示している。

マレー半島から西インドネシアやウォーレシア南部の島々にかけては、初期金属器時代以降にドンソン系の金属器が広範囲に普及し、土器や織物、埋葬儀礼といった様々な文化伝統に影響を与えた痕跡がみられる。近年、研究が進む遺伝子分野においても、これらの地域に暮らす人びとが、遺伝的により強くベトナムなどの大陸方面からの影響を受けていることが指摘されつつある。またスマトラで近年発掘され、四〇体以上の伸展葬を含む大規模な初期金属器の埋葬が見つかったハリマオ洞窟遺跡でも、台湾先住民にもっとも特徴的な遺伝子が確認されるなど、個人や集団の活発な移動・移住痕跡が明らかになりつつある［Shinoda 2016］。

これらの考古学的状況をまとめると、海域東南アジアでは紀元前三〇〇年頃より、大陸部を起源とする金属器文化をもった人びととの交流が活発化しだしたことをまず指摘できる。この交流は、大規模な人類移住というより、高い経済的・文化的価値をもつ特定の金属器や石製装飾品等を運ぶトレーダーや、あるいは次章で論じられるような制作にかかわる工人的役割を担った個人や集団による行き来をベースにしていた印象が強い。残念ながら、現時点での考古資料からはそれ以上の具体的な姿に迫るのは難しいが、何らかの海域ネットワークが形成されつつあったことは確かであろう。

このネットワークは大きくは二つあった。一つが、ドンソン系金属器を指標とするベトナムからマレー半島、西インドネシアから、さらにその先にウォーレシア南部の島々までを結ぶものである。ドンソン系金属器がこれらの島々に与えた影響はかなり大きく、各地の儀礼や埋葬にも取り込まれていった。金属器時代に特徴的な土器文様には、ドンソン系金属器に描かれるモチーフとの共通性も多く認められる。

いっぽう、二つ目のネットワークが、台湾とフィリピン間では新石器時代後期に開始された、ネフライトをはじめとする石製耳飾りや、特定の土器形態を指標とし、南シナ海を経てベトナムなどの大陸部沿岸とフィリピン諸島を結ぶものである。本章ではそのネットワークが、紀元前二〇〇年頃までに北は台湾からルソン島北部、東は北マルク諸島まで広がっていた可能性を示した。しかし、このネットワークはさらに広がっていた可能性も否定できない。

同じく二つのネットワークは、完全に分断されていたわけでもなく、もっと複雑な人びとの動きがあったであろう。バガッグⅠ貝塚やアルマナラ遺跡の事例が示すように、大陸産のものを含む多数のガラス製品は、ドンソン系金属器が分布する地域でも同様に出土している。かつて東南アジア地域研究者の立本［一九九六］は、海域東南アジアの基層文化として海民的な暮らしのあり方を指摘したが、その原型が成立しだした時期として、初期金属器時代をとらえなおす必要がありそうだ。

北マルク諸島では、紀元前二〇〇年頃までにインドや中国とつながる古代香料交易網が形成されていたことが、文献史料から推測されてきた。残念ながらその交易網や交易の実態は現時点では不明だが、アルマナラで出土したやはり紀元前二〇〇年頃にさかのぼるガラス製品の存在は、その考古学的痕跡の一つになりえるかもしれない。この時代を対象とした多角的な考古学研究はまだ始まったばかりだが、耳飾りと同様に、各遺跡から出土したガラス製品の化学分析による産地や流通経路の比較検討からも、そのネットワークの一端に迫れるだろう。

これら過去のネットワークや海民における実態について、考古学的にアプローチするのは容易ではないが、本書で議論されている民族誌事例からの検討も踏まえ、今後も仮説と実証の繰り返しを試みていく必要があるだろう。本章では民族誌事例を踏まえた仮説提示までは至らなかったが、本書を踏まえた今後の課題として取り組んでいきたい。

参考文献

青柳洋治・田中和彦　一九八五「カガヤン川流域の貝塚土器をめぐる二、三の問題」『上智アジア学』三号、八一～一二九頁。
青柳洋治、アギレラ・M、小川英文、田中和彦　一九八六「カガヤン川下流域の貝塚」『上智アジア学』四号、四五～九一頁。

―――　一九八八「ラロ貝塚群の発掘」『上智アジア学』六号、六三～一〇四頁。

―――　一九九一「ラロ貝塚群の発掘（3）」『上智アジア学』九号、四九～一三七頁。

今村啓爾　二〇一〇「ヘーガーI式銅鼓の南方海域への展開――その年代と歴史的背景」『南海を巡る考古学』今村啓爾（編）、三～五二頁、同成社。

小野林太郎　二〇〇九「サンゴ礁漁撈の民族考古学―ボルネオ島サマによるサンゴ礁漁撈の定量データ分析を通して」『考古学研究』五五巻四号、七五～九四頁。

―――　二〇一一『海域世界の地域研究――セレベス海域の漁撈と民族考古学』京都大学出版会。

―――　二〇一七a『海の人類史――東南アジア・オセアニア海域の考古学』雄山閣。

―――　二〇一七b「鋸歯印文土器――オーストロネシア語族の拡散を語る土器」『貝塚』七二号、一七～三〇頁。

国立民族学博物館（編）二〇〇七『オセアニア　海の人類大移動』昭和堂。

田中和彦　一九九六「ルソン島北部における方角石斧に伴う土器の検討――沈線による連続菱形文土器の検討」『東南アジア考古学』一六号、一四九～一六〇頁。

―――　二〇〇五「赤の時代」から「黒の時代」へ―ルソン島北部、カガヤン川下流域、ラロ貝塚群における後期新石器時代から鉄器時代の土器編年」『上智アジア学』二三号、三一三～四〇一頁。

―――　二〇一〇「フィリピンの先史時代」『海の道と考古学――インドシナ半島から日本へ――』菊池誠一・阿部百里子（編）、六六～九〇頁、高志書院。

―――　二〇一一「新石器時代晩期から鉄器時代にかけたフィリピン北部と台湾南部の土器の関連性について――特に矢羽根状刻み目紋土器について」『金沢大学考古学紀要』三二号、六四～八六頁。

―――　二〇一三「ルソン島北部における新石器時代から金属器時代の土器編年と人びとの移動」『古代文化』六四巻四号、八五～九七頁。

―――　二〇一四「フィリピン金属器時代の埋葬の地域的特徴について」『新田栄治先生退職記念東南アジア考古学論集』新田栄治先生退職記念論集編集委員会（編）、一三一～一四四頁。

―――　二〇一六「ルソン島北部における金属器時代の黒色土器の変化――特に無紋鉢形土器の変化について」『田中良之先生追悼論文集：考古学は科学か？』田中良之先生追悼論集編集委員会（編）、一一六三～一一七六頁、中国書店。

深山絵実梨　二〇一四「先史時代東南アジアにおける耳飾と地域社会——3つの突起を持つ石製玦状耳飾の製作体系復元——」『古代』一三五号、四三～六五頁。
安田喜憲　二〇〇九『稲作漁撈文明』雄山閣。
山形眞理子　二〇一〇「サーフィン—カラナイ土器伝統」再考」『南海を巡る考古学』今村啓爾（編）、九五～一二九頁、同成社。

Anderson, A. 2005. Crossing the Luzon Strait: Archaeological Chronology in the Batanes Islands, Philippines and the Regional Sequence of Neolithic Dispersal. *Journal of Austronesian Studies* 1（2）: 25-45.

Bellwood, P. 1989. Archaeological Invcstigations at Bukit Tengkorak and Segarong, Southeastern Sabah. *Bull. Indo-Pacific Prehistory Assoc.* 9: 122–162.

Bellwood, P. and Koon, P. 1989. Lapita Colonists Leave Boats Unburned. *Antiquity* 63: 613-22.

Carson, M.; Hung, H.; Summerhays, G. and Bellwood, P. 2013. The Pottery Trail from Southeast Asia to Remote Oceania. *Jounal of Island and Coastal Archaeology* 8-1: 17-36.

Chang, K.C. 1969. *Fengpitou, Tapenkeng and the Prehistory of Taiwan.* Yale University Publications in Anthropology Number 73. Department of Anthropology, Yale University.

Chia, S. 2003. *The Prehistory of Bukit Tengkorak as a Major Prehistoric Pottery Making Site in Southeast Asia.* Sabah Museum Monograph 8. Kota Kinabalu: Sabah State Museum.

Dizon, E. and Santiago, R. 1996. *Faces from Maitum:The Archaeological Excavation of Ayub Cave.* Manila: National Museum of the Philippines.

Fox, R.B. 1970. *The Tabon Caves.* National Museum Monograph 1. Manila: National Museum.

Hung, H.C. 2005. Neolithic Interaction between Taiwan and Northern Luzon: The Pottery and Jade Evidences from the Cagayan Valley. *Journal of Austronesian Studies* 1: 109-134.

Hung, H.C, et al. 2011. The First Settlement of Remote Oceania: The Philippines to the Marianas. *Antiquity* 85: 909–26.

Hung, H.C. et al. 2013. Coastal Connectivity: Long-term Trading Networks across the South China Sea. *Journal of Island and*

Coastal Archaeology 8: 384-404.

Iizuka, Y. and Hung, H.C. 2009. Arcaeomineralogy of Taiwan Nephrite: Sourcing Study of Trade Artifacts across the South China Sea CAPAS-CSEAS 2009 International Symposium on Maritime Links and Trans-nationalism in *Southeast Asia: Past and Present*. Octber 27-27, 2009. Taipei, Taiwan.

Nasrullah, Aziz. 2011. Laporan Penelitian Arkeologi: Penelitian Akeologi Kajian Permukiman di Situs Toraut, Desa Toraut, Kec. Dumoga Barat Kab. Bolaang Mongondow, Provinsi Sulawesi Utara. Manado: Kementerian Kebudayaan dan Pariwisata, Balai Arkeologi Manado.

Ono, R. 2004. Prehistoric Fishing at Bukit Tengkorak, East Coast of Borneo Island. New Zealand *Journal of Archaeology* 24: 77–106.

——— 2010. Ethno-Archaeology and the Early Austronesian Fishing Strategies in Near-shore Environments. *Journal of Polynesian Society* 119（3）: 269–314.

Ono, R.; et al. 2017. Development of Regional Maritime Networks during the Late Neolithic to Early Metal Ages in Northern Maluku Islands: A View from Excavated Pottery and Glass Ornaments. *Journal of Island and Coastal Archaeology*.

Ono, R. et al. in press. Modelled pottery, jar burial, and human interaction in Island Southeast Asia and Oceania during the Early Metal Age: New evidence from the northern Moluccas. Antiquity.

Shinoda, K. 2016. Determination of the Genetic Chracteristics of Ancient Skeletal Remains Excavated from the Gua Harimau Site. Paper Presented at The International Symposium on Austronesian Diaspora held in Bali, Indonesia.

Solheim, W.G. 1964a. *The Archaeology of Central Philippines: A Study chifly of the Iron Age and its relationships*. Monographs of National Institute and Technology 10. Manial: Bureao of Printing.

Solheim, W.G. 1964b. Further Relationships of the Sa Huynh-Kalanay Pottery Tradition. *Asian Perspectives* 8（1）: 196-211.

——— 2006. *Archaeology and Culture in Southeast Asia: Unravelling the Nusantao*. Quezon City: The University of the Philippines Press.

Tanaka, K. 2002. Ceramic Chronology in Northern Luzon: Typological Analysis of the Pottery from the Lal-lo Shell-middens. Ph.D.

Dissertation. University of the Philippines.

Wu, W. and Liu, T. 2004. Possible Role of the "Holocene Event 3" on the Collapse of Neolithic Cultures around the Central Plain of China. *Quaternary International* 117: 153–166.

Yamatgata M., Hoang; B. C. Dung; N. K. Kien; N. K. T.; Kinh, D. N.; Tawara, K.; Watanabe, S.; Suzuki, T.; Miyama, E.; and Ishii, N. 2013. *The Excavation of Hoa Diem in Central Vietnam*. Showa Women's University Institute of International Culture Bulletin Vol. 17.

第5章

耳飾が語る金属器時代東南アジアの海域ネットワーク

深山絵実梨

はじめに――東南アジアの海・海民・海域ネットワーク

東南アジア世界が一つのまとまりとして外世界に認識され始めたのは、一六世紀の大航海時代のことである。大航海時代には、貿易陶磁器や香辛料・香木・真珠などを満載したアラブからのダウ船、中国のジャンク船やヨーロッパのガレオン船が東南アジアの海を行き交っていた。

日本も東南アジア海域世界と無関係ではなく、有田や肥前のやきものが交易品としてやりとりされていたし、朱印船貿易の発展期には多くの日本人が東南アジア（ホイアン、アユタヤ、マニラなど）に移住して日本町を形成していた。さらに古くは、弥生時代や古墳時代の墓から出土するインドパシフィックビーズ、正倉院御物である東南アジア産沈香「蘭奢待《らんじゃたい》」が日本にもたらされた。東南アジアの海域世界は、世界規模の海のネットワークにおいても大きな役割を果たしてきた。

東南アジアの海域を結ぶモノとヒトのネットワークの存在は、先史時代から連綿と続く人びとの活動を物語っている。本章では、金属器時代に焦点を当て、東南アジア大陸部と島嶼部の間に横たわる南シナ海を舞台に活躍した人びとに海民的要素を見出しつつ、当時の海域ネットワーク形成の背後に存在した人びとがどのような存在であったのかについて考えてみたい。

第1節　東南アジア考古学における移動と移住の考え方――

1　インド・中国と東南アジア――海のシルクロードの成立

東南アジアでは古代以来、交易活動を政体の基盤とする港市国家が興隆した。航路の要衝を押さえることで莫大な利益をあげて栄えた港市国家は、ひとたび航路が変化すれば短期間のうちに衰退し、新たな要衝に次の港市国家がうまれた［野間 二〇〇九、桜井 二〇〇二］。東南アジアではふるくから、国家をあげて大規模な「交易」がおこなわれていたのである。

東南アジア古代国家の基盤となった交易活動は、東西世界を結ぶ海のシルクロードの成立以前からさかんであった。海のシルクロードの成立時期に関しては諸説あるが、本章では後漢書（巻八八 西域伝）に記された大秦王安敦（ローマ皇帝アントニヌス、在位一六一～一八〇）の使者が後漢に朝貢したとされる後一六六年を契機として考える［深見 二〇〇二］。

海のシルクロード成立以前の東南アジアにおける海域ネットワークの様相は、例えば漢書（巻二十八下 地理志第八下 粤地条）にみることができる。そこには、中国商人が黄支国（インドのカーンチープラム）へ赴く際、「蛮夷の賈船」を乗り継ぎ、陸路も合わせて約一二ヵ月で目的地へ達したと記されている。この記述から、インドシナ半島沿岸部に住まう現地人が彼ら自身の交易のために商船をもっていたことがわかるのである。

この時期の東南アジア大陸部はいわゆる金属器時代（前五〇〇年～後一〇〇年頃、図5―1）にあたり、国家形成の

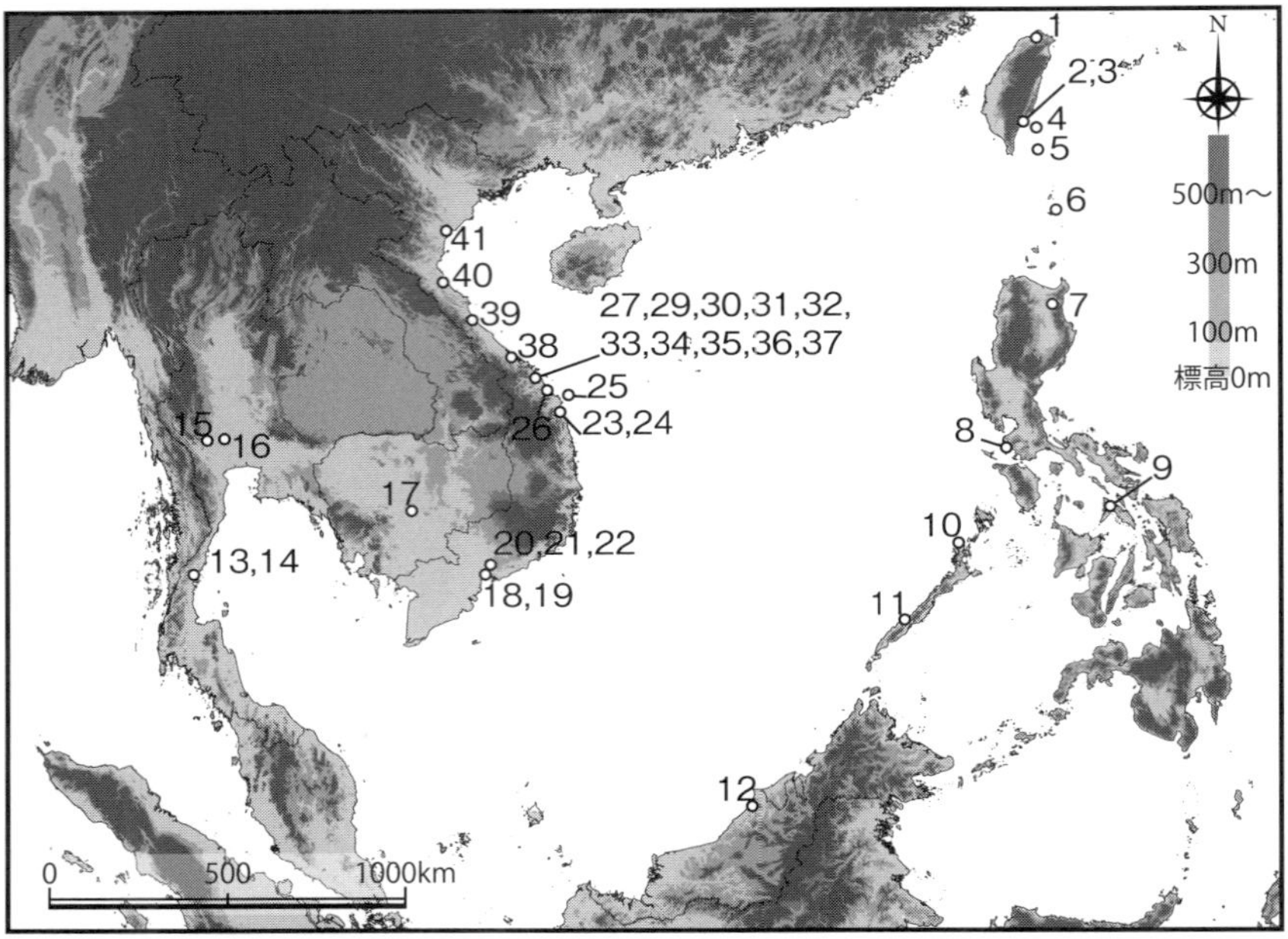

1. 円山、2. 卑南、3. 旧香蘭、4. 緑島、5. 蘭嶼、6. サビドゥグ、7. アルク、8. カラタガン、9. カラナイ、10. イリ、11. ドゥヨン、グリ、12 ニア、13. カオサムケーオ、14. カオセック、15. バンドンタペット、16. ウトン、17. サムロンセン、18. ゾンカーヴォ、19. ゾンフエツト、20. フーホア、21. スォイチョン、22 ハンゴン、23. ドンクォム、24. タインドゥック・フークオン、25. スォイチン、26. タムミー、27. ライギ、28. アンバン、29. ハウサーⅠ、30. ハウサーⅡ、31. ゴーズア、32. ゴーマーヴォイ、33. ビンイェン、34. ゴームン、35. ダイライン、36. パスア、37. クエロック、38. コンラン、39. バイコイ、40. スアンアン、41. ドンソン

図 5-1　本章で言及する金属器時代東南アジアの考古遺跡。（筆者作成）

前段階である首長制社会であった［新田 二〇〇二］。首長制社会とは、人びとの地位に上下関係が生まれ、恒久的なリーダーが集団の生産と分配を統制する社会である。彼らは稲作をおこない、家畜を飼い、定住生活を営んでいた。この時期、東南アジアの遺跡ではインド由来のカーネリアン（紅玉髄）ビーズ、ガラスビーズ、回転紋土器や、中国の青銅器、銅銭、銅鏡などがみつかっており、考古学的な証拠からも交易によって構築された海域ネットワークがあったことがわかっている［Yamagata, Pham and Hoang 2001; Bellina and Glover 2004; Xiong 2014］。なお、こうした金属器時代の示標とな

る物質文化は、大陸部でより早く出現し、やがて島嶼部にも広がった（本書第4章参照）。加えて、前四世紀に比定されるタイ南部カオサムケーオ遺跡では、カーネリアンビーズやインドパシフィックビーズなどの製作がおこなわれていたことが発掘成果によって明らかになった。発掘調査者は、インドから移動してきた工人が、この地に装身具の製作技術を伝えたとしている［Bellina and Silapanth 2006］。つまり、文献史学及び考古学の研究両面から、東西世界が直接的に結ばれた海のシルクロード成立以前に、交易を主たる目的とした独自のネットワークが構築されていたことがわかってきた。

2　オーストロネシア語族の拡散仮説、ヌサンタオ海洋交易・交流仮説と広域分布遺物

東南アジアでは旧石器時代以来、石器や石斧、土器などに共通性が指摘されていて、当時から何らかの形で地域間の接触があったと考えられている。現在もっとも多くの研究者に支持されている説の一つが「オーストロネシア語族の拡散」仮説である。これは中国東南部を起源地とするオーストロネシア語族が台湾を経て、フィリピンとそれ以遠の東南アジア、太平洋地域およびアフリカのマダガスカルにまで拡散したという言語学の仮説［Blust 1988］を、考古学に積極的に結びつけた考え方である。この仮説では、農耕や家畜の飼育といった技術がオーストロネシア語族の拡散（移住）によって島嶼地域に伝えられたとし、特定の単位集団の「移住」によって文化が伝播するという考えが提示された［Bellwood et al. 2011］。また、オーストロネシア語族の移住活動によってフィリピンやマレーシア、ベトナムなどの地域に石斧や甕棺墓などの物質文化がもたらされたと考えられている。

紀元前二〇〇〇年紀以降、後述する台湾産のネフライト（軟玉）石材や、台湾ネフライト製の装身具がフィリピンやインドシナ半島の一部（タイ、ベトナム）を含む南シナ海の周辺地域に出現しはじめる。これを根拠に、オーストロネシア語族の台湾から東南アジア海域世界へ向けた動きが強調されるようになった（図5―2）［Hung et al.

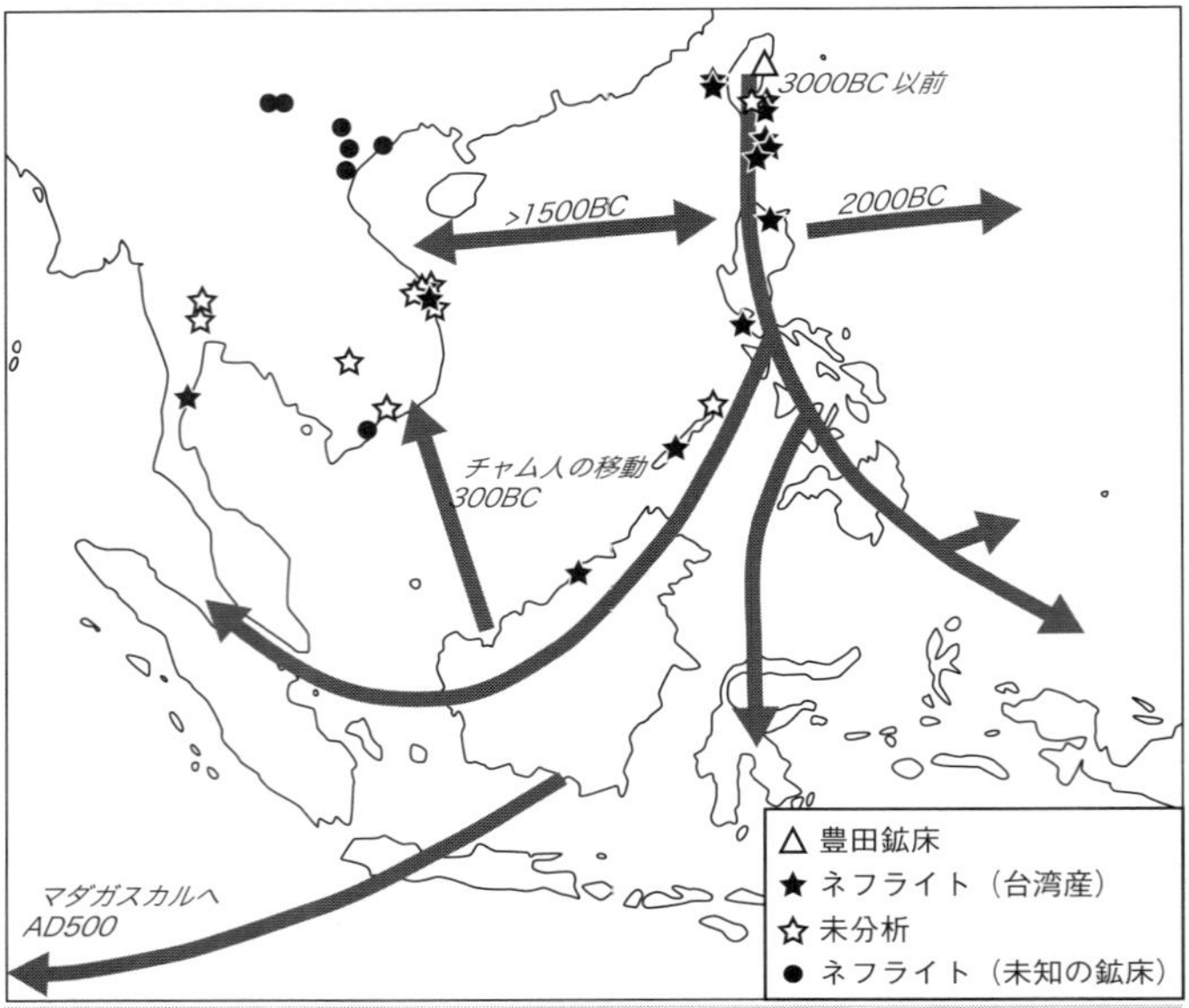

図 5-2　オーストロネシア語族の分布と台湾ネフライトの拡散。
出典：Bellwood et al. 2011:340 及び Hung et al. 2007:19747 より筆者作成

2007］。この一連の研究は、特定の言語集団と物質文化が対応するという前提に立っているが、これに疑問を投げかける研究者も多い。

特定の言語集団の移住を否定する学説の代表的な例が、ソルハイムによって提出された「ヌサンタオ海洋交易・交流ネットワーク」説（以下、ヌサンタオ仮説）である。これは、「海洋志向の強い東南アジアの先住民」をヌサンタオ（「南島の人」の意）とよび、彼らが先史時代から通時的に（交易・交流を含む）諸活動をおこなった結果、類似性の高い物質文化が形成されるに至ったという概念である［Solheim 1975, 2006］。とくにソルハイムが注目したのが、図5—3にまとめた四つの地域である。

この仮説が提唱された当初は、「ヌサンタオ」はオーストロネシア語族話者とされたが、のちにオーストロネシア語族に限らず、「言語の枠を超えた海洋的志向をもつ全ての人びと」を内包する概念へと修正されている［Solheim 2006］。「ヌサンタオ」という概念は、本書で言うところの「海民」とほとんど同義といえよう。なおソルハイムは、オーストロネシア諸語はそうした「ヌサンタオ」たちがネットワークを広げる際の交易言語を起源としていた説を提示しており、オッペンハイマー

［Oppenheimer and Richards 2001］や後藤［二〇〇三］もこれに賛同している。

金属器時代における東南アジアの域内交易ネットワークについて、物質文化の面から検討した横倉［一九九三］は、当時のインドシナ半島に①銅鼓を祭器・宝器として扱うドンソン文化、②銅鼓を商品として扱うサーフィン文化、③青銅器を祭器・宝器とし、銅鼓もそれに準じて受け入れたメコン＝ドンナイ川流域の三つの集団の存在を想定した（図5―4）。ドンソン文化集団から紹介された銅鼓は、サーフィン文化集団によって彼らの交易圏であるタイ

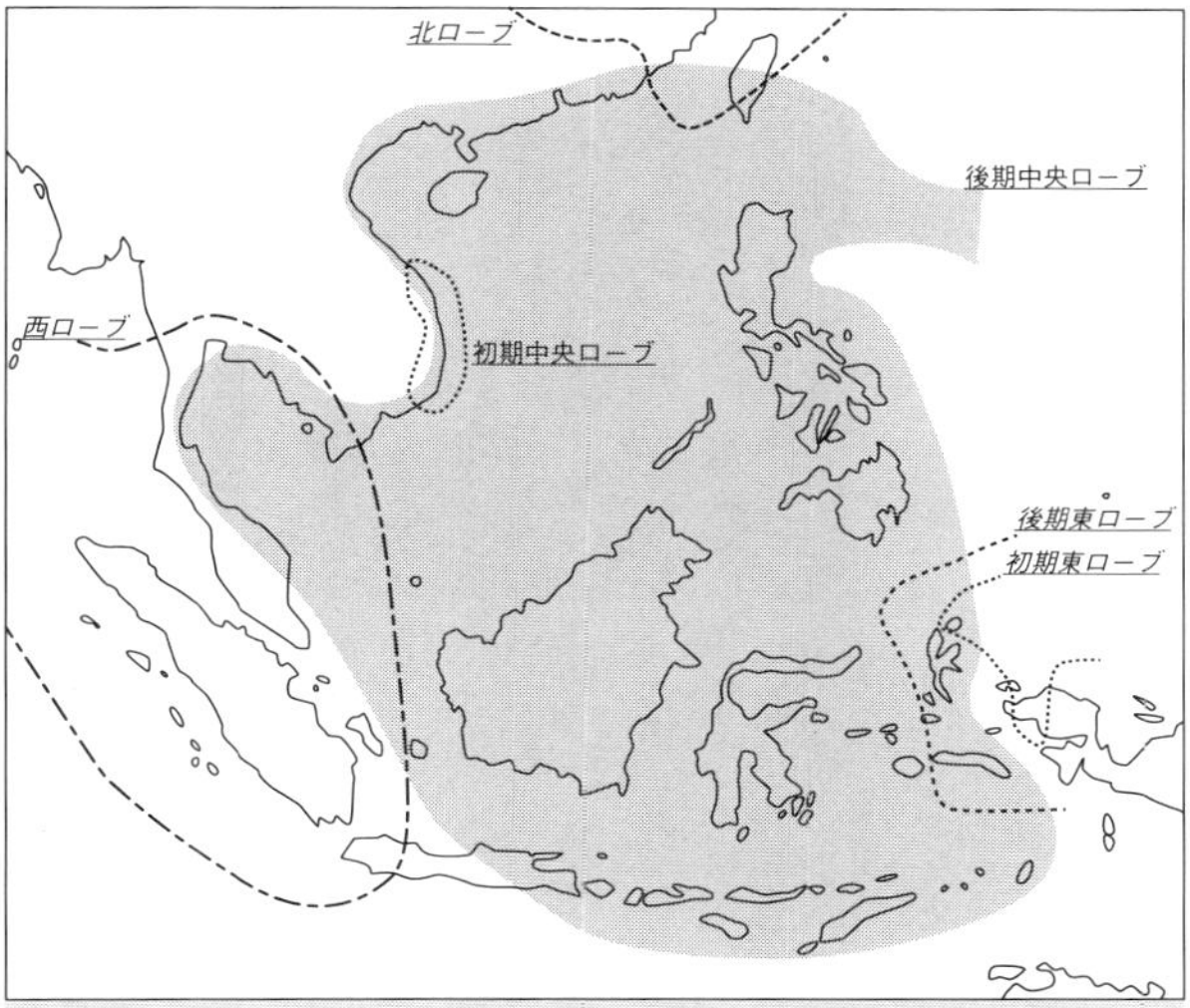

図5-3　ヌサンタオ仮説における四つの地域。

出典：Solheim 2006:67 を一部改変

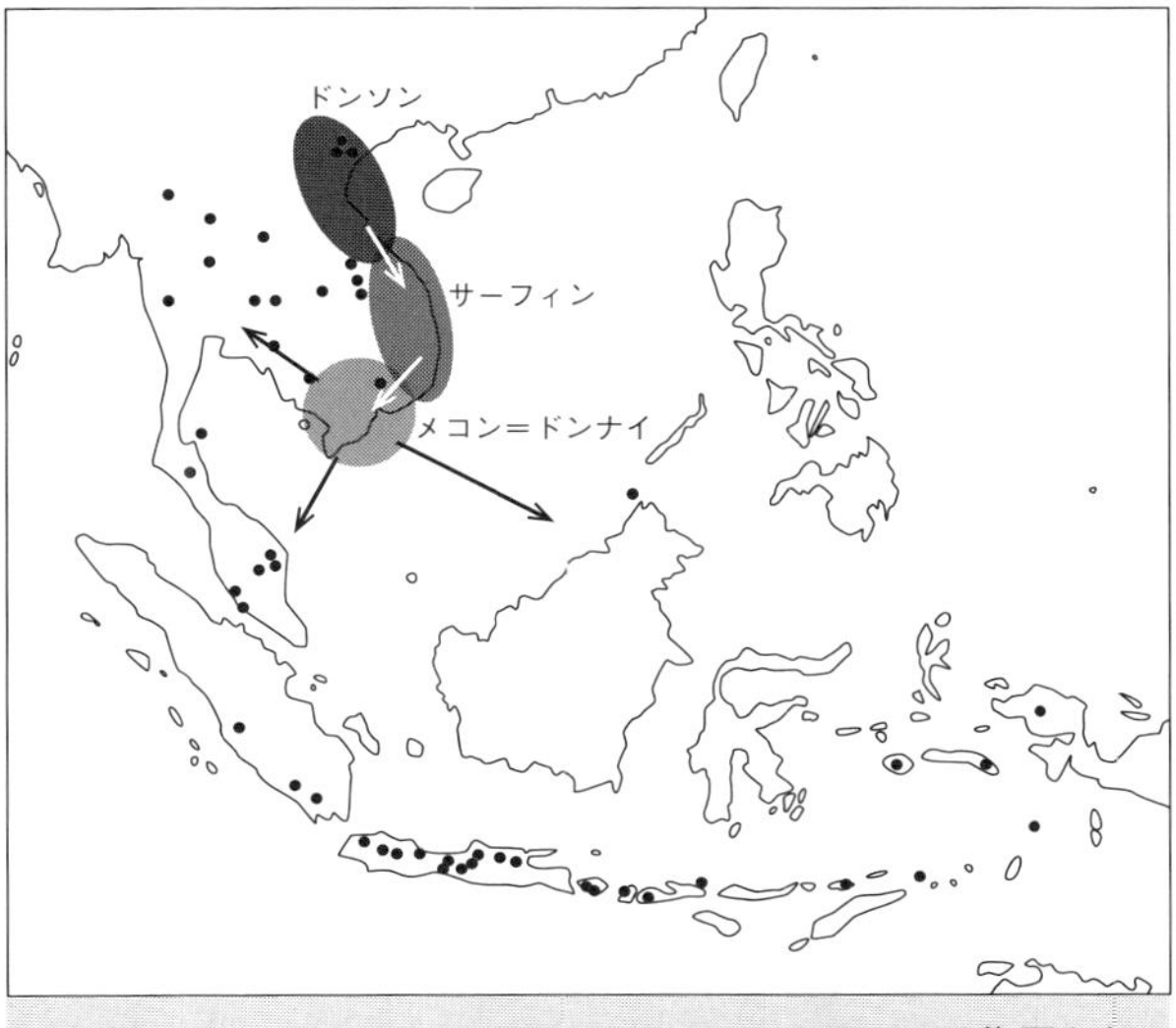

図5-4　ドンソン・サーフィン・メコン＝ドンナイ集団と銅鼓の分布。

出典：坂井、新田、西村 1998：101、横倉 1993をもとに筆者作成

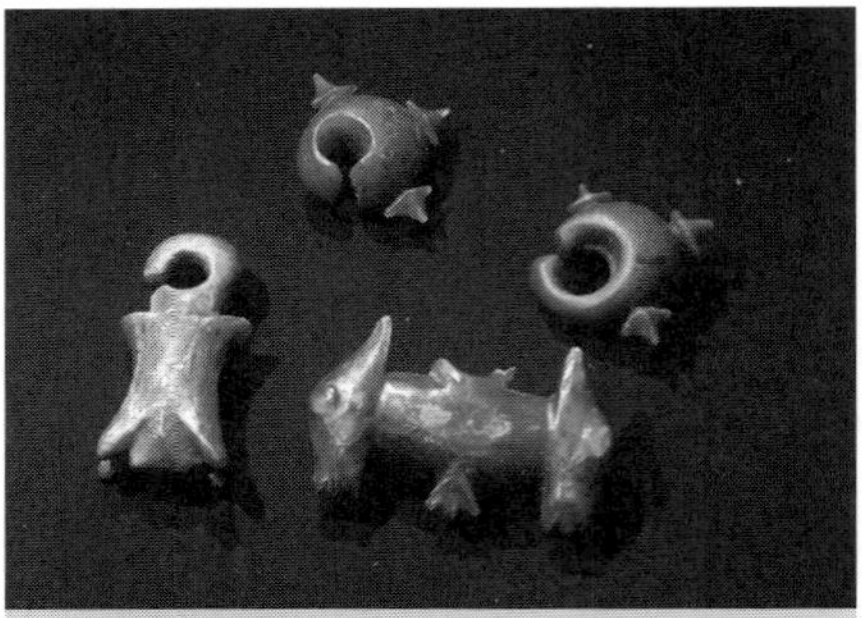

図5-5　金属器時代東南アジアの耳飾
（飯塚義之氏撮影）

方面へのネットワークにのせられ、今度はメコン＝ドンナイ川流域の集団によってさらに遠方のインドネシアまで拡散した、と述べている。横倉は、「輸出」や「航海通商活動」といった語句を用いることで、海域ネットワークにみられる経済活動の側面を強調した。

これら海域ネットワークの先行研究で共通して重要なキーワードの一つとなったのが、金属器時代の東南アジア海域のほぼ全域にみられる「リンリンオー（有角玦状耳飾《ゆうかくけつじょうみみかざり》）」や「双獣頭形耳飾」と呼ばれる耳飾である（図5―5）。台湾、フィリピン、マレーシア、タイ、カンボジア、ベトナムなど広域に分布するこの遺物は、金属器時代に海域ネットワークが存在した重要な証拠の一つと考えられてきたものの、耳飾自体の分類や編年といった基礎的な研究は十分に進展していなかった。そこで、本章では考古学研究の基本に立ち返り、考古遺物としての耳飾の観察と分類から、海域ネットワークの成立の背後にいた人びとと、彼らの営みについて考えていく。

3　広域分布遺物としての耳飾からいかに人の動きを復元するか

考古学は、過去の人びとが残したあらゆる痕跡を手掛かりに、わたしたち人類がどのように活動してきたのか明らかにすることを目的とした学問分野である。過去の人びとが残したあらゆる痕跡とは、彼らが食べた動植物であり、使用した道具類であり、あるいは家屋やモニュメントなどが含まれる。もちろん、彼ら自身の骨や化石も研究の対象となる。アフリカで誕生した人類が現在に至るまでにさまざまな地に拡散したことからわかるように、ヒトの移動や移住の様相を復元することは、考古学における最も基本的な問いの一つといえる。

金属器時代の東南アジアでは、埋葬遺跡、つまり墓が多く発見されている。当時の墓は、土坑墓（墓穴を掘って遺体を埋葬する方法）、甕棺墓（土器、おもに甕を棺として使用する）、木棺墓（木材を棺として使用する）、石棺墓（石材を棺として使用する）が代表的な種類としてあげられ、一度葬った遺体をとりだし改めて埋葬する二次葬や再葬とよばれる葬法がとられることもあった。墓には土器や金属器、装身具などの副葬品（遺体に副えて墓に納めた品物）が入れられる。本章で取り扱う、三つの突起を持つ玦状耳飾と双獣頭形耳飾は、こうした埋葬に伴う副葬品として出土したものである。

埋葬にまつわる考古学的情報からは、当時の人びとが持っていた死生観・宗教観のようなものを垣間見ることができる。おなじ葬法を持つ地域は、同一の文化的背景を持つまとまりとして認識され、考古文化が設定される。われわれ考古学者は、さまざまな考古文化にまたがってみつかる耳飾を、ヒトの移動や移住を考える際のまたとない資料と位置付けてきたのである［鹿野 一九四六a、横倉 一九八七、今村 一九八七、Hung et al. 2007］。

考古学からヒトの移動を検討する最も古典的な方法は、ある一定の文化的特質（住居、日常の道具、埋葬習俗など）を共有する地域的範囲（文化圏）を見出し、複数の文化圏にまたがって存在する要素があるかどうかを確認すること、さらに、その要素がどれだけ似通っているのかを検討することである。東南アジアの海域ネットワークを論じる際の耳飾研究は、このような考え方の影響を強く受けている。

こうした古典的な方法に加え、科学技術の発展に伴い理化学的分析方法が考古学研究に導入されたことで、移動や移住について「科学的」に検討することが盛んになった。たとえば、耳飾の素材であるネフライトの鉱物学的分析に基づく同定法の確立によって、産地のひとつが台湾にあることが明らかになった［Iizuka and Hung 2005］。この研究成果をもとに石材の供給源である「台湾」から流通範囲である「南シナ海地域」へ、という動きのベクトルが確認された［Hung et al. 2007］。こうした科学的な方法は、石材の供給源と流通域の時間的・空間的枠組みに関する多くの情報を提供するが、その背景にあった人びとの思考や行動を直接的に明示するものではない。つまり、台湾ネフライトという石材が、台湾から南シナ海地域に拡散したことは動かしがたい事実であるにしても、それが耳飾や特定集団の拡散の動きとイコールにはならないということである。

そこで次節以降では、これまでに筆者がおこなってきた、金属器時代の東南アジア海域で特徴的にみられる二種類の耳飾の分類・編年研究［深山 二〇一四、二〇一五］を深化させ、当時の人びとの動きについて考察し、その後の東南アジア海域世界に典型的な、国家による大規模な交易がおこなわれる以前の海域ネットワークの一側面を探っていく。

第2節　考古学からみた海域ネットワークの実像

1　耳飾から何がわかるのか?——モノをみるということ

耳飾を観察すると、一見同じように見える耳飾に素材や細かな形状の違いがあることがわかってくる。現代の私たちが目にするあらゆるモノは、規格化された工業製品であることがほとんどで、ちょっと観察したくらいでは個々の形状や素材の違いを見抜くことは難しい。一方、前近代では家内制手工業をはじめ、ヒトが主体となってものづくりをおこなっていた。できあがる製品はハンドメイドの一点モノばかりである。耳飾にみられる細かな違いは、こうした作り手の状況を如実に反映している。つまり、「違い」のなかから抽出した素材や技術的要素をもとに分類をおこなうことで、耳飾を製作した工人集団をある程度見分けることが可能といえる。そこで以下では、耳飾の素材・製作技術・形態に着目し、耳飾の広域分布と工人の関連性について考えていく。

まず、ものづくりにおいて不可欠な素材の差異について整理する。耳飾の材料となる物質はネフライトなどの石材やガラスで、どこでも無尽蔵に得られるものではなく、供給源はある程度限られていた。特に、鋳溶かして再利用できるガラスとは異なり、ネフライト石材は耳飾を作るために選択され、減産的に加工されるので、ものづくりにおける材料の選択性と獲得戦略をみるうえで有用といえる。ネフライトの産地は、東南アジアに近いところでは中国の和田、台湾の豊田がよく知られている（図5—6）［茅原 二〇〇六、飯塚 二〇一二］。日本では縄文時代のヒスイ（硬玉、ジェダイタイト）利用がよく知られているが、中国や東南アジアでは古来よりネフライトが好んで利用され、石斧や装身具の多くがこの石材で作られた。中国でヒスイが珍重されるようになったのは、ミャンマーのヒスイ鉱床が利用されるようになる一九世紀以降で、比較的最近のことである。

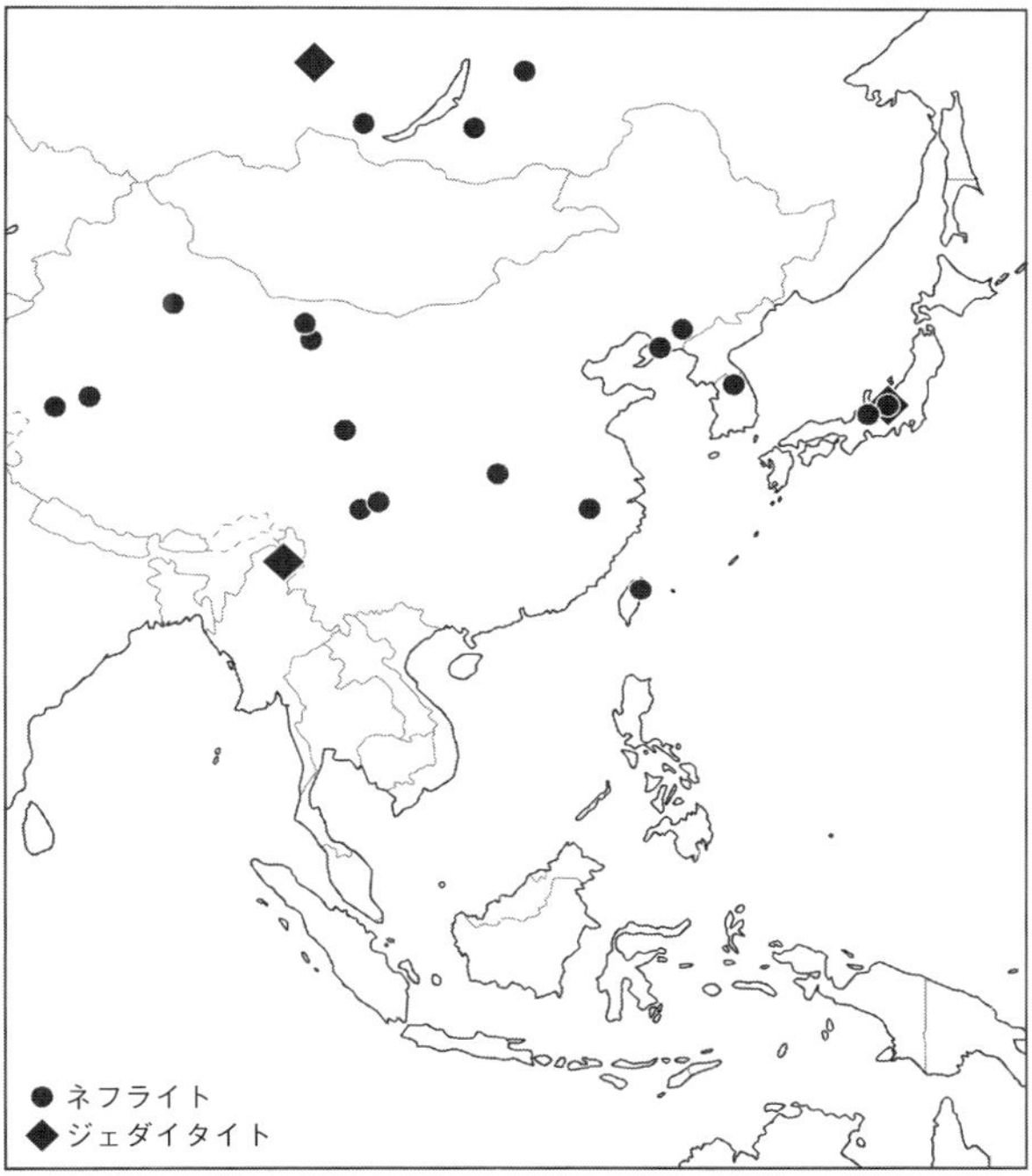

図 5-6　東・東南アジアにおけるネフライトの産地。
出典：茅原 2006、飯塚 2012 をもとに筆者作成

耳飾製作に使われたネフライトのうち、現在までに判明している唯一の産地が先述した台湾の豊田鉱床である。東南アジア全体で出土した耳飾の総量から考えれば、台湾ネフライトの利用は決して多くなく、それ以外の産地のネフライトが多数利用されていることは明らかである。すでに枯渇してしまった鉱床や、長い時間の経過のなか

で存在を忘れられてしまった鉱床がいくつもあると考えられるが、現在までのところ台湾以外の鉱床を特定し、鉱物組成をグルーピングすることはできていない。東南アジアのネフライト製品の多くは、こうした未知の鉱床に由来すると考えられている［Iizuka and Hung 2005］。

鉱物学の観点からいえば、ネフライトは含まれるマグネシウムと鉄の比率によって、白色を呈するトレモライトネフライト（透閃石）と緑色を呈するアクチノライトネフライト（緑閃石）に分けることができる。二種のネフライトの違いは、その色にみることができ、一般的に鉄分が多いほど緑色を濃く呈する［飯塚 二〇一二］。台湾ネフライトは深い緑色を呈し、アクチノライトネフライトに分類される。台湾産ではないものの緑色を呈するアクチノライトネフライトも確認されている。このほか、白色を呈するトレモライトネフライト製の遺物が東南アジアでは多数発見されている。なかには、概ね白色を呈すが、薄い緑色部分を包有するネフライトもある。これはマグネシウムと鉄の比がアクチノライトネフライトとトレモライトネフライトの境界にあたるためである。科学的な分析を経ないことには正確な石材鑑定や分類は困難であるが、本章では緑色を呈する台湾ネフライト、未同定の緑色ネフライト、白色ネフライトという三つのグループを、共成する鉱物が異なる、つまり産地が異なるネフライトとして区別し、検討を進めていきたい。

2　形態差から見えてくる知識・技術体系の違い

次に、モノを作るために必要なもうひとつの要素となる、知識・技術体系について整理したい。現代の私たちが文字のない時代の人びとの知識や技術に関する情報を知ることは容易でない。しかし、一見全く同じ形をした耳飾にみえても、考古遺物をつぶさに観察することで、細かなデザインの違いや製作の痕跡を見出し、耳飾を製作した人びとが持っていた知識や技術を復元することができる。

本章で取り上げる「三つの突起を持つ玦状耳飾」と「双獣頭形耳飾」は、形状は異なれど、両方とも耳たぶにあけた孔に吊り下げるフック形の耳飾である（図5―7）。フック形の耳飾は、耳飾自体を耳たぶの孔に通すための「スリット」、耳たぶを固定する空間としての「穿孔」で構成されるフック部分、突起や動物の頭部意匠がつく装飾部分にわけられる。

両者に共通するフック部分の形状を観察すると、穿孔には正円形と不整円形の二つの種類があることがわかる（図5―8）。穿孔の内側を観察すると、正円形の穿孔面には線状痕が断続的に確認でき、穿孔なかほどの最小径部分にはバリないし稜がみられる。管状の工具を使って二方向から、回転作用をもちいて穿孔したと考えられる。このような穿孔の方法は「管鑽《かんさん》法」とよばれる。一方、不整円形の穿孔面は非常によく研磨されていて、肉眼では製作痕をほとんど確認することができない。走査型電子顕微鏡を用いた詳細な観察では、穿孔に棒状の道具を抜き差ししたような条痕が確認された。この点において、正円形と不整円形の穿孔技術には大きな違いがあることを指摘できる。

次に、それぞれの耳飾の形態についてみてみよう。三つの突起を持つ玦状耳飾は、フックの下部に耳飾の主体部となる環

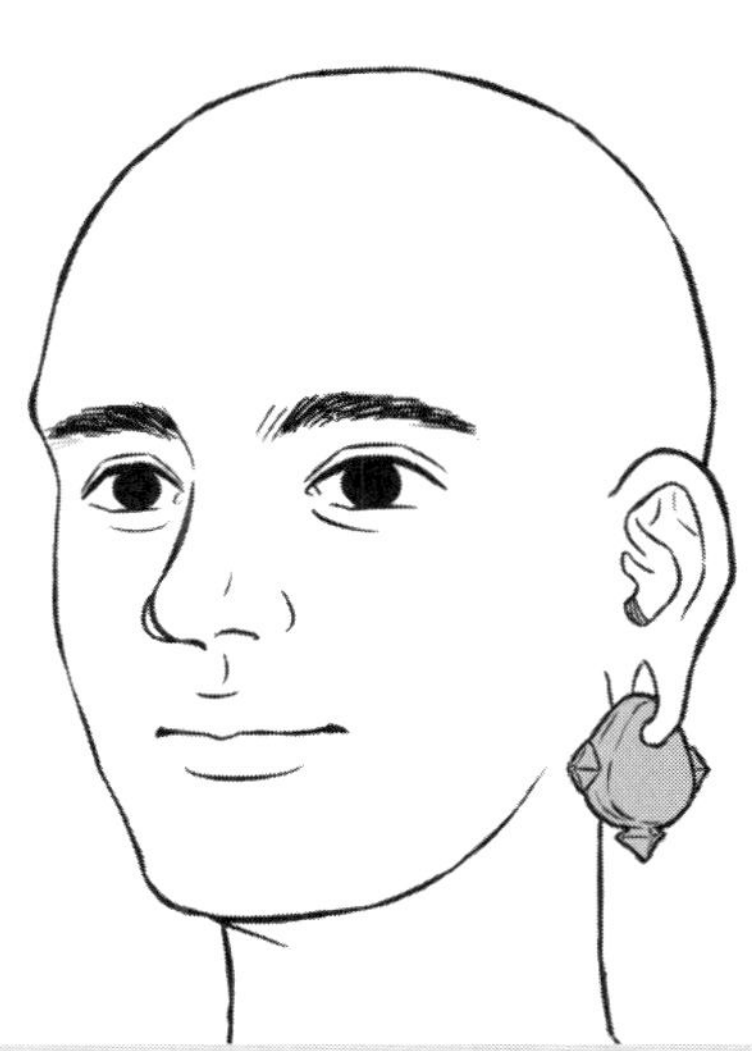

図 5-7　耳飾の装着推定復原図。
（鈴木朋美氏画）

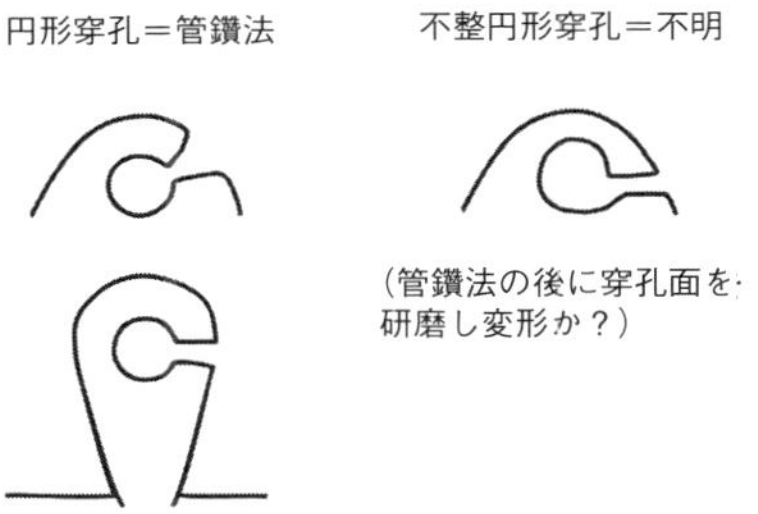

図 5-8　耳飾の穿孔の形状。（筆者作成）

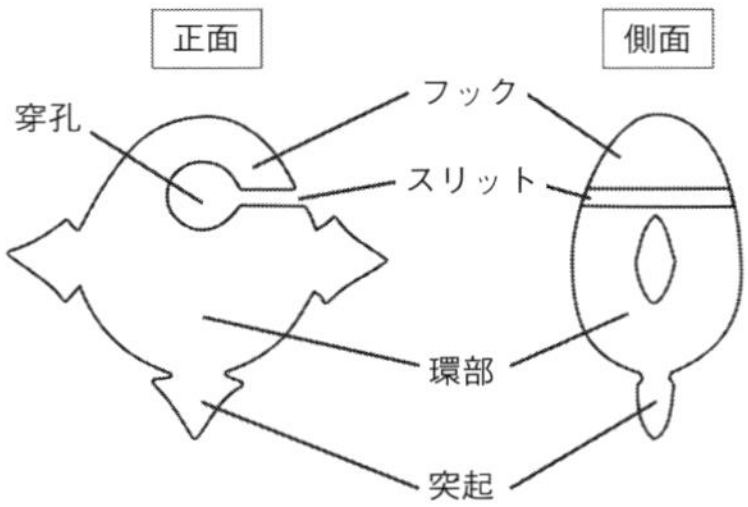

図5-9　三つの突起を持つ玦状耳飾の部位と名称。（筆者作成）

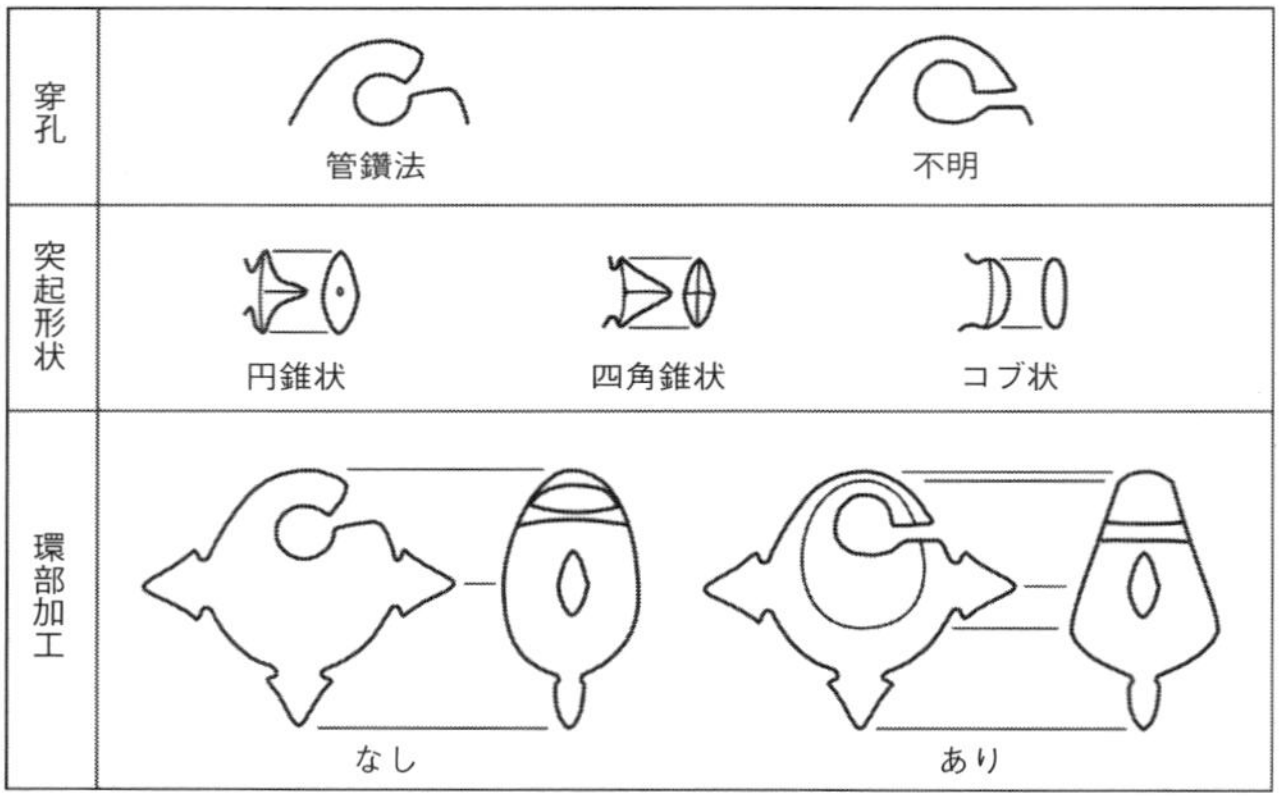

図5-10　三つの突起を持つ玦状耳飾分類概念図。（筆者作成）

部があり、その左右と下端には突起がつく（図5―9）。細かな違いは、「突起の形状」と「環部の加工の有無」という二つの要素にみることができる（図5―10）。

突起の形状は、（一）先端がシャープにとがる楕円錐状のもの、（二）鏃のような四角錐状のもの、（三）コブ状のもの、の三種類に大別できる。異なる種類の突起が同じ個体の中で並存する例はほとんどなく、相互に排他的な関係にあったことから製作者が意図する・しないに関わらず、突起は明確に作り分けられていたことになる。環部は丸みをおびて成形されるものと、それを研磨して平滑な面を作り出しているものの二種類がみられる。

双獣頭形耳飾はフック下の胴部と、その左右につく動物の頭部意匠から構成される（図5―11）。形状の差異は「フックの長さ」、「獣頭部頂部の長さ」、「眼の表現」の三つの要素にみることができる（図5―12）。「長さ」というのは多分に主観的な要素であるので、フックと獣頭部で、それぞれ長さの基準となる箇所を便宜的に定めて比率を算出し、長・短の二つのグループに大別した。すると、フックが長ければ獣頭部頂部も長く、フックが短ければ獣頭部頂部も短いという傾向が明らかになった。これはおそらく、耳飾成形前の素材の形状が影響している。つまり、フック・獣頭部頂部ともに長いものは正方形に近い板材から製作され、フック・獣頭部頂部ともに短いものは横長の方形の板材から作り出されていると考えられる。

眼の表現は、①獣頭部から眼を作り出すのに浮彫を用いるか、線刻を用いるかという成形方法の違い、②眼の形状が円形ないし楕円形であるか、アーモンド形であるかという形状の違い、③眼の内部に施される線刻があるかないか、ある場合には、まぶた状の横線のみの施文、まぶた状の横線とまつげ状の縦線の施文といった違いから大別した。興味深いことに、フックと獣頭部頂部が短い個体では円形ないし楕円形の浮彫で無紋の眼が表現され、フッ

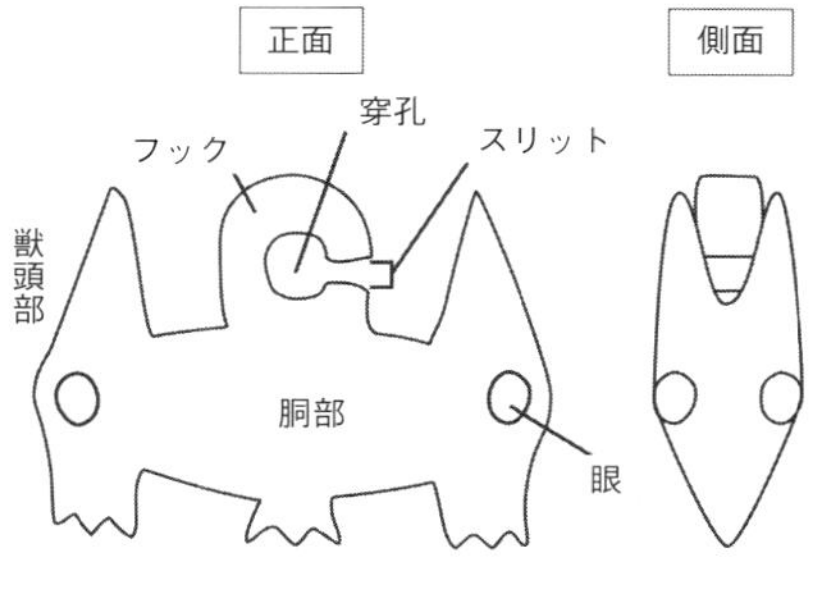

図 5-11　双獣頭形耳飾の部位と名称。（筆者作成）

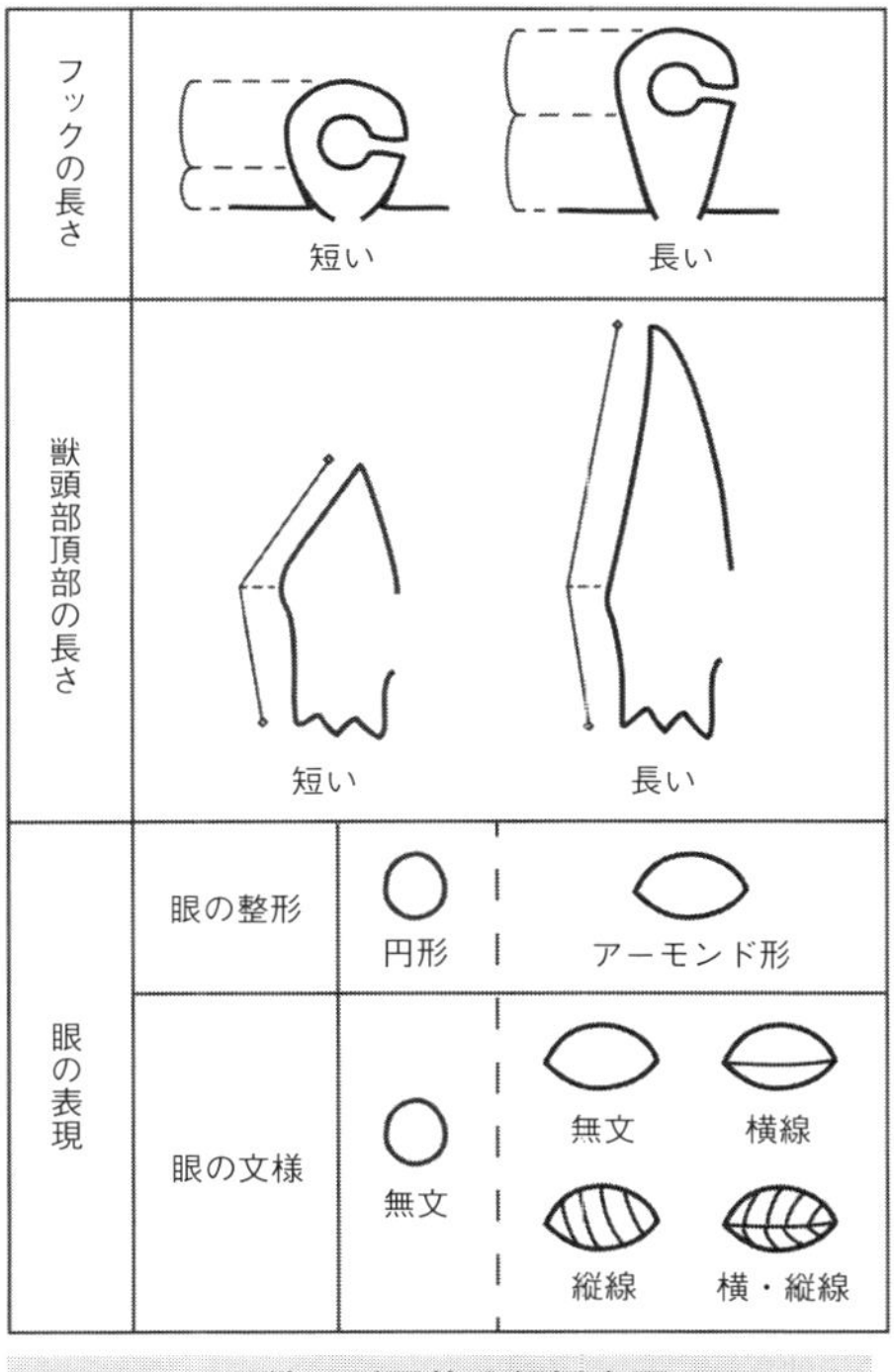

図 5-12　双獣頭形耳飾分類概念図（筆者作成）

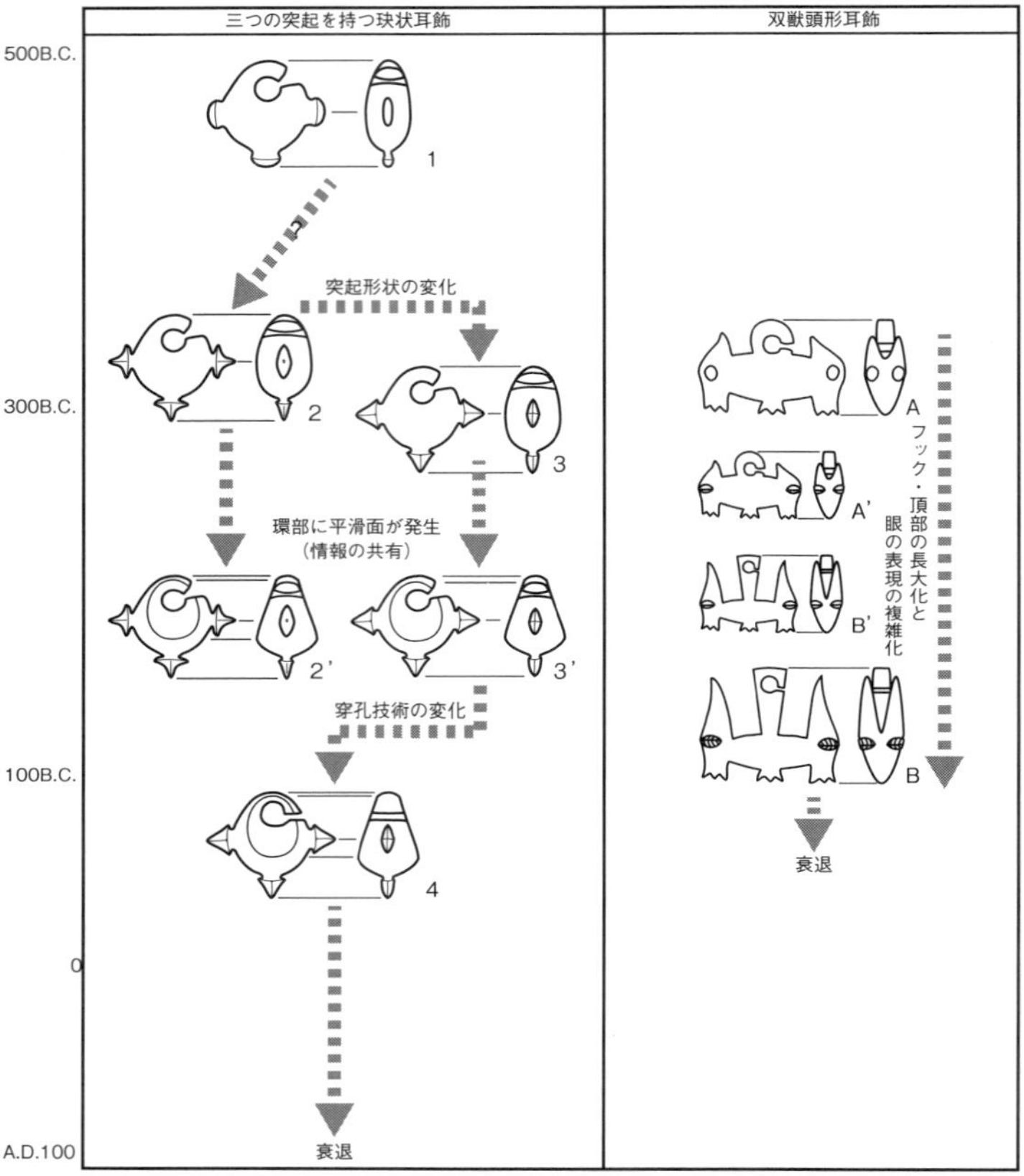

1：管鑽法穿孔
　コブ状突起
　台湾ネフライト／その他の石材

2：管鑽法穿孔、
　楕円錐状突起
　台湾ネフライト

3：管鑽法穿孔
　四角錐状突起
　緑色／白色ネフライト

2'：管鑽法穿孔
　楕円錐状突起
　環部平滑面あり
　台湾ネフライト

3'：管鑽法穿孔
　四角錐状突起
　環部平滑面あり
　緑色／白色ネフライト

4：フック・獣頭部頂部；長い
　眼；アーモンド形、縦横刻線
　緑色／白色ネフライト

A：フック・獣頭部頂部；短い
　眼；円形／楕円形
　台湾／緑色／白色ネフライト

A'：フック・獣頭部頂部；短い
　眼；楕円形・アーモンド形
　緑色／白色ネフライト

B'：フック・獣頭部頂部；長い
　眼；アーモンド形、無紋～横刻線
　緑色／白色ネフライト

B：フック・獣頭部頂部；長い
　眼；アーモンド形、横刻線～横縦刻線
　緑色／白色ネフライト

図 5-13　耳飾の分類と変遷模式図。（筆者作成）

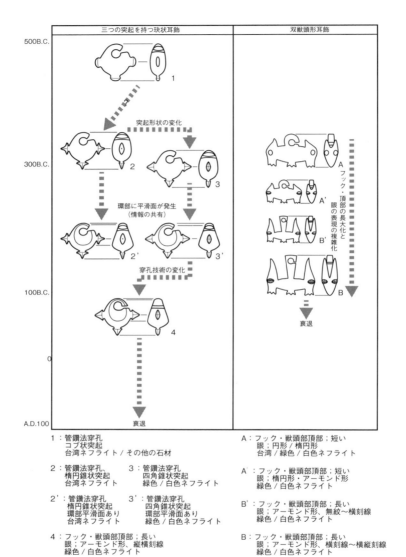

クと獣頭部頂部が長い個体ではアーモンド形の浮彫成形に横位・縦位に刻線が施される複雑な眼の表現が特徴的にみられることがわかった。

このように、各形態的要素から分類をおこない、作り方やスタイルが同じ耳飾をグルーピングすると、三つの突起を持つ玦状耳飾を六種、双獣頭形耳飾を四種に分類することができる（図5—13）。この形態的分類に、さらに素材の違い（台湾ネフライト／緑色ネフライト／白色ネフライト）を加味し、金属器時代の人びとが耳飾を作る際の①石材選択・獲得という資源利用の側面と、②製作のための知識・技術体系の側面を統合した、耳飾製作における「製作体系（production system）」を設定した。

製作体系は、同一の素材・技術・形態によって成り立つ耳飾群であり、耳飾を作った工人の環境的・知識的・技術的背景を反映している。各製作体系の時間的・空間的な枠組みを整理することで、この二種の耳飾が金属器時代の南シナ海を取り巻く地域でどのような変遷をたどったのか、また、その背景で工人がどのようにネットワークの形成に関与していたのか知ることができるのである。次節では、耳飾の変遷から工人集団の動きを具体的に考えたい。

第3節　三つの突起を持つ玦状耳飾と双獣頭形耳飾の発生・展開・終焉――

1　プロトタイプの耳飾の出現（図5—14）

最も古く三つの突起を持つ玦状耳飾がみられるのは、台湾本島、蘭嶼《らんしょ》、フィリピンのバタン諸島、ルソン島北部にかけてである。この最初期の耳飾は、管鑽法穿孔とコブ状突起を持つ（図5—14）。台湾本島、蘭嶼、バタン諸島では台湾ネフライトないし緑色ネフライトが使用されているのに対し、ルソン島北部では頁岩などネフライト以外

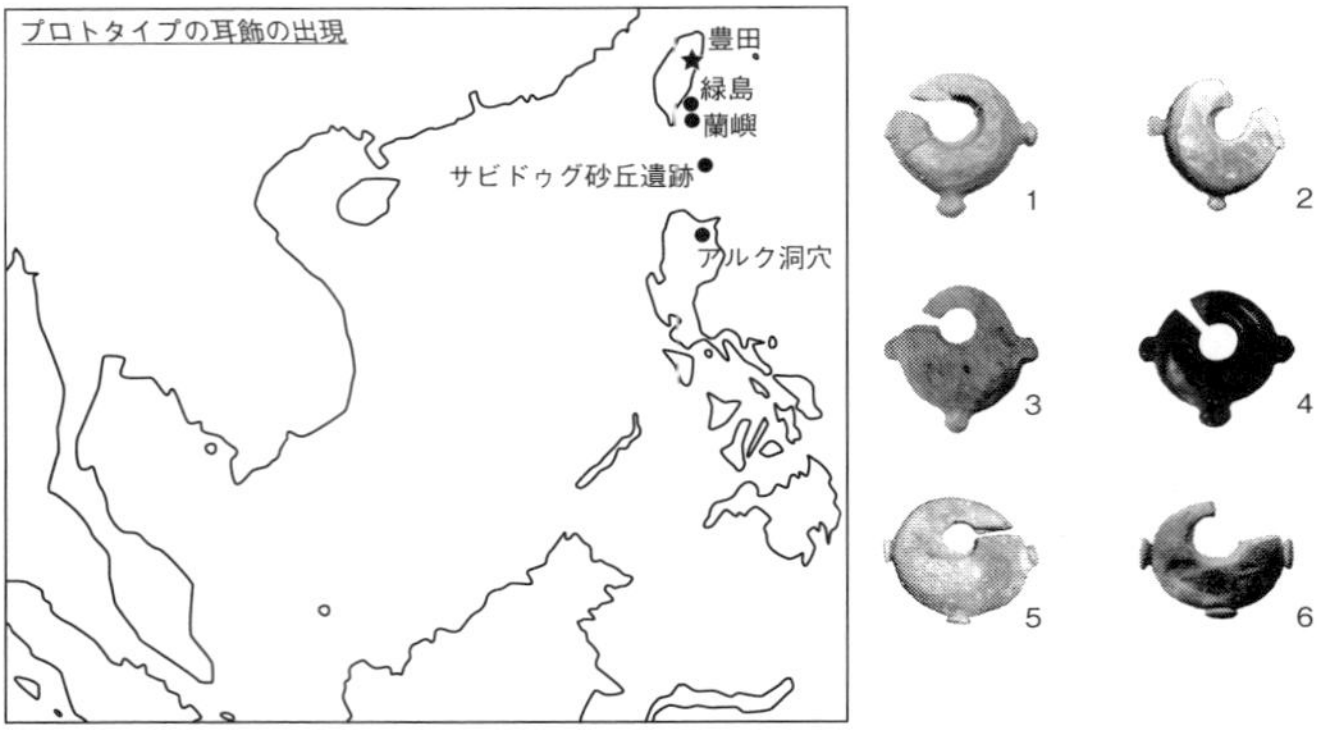

1：蘭嶼出土［国立台湾史前文化博物館所蔵］、2：サビドゥグ砂丘遺跡出土［Hung and Iizuka 2013］
3-6：アルク洞穴出土［フィリピン国立博物館所蔵］

図 5-14　プロトタイプの耳飾の出現。（筆者作成）

の石材が使用されている。これらの耳飾が確認された遺跡の年代は前一〇〇〇年～前五〇〇年頃で、当該地域は後期新石器時代にあたる。

遺物の正確な出土状況は不明なものが多いが、甕棺墓などが発見される埋葬遺跡から出土する例がほとんどで、耳飾は副葬品として用いられていたのだろう。これらの耳飾が分布する台湾東部からルソン島北部にかけては、土器の文様に類似する点がみられる［田中 二〇一一、本書第4章］。一方で、甕棺墓の棺体として使用された甕の形状は異なっており［徐 二〇〇八：Bellwood and Dizon 2013］、物質文化や年代の相関については、より詳細な検討が必要である。

耳飾という物質文化の一側面だけを切り取れば、この地域一帯で耳飾製作に関わる知識・技術は共有されていたものの、ルソン海峡を境に石材選択の指向性や獲得戦略は異なっていたことがわかり、製作体系が少なくとも二つ存在していたと認識できる。

2　台湾ネフライトで作られる優品の出現（図5—15）

三つの突起を持つ玦状耳飾と双獣頭形耳飾の両方が出揃うのは、フィリピンのパラワン島ドゥヨン洞穴の出土例が最も古い。ドゥヨン洞穴は甕棺墓が埋置される遺跡で、前五〇〇～前三〇〇年頃に位置付けられている［Fox

1970]。

この時期の三つの突起を持つ玦状耳飾は、管鑽法穿孔と、先端がシャープにとがる楕円錐状の突起をもつタイプである。双獣頭形耳飾はフック、獣頭部頂部ともに短く、眼は円形の浮き彫りによって表現される。これら全てが台湾ネフライトで製作されていること、前段階の三つの突起を持つ玦状耳飾に比べ形状が非常に洗練されること、双獣頭形耳飾が出現することによって特徴づけられる段階である。

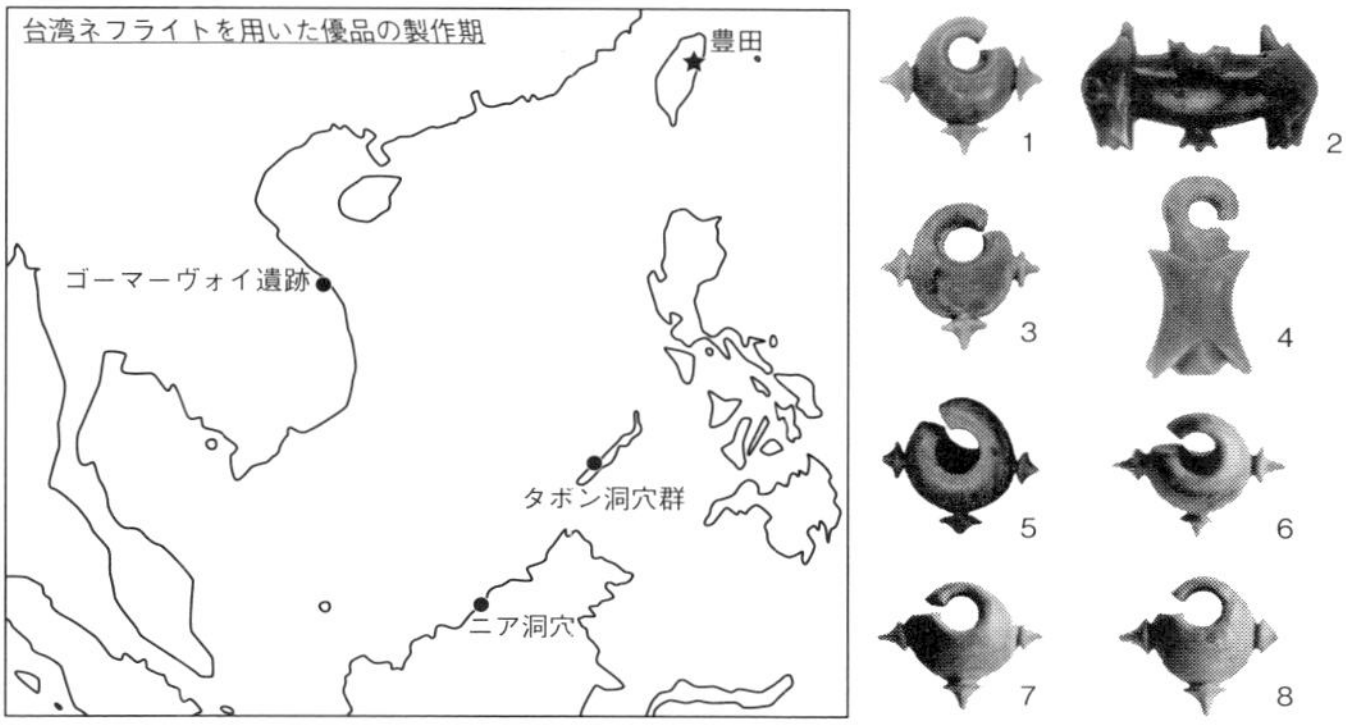

1-4：タボン洞穴群出土 [フィリピン国立博物館所蔵]、5：ニア洞穴出土 [Iizuka et al. 2005]
6-8：ゴーマーヴォイ遺跡出土 [Reinecke; Nguyen; and Lam 2002]

図 5-15　台湾ネフライトで作られる優品。（筆者作成）

ドゥヨン洞穴のほかに、同じくパラワン島グリ洞穴からも三つの突起を持つ玦状耳飾が数点出土している。パラワン島のほかには、マレーシアのボルネオ島ニア洞穴西開口部で一点 [Majid 1982]、ベトナム中部ゴーマーヴォイ遺跡から三点 [Reinecke, Nguyen and Lam 2002] の三つの突起を持つ玦状耳飾が出土しているが、双獣頭形耳飾は発見されていない。これらの耳飾は、フィリピン、マレーシア、ベトナムと、非常に広範な地域に分布しているにも関わらず、同じ産地の素材を用い、同じ技術・方法で耳飾が製作されていることから、同一の製作体系に分類できる。実際、この段階の耳飾をランダムに並べてみれば、どの遺跡から出土したものかを見分けるのは非常に困難なほど画一的な形態を呈している。つまり、この段階では同一の背景を持つ工人集団によって製作された耳飾が各地に分布したことになる。

この場合、一箇所で製作された耳飾が、財として交換され遠隔地へもたらされた交易活動を想定することができる。しかしインドシナ半島では、この直後となる前三〇〇年以降、突起の形状が鏃状に変化した三つの突起を持つ玦状耳飾が在地で製作されだす（後述）。したがって、製品だけでなく、製作に関わる知識・技術そのものも移転されたこと自体は間違いないだろう。

3　技術移転と在地製作の開始に伴う分布の拡大（図5—16）

次の段階では、ベトナム中部・南部、タイ中部・南部、フィリピンのルソン島北部、台湾本島から三つの突起を持つ玦状耳飾が、ベトナム中部・南部、タイ中部・南部から双獣頭形耳飾が確認されている。

この時期の三つの突起を持つ玦状耳飾は、管鑽法穿孔で、鏃のような四角錐状の突起を持つ。双獣頭形耳飾はフックと獣頭部頂部が短いものが多数を占めるが、長いものも散見されるようになり、それに伴って、浮き彫りで成形される眼の形状に円形やアーモンド形などのバリエーションがみられるようになる。耳飾の素材には、ベトナム南部ゾンカーヴォ遺跡、ゾンフェット遺跡で緑色ネフライトが用いられ、ベトナム中部では黄色や灰色などの色調を呈する白色ネフライトないし、緑色部分が包有されたネフライトが利用される。これらの白色系ネフライトは遺跡ごとに色調や包有鉱物に違いがみられ

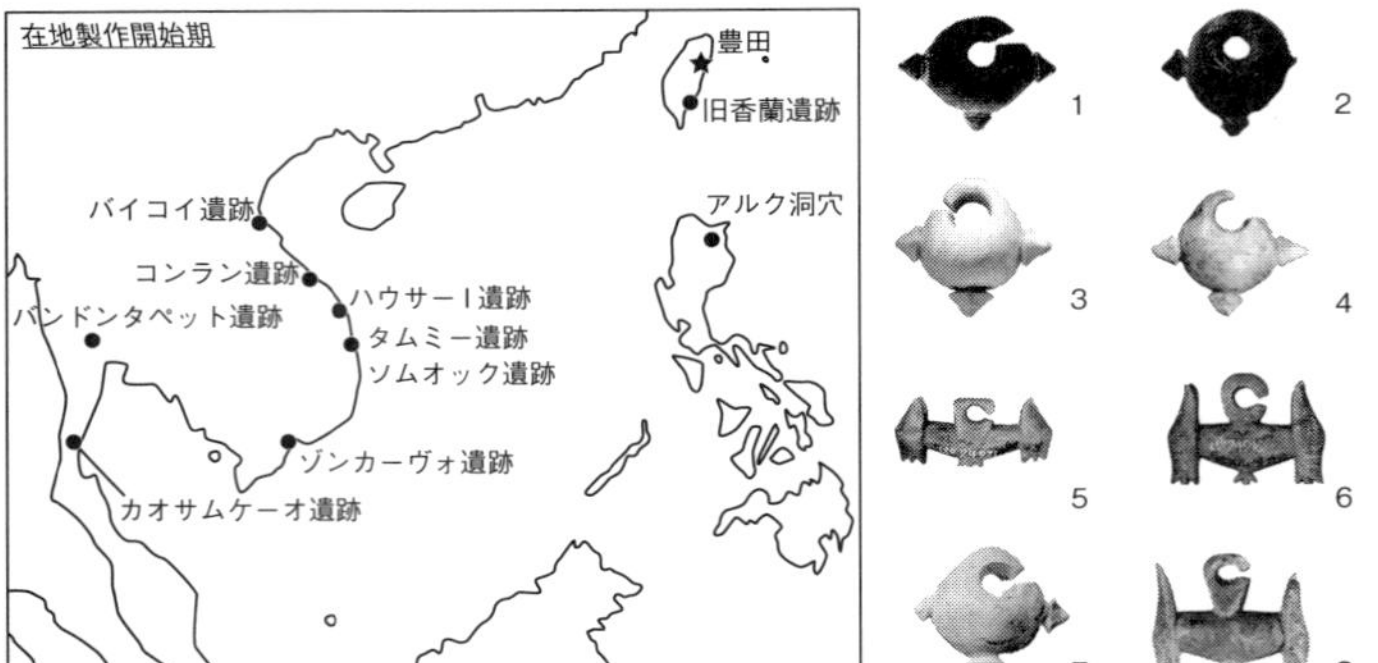

1：バイコイ遺跡出土 [Nguyen et al. 2011]、2：旧香蘭遺跡出土 [李 2007]、3：コンラン遺跡出土 [フエ歴史革命博物館所蔵]、4-6：ゾンカーヴォ遺跡出土 [ハノイ国立歴史博物館所蔵]、7：カオサムケーオ遺跡採集 [Glover 1996]、8：バンドンタペット遺跡出土 [Glover 1996]

図5-16　技術移転と在地製作の開始に伴う分布の拡大。（筆者作成）

る。いずれにしても、工人たちはそれぞれ異なる脈絡で石材を選択・獲得していたと考えてよいだろう。

前段階とは、素材選択の面でも、製作の面でも変化がみられることが、この時期の耳飾の特徴である。フィリピン方面からインドシナ半島沿岸部に持ち込まれた耳飾が受容され、各地で獲得可能な石材を用いた在地製作が本格的に開始されたようである。この段階においても、製作知識・技術の伝達と移転に、工人が関わったことは疑いようがない。

台湾の蘭嶼からは、戦前に民族調査をおこなった鹿野忠雄によって、ヤミ（タオ）族の銀兜に付けられていた双獣頭形製品が報告されている［鹿野 一九三〇］。この製品は、フック・獣頭部頂部ともに長いが、眼の表現は円形の浮き彫りであることから、この段階に相当すると考えられる。しかし、フック部分にはスリットがあいておらず、耳飾を直接耳たぶの孔にひっかけて装着することは不可能である。このような製品がなぜ作られたのかは明らかでないが、鹿野の報告は双獣頭形耳飾が世に知られる以前になされていることから、現代の模造品ではなく、原住民が蘭嶼あるいはその周辺でみつけたものを転用したと考えられる。

4　南シナ海両岸における「ものづくり」の情報共有（図5—17）

耳飾がインドシナ半島に受容されたのち、環部に平滑な研磨面を作り出す三つの突起を持つ玦状耳飾が出現する（図5—17）。特に、

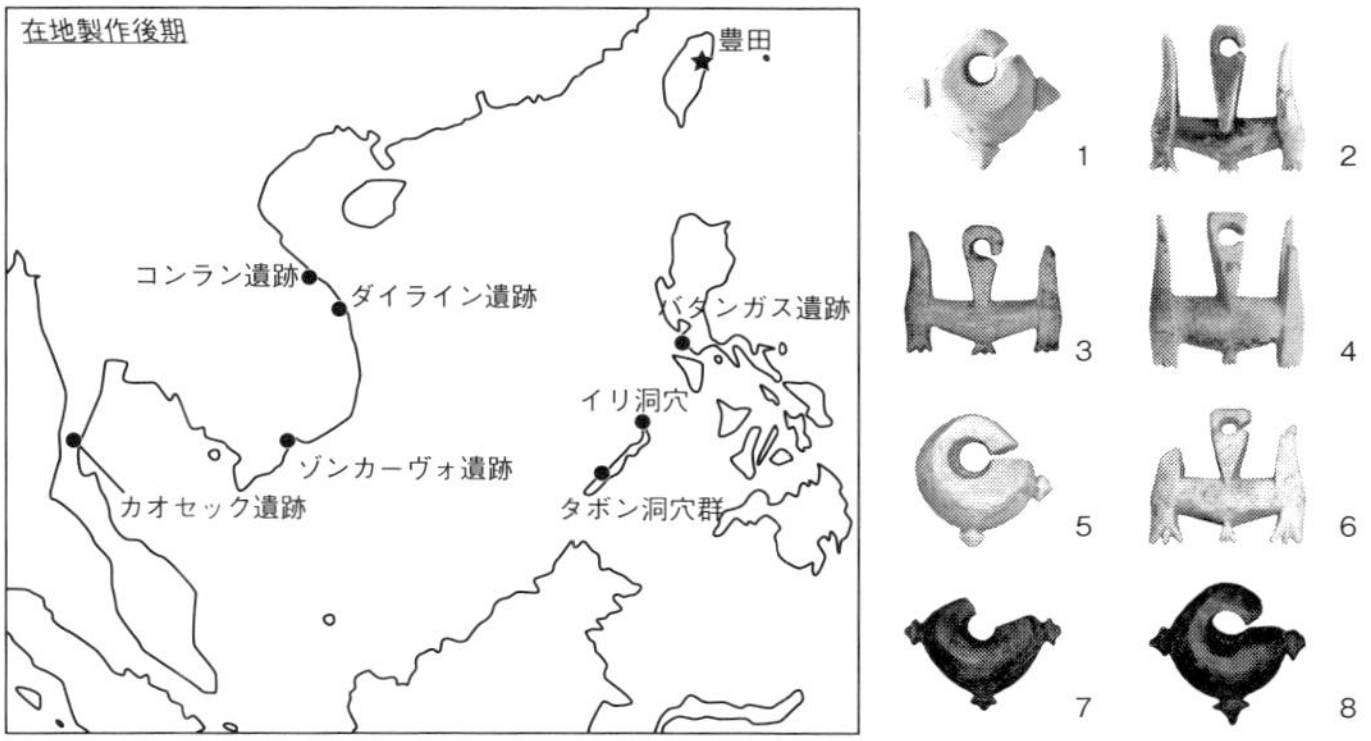

1, 2：コンラン遺跡出土［フエ歴史革命博物館所蔵］、3：ダイライン遺跡出土［ダナン市博物館所蔵］、4：ゾンカーヴォ遺跡出土 [Reinecke 2002]、5,6：カオセック遺跡採集［ベリナ氏より提供］、7, 8：タボン洞穴群出土 [Iizuka,; Hung,; and Bellwood 2007]

図 5-17　南シナ海両岸で「ものづくり」が情報共有されていた地域。（筆者作成）

ベトナムの北中部コンラン遺跡では、管鑽法穿孔、鏃のような四角錐状の突起を持つ三つの突起を持つ玦状耳飾（前段階）と、その環部に平滑な研磨面をもつタイプ（本段階）の両方が出土している。環部への加工が加わる点では、前段階と製作の知識・技術体系に変化がみられるが、使用石材は前段階と同じ白色系のネフライトで、肉眼で観察した限りはかなり類似した母岩から製作されている。おそらく前段階と同一の工人集団が技術を変容させつつ、同じ地域で耳飾製作を継続したのだろう。

ところで、フィリピンのパラワン島ドゥヨン洞穴とグリ洞穴でも、台湾ネフライトを用いたタイプで同様の現象が起こった。つまり、管鑽法穿孔、先端がシャープにとがる楕円錐状の突起をもつ三つの突起を持つ玦状耳飾と、その環部に平滑な研磨面をもつタイプの両方が一つの遺跡から出土している。フィリピン出土のこれらの耳飾は、出土状況が不明であったことから、これまで位置付けが難しかったが、ベトナム北中部コンラン遺跡での発見から、一つの遺跡のなかに二段階に相当する耳飾が存在していたことがようやくわかってきたのである。

そして驚くべきことに、環部への加工技術の変化は、ベトナム北中部とフィリピンのパラワン島という南シナ海の両岸で認められる。フィリピン方面からインドシナ半島へ耳飾製作が移転し、各地で耳飾の在地製作が開始されたのちにも、両地域ではお互いに情報を共有できる環境にあったということができる。ただ、素材に関してみれば、フィリピンでは依然として台湾産の緑色ネフライトが中心的に利用されているのに対し、インドシナ半島では台湾産ではない緑色ネフライトや白色ネフライトが利用されており、製作の場において手近に入手・利用可能であった石材を選択的に使用していたようだ。

この段階の双獣頭形耳飾は、フック・獣頭部頂部ともに長大化し、目の表現もアーモンド形の浮き彫りが主流となる。加えてアーモンド形の眼には縦位・横位の刻線によって、まぶたやまつ毛のような表現が施されるようになった。分布はもっぱらベトナム中部と南部に集中するが、明確な出土状況が判明しているのはベトナム南部ゾンカーヴォ遺跡の甕棺墓及び土坑墓からの出土事例のみで、ベトナム中部の事例はほとんどが採集品である。

5　耳飾製作の減少と「サーフィン文化の耳飾」の特殊性（図5―18）

最終段階では、前一〇〇年～後一〇〇年頃、ちょうどサーフィン文化後期に相当するベトナム中部に限って、不整円形の穿孔、鏃のような四角錐状の突起、環部に平滑な研磨面をもつ三つの突起を持つ玦状耳飾と、不整円形の穿孔でフック・獣頭部頂部ともに長大化し、まぶたやまつ毛のような表現が施されたアーモンド形の浮き彫りの眼をもつ双獣頭形耳飾がみられる。

この段階では、三つの突起を持つ玦状耳飾、双獣頭形耳飾ともに穿孔の形状がくずれて不定形になるとともに、穿孔面が非常によく研磨され製作痕が見出せなくなるなど、大きな技術的変化がみてとれる。耳飾の素材には、前段階から大陸部で主流であった黄色や灰色を呈する白色ネフライトや、緑色部分を包有する白色系ネフライトが使われている。

この時期、ほかの地域の遺跡ではいずれの耳飾も出土は確認できておらず、ベトナム中部以外では耳飾の製作がおこなわれなくなったようだ。一方で、ベトナム中部の工人集団は、前段階からこの地域で継続的に製作活動をおこないながら穿孔技術を特殊化

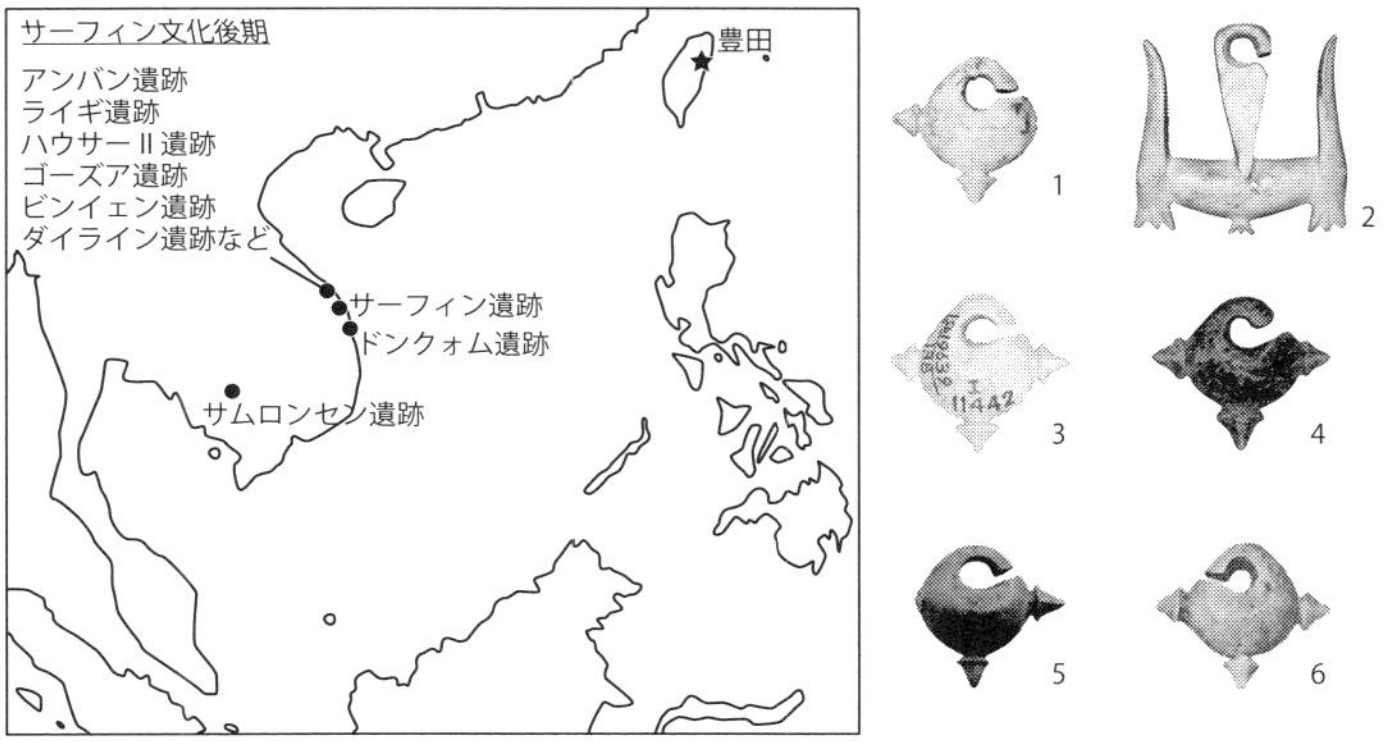

1：ゴーズア遺跡出土［クアンナム省博物館所蔵］、2：ダイライン遺跡採集［ダナン市博物館所蔵］、
3, 4：サーフィン遺跡出土［ハノイ国立歴史博物館所蔵］、5：ドンクォム遺跡出土［ビンディン省博物館所蔵］、
6：サムロンセン遺跡出土［Loofs-Wissowa 1981］

図5-18　耳飾製作の減少と特殊な「サーフィン文化の耳飾」。（筆者作成）

させ、他の地域より幾分長く耳飾製作を続けていたのだろう。この段階の三つの突起を持つ玦状耳飾と双獣頭形耳飾こそ、本当の意味での「サーフィン文化の耳飾」ということができる。

以上が、素材と製作知識・技術の観察をもとに復元した耳飾の変遷と、その背景に想定される工人の様相である。これまでの耳飾研究では、金属器時代のなかの約六〇〇年間（前五〇〇年―後一〇〇年頃）が一括して扱われてきた。しかし、耳飾の拡散と変遷を考古学的に検討してみると、実際には素材選択と知識・技術の変容が比較的短いスパンで、何段階にも分けられることがわかった。また、これまで三つの突起を持つ玦状耳飾と双獣頭形耳飾はセット関係にあり、同一の文化的要素として考えられてきたが、分布が集中する時期・地域にズレがみられる。したがって、この二種の耳飾は、各地域社会でそれぞれ異なった受容のされ方をしていたと考えたほうがよいだろう。

第4節　耳飾の「工人」からみた金属器時代東南アジアの海域ネットワーク——

1　ヒトの活動に関する新たな視点として

これまでの金属器時代東南アジアの海域ネットワーク研究では、ベトナム中部サーフィン文化の耳飾が、南シナ海を超えて各地へ拡散したという側面が強調されてきた［坂井、西村、新田　一九九八］。しかし、本章で検討してきたように、ベトナム中部で耳飾が盛行するのは西暦紀元前後のことで、耳飾の変遷の中では最後の時期にあたることが明らかになった。考古学的な証拠はむしろ、台湾やフィリピンにこれらの耳飾の初源があることを示しており、「サーフィン文化の耳飾」が南シナ海を超えて各地へ拡散したという理解は成り立たないといえる。

では、耳飾がオーストロネシア語族の移住拡散に伴って広域に分布したのかというと、筆者はこの説にも懐疑的である。なぜならば、ある特定の言語を話す人びとと、彼らの物質文化が対応するというのはあくまでも仮説的前提であって、仮にそのような前提が成り立ったとしても、後期新石器時代から金属器時代の東南アジアで特定集団の物質文化に相当するような、際立って類似する遺跡や遺物が突如現れる現象は確認できないからである。

これまでの研究では、甕棺墓や耳飾がその代表的な例とされてきたが、後期新石器時代のベトナム中部にも甕棺墓は存在しており、こうした文化要素が明らかにオーストロネシア語族によってもたらされたとはいえない［山形二〇〇六］。オーストロネシア語族の拡散仮説は、それまで人類居住がなかったリモート・オセアニアにおいては有効かもしれないが、東南アジア海域における先史文化の類似性の解釈には、あまり適切とはいえないだろう。むしろ耳飾の考古学的分析から指摘できるのは、大掛かりな民族移動ではなく、各地の「ものづくり」をつなぐ工人が中心となった海域ネットワークが存在したことである。

2 耳飾からみた東南アジア海域のネットワークの担い手

三つの突起を持つ玦状耳飾と双獣頭形耳飾の分布は、南シナ海沿岸部に集中していて、インドシナ半島の内陸世界（タイ東北部やラオス）や、中国中原の文化の及ぶ範囲（ベトナム北部など）では発見されていない。こうした耳飾が受容されたのは、ヌサンタオ仮説に言及されるような海への指向性を持つ人びとの住まうところであり、彼らの文化要素の一つとして解釈することができよう。甕棺墓、土坑墓など異なる葬制が営まれた金属器時代東南アジアの各地域社会のなかでも、沿岸部に住まう人びとは共通して他地域から耳飾の作り方を（あるいは作り手を）受け入れ、在地での製作を開始し、さらには耳飾を自身の墓に副葬することさえあった。この一連の状況が明らかに示すのは、彼らが互いに活発に交流し、あるいは来訪者を地域社会に受け入れながら、外来の要素を受容していた、ということである。こうした状況の背景に、地域間を結ぶ海域ネットワークが存在していたことはいうまでもないが、本章の検討によってこのネットワークの重要な部分に工人が関与していることが明らかになった。

本章でこれまで論じてきた「工人」とは、特定の民族や文化に属する人びとの集合というよりはむしろ、同一の素材・技術・形態によって成り立つ耳飾群をつくる工房の流派のような概念である。文字のない時代の技術や知識の伝達は、もっぱら口承によるため、今日の我々は「工人」が同じアイデンティティーをもつ集団に属すると思いがちだ。しかし、言語の習得は一世代のうちに可能であり、異なる文化的背景を持つ地域に技術を移転することは、実際にはそれほど難しくなかったのではないだろうか。

では、耳飾製作における技術の移転はどのような形態をとっていたと考えられるか。このことを実態に即して理解するには、工人が移動していたのか、移住していたのかを明らかにするとともに、技術移転を担った工人たちが各地域社会にとってどのような位置付けにあったのかを知ることが重要になる。ただ、現状では集落遺跡や製作址の発見が少ないことから、地域における工人の生活の実態に直接的に迫ることは難しい。

そこで本章では、工人の移動と移住の問題に対して想定できるいくつかのモデルパターンを考古学的な状況証拠から検討し、一つの仮説を提示したい。現段階で想定できる工人移動・移住のモデルは以下の通りである。

①他所から移ってきた工人によって、直接的ないし間接的に技術が移転され、工人はそのまま移入先の地域社会に適応・同化した（移住）

②他所から移ってきた工人によって、直接的ないし間接的に技術が移転されたのちに、工人は再び他所へ移っていった（回遊的移動）

③工人はもともとその地域の住人であり、他所とのバケツリレー的交流によって技術移転が起こった（日常反復的移動）

まず大きな問題点として、工人がローカルな存在であったか、異邦者であったかが焦点になる。ヒトが移住する際、漂流や遭難などで故地に帰れなくなったなどの特殊な事情を除けば、たった一人で行動する例は少ないだろう。移住によって新しい土地へ到達する場合、ある程度の集団（血縁や地縁集団）で移入することが多いと考えられる。移住者が移住先の文化にどれほど適応・同化するかは、ケースバイケースであるものの、故地での生活様式や埋葬習俗などの価値観を短期間のうちに一変させることは少ないだろう。したがって、規模の大小に関わらず移住があった場合には、移入先の地域とは異質な遺物（移住者の故地の物質文化）が確認されることになる。しかし、耳飾の製作がおこなわれた各地域で、際立って異なる文化的要素が短期間のうちに出現したことを示す遺物は確認されていない。このことから、工人が集団的な移住にともなって耳飾製作の技術を移転した可能性は低いといえる。

一方、移動の場合、人は故地を保持しながら外地に赴くのであり、基本的には故地に戻る。工人が一生を終えるのは故地であると考えられるので、各地の遺跡に工人（異邦者）の痕跡が埋葬などとして残されることは稀であろう。工人が移動中に突発的に死亡した際はその限りではないが、各地を移動する工人が多くのものを持っているとは考えにくく、身の回りの最低限のものとともに埋葬されただろう。この場合もやはり、外地において際立って異なる文化的要素を示す遺物はみつかりにくいといえる。つまり、現在までの調査で明らかになっている金属器時代東南アジアの埋葬遺跡の状況からは、短期間における集団的な移住は確認できないのである。このことから筆者は、工人が「移住」ではなく「移動」によって耳飾製作の技術移転をおこなったと考える。移動の範囲が日常的な行動領域内であればモデル③日常反復的移動にあてはまり、そうでなければモデル②回遊的移動にあてはまるだろう。

では、どちらのモデルがより妥当と考えられるだろうか。現在確認されている耳飾の分布密度は、ベトナム中部においてはかなり高い。一方、フィリピンやマレーシア、タイでは、かなり散発的な分布にとどまっており、技術移転に際して面的連続性は確認できない。同様に、汎東南アジア的に製作体系（素材・技術・形態の同一性）の顕著な細分化がみられないことから、ある程度集約的に存在した各地のセンターが耳飾の製作を担っていたと考えられる。したがって、耳飾製作の技術移転は、となりあう地域同士でおこなわれたバケツリレー的な工人の日常反復的移動ではなく、各地のセンターを工人が行き来する回遊的移動であったのではないだろうか。

以上のことから耳飾製作をおこなう工人は、製作技術・知識を携え、海を渡り、仕事を終えて故地に戻る職能集団であったと考えることができる。本書のテーマに即していいかえれば、金属器時代の東南アジア海域における玉製装身具の工人は、南シナ海の海域ネットワークの媒介者たり得る回遊的職能民であり、文化的・経済的枠組みのなかで海を渡る、ある種の海民であったと理解できよう。耳飾が語る海域ネットワークは、人びとの移住や交易という側面よりもむしろ、知識・情報の伝達といった技術移転の側面を際立たせている。

おわりに——今後の研究へ向けて——

東南アジアの海に住まう人びとの活動と、その領域のダイナミズムは、金属器時代にはすでに醸成され始めていた。金属器時代東南アジアの物質文化の一側面である耳飾からみえてくる当時の海域ネットワークは、特定の文化や言語に属する人間集団の移住ではなく、南シナ海を超えた人びと—海民の恒常的な活動、この場合、工人の回遊的移動による製作技術の移転によって形成されたものである。今後は、工人の属していた集団の見極めや、彼らの移動の痕跡を考古学的に丹念に洗い出すことが大きな課題となっていくだろう。それらの分析や、新たな考古データの蓄積から、より具体的な人びとの動きが見えてくることに期待したい。

参考文献――――

飯塚義之　二〇一二「考古鉱物学：低真空走査型電子顕微鏡（LV-SEM）による玉器の分析とその成果」『日本電子ニュース』四四巻、二三～三九頁。

鹿野忠雄　一九三〇「紅頭嶼ヤミ族の山羊の崇拝に就て」『人類學雜誌』四五巻一号、四一～四五頁。

――――一九四六「東南亜細亜に於ける有角玦状石輪」『東南亜細亜民族学先史学研究（上）』二二七～二三四頁、矢島書房。

後藤明　二〇〇三『海を渡ったモンゴロイド 太平洋と日本への道』講談社。

桜井由躬雄　二〇〇二『東南アジアの歴史』放送大学教育振興会。

徐韶韺　二〇〇八「蘭嶼椰油村 Rusarsol 遺址調査報告」『南島研究學報』二巻一号、五五～八四頁。

田中和彦　二〇一一「新石器時代晩期から鉄器時代にかけたフィリピン北部と台湾南部の土器の関連性について――特に矢羽根状刻み目紋土器について」『金沢大学考古学紀要』三二巻、六四～八六頁。

鄧淑蘋監修、茅原一也編著　二〇〇六『古代中国の玉の世界――その科学と文化』（茅原一也個人出版）。

新田栄治　二〇〇一「金属器の出現と首長制社会の成立へ」『原史東南アジア世界（岩波講座 東南アジア史一）』山本達郎責任編集、八三～一一〇頁、岩波書店。

野間晴雄　二〇〇九「アジア海域ネットワークと港市――生成・展開・衰退の東と西」『関西大学東西学術研究所国際共同研究シリーズ七 海の回廊と文化の出会い――アジア・世界をつなぐ――』橋本征治（編著）、五三～七九頁、関西大学学術研究所。

深見純生　二〇〇一「マラッカ海峡交易世界の変遷」『原史東南アジア世界（岩波講座 東南アジア史一）』山本達郎責任編集、二二五～二八四頁、岩波書店。

三杉隆敏　二〇〇六『海のシルクロードを調べる事典』芙蓉書房出版。

深山絵実梨　二〇一四「先史時代東南アジアにおける耳飾と地域社会――三つの突起を持つ石製有角玦状耳飾の製作体系復元――」『古代』一三五巻、四三～六五頁。

――――二〇一五「鉄器時代海域東南アジア出土・採集の双獣頭形耳飾とその形態学的検討」『史観』一七三巻、九二～一一五頁。

山形眞理子　二〇〇六「ベトナムの甕棺葬――その起源に関する予察」『早稲田大学大学院文学研究科紀要』五二輯、九七～一一五頁。

横倉雅幸　一九八七「ヴェトナム出土の玦状耳飾」『物質文化』四九巻、四四～七〇頁。
――――　一九九三「ドンソンとサーフィン」『東南アジア――歴史と文化』二二巻、一五二～一七二頁。
李坤修　二〇〇七『臺東縣舊香蘭遺址搶救發掘計畫第二期計畫期末報告』臺東縣文化局。

Bellina, B.; and Glover, I. 2004. The Archaeology of Early Contact with India and the Mediterranean World, from the Forth Century AD. In *Southeast Asia From Prehistory to History*, edited by Glover, I.; and Bellwood, P., pp. 68-88. London: RoutledgeCurzon.

Bellina, B.; and Silapanth, P.; 2006. Khao Sam Kaeo and the Upper Thai Peninsula: Understanding the Mechanism of Early Trans-asiatic Trade and Cultural Exchange. *Uncovering Southeast Asia's Past: Selected Papers from the 10th International Conference of the European Association of Southeast Asian Archaeologists: the British Museum, London, 14th-17th September 2004*, edited by Bacus, E. A.; Glover, I. C.; and Pigott, V. C. pp.379-392. Singapore: NUS Press.

Bellwood, P.; Chambers, G.; Ross, M.; and Hung, H. C. 2011. Are 'Cultures' Inherited? Multidisciplinary Perspectives on the Origins and Migrations of Austronesian-speaking Peoples prior to 1000 BC. In *Investigating Archaeological Cultures*, edited by Roberts, B. W.; and Linden, M. V., pp.321-354. New York: Springer.

Bellwood, P.; and Dizon, E.〔Eds〕. 2013. *4000 Years of Migration and Cultural Exchange: The Archaeology of the Batanes Islands, Northern Philippines*. ANU ePress.

Blust, R. A. 1988. *Austronesian Root Theory: An Essay on the Lmits of Morphology*, 19. Amsterdam: John Benjamins Publishing.

Glover, I.C. 1996. The Southern Silk Road:Aarchaeological Evidence for Early Trade between India and Southeast Asia, *Ancient Trade and Cultural Contacts in Southeast Asia*, edited by Bronson, B.; and Srisuchat, A., pp. 57-94. Bangkok: Office of the National Culture Commission.

Fox, R.B. 1970. *The Tabon Caves*. Monograph of the National Museum. No.1, Manila: National Museum of the Philippines.

Hung, H. C.; Iizuka, Y.; Bellwood, P.; Nguyen, K. D.; Bellina, B.; Silapanth, P.; Dizon, E.; Santiago, R.; Datan, I.; and Manton, J.H. 2007. Ancient Jades Map 3,000 years of Prehistoric Exchange in Southeast Asia. *Proceedings of the National Academy of Sciences*

104（50）: 19745-19750.

Iizuka, Y.; and Hung, H. C. 2005. Archaeomineralogy of Taiwan Nephrite: Sourcing Study of Nephritic Artifacts from the Philippines. *Journal of Austronesian Studies* 1（1）: 33-79.

Iizuka, Y.; Hung, H. C.; and Bellwood, P. 2007. A Noninvasive Mineralogical Study of Nephrite Artifacts from the Philippines and Surroundings: The Distribution of Taiwan Nephrite and the Implications for the Island Southeast Asian Archaeology. *Scientific research of the Sculptural Arts of Asia: Proceedings of the Third Forbes Symposium at the Freer Gallery of Art.* edited by Douglas, J.G.; Jett, P.; and Winter, J., pp.12-19. Archetype Publications with the Freer Gallery of Art.

Loofs-Wissowa, H.H.E. 1981. Prehistoric and Protohistoric Links between the Indochinese Peninsula and the Phillippines, as Exemplified by Two Types of Ear-ornaments. *Journal of the Hong Kong Archaeological Society* IX: 57-76.

Majid, Z. 1982. The West Mouth, Niah, in the Prehistory of Southeast Asia. Special Monograph.3. *Sarawak Museum Journal* 331（52）: 1-200. Sarawak: Sarawak Museum.

Nguễn M.T.; Lê.N.H.; and Chu, M.Q. 2011. Kết Quả Khai Quật Di Tích Bãi Cọi Lần 2 Năm 2009-2010. *Thông Báo Khoa Học.* Bảo Tàng Lịch Sử Việt Nam.

Oppenheimer, S. J.; and Richards, M. 2001. Polynesian Origins: Slow Boat to Melanesia? *Nature* 410（6825）: 166-167.

Reinecke, A.; Nguyen, C.; and Lam, T.M.D. 2003. *Go Ma Voi, Neue Entdeckungen Zur Sa-Huynh-Kulter.* Köln: Linden Soft.

Solheim, W.G. 1975. Reflections on the New Data of Southeast Asian Prehistory: Austronesian Origin and Consequence. *Asian Perspectives* 18（2）: 146-160.

———. 2006. *Archaeology and Culture in Southeast Asia: Unraveling the Nusantao.* Quezon: The University of the Philippines Press.

Xiong, Z. 2014. The Hepu Han Tombs and the Maritime Silk Road of the Han Dynasty. *Antiquity* 88（342）: 1229-1243.

Yamagata, M.; Pham, D.M.; and Hoang, B.C. 2001. Western Han bronze Mirrors Recently Discovered in Cntral Vietnam. *Bulletin of Indo-Pacific Prehistory Association* 21: 99-106.

第6章

東南アジアにみる海民の移動とネットワーク
――西セレベス海道に焦点をおいて

長津一史

はじめに

東南アジアの沿岸部と島嶼部をあわせた地理空間は、海を媒介として結びついた歴史的持続性を持つ社会文化圏、すなわち「東南アジア海域世界」とみなすことができる。この海域世界では、漁民や交易商人、航海者、海賊など、様々な集団が海を生活の基盤としてきた。そうした集団に属する人びとを海民と呼ぼう。東南アジア海域世界の海民は、古来、海を渡る移動を繰り返しながら、生活拠点と漁場や交易拠点を結ぶ自前の海上ルート、あるいは「海の道」を拓いてきた。その海道は、わたしたちがなじんでいる大都市間を結ぶ定期船や海運業の航路とはしばしば異なる。それは、海民が自らの海を渡る技術とネットワークをもとに築いてきた独自の生活の道であることが少なくない。

本章では、東南アジア海域世界の近代（植民地支配がおおよそ確立した後）の時間軸における海民の移動と海道生成のダイナミクスをたどりつつ、海民の移動ネットワークのあり方を考えてみたい。移動ネットワークとは、人が空間を移動するさいに依拠してきた相互依存的な社会関係を指す。考察対象とするのは、フィリピン、マレーシア、インドネシアの国境の海に住む海民バジャウ（サマ）人の移動とそのネットワークで、特に国境を越える海の資源利用を目的とした移動とそのネットワークに着目する。

バジャウ人は、フィリピン南部のスル諸島からマレーシア・サバ州、インドネシア東部に至るきわめて広大な海域に拡散居住している。こうした拡散居住に至る軌跡としてのかれらの移動は、これまで少なからぬ研究者が関心を寄せてきた。長津［二〇〇四］で述べたように、かれらの移動は主に次の二つのテーマのもとに論じられてきた。ひとつはバジャウ人の歴史的起源であり［e.g. Sopher 1977（1965）; Pallesen 1985; Nimmo 1968］、もうひとつは一九世紀以前のバジャウ人と港市国家（port polity）との関係である[1]［e.g. Brown 1971; Warren 1981; Laarhoven 1990; Villiers 1990; Velthoen 1997 ; Stacey 2007］。

こうした研究蓄積がある一方、バジャウ人の移動を二〇世紀以降の政治的、経済的文脈において捉えようとする試みは、ウォレン［Warren 1971］や床呂［一九九九、第三章］などの一部の研究に限られていた。そこで長津［二〇〇四］では、フィリピン、マレーシア、インドネシアの国境地帯におけるバジャウ人の越境移動の展開を、二〇世紀以降の具体的な政治的、経済的文脈に位置づけて跡づけた。

バジャウ人のネットワークに関しては、かれらと在地の多数派集団とのいわゆるパトロン・クライアント関係が主に文化人類学の領域でテーマのひとつとされてきた。たとえばスル諸島では、タウスグ人らの首長層が船上居住のバジャウ人（海サマ人、本章第三節参照）に対して政治的な庇護を与え、その見返りにバジャウ人が首長層にナマコ等の輸出用海産物を優先的に提供してきた。文化人類学者らは、こうしたパトロン・クライアント関係を通じてバジャウ人が在地の階層的な政治関係に組み入れられていたことや、その関係のもとで漁業に特化したバジャウ人と交易に依存する首長層が持続的な共棲関係（symbiotic relations）を築いてきたことなどを指摘した［Nimmo 1972;

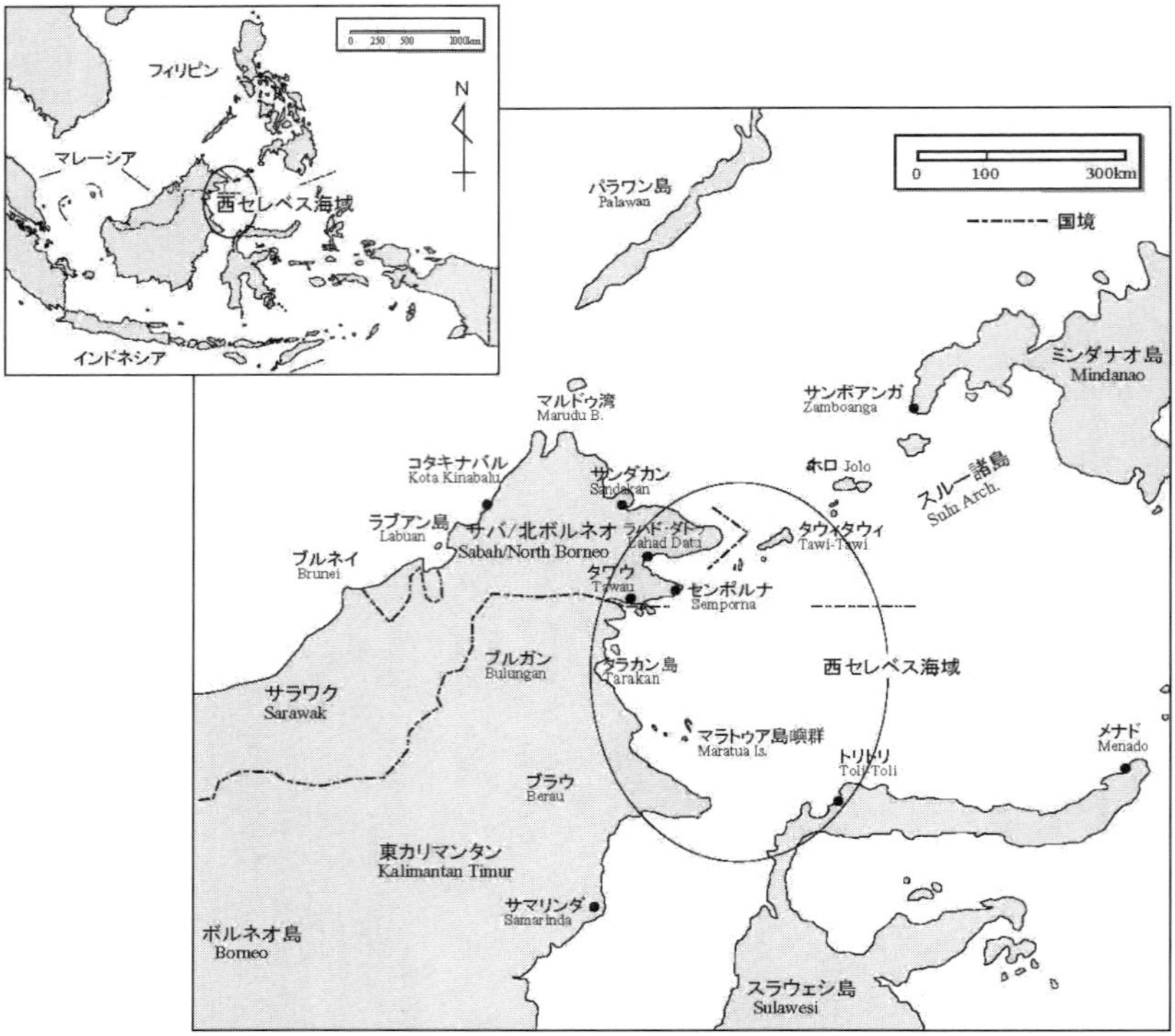

図6-1　セレベス海域とその周辺。

Sather 1997]。他に、金は経済的交換と政治的交換という視点から、中国や東南アジアの他の船上居住民とバジャウ人のパトロン・クライアント関係の構造を比較している［金 二〇〇三］。より現代的な文脈では、秋道と小野がそれぞれ東インドネシアとマレーシア・サバ州のバジャウ人を対象に、かれらと資本提供者を兼ねた仲買人とのパトロン・クライアント関係と、両者の間にみられる社会経済的な相互作用を描いている［秋道 一九九五、小野 二〇一二］。

　こうした研究の流れをふまえつつ、本章では海の資源利用を目的とするバジャウ人の移動とネットワークのあり方を、文献、歴史資料のほか、個人史を含む聞き取りデータによりながらを探っていく。聞き取りデータは、一九九五年から二〇一六年までに、筆者が東南アジア島嶼部の各地でおこなってきたフィールドワークを通じて得られたものである(2)。

空間的には、バジャウ人の人口が比較的、集中しているフィリピン・スル諸島南部とマレーシア・サバ州南東岸、インドネシア・北・東カリマンタン州のあいだの国境海域に焦点をおく。この海域を指す公的、一般的な地名はないので、海の名称を借用して西セレベス海域と呼ぶことにする（図6―1）。同様に、そこにみられるバジャウ人の海の道を「西セレベス海道」と呼ぶ。

時間軸としては、一九世紀前半から現在までの約二〇〇年強を対象とする。一九世紀前半には、イスラーム王権国家のスル王国（Sulu Sultanate）が西セレベス海域を含むスル海域全域において政治的、経済的に隆盛をきわめた［Warren 1981］。西セレベス海道におけるバジャウ人の移動は、この時代から著しく活性化し始めた。一九世紀前半からの時間を扱うのはそうした歴史過程をふまえてのことである。

以下、第1節と第2節では、それぞれバジャウ人の海の資源利用と西セレベス海域の概要を記す。第3節では史資料によりながら、一九世紀前半から一九五〇年代までの西セレベス海域でのバジャウ人の移動の展開を跡づけ、移動が生じた空間的文脈と移動のパターンをまとめる。第3節では、一九五〇年代以降の同海域におけるバジャウ人の出漁・移住とそのネットワークを、調査地で得られた個人史の事例によりながら具体的に跡づける。第4節では、事例にみたバジャウ人の移動ネットワークの紡がれ方とその特徴を、民族内の関係と民族間の関係に分けて検討する。

第1節　バジャウ人と海の資源利用

既述のようにバジャウ人は東南アジア島嶼部の東部、フィリピン、マレーシア、インドネシアの三カ国に跨がって居住している。二〇〇〇年の各国のセンサスによれば、三カ国全体のバジャウ人の人口は一〇七万七〇二〇人を数える。図6―2はその分布を地図上に示している。集落は、東西南北の幅でいえば、南北はインドネシアのロテ島からフィリピンのミンダナオ島の南西端までの約二〇〇〇キロメートルの間に、東西では東ジャワ州沖合のカンゲアン諸島からマルク諸島までの約一三〇〇キロメートルの間に点在している。南北の距離は、北海道北端と九州の南端を結ぶ距離よりも長い。かれらの人口がいかに広い範囲に拡散しているかが分かるだろう。

生態環境の面でみると、バジャウ人の居住地はサンゴ礁の卓越した海域にひときわ集中している。サバ州西海岸やスル諸島のバシラン島内陸に居住する稲作農耕民を除くと、多くは沿岸・島嶼に住み、漁業や海上交易などを生業としている。

バジャウ人が採捕する海産物は、在地の住民によって消費される魚介類と、中国をはじめとする域外市場でもっぱら消費される魚介類にわけられる。前者を「在地海産物」、後者を東南アジア研究者・鶴見良行にしたがって「特殊海産物」と呼ぶ［鶴見 一九八七］。バジャウ人の経済生活において根幹をなしてきたのは、後者の特殊海産物の採捕である［Sopher 1977（1965）：Warren 1981］。

一九世紀以前からバジャウ人らが採捕してきた特殊海産物としては、装飾用のタイマイ（*Eretmochelys imbricata*）の甲羅つまりベッコウ（鼈甲）、シロチョウガイ（*Pinctada maxima*）を母貝とする天然真珠、シロチョウガイやサラサバテイ（*Tectus niloticus*、高瀬貝）の貝殻、食用の熱帯産ナマコ（*Holothuridae* spp.）やサメのヒレ（フカヒレ）がよく知られている。一九八〇年代以降、かれらは、活きたゴシキエビ（*Panulirus versicolor*）、トラフジャコ（*Lysiosquilla maculata*）、メガネモチノウオ（*Cheilinus undulatus*）、スジアラ（*Plectropous leopardus*）などの「ハタ類」の活魚を盛んに採捕するようになっている。いずれの魚種ももっぱら中国市場に輸出される。これらの活魚もまた、特殊海産物に分類することができる。

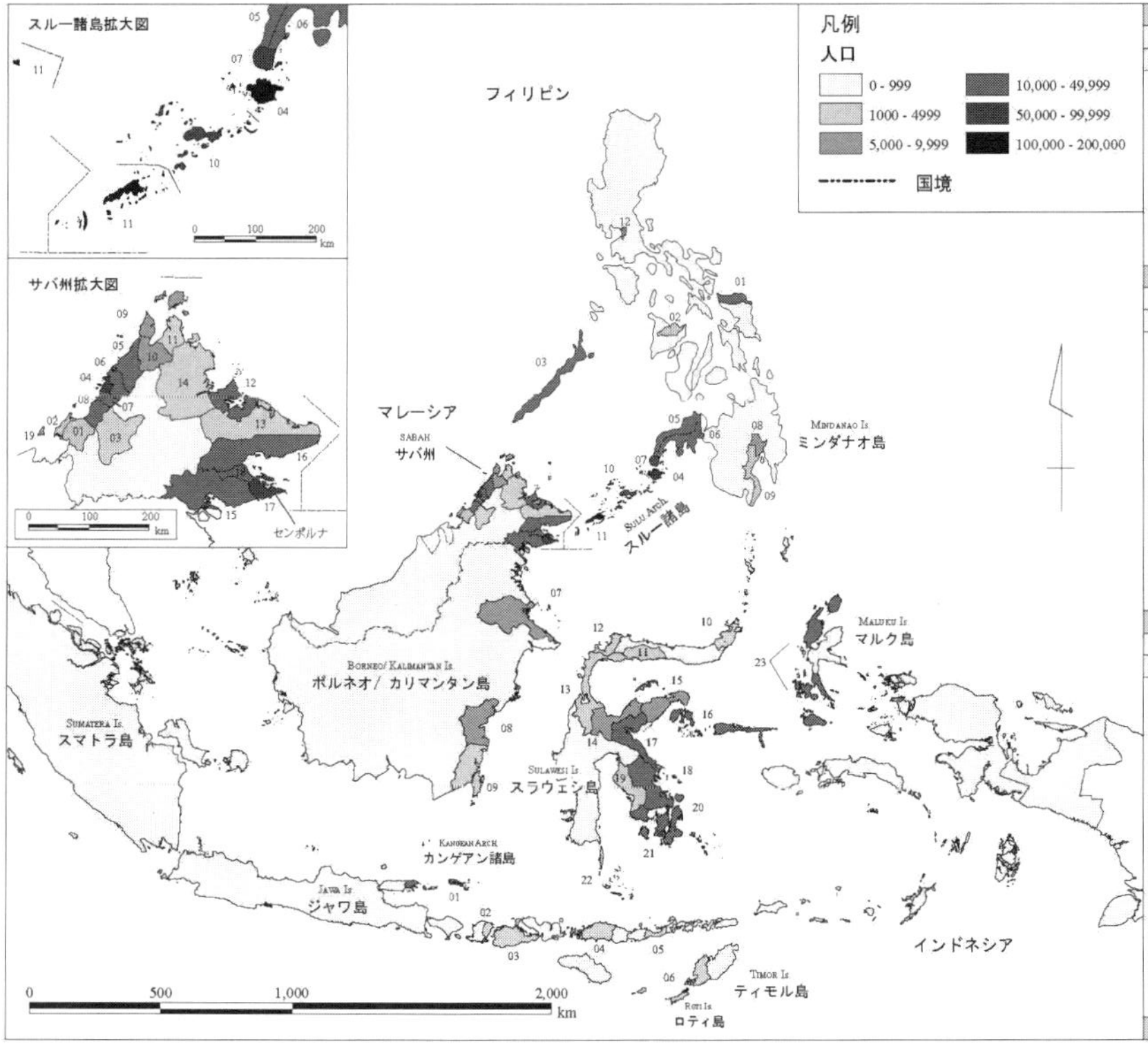

行政単位別のサマ・バジャウ人口一覧（1,000人以上）				
フィリピン				
No.	州(province)	サマ・バジャウ人口	総人口	比率
01	Northern Samar	10,670	500,639	2.13%
02	Capiz	1,496	654,156	0.23%
03	Palawan	22,336	755,412	2.96%
04	Basilan	177,638	332,579	53.41%
05	Zamboanga Del Norte	10,226	823,130	1.24%
06	Zamboanga Del Sur	15,518	1,333,456	1.16%
07	Zamboanga City	57914	599,792	9.66%
08	Davao (Davao Del Norte)	3,221	743,811	0.43%
09	Davao Del Sur	1,250	758,801	0.16%
10	Sulu	62,525	619,550	10.09%
11	Tawi-Tawi	191,844	322,066	59.57%
12	National Capital Region (Manila)	6764	9,932,560	0.07%
	Total, The Philippines	570,857	76,462,268	0.75%
マレーシア				
No.	郡(daerah)	サマ・バジャウ人口	総人口	比率
01	Beaufort	1,873	61,698	3.04%
02	Kuala Penyu	1,675	16,511	10.14%
03	Keningau	3,903	145,762	2.68%
04	Kota Kinabalu	60,857	354,153	17.18%
05	Kota Belud	26,054	72,337	36.02%
06	Tuaran	25,238	82,212	30.70%
07	Penampang	11,810	130,809	9.03%
08	Papar	14,274	86,649	16.47%
09	Kudat	7,266	68,242	10.65%
10	Kota Marudu	8,425	58,841	14.32%
11	Pitas	3,391	30,854	10.99%
12	Sandakan	37,705	347,334	10.86%
13	Kinabatangan	1,228	86,783	1.42%
14	Beluran	3,654	70,900	5.15%
15	Tawau	27,984	304,888	9.18%
16	Lahad Datu	31,589	156,059	20.24%
17	Semporna	63,008	108,236	58.21%
18	Kunak	10,254	48,571	21.11%
19	Labuan	4,015	76,067	5.28%
	Total, Sabah	347,193	2,525,456	13.75%
インドネシア				
No.	県(kabupaten)	サマ・バジャウ人口	総人口	比率
01	Sumenep	13,832	985,981	1.40%
02	Lombok Timur	2,634	973,296	0.27%
03	Sumbawa	4,809	444,277	1.08%
04	Manggarai	3,097	603,206	0.51%
05	Sikka	3,521	263,284	1.34%
06	Kupang	1,604	237,271	0.68%
07	Berau	6,930	117,769	5.88%
08	Pasir	6,381	268,761	2.37%
09	Kota Baru	4,573	412,399	1.11%
10	Minahasa	4,091	769,296	0.53%
11	Boalemo	3,179	695,253	0.46%
12	Toli-Toli	3,275	173,270	1.89%
13	Donggala	3,977	726,085	0.55%
14	Poso	5,659	186,414	3.04%
15	Banggai	6,331	270,728	2.34%
16	Banggai Kepulauan	13,259	139,234	9.52%
17	Morowali	10,137	154,851	6.55%
18	Kendari	11,076	444,912	2.49%
19	Kolaka	1,846	323,329	0.57%
20	Buton	13,173	533,417	2.47%
21	Muna	11,445	274,160	4.17%
22	Selayar	1,288	103,596	1.24%
23	Maluku Utara	12,750	374,437	3.41%
	Total, Indonesia	158,970	206,264,595	0.08%

図 6-2　島嶼部東南アジアにおけるサマ人の人口分布（2000 年）
フィリピンは州（province）、マレーシア・サバ州は郡（daerah）、インドネシアは県（kabupaten）を単位とする。
出典：各国の 2000 年センサスおよびインドネシア中央統計局における電子版センサス、海図等の調査により筆者作成。

ベッコウやナマコなどの特殊海産物は、一五世紀以降、島嶼部東南アジアの各地に成立したイスラーム王権国家にとって経済的価値の高い交易産品であった。バジャウ人は、遅くとも一六世紀には、これらの伝統特殊海産物の採捕に従事するようになっていた。かれらは、ナマコやタイマイ、サメの漁場を求めて島嶼部東南アジアの各地に拡散した。その結果、一九世紀までに、現在の人口分布とほぼ同じ範囲に拡散居住するようになった［Sopher 1977 (1965) ; Stacey 2007］。

ナマコやハタ類など食用の特殊海産物に対する需要は、一九九〇年代以降、消費地である香港や中国南部、シンガポール、台湾等の経済成長を背景にますます高まっている［田和 一九九八、赤嶺 二〇一〇］。この需要増を背景に、バジャウ人らの特殊海産物の採捕を目的とする出漁移動も従来以上に頻繁になっている。

第2節　西セレベス海域概観

西セレベス海域のバジャウ人居住地は、地理的に大きくフィリピン・スル諸島南部のタウィタウィ州に相当する地域、マレーシア・サバ州南東岸のセンポルナ郡とその沖合、インドネシア・東カリマンタン州ブラウ県沖合のマラトゥア島周辺の島嶼・沿岸に分けることができる。それぞれの地理空間を便宜的にタウィタウィ地区、センポルナ地区、マラトゥア地区と呼ぶ。各国の二〇〇〇年センサスによれば、バジャウ人の人口は、タウィタウィ地区で約一九万、センポルナ地区で約一三万人、マラトゥア地区で約七千人を数える。西セレベス海域全体では、約三三万人弱のバジャウ人が住んでいることになる。このことは、バジャウ人の全人口の約三分の一がこの海域に居住していることを意味する［長津 二〇一六］。

一八世紀半ばから一九世紀にかけてスル諸島では、イスラーム王権国家としてのスル王国が交易国家として隆盛をきわめた。その影響力はスルタン（Sultan、王）が住むホロ島を中心に、スル諸島から、ミンダナオ島南西部、パラワン島、ボルネオ島北岸一帯にまで及んだ。ウォレンはこうしたスル王国の政治経済的な圏域を「スル圏（Sulu zone）」と呼んだ［Warren 1981］。西セレベス海域もその範囲に含まれた。

スル王国にはふたつの経済基盤があった。ひとつは、中国や欧米等の域外地域との交易、もうひとつは主に人間の収奪を目的とした海賊航海である。域外地域との交易においては、ナマコをはじめとする中国向けの自然産物が主要な輸出品になった。海賊航海は王国の貴族層によって組織されていた。その航海は、東南アジア島嶼部のほぼ全域に及んだ。捕えられた人間はホロ島などに運ばれ、奴隷として売られた。奴隷もまたスル王国の主要な交易商品であった。貴族層や首長は、奴隷に輸出用の海産物や森林物産を採集させた。奴隷はかれらの労働力であり、また富と権威の象徴でもあった［Warren 1981］。

二〇世紀初頭以降、フィリピンの領有権を獲得したアメリカが海賊や奴隷交易を制圧し、スル諸島を植民地に組み込んだ。イギリス北ボルネオ会社は、一九一〇年までにボルネオ島の北部で植民地統治を確立した。その領域は北ボルネオと名づけられた。オランダ領東インドは、一八五〇〜五一年、ボルネオ島北東岸のブラウにあった二つの王国に、自らの主権を承認させた。ブラウにはマラトゥア地区が含まれる。その主権は長らく名目的なものにすぎなかったが、二〇世紀初頭以降には、オランダ領東インドはブラウでの実効的な植民地統治を確立していった［Black 1985］。

第二次世界大戦後、一九四六年にフィリピンは独立した。北ボルネオは英領直轄植民地に移管された後、一九六三年にサバ州としてマレーシア連邦に加盟した。インドネシアは、対オランダ独立闘争をへて一九四九年に完全な独立を果たした。こうして西セレベス海域の三つの地区は、フィリピンとマレーシア・サバ州とインドネシアの三つの国民国家に切り分けられ、その間には国境が敷かれることになった。

第3節　西セレベス海域におけるバジャウ人の移動――史資料にみる歴史過程――

一九九〇年代末、筆者はマレーシア・サバ州センポルナ地区のB村で長期定着調査をおこなった。村の人口の多数を占めていたのは、バジャウ人の下位集団のひとつ、海サマ人である。海サマ人は、一九五〇～七〇年代頃まで船を家屋として移動的な生活を営んでいた。自らを「海のサマ（Sama Dilaut）」と称し、他のバジャウ人と異なる集団アイデンティティを保持していることが多い［Sather 1997; 長津 二〇一〇］。

B村の海サマ人は、国境を挟んだフィリピン・タウィタウィ地区に位置するA島の海サマ人と密接な親族関係にある。A島とB村の海サマ人は、スル諸島やサバ州の各地にも出漁・移住しているが、海の資源利用に関しては、とりわけインドネシア領のマラトゥア地区に古くから出漁や移住を繰り返してきた。C島は、その主要な目的地のひとつであった。一九八〇年代から九〇年代にかけて、特に多くの海サマ人がこのC島に出漁するようになった。一九九〇年代末には、二〇以上の世帯（夫婦）がここに生活の拠点を移すまでになっていた。

こうした海サマ人のC島への出漁・移住は、一九世紀以来の西セレベス海道におけるバジャウ人の移動史に連続するかたちで展開してきた。この節と次の節では、こうした歴史の流れを跡づけつつ、西セレベス海道におけるバジャウ人の移動ネットワークを探っていく。

1　海道の歴史過程

（1）　一九世紀から植民地支配の確立まで

タウィタウィ地区やセンポルナ地区からマラトゥア地区へのバジャウ人の出漁・移住の起源は、一九世紀初頭の前後に遡る。一九世紀はじめまでには、船上居住のバジャウ人が、スル諸島南西部のシアシ島、タウィタウィ島、シタンカイ島などの周辺に住み、ナマコ、天然真珠、シロチョウガイを採捕していた。かれらは多くの場合、タウスグ人やバジャウ人の首長の従者ないし奴隷として、これらの特殊海産物を採捕していた［Warren 1981: 69-74］。バジャウ人の漁場は、センポルナ地区からボルネオ北東岸のマラトゥア地区にまで広がっていた。スル王国のタウスグ人首長らは、一八世紀末までにナマコ漁を行うバジャウ人が利用するための井戸をマラトゥア地区のマラトゥア島に掘っていた［Dalrymple 1808: 530］。

他方、タウィタウィ地区やセンポルナ地区からマラトゥア地区へのバジャウ人の集団的な移住は、一九世紀半ば以降に始まったと考えられる［長津 二〇〇四］。センポルナ地区の沖合に位置するいくつかの島には、一九世紀前半までに、バジャウ人の集落がつくられていた［Sather 1997: 31-31］。オランダの記録には、そのひとつであるダナワン島からマラトゥア地区のパンジャン島へのバジャウ人の移住が次のように記されている。「一九四八年五月に一八隻のバジャウ人の船がダナワンからパンジャン島にきて住み始めた。さらに五〇隻の舟がベラウの島々に住み着くはずである」。他に、二〇隻ほどの船に乗ったバジャウ人もここに暮らしていた［Dewall 1885: 446-447］。

一九世紀後半になると、スル諸島ではスペインが、ボルネオ島北西岸から東岸ではイギリスが、それぞれの地域の海賊や奴隷交易の拠点を破壊しようとした。これら植民地勢力に追われたバジャウ人の海賊や奴隷商人は、センポルナ地区やマラトゥア地区に逃亡した。マラトゥア地区のダラワン島には海賊の拠点が築かれ、その北にあるボロガンには奴隷市場が設けられた［Warren 1981: 190-200］。

オランダ領東インド政府は、海賊行為を一掃するため、バジャウ人がマラトゥア地区に居住することを禁じた。数十軒の家と一〇〇人以下の人口に限るという条件のもと、かれらがブアヤ島に住むことを認められたのは、ようやく一八七九年になってからのことであった［Verschuer 1883: 5］。一八八〇年代になると、バジャウ人は再びマラトゥア地区の島々に居住するようになった。かれらはそこで、ナマコやウミガメの卵の採捕に従事した〔長津一九九七、Kusumawati 2014: 67-68〕。

一九世紀後半には、海賊や奴隷交易の拠点のほか、海産物交易の拠点も拡散した。海産物交易の担い手であった華人が、スペインによるホロ島への攻撃を逃れて、スル諸島南部の島々に移住したからである。ホロ島の華人は、タウィタウィ地区ではボンガオやA島に海産物交易の拠点を移転した〔Warren 1981: 133-142〕。ボルネオ北東岸では、一八八七年にセンポルナに、一九九二年にタワウに海産物交易の拠点を築いた。こうした華人の交易拠点へのアクセスを求めて、また華人が持ち込む衣類や漁具、タバコなどの商品に惹きつけられ、バジャウ人はその周囲に移住し、集落を形成した。船上居住者であった海サマ人たちは、A島とセンポルナの周囲に定着的な集落を形成していった〔Warren 1971: 67-88; Sather 1997: 50-54〕。

（2） 植民地期から現在まで

すでにみたように、一九一〇年代までに、西セレベス海域は三つの国家（植民地）領域に分断され、その間には国境が設定された。しかし西セレベス海域におけるバジャウ人移動・移住は、この時代以降、むしろ従来以上に活性化した〔長津 二〇〇四〕。

一九一〇～三〇年代には、アメリカの強制的な教育を逃れるために、あるいは北ボルネオでの商業機会を得るために、多数のバジャウ人がタウィタウィ地区からセンポルナ地区に移住した。同じルートでアヘンを主な品目とする密貿易も盛んに行われるようになった。第二次世界大戦後から一九六〇年代初頭には、油脂原料コプラの密貿易が隆盛をきわめた(3)。コプラは独立後のフィリピン、インドネシアから、英領北ボルネオに持ち込まれ、世界市場に輸出された。西セレベス海道はその主要なルートであり、バジャウ人はコプラを様々な物資と物々交換する、あるいはコプラを買い付けるためにこのルートを往来し、その中間地点のタワウでコプラを売った［長津 二〇〇四］。こうした密貿易を繰り返すうちに、タウィタウィ地区やセンポルナ地区のバジャウ人の一部は、その経路上に位置するマラトゥア地区の島々に移り住むようになった［長津 一九九七］。

タウィタウィ地区、センポルナ地区、マラトゥア地区を結ぶバジャウ人の海産資源を求めての移動・往来は、一九六三年前後のサバ州等のマレーシア連邦加盟をめぐるマレーシアとインドネシアとの軍事衝突の時期を除いて、一九六〇年代以降も継続した。その内容は、次節の事例で詳しくみる。なお、一九七〇年前後から一九七六年にかけては、フィリピン南部でモロ民族解放戦線（ＭＮＬＦ）等のムスリム反政府組織と政府軍との間に内戦（ミンダナオ内戦）が生じた［山影 一九八八］。この戦闘を逃れて、あるいは経済的機会の確保を求めて、タウィタウィ地区から数万人に上るバジャウ人がセンポルナ地区に流入した。(4)

2　小結——バジャウ人の移動パターンとその空間的文脈

これまで、一九世紀前半から現在までの西セレベス海域におけるバジャウ人の移動を大きく跡づけた。その移動は、タウィタウィ地区とセンポルナ地区とマラトゥア地区を結ぶかたちで展開し、また繰り返され、そこに西セレベス海道と呼びうるかれら独自の海の移動ルートをかたちづくってきた。以下、この海道の空間的文脈とそこでの移動パターンの要点をまとめよう。

（1）海の資源のフロンティア

一九世紀はじめ以降、バジャウ人がスル諸島のタウィタウィ地区、センポルナ地区に集住し、さらにマラトゥア地区に移動していった原初的な理由は、それらの地区の海がナマコをはじめとする海の資源に恵まれていたことにある。三つの地区は、順にスル王国の中心地であったホロ島から離れていく。そのベクトルは、海の資源の未開拓空間、いわば資源のフロンティアに向かう空間の軸でもあった。こうした海の資源のフロンティア空間で、バジャウ人が特殊海産物を追い求めることにより、西セレベス海道の原型がかたちづくられた。

（2）商業の空間と特殊海産物

西セレベス海道のひとつの特徴は、それがローカルな交易拠点で結ばれていることにある。一九世紀後半には、スペインの攻撃を逃れた華人たちがA島やセンポルナに特殊海産物の交易拠点を築いた。他方、一九世紀の半ば、マラトゥア地区に接するボルネオ島内陸部のブラウでは、イギリス商人、華人、アラブ人、ブギス人らが河川交易の拠点を形成した［Black 1985］。一九世紀末以降、西セレベス海域は、これらの交易拠点を通じて世界市場に結びつくようになった。こうした商業的な空間で、バジャウ人は特殊海産物の採捕とその交易を求めて移動を繰り返した。西セレベス海道はその過程で形成され、維持されていった。

（3）近代国家の空間と越境

西セレベス海域は二〇世紀初頭までに三つの植民地国家に分けられた。二〇世紀の半ばには、植民地国家を継承した三つの国民国家に分断された。こうした近代国家の政治空間でバジャウ人は、学校教育からの逃避や密貿易のような、国家を枠組みとして顕在化した政治、経済の差異を利用するかたちの移動・移住をおこなうようになった。こうしたバジャウ人と近代国家との相互作用のダイナミクスのなかで、西セレベス海道は再編され、また活性化していった。

（4）暴力との相互作用

一九世紀後半以降、スル諸島の海賊は首長層から離れ、一方では規模を縮小し、他方では拠点を拡散させながら、独立的に村や船舶を襲うようになった［Warren 1981］。海賊事件は、散発的、偶発的、かつ場所を選ばずに発生する。バジャウ人は、そうした海賊の発生場所から多方向に拡散移動してきた。スル諸島における不安定な政治状況などを背景に、西セレベス海域では現在にいたるまで海賊事件が発生し続けている（次節の【事例1】参照）。この海賊という暴力との相互作用に起因する移動もまた、歴史を通じて西セレベス海道の基本的な構成要素をなしてきた。

西セレベス海域は、一九世紀以来、海の資源のフロンティアと交易拠点が密接に結びつく商業の空間になり、また二〇世紀以降は国民国家が分断する政治的差異の空間になった。ここはまた、海賊という暴力が常態化した無政府的な空間でもあり続けた。西セレベス海道は、こうした複合的な空間の文脈において、自前の海をわたる移動手段を持つバジャウ人がそれぞれの空間の文脈に適合した生計手段を獲得するために拓き、維持し、また再編してきた歴史的な社会空間として理解することができるだろう。

第4節　西セレベス海域におけるバジャウ人のネットワーク――海サマ人の事例――

1　三つの生活拠点

西セレベス海域には、三つの地点に海サマ人の生活拠点がある。タウィタウィ地区のA島とセンポルナ地区のB村とマラトゥア地区のC島である。

A島は、スル諸島の南西端に位置する小さな離水サンゴ礁島である。人びとは、島を取り囲むサンゴ礁上の巨大な杭上集落に住む。二〇〇〇年センサスによれば、同島を含む郡（municipality）の人口は約五万人で、うちバジャウ人が三万五〇〇〇人。バジャウ人のうち海サマ人が約四〇〇〇人になっている。(5)

B村は、センポルナの市街地から数キロ離れたサンゴ礁上に形成された杭上集落である。村の人口は一九九〇年代末で約六〇〇〇人、海サマ人がその多数を占める。村の海サマ人は、第二次世界大戦以前からA島とセンポルナ地区沖合の島々とのあいだを往来していた海サマ人の子孫と、戦後にA島から移ってきた海サマ人で構成される。

いまもA島との関係は深く、両者の間での人びとの往来は続いている。

C島は、マラトゥア地区に点在する広大なサンゴ礁のひとつに接した小島である。人びとは岸辺に建てられた杭上家屋に住む。二〇〇〇年センサスによれば、C島を管轄する村（デサ）の人口は千人強、うちバジャウ人が六五〇人になっている。C島では、ダナワン島や隣接する島々からの移住者が初期の住民を構成した。かれらは「サムンテ（Samunte）」と呼ばれ、島の「先住民」とみなされている。ただし、人口の数では、B村を含むセンポルナ地区の各地や、スラウェシ島の各地から一九八〇年代以降に移住してきたバジャウ人のほうが多い。他に、ブギス人やマンダル人、華人も住む。先住民はココヤシ栽培や交易、漁業に従事する。移住者の多くは、ナマコやサメ、ハタ類、サラサバテイなどの採捕を主な生業とする。

2　出漁・移住の事例——出稼ぎから連鎖移住まで

先述のように一九八〇年代以降、多くの海サマ人がB村からC島に出漁・移住するようになった。この出漁・移住は、一九五〇年代にC島出身のバジャウ人のアリ氏がセンポルナに出稼ぎに来て、B村の海サマ人女性と結婚したことをきっかけとしていた。アリ氏の子供と結婚したB村の海サマ人やその親族が、一九八〇年代半ば以降、アリ氏とともに次々とC島に出漁・移住していったのである。

以下、事例1ではアリ氏の出漁・移住の展開過程を跡づけ、あわせて事例2でアリ氏とともにC島に移住した義理の息子の同島での定着過程を示す。事例で名前をあげている人物はすべて男性で、名前は仮名である。文章では敬称を略す。

【事例１】アリ氏

アリは、一九三〇年代後半にマラトゥア地区のC島で生まれた。第二次世界大戦が終わる頃まで、両親とともに船上生活を営んでいたが、戦後は浜辺の杭上家屋に住み始めた[6]。一九五二年、スル諸島から来たとされる海賊（mundu）がC島を襲撃し、島民の物資を略奪した。住民はボルネオ本島沿岸のいくつかの村に逃れた。その翌年、アリはより治安が良く、儲かる仕事が多いと聞いていたセンポルナ地区に「出稼ぎ」(merantau) に行くことを決めた。アリの父は、調理用の素焼き土器などを手に入れるため、戦前からセンポルナ地区を定期的に訪れていた。アリも何度か父に同行したことがあった。彼は、その時の経路を辿りながらセンポルナ地区に向かった。目指したのはパンリマ・ヌジュン（Panglima Nujum、パンリマは在地首長の称号）のいるダナワン島であった[7]。

アリによれば、ダナワン島は自分たちの祖先の出身地で、ヌジュンやそれ以前のパンリマたちはアリと「祖先を同じにする親族（dampoonan）」にあたる。また「ヌジュンの妻は自分の祖先のイトコ（kaki）である」という[8]。パンリマたちはコプラ密貿易のために何度かA島に来たことがあり、アリの父とは親しかったようである。

パンリマ・ヌジュンは、ダナワン島に隣接するシパダン島でのウミガメの卵の採捕権を持っていた[9]。アリはヌジュンの家で寝泊まりし、同島でウミガメの卵を採捕し、センポルナに運んで売った。売り上げに応じて、その一部をヌジュンに渡した。七年後、ダナワン島で知り合ったB村の海サマ人女性と結婚し、B村に住みはじめた。その後、一九六二年から一九八二年までは、センポルナの町の雑貨商店で働いた。

一九八四年、妻の父方オジのクバとその息子（妻のイトコ）のアギルがマラトゥア地区でサメ延縄漁がしたいというので、アリは一緒にC島に出漁することにした。妻と三人の子供も一緒だった。航海資金はクバが出した。船も彼のものを使った。エンジンはなく帆走であった。一年後、クバはB村に戻ったが、アリと妻、アギルはC島で漁を続けることにした。アギルは妻をB村から呼び寄せた。アリはC島に戻っていた兄から資金を借りて船とエンジンを買った。アギルは仲買人から借金をして船を買った。その後はともにC島を拠点にサメ延縄漁を続けている。ただし、B村にも数ヵ月に一度は戻っている。

一九九〇年代末までには、アリが出漁を手伝った海サマ人のうち、筆者が確認した限りでも十八組の夫婦がC村に生活の拠点をおくようになっていた。[10] 十八組のうち六組はアリの子供とその配偶者からなる。[11] 他の十二組のうち九組も、アリかアリの妻となんらかの「親族」関係にある。ただし、そのなかには、妻のイトコの妻の両親や、娘の夫のキョウダイの妻の両親のような、遠い「親族」も含まれる。図6―3は、アリとこれらの夫婦の関係を示している。残り三組との関係は、アリによれば友人とのことだった。

【事例2】パルディ氏

パルディは一九六一年、センポルナの沖合で生まれた。一九七〇年代はじめには、両親がB村に家屋を建て、そこに住むようになった。一九七九年、パルディは、親たちの決定に従ってアリの長女と結婚した。その後は、センポルナ沖合で父や弟と漁業をおこなっていた。

一九八六年、パルディは義父のアリに誘われてC島に出漁した。船はパルディが所有する一〇メートル強の木造動力船であった。サメ延縄漁

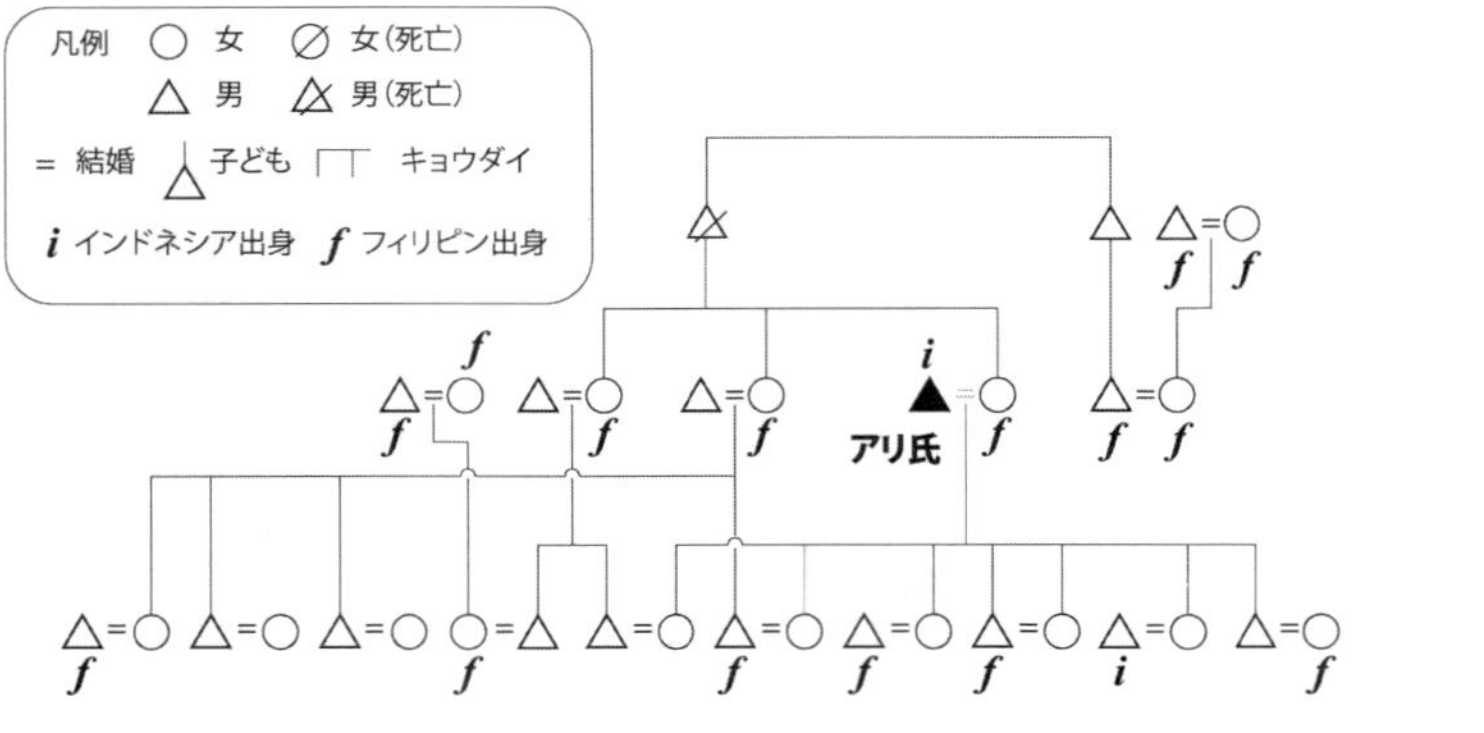

図6-3　マラトゥア地区C島に移住したアリの「親族」(1998年。筆者の調査による)

が主な目的であった。C島の沖合は予想以上に豊かな漁場だったため、彼はそのままC島に住み着いた。妻と五人の子供と一緒であった。

島では、海産物仲買人のハジ・サレの家の前に広がるサンゴ礁に船を停泊させ、そこを生活拠点とした。ハジ・サレの許可を得て、近くの井戸で水を手に入れた。食糧などの生活物資はたいていハジ・サレから前借りで買った。操業資金も前借りした。子供の結婚式のときなど、まとまった金が必要なときには金も借りた。利子はとられなかった。漁獲の多くはハジ・サレに売ったが、ナマコやフカヒレのうち上質のものはセンポルナに持ち帰って売ることもあった。一九九三年、パルバディは浜辺に杭上家屋をつくり、そこに住むようになった。しかし、上記のハジ・サレとの経済的な関係はその後も大きくは変わらなかった。

3　出漁の事例――再発見される親族とネットワーク

次に記すのは、一九九〇年代末から頻繁にC島に出漁するようになったガファル氏の事例である。彼は【事例1】のアリ氏とは異なるネットワークを介してC島に出漁するようになった。事例では、彼がC島に出漁するまでの経緯をたどりつつ、そのネットワークのあり方を示す。

【事例3】ガファル氏

ガファルは一九四二年にセンポルナの沖合で生まれ、両親とともに網漁をしながら船上で暮らしていた。一九六三年にはB村の海サマ人と結婚し、同村に住み始めた。その後、センポルナ郡の公共事業局（JKR）で働き始めた。ただ、同局で働いているときも、ときどき休みをとって漁に出ていた。

一九八九年、妻の兄がマラトゥア地区に出漁することを聞き、同行することにした。ガファルは、妻の父からマラトゥア地区の話をたびたび聞いており、一度その島々をみてみたかったのだと言う。妻の父は、一九四〇年代から五〇年代にかけて、A島を拠点にマラトゥア地区やスラウェシ島とのあいだを往来するコプラの密貿易をおこなっていた。

妻の兄とともに出航はしたが、ガファルはマラトゥア島で下船し、その先の航海にはついていかなかった。義父から、妻の祖父はマラトゥア島で亡くなったと聞いていたので、その痕跡を探すことにしたのである。村人に尋ねると、確かに妻の祖父のものだとされる墓が残っていた。その子孫――ガファルは「イトコ（kaki）」という――が島にいることもわかった。[12] その後、ガファルはセンポルナに戻り、出入国管理局でマラトゥア島民との家族関係を説明して「越境パス（pas lintas batas）」を作成した。[13] このパスを持って、前回は通らなかった出入国管理局を通って再びマラトゥア島に行き、上記の「イトコ」にあらためて会った。その後も結婚式などで、何度かかれらを訪れた。

ガファルは、B村の友人からC島近くにサメ延縄漁の好漁場があると聞いていた。そこで一九九二年には、マラトゥア島の「イトコ」にC島の地区長（kepala Dusun）を紹介してもらった。C島の地区長はガファルたちを歓待し、彼が住民であることを証明する「家族票（kartu keluarga）」までも作成してくれた。ただこの時彼は、サメ延縄漁はしなかった。

ガファルは、一九九七年に公共事業局を定年退職した。一九九八年、B村ではマラトゥア地区でサメをとれば大儲けできると話題になっていた。[14] それを聞いてガファルは、あらためてC島に出漁することを決めた。給与積立金の一部を使って中古のトラック用ディーゼル・エンジンを買い、もともと持っていた一〇メートルほどの木造船にそれを備え付けた。この船で、妻、息子、妻のオイとともに、出入国管理局を通らずにC島に向かった。C島では二週間ほど滞在し、昼は網漁、夕方から朝にかけてはサメ延縄漁をおこなった。フカヒレも塩乾魚もセンポルナに持ち帰って売った。この時は、フカヒレだけで三五〇〇リンギ（当時、一リンギは約三〇円）を稼いだ。確かに大儲けであった。

この出漁にさいしてガファルは、最初にC島の地区長に会い、周辺の村にあてた移動許可書（surat keterangan bepergian）などを作ってもらっていた。移動許可書は、インドネシア側での警察や国境警備の検査を逃れるうえで有効だった。

第5節　考察――海サマ人の出漁・移住にみるネットワークの紡ぎ方――

以上、三つの事例によりながら、A島、B村からC島に至る海サマ人の出漁・移住のネットワークを細かくみてきた。その移動のネットワークには、どのような特徴をみいだすことができるだろうか。ここではかれらのネットワークの紡がれとその特徴を、民族内のネットワークと民族間のネットワークに分けて検討する。民族内のネットワークとは海サマ人どうしの人間関係とその連鎖を、民族間のネットワークとは海サマ人と他の民族ないし社会集団との人間関係を指している。秋道智彌は、水産資源が流通する過程における、様々な社会経済的、文化的背景をもつ集団のあいだの交換や取引の関係をエスノ・ネットワークと呼んでいる［秋道 一九九五］。ここでの民族間の関係は、秋道がいうエスノ・ネットワークに相当する。

1　民族内のネットワーク

三つのつの事例にみた海サマ人の出漁・移住のネットワークは、主に親族を基盤とするものであった。移動のネットワークが親族のつながりを基盤にすること自体は、特にめずらしいことではない。かれらに特徴的と思われたのは、その親族認識が非限定的かつ拡張的なことである。

まず、事例1でみると、アリの妻と子供、かれらを介して結びつく親族がアリとともにC島に移住した。しかしその親族のつながりは、父系、母系いずれの原理にしたがったものでもなかった。さらにそのつながりは、血族のみならず姻族、さらにその姻族の親族をも含んでいる。かれらにおいては、どのような系統、距離であれ、親族関係がありさえすれば、移動のつてになるといって良い。移動においてて紡がれるかれらの親族ネットワークの範囲はこのように柔軟かつ非限定的である。

また、その関係はかならずしも具体的に把握されている必要もなかった。事例3でみたのは、たまたま「発見」された「祖先」やその子孫を「イトコ」(実際は妻の血族)とみなすような親族認識であり、それが移動にさいして再構築され、また拡張していくような「親族ネットワーク」であった。事例のガファルは、そうした関係を根拠に越境パスをも作成し、またその関係を通じてC島への出漁を展開していた。

2　民族間のネットワーク――アリとパンリマ・ヌジュン

民族間のネットワークとしてはふたつの例が示された。ひとつは、【事例1】でみたアリとパンリマ・ヌジュンとの関係である。事例1で触れたダナワン島では、バジャウ人首長のパンリマと海サマ人は、スル王国時代から近年まで、冒頭で言及したようなパトロン・クライアント関係にあった [Sather 1997: 31]。スル諸島や西セレベス海域において海サマ人は、パンリマなどの陸地拠点の首長にナマコや他の海産物を優先的に提供した。他方で首長は海サマ人が島の水や森林を利用することを許可し、また海賊などの暴力からかれらを庇護した。しかしその関係は、けっして固定的、従属的なものではなかった。パトロンである首長からの待遇に不満があれば、バジャウ人は容易に逃亡したからである [Sather 1997: 60-61]。

アリとパンリマ・ヌジュンは、こうした流動的なパトロン・クライアント関係にあったと思われる。筆者がダナワン島で出会ったヌジュンの息子は、「シパダン島でのウミガメの卵の監視や採捕は、かつては従者（tendog）である海サマ人の仕事だった。その仕事に対してパンリマは十分な手当、つまり分け前を与えなければならなかった」と述べた。

ただし事例におけるパトロン・クライアント関係は、クライアント側のアリが、ダナワン島に出稼ぎに行くことによってはじめて機能した。そのパトロン・クライアント関係は、アリにとっては、移動のために利用しうる潜在的なネットワークでもあり、出稼ぎにさいして、それを再構築していたと理解することもできる。

3　民族間のネットワーク――海サマ人と仲買人

ふたつ目の例は、【事例2】でみた海サマ人と仲買人との関係である。C島には数人の仲買人がいたが、もっとも成功していたのがハジ・サレ氏だった。聞き取りによれば、ハジ・サレは一九四九年、南スラウェシ州マカッサル沖合のバラン・ロンポ島（Barang Lompo）で生まれた。父は福建華人、母はマカッサル人である。小学校を卒業した後にイスラームに改宗したが、華人名も持っている。彼は、漁船の船長などとして働いたのち、一九七六年にC島に移住し、ナマコなどの海産物の仲買人を始めた。

ハジ・サレは、マカッサルやサマリンダなどの近隣都市に住む福建華人やブギス人の商人と海産物取引のネットワークを構築していた。同時に、漁民たちからは寛大な仲買人として評価され、信頼されていた。彼の仲買人としての成功は、この二つの要素によっていたと思われる。

事例2でみたように、ハジ・サレはC島で海サマ人たちのパトロン的役割を果たしていた。ハジ・サレの家の前のサンゴ礁には、B村の海サマ人のみならず、スラウェシ島のバジャウ人やマンダル人なども船を停泊させ、生活の拠点としていた。その数は、筆者が訪れた一九九六年には一五隻を越えていた。ハジ・サレは、パルディがそうしていたように、前借りや借金をしている漁民が他の仲買人に漁獲を売却することがあっても、かれらに苦情を言うことはなかった。彼は、自身の経験から、漁民が取引関係の束縛を嫌うことを理解しているのだという。多くの漁民が彼を慕って集まっていたのは、こうしたハジ・サレの態度が好感されていたためであったと思われる。

以上にみた仲買人との関係も、海サマ人のC島への出漁・移住を促したネットワークのひとつとみて良いだろう。それは、これまでにみた関係とは異なり、かれらの従来の人間関係のなかに潜在していた関係ではない。それは出漁先ではじめて紡がれる関係である。しかしいま記したようにその関係は、単なる商取引の関係ではなく、温情や信頼といった感情を介するいわば人格を帯びた関係でもあった。だからこそ、その関係はネットワークとして後に出漁・移住してきた海サマ人にも引き継がれている（もちろん、解消もされる）。この意味で、仲買人との人格的な関係もまた、海サマ人の移動をささえる主要なネットワークのひとつとみなすことができる。

4　まとめ——バジャウ人の移動ネットワークとその特徴

東南アジア「海域世界」のプロトタイプ（祖型）を論じるなかで立本は、離散移住傾向の強さ、生業における商業志向の卓越、そして臨機応変なネットワークによる社会圏の形成をかれらの生活上の特徴としてあげ、そのネットワークのあり方を次のように整理している。

〔かれらの〕ネットワークは決してかたい結合関係ができていて、交易や移動にそれが利用できる形で組織化されているというのではない。それは見つけ出されることによって関係があることが確認され、その関係によってそれにふさわしい行為形式がとられるということである。〔……〕離合集散のパターンが特定の絆で決まってしまうというのではなく、いろいろな絆をその時々に応じて利用して、結集と分散とを繰り返すネットワークである［立本 一九九六、二〇五］。

これまでにみた西セレベス海域における海サマ人の出漁・移動ネットワークも、親族関係に基づくものであれ、パトロン・クライアント関係に基づくものであれ、また仲買人との関係であれ、もともと出漁や移動、移住のために組織化されていたわけではなかった。それは、出漁・移動のさいにかなりの程度、偶発的に紡がれた人間関係であった。

こうした移動のネットワークは、たとえば血縁、地縁、業縁の関係枠組みを基盤として移動が組織されてきた福建・広東の中国人や東南アジアの華人の移動ネットワークとは明確に異なっている。中国人や華人においては、血縁集団や地縁集団などの集団の原理が先にあり、その原理に規定された関係が移動のネットワークをかたちづくる［瀬川 二〇〇一］。

また、海サマ人を含むバジャウ人らの移動は、中国をはじめとする世界市場向けの自然資源の採捕を主要な動因としてきた。こうした商業志向性のゆえに、かれらのネットワークは、多方向的かつ拡張的なベクトルを持つものとしてあらわれる。本章では、バジャウ人の移動とネットワークが特殊海産物の採捕を目的として、スル諸島中部のホロ島から南へ拡散・拡大してきたことをみた。こうした点で、たとえばメラネシアやポリネシアにおける移動航海のネットワークとは対照をなしている。メラネシアやポリネシアの移動航海は、特定集団どうしを結ぶ儀礼的な威信財の交換と互助的な生活財の交換を目的としており、それゆえ一定の地域内で循環し完結する［本書第12章、秋道 一九九五］。

以上をふまえていえば、バジャウ人の移動のネットワークは、東南アジア海域世界の他の海民と同様に、集団ではなく、二者関係の連鎖を基盤とする、流動的・多方向的・拡張的な人間関係からなることを特徴とするといえるだろう［立本 一九九六、第八章］。そうした移動のネットワークはまた、けっして集団内部の統合・連帯の媒体としてのみ機能してきたわけではない。それは、バジャウ人が近代国家や市場経済を含む外部世界と密接にかかわりながら、生活手段としての移動を展開していくための社会資本［宮崎 二〇〇〇］と呼びうるものでもあった。

おわりに——不可視の海道を求めて——

かつて拙稿［長津 二〇〇四］では、一九世紀から二〇世紀半ばまでの西セレベス海域におけるバジャウ人の越境移動について、「国境海域を生活圏とし、国境を跨ぐ社会的ネットワークを備えていたサマ人［バジャウ人］が、国家の政治的、経済的文脈とその差異を認識する過程において獲得した生活実践の一様式であった」と指摘した。本章で扱った二〇世紀半ば以降の時間軸でも、同海域でのバジャウ人の越境移動は、周縁者が国境海域で主体的に生きるための生活実践であり続けている。その実践のためにかれらは、見つけ出されることによって機能し始めるようなネットワークを臨機応変に利用し、また再構築してきた。西セレベス海道は、こうした過程で生成したダイナミックな社会空間であった。

西セレベス海道は、東南アジアを伝えるどのような地図にも描かれることはない。それはいわゆる「ねずみの道（インドネシア語でjalan tikus）」、国家の目からみた違法越境ルート、不可視の道である。しかし、遅くとも一九世紀以来、在地の海民は様々な目的を持ってこの海道を往来し、その途上に生活の拠点を築いてきた。それは、ローカルな視点からは、二世紀以上にわたって維持されてきた意味のある海道なのである。

東南アジアには、地図に描かれなくとも、長距離航海を繰り返すなかでブギス人が拓いてきた地域を跨ぐ海道から、密貿易や密航、国境を越える出漁・移住などを通じてバジャウ人が拓いてきた「ねずみの海道」まで、大小様々な海道が広がり、連鎖しあっている［鶴見 一九八七］。そうした不可視の海道が生成した過程、そこをわたる移動の展開、そのネットワークの紡がれ方を探ることは、海から東南アジアを捉え、東南アジア海域世界のダイナミクスを明らかにするための重要なアプローチとなるに違いない。

注

（1）港市国家とは、海岸や河川に面した港市における天然資源や外来の産物の交易、そのルート、ネットワークの支配を基盤に生成した国家を指す［Kathirithamby-Wells and Villiers 1990］。

（2）フィールドワークは、マレーシア・サバ州、インドネシア・スラウェシ島の全州、東・南カリマンタン州、東ジャワ州、西・東ヌサ・トゥンガラ州の沿岸・島嶼のバジャウ人集落で継続的におこなってきた。調査地の詳細はNagatsu［2015］参照。マレーシア・サバ州では、一九九七年から一九九九年までの約二年間、定点滞在型の調査をおこなった。調査は，文部省アジア諸国等派遣留学生制度によるマレーシア国民大学留学中に実施した。インドネシアでは、一週間から一カ月程度の短期滞在型の調査を多数回おこなった。これらの調査は、主に次の科研費プロジェクトにより可能になった（カッコ内は代表者と実施時の所属）。課題番号:07041057（田中耕司・京都大学）、14251006（加藤剛・京都大学）、18710210、21510271、24651278、25300017（長津一史）、19251010（鏡味治也・金沢大学）、23251004（山田勇・京都大学）、22310157、25283008（赤嶺淳・名古屋市立大学／一橋大学）。また、資料調査の一部は、京都大学東南アジア研究所共同研究（長津一史・二〇〇九～一〇年度、二〇一六～一七年度）、東洋大学井上円了記念共同研究（長津一史・二〇一四～二〇一六年度）により実施された。

（3）コプラとは、ココヤシの実の胚乳を乾燥させたもので、食用油脂の材料になる。

（4）センポルナの人口は、一九六〇年から一九八〇年までに、一万六八九五人から九万一八二八人、つまり五・四倍に増加した［DOSM 1995］。増加人口の大多数は、タウィタウィ地区から流入したバジャウ人が占めると考えられる。

（5）センサスにおける海サマ人の人口は実際よりかなり少なく申告されている、と在地の海サマ知識人は指摘していた。彼によればその数は最低でも一万を超えるという。

（6）以下で記す年代、西暦年、年齢の一部は、聞き取りや身分証明書等の資料から筆者が推計した年代、西暦年、年代、年齢を含んでいる。

（7）パンリマは、スル王国時代にスルタンが在地首長に付与していた称号である。イギリス北ボルネオ会社、サバ州政府もこの称号を継続して採用し、在地の首長に与えていた。
(8) 細かく尋ねていくと、ヌジュンの妻が、アリの母方祖父の第二イトコになるという説明であった。
(9) 文書資料によれば、遅くとも一九世紀後半までに、スル王国のスルタンがダナワン島のバジャウ人のリーダーであるアブサリ(Abu Sari)をパンリマに任命し、隣接するシパダン島でウミガメを採捕・交易する権利を与えていた。ヌジュンはアブサリの息子で、二〇世紀前半にパンリマに任命されていた [International Court of Justice 1999]。
(10) アリの子供の世代までの夫婦を数えた。より下の世代にも既婚者はいるが、ここでの数には含まれていない。
(11) C村に移住したアリの子供六人のうち五人は女性である。長女と次女の配偶者はB村出身、三女と次男の配偶者はタウィタウィ地区のA島出身、四女の配偶者はスル諸島のシアシ島の出身、五女の配偶者はC島の出身である。移住者はいずれもインドネシアの滞在許可証を獲得している。なお、長男はセンポルナ地区のリゾート施設で働いている。
(12) ただし、マラトゥア島での祖父の妻は島のバジャウ人で、A島にいたときの祖父の妻、つまりガファルの妻の祖母とは異なる。
(13) 越境パスは、サバ州と東カリマンタン州の国境周辺に住む住民で、家族が両地域にまたがって住む住民に与えられるという。
(14) フカヒレが儲かるとされていたのは、その値段じたいが高騰したからではなく、一九九七年に始まったアジア通貨危機でインドネシア・ルピアとマレーシア・リンギの双方が暴落するなか、フカヒレの値段がアメリカ・ドルを基準に決められていたためであると思われる。

参考文献

赤嶺淳　二〇一〇『ナマコを歩く――現場から考える生物多様性と文化多様性』新泉社。
秋道智彌　一九九五『海洋民族学――海のナチュラリストたち』東京大学出版会。
小野林太郎　二〇一一『海域世界の地域研究――海民と漁撈の民族学』京都大学学術出版会。
金柄徹　二〇〇三『家船の民族誌――現代日本に生きる海の民』東京大学出版会。
瀬川昌久　二〇〇一「海を越えた宗族ネットワーク」『越境するネットワーク〈海のアジア5〉』濱下武志ほか(編)、一〇七～一三二頁、岩波書店。
立本成文　一九九六『地域研究の問題と方法――社会文化生態力学の試み』京都大学学術出版会。

田和正孝　一九九八「ハタがうごく――インドネシアと香港をめぐる広域流通」『海人たちの自然誌』秋道智彌・田和正孝（編）、三三～五五頁、関西学院大学出版会。
鶴見良行　一九八七『海道の社会史――東南アジア多島海の人びと』朝日新聞社。
床呂郁哉　一九九九『越境――スールー海域世界から』岩波書店。
長津一史　一九九七「西セレベス海域におけるサマ人の南下移動――素描」『上智アジア学』一五巻、九九～一三一頁。
――　二〇〇四「越境移動の構図――西セレベス海におけるサマ人と国家」『海域アジア（叢書現代東アジアと日本４）』関根政美・山本信人（編）、一七三～二〇二頁、慶應義塾大学出版会。
――　二〇一〇「開発と国境――マレーシア境域における海サマ社会の再編とゆらぎ」『開発の社会史――東南アジアにおけるジェンダー・マイノリティ・境域の動態』長津一史・加藤剛（編）、四七三～五一七頁、風響社。
――　二〇一六「海民の社会空間――東南アジアにみる混淆と共生のかたち」『小さな民のグローバル学―共生の思想と実践をもとめて』甲斐田万智子・佐竹眞明・長津一史・幡谷則子（編）、二八〇～三〇五頁、上智大学出版会。
宮崎恒二　二〇〇〇「移動と異同――ジャワ系マレー人と呪術」『社会人類学年報』二六巻、一～一九頁。
山影進　一九九八「フィリピン・ムスリムのナショナリティとエスニシティ」『アジアにおける国民統合――歴史・文化・国際関係』平野健一郎・山影進・岡部達味・土屋健治（編）、一八九～二二三頁、東京大学出版。

Black, Ian 1985. The "Lastposten": Eastern Kalimantan and the Dutch in the Nineteenth and Early Twentieth Centuries. *Journal of Southeast Asian Studies* 16（2）: 281-291.
Brown, Donald E. 1971. Brunei and the Bajau. *Borneo Research Bulletin* 3（2）: 55-58.
Dalrymple, Alexander 1808. *Oriental Repertory*（2 vols.）. London: G. Biggs.
Dewall, H., von 1855. Aanteekeningen omtrent de Noordoostkust van Borneo. *Tijdschrift Voor Indische Taal-, Land- en Volkenkunde* 4: 423-458.
DOSM: Department of Statistics, Malaysia 1995. *Population and Housing Census of Malaysia, 1991: State Population Report, Sabah*. Kuala Lumpur: DOSM.

International Court of Justice 1999. *Case Concerning Sovereignty over Pulau Ligitan and Pulau Sipadan: Memorial of Malaysia, Volume 1.* (Retrieved from http://www.icj-cij.org/docket/files/102/8560.pdf)

Kathirithamby-Wells, J. and Villiers, John (eds.). 1990. *The Southeast Asian Port and Polity, Rise and Demise.* Singapore: Singapore University Press.

Kusumawati, Rini 2014. Networks and Knowledge at the Interface. Thesis submitted in fulfilment of the requirements for the degree of doctor at Wageningen University.

Laarhoven, Ruurdje 1990. Lords of the Great River: The Magindanao Port and Polity during the 17th Century. In *The Southeast Asian Port and Polity, Rise and Demise,* edited by Kathirithamby-Wells, J.; and Villers, John, pp. 161-185. Singapore: Singapore University Press.

Nagatsu, Kazufumi 2015. Social Space of the Sea Peoples: A Study on the Arts of Syncretism and Symbiosis in the Southeast Asian Maritime World. *The Journal of Sophia Asian Studies* 33: 111–140.

Nimmo, Harry Arlo 1968. Reflections on Bajau History. *Philippine Studies* 16 (1) : 32–59.

———. 1972. *The Sea People of Sulu: A Study of Social Change in the Philippines.* San Francisco: Chandler Pub. Co.

Pallesen, A. Kemp 1985. *Culture Contact and Language Convergence.* Manila: Linguistic Society of the Philippines.

Sather, Clifford 1997. *The Bajau Laut: Adaptation, History, and Fate in a Maritime Fishing Society of South-eastern Sabah.* Kuala Lumpur; New York: Oxford University Press.

Sopher, David E. 1977 (1965) . *The Sea Nomads: A Study of the Maritime Boat People of Southeast Asia.* Singapore: National Museum of Singapore.

Stacey, Natasha 2007. *Boats to Burn: Bajo Fishing Activity in the Australian Fishing Zone.* Canberra: ANU E press.

Velthoen, Esther J. 1997. Wanderers, Robbers and Bad Folk: The Politics of Violence, Protection and Trade in Eastern Sulawesi 1750-1850. In *The Last Stand of Asian Autonomies: Responses to Modernity in the Diverse States of Southeast Asia and Korea, 1750-1900,* edited by Reid, Anthony pp. 367-388. Basingstoke; New York: Palgrave Macmillan; St. Martin's Press.

Verschuer, F. H. van 1883. De Badjo's. *Tijdschrift van Het Koninklijk Nederlandsch Aardrijkskundig Genootschap* 7: 1–7.

Villiers, John 1990. Makassar: The Rise and Fall of an East Indonesia Maritime Trading State, 1512-1699. In *The Southeast Asian Port and Polity, Rise and Demise,* edited by Kathirithamby-Wells, J.; and Villers, John, pp. 143-159. Singapore: Singapore University Press.

Warren, James F. 1971. *The North Borneo Chartered Company's Administration of the Bajau, 1878- 1909: The Pacification of Maritime, Nomadic People.* Athens: Ohio University, Center for International Studies, Southeast Asian Program.

———. 1981. *The Sulu Zone 1768-1898.* Singapore: Singapore University Press.

第7章

〈踊り場〉のネットワーク
――モーケンと仲買人の関係性に着目して

鈴木佑記

はじめに――ナマコと漂海民――

東南アジアの海域世界を歩き続けた鶴見良行は、ナマコ[1]の生産・交易拠点を「階段の踊り場[2]」と呼んだ［鶴見一九九九］。階段の〈踊り場〉は、上から降りてきた人と下から上ってきた人が交差する場でもある。鶴見はナマコが売り買いされる場もそうした出自の異なる人々が交差する場だととらえたのである。そしてたくさんの人々が交差する、大きな〈踊り場〉としてマカッサル海峡とスルー諸島が、小さな〈踊り場〉としてマラッカ海峡とメルギー諸島があると論じた［鶴見一九九九、二〇〇］。

マカッサル海峡とスルー諸島はサマ（あるいはバジャウ、バジョ）、マラッカ海峡はオラン・ラウト、メルギー諸島（図7―1）は本章で取り上げるモーケンの生活拠点にあたる。鶴見［一九九九、二一一頁］は、「〈踊り場〉には必ずといっていいほど漂海民がいた」と指摘し、サマやオラン・ラウト、そしてモーケンがナマコ漁に従事してきたことに言及している。また鶴見［一九九九、二一〇～二一一頁］は、ナマコの生産・交易拠点としての〈踊り場〉と漂海民の広がりの地理的一致の背景を、海洋性志向の強い外部者――特に中国人（華人含む）の仲買人――との接触があった点に見出している。つまり、漂海民がナマコを採り、それを干しナマコに加工し、仲買人と取り引きをする空間が〈踊り場〉ということになる。

漂海民という言葉は、シー・ジプシー（sea gypsies）の訳語として一九四〇年代に考案されたものである。(3) 日本漁業経済史を専門とする羽原又吉は、以下の三条件を備えた人々を漂海民と呼んだ。

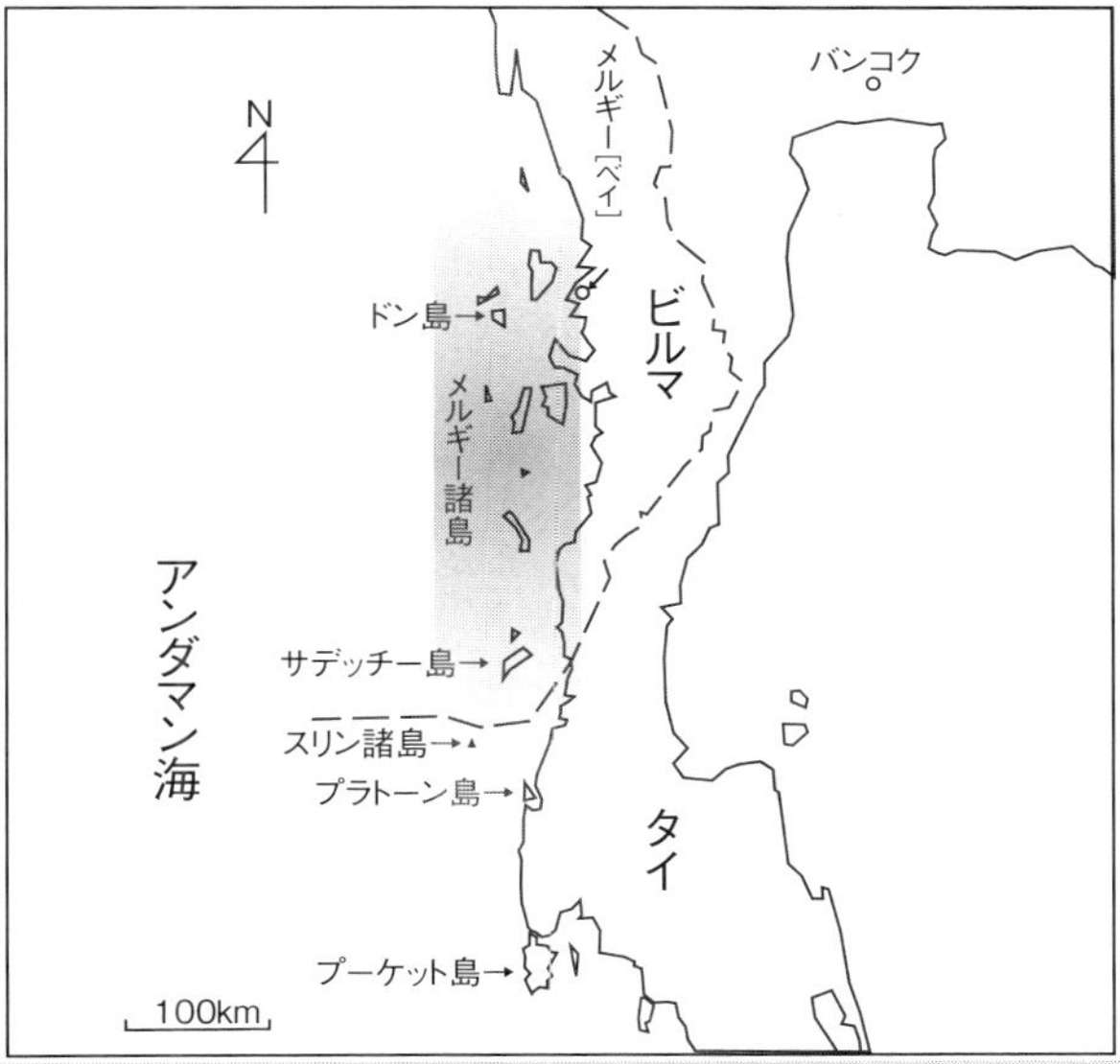

図7-1　アンダマン海とスリン諸島の位置。

①土地・建物を陸上に直接所有しない
②小舟を住居にして一家族が暮らしている
③海産物を中心とする各種の採取に従い、それを販売もしくは農作物と物々交換しながら、一カ所に長くとどまらず、一定の海域をたえず移動している［羽原 一九六三、二一～三］

要約すると、「土地を持たずに船(4)を住まいとし、漁撈しながら移動し続ける特殊な漁民」ということになる。そのような独特な生活様式を持つ人々は、東アジアと東南アジアの多島海域の各地に存在した。特に、一九六五年に「海の遊動民（sea nomads）」を主題に冠した書籍が出版されると［Sopher 1965］、先述した東南アジアに暮らすサマ、オラン・ラウト、モーケンの三集団が、研究対象として関心を集めるようになった。それぞれの人口は、サマが約一一〇万人［長津 二〇〇八］、オラン・ラウトが三〇〇〇人から五〇〇〇人［Chou 2010］、モーケンが約五三〇〇人である［鈴木 二〇一六］[5]。これら三集団は船上生活を営む家船居住者（図7―2）としても知られてきた。

図7-2　モーケンの家船（新型）。（筆者撮影）

しかし現在、その多くはすでに陸地に定住している。近代国家による海域管理の力が強まり、以前のように自由に海上を移動することも、漁撈を行うことも難しくなった結果である。かつて漂海民と呼ばれた人々は、その目的が移動であれ漁撈であれ、もはや「漂う」ことをやめた[6]。それでもなお多島海を拠点として生活し続けている人々を、本章では海民と記述したい。彼らは沿岸や汀線といった陸と水の「きわ」を生活基盤に置き、海と密接にかかわって暮らしてきている［長津 二〇〇九、二五〇］。

海と共に暮らす海民ではあるが、彼らも陸地との関係なくして生活は成り立たない。羽原が漂海民の条件に挙げた「海産物を中心とする各種の採取に従い、それを販売もしくは農作物と物々交換しながら」の部分が海民の実態を物語っている。海民は海産物を陸地住民に手渡すことで、種々の物品を入手してきた。陸地住民のなかでも殊に、海民と密接な関係を築いてきたのが、各地の〈踊り場〉で活動してきた中国人を代表とする仲買人である。海民としてのモーケンのあり方は、時代と空間の制約があるなかで、仲買人との関係性を変化させてきたところにある。

本章では、モーケンと仲買人の関係性の変化を、船上生活をしていた過去の状況と陸地定住生活を送る現在の状況とを比較して論じる。その上で最後に、仲買人以外の外部者との関係性にも触れながら、ナマコの生産・交易拠点である〈踊り場〉がどのように生成・維持・変容してきたのか、その一端を明らかにする。そうすることで、モーケンが暮らす地域の「海域ネットワーク」のあり方を描き出し、〈踊り場〉で活躍してきた海民の「海域ネットワーク型社会」では、仲買人を基軸とする移動性と多民族性が特徴的であると指摘する。

第1節　船上生活における固定的な関係性

1　船上生活

モーケンという民族名称は自称であり、他称でもある。民族名称には、「海におぼれる者」や「海中に潜る」という意味があると考える場合や［e.g. Ainsworth 2000（1930）: 20; ホワイト 一九四三、七六 : ベルナツィーク 一九六八、二八］、モーケン語で「沈む」を意味する「（レ）モ（lemo=mo）」にモーケンの口承文学の「Gaman the Malay」という叙事詩に登場する女王の妹ケン（Ken）という名前が結びついたもの（［le］mo+ken）ととらえる説がある［Ivanoff 1997: 10］。なお、ビルマ人[7]からはセルン（Selung）やサロン（Salon）、タイ人からはチャオ・レー（Chao Le）やチャオ・ナーム（Chao Nam）などの他称で呼ばれることもある。

かつてのモーケンは、モーケン船（モーケン語で kabang Moken）を住居にして海上移動生活を送ってきた。モーケン船（図7―2）はその形態から新旧二種類に分けることができる。旧型と新型を分ける大きな違いは船の材料と構造にある。旧型船は舷側に棕櫚の茎（サラクヤシの葉柄）と竹、それに籐紐が用いられていたこと、また航海には櫂と籐紐で編まれたパンダヌスの葉でできた帆が使用されていたことがわかっている［Narumon 2000: 503; ホワイ

ト 一九四三、五一～六〇]。新型船は舷側に厚板が用いられ、小型エンジンを搭載している。全長は旧型が七から八メートル［ベルナツィーク 一九六八、二八］、新型が七から一二メートル程度である。旧型から新型への移行がすすんだのは一九七〇年代と考えられている［鈴木 二〇一〇、一五八］。

新旧両型に共通しているのは、舳先と船尾が口の開いたような形をしているという構造的特徴を持つ点と、基本的に一世帯が一隻の船に暮らすという点である。男性は嫁娶後に親元の船を離れて自らの船を造るのが習わしで、古くは一つの家船集団（船隊）は四から四〇隻ほどの家船で構成されていた[8][Carrapiett 1909: 7]。モーケンは、船でアンダマン海の広域を仲間と移動しながら、各地で魚介類を採捕してきた。とりわけ、天候が良く海が穏やかな北東モンスーンの季節（乾季）――一一月から四月――には、毎日のようにリーフに出かけてナマコを採捕（図7―3）するのが普通であった。

図 7-3　モーケンによるナマコ漁の風景。（筆者撮影）

2　パトロン―クライアント関係

ナマコは北東モンスーンの季節の大潮期の干潮時に採捕される［Durand 1883; cf. Anderson1890 : 6］

船上生活を送っていた頃、モーケンは年間を通して海産物を採捕していた。なかでも海が穏やかな北東モンスーンの季節がモーケンにとってナマコを採捕する漁期であったことがわかる。ナマコは中国本土を中心として、各地の華僑・華人市場に向けて運ばれれる、世界中の海で採られてきた海産物である。モーケンは採ったナマコを仲買人に渡すことで生活必需品や衣類を入手し、またある時は現金を獲得してきた。海域に暮らすモーケンにとって、ナマコは最も身近な生物であるだけでなく、生きていくために欠かせない海産物の一つである。

彼らが海産物の取り引きで、最も密接な関係を持っていたのが中国人とマレー人の仲買人である。次の文章は、一八九〇年代におけるモーケンの対仲買人関係をわれわれに教えてくれる。以下、引用文章におけるキッコウ括弧内の文章、および傍点による強調はすべて筆者による。

〔モーケンは〕船を住まいとし、島から島へと移動しながらナマコ、魚、食用の貝、蘇芳《すおう》、亀、貝殻、真珠、それに蜜蝋を採捕し、本土から船でやって来る中国人やマレー人と物々交換することで米、酒、アヘン、綿布を得ている［Bird 1897: 225］

モーケンがナマコなどの海産物を中国人やマレー人の仲買人に渡すことで、食糧や服を入手していたことがわかる。当時の物々交換の内容を伝える、何の変哲もない記録のようにも思えるが、実はモーケンと仲買人との関係性を探る上で鍵となる情報がここには記載されている。それは物々交換によって仲買人から渡されるアヘンである。

次に引用する文章は、モーケンと仲買人のかかわり合いをより詳しく伝えている。

〔モーケンの間では〕お金の価値は一般には知られておらず、ルピーやアンナ〔当時のインドで使われていた通貨単位〕による支払方法があるにもかかわらず、米、塩干魚、土製調理鍋、ナイフ、そして近年では服を報酬とすることで物々交換が行われる。島では中国人が地酒を違法に製造しており、物々交換で与えられる。……中略……天気の良い間、海が周囲にある限りは彼ら〔モーケン〕が絶えず休むことなく動いているのを、〔マレー半島〕西側の遠く離れた島々で見かける。サロン〔モーケン〕が野営するすべての場所には、密壺に群がる虫のように中国人がいることを確認できる。〔中国人たちは〕コウモリの翼の形をした独特な帆を備えた、自ら所有する帆船〔ジャンク船〕で何カ月もの間彼ら〔モーケン〕と共に移動し、さまざまな苦労や危険を共にして過ごしている。物々交換が行われると、米やその他の物資を積んでいた船は夜光貝やナマコ、その他の海産物でいっぱいになる。それらの海産物はメルギー〔ベイ〕にいる商人のところで売られ、売り上げの一部は米や魚などの他、銀でも支払われる。……中略……サロンは島から島へ、岬から岬へ絶え間なく移動して暮らしており、彼らを元気づけるものは何もなく、将来に何かを求めるということもない。外部の世界から入ってくる情報は皆無であり、地元の事情でさえまったく知らない。ただ唯一中国人の親分と彼の船を漕ぐ者二名が後方にくっついており、常に米や酒、それにアヘンを渡す用意をしている［Carrapiett 1909: 14-15］

中国人の仲買人が、モーケンと行動を共にすることでナマコなどの海産物を独占的に確保していたことが伝えられている。そしてここでも、物々交換の品目に米や酒の他にアヘンが混じっていることを確認できる。このような取り引き関係は中国人とだけでなく、マレー人との間にも見出せる。

彼は《海産物貿易会社》の代理人のマライ人〔マレー人の仲買人〕だ……中略……このマライ人が数カ月間、彼の帆船にモーケン族を伴って、彼らの漁場をたどり、良きにつけ悪しきにつけ、運命をともにしていることを〔著者であるベルナツィークが〕知る。彼〔マレー人〕の船は、モーケン族が彼のために採集する黄檀〔白檀の芯材部分だと思われる〕、貴重な林産物、真珠、真珠貝、ありとあらゆる貽貝と巻貝、ナマコ、食用の鳥の巣〔ツバメの巣〕などでいっぱいだ。それらとの交換に、彼はモーケン族に、米や塩干魚やアヘンを与えているのである。これは、全メルグイ群島〔メルギー諸島〕に特徴的な現象なのだ。モーケン族のまとまった集団があるところは、ほとんどどこでも、マライ人か中国人が、密壺にたかる蜂のようにたかっているのだ……中略……彼ら〔モーケン〕は常に、より高度の文明をもつ民族の圧迫にさらされていた。中国人貿易商や定期的に遠征隊を送り込むマライ人の奴隷狩り業者や、タイ人の海賊は、何世紀もの間に、彼らを現在のような極度で、神経質な民族に仕立て上げたのだ……中略……しかしながら彼らは、たった一人きりの中国人ないしマライ人に対しては忠実であり、彼らはその船がやってくると遠くから見つける。彼らは、その中国人かマライ人にしがみつく。というのも、彼の存在が、モーケン族を迫害するかもしれない第三者から守ってくれるからだ〔ベルナツィーク 一九六八、二一〇～二一一頁〕

マレー人の仲買人も中国人と同様に、モーケンと海上生活を送ることでナマコなどの海産物を獲得していた。引用した文章からは、マレー人のなかに、物資を与えることでモーケンを隷属的立場に縛り付ける仲買人がいたことがわかる。中国人やマレー人の仲買人は、海賊からモーケンを遠ざける「守護者」の役割を担っていた。いわゆる強固なパトロン―クライアント関係が、モーケンと仲買人との間にでき上がっていた。しかしながら、モーケンが彼らと一緒に生活していたのは、外敵から身を守れるからという単純な理由だけではない。そこにはアヘンが深く関わっていた。

彼〔仲買人〕は、モーケンをアヘン常用者にしてしまう。そうすれば、絶対不可欠のものとなったこの薬を得るために、モーケン族の男たちは正価の何分の一かで、しばしば貴重な海産物を採取してきて彼に渡すのである。普通、彼はまたモーケン族の少女を妻に娶る。彼は、この原住民の中では、親族関係が極めて重要であり、実際、それがモーケン族がそもそも認める唯一の絆であることを知っているからである〔ベルナツィーク 一九六八、二一一〕

つまりアヘンは、仲買人がモーケンとの関係を維持するのに大きな威力を発揮していたのである。アヘン常用者となったモーケンは、アヘンを吸飲せずにはいられなくなり、それを入手するためには潜水漁を繰り返し、仲買人が求める海産物を採り続けるしかない。また、抜け目のない仲買人はモーケン女性を妻にすることで、単なる商業的なものではない人間関係をモーケンとの間に築くことに成功していた。アヘンと親族関係に支えられて、中国人やマレー人の仲買人はナマコなどの海産物を安定的に得ることができたのである。

仲買人がアヘンを交換物としていたことは、他の者による記録でもたびたび紹介されている。たとえば、メルギー諸島でモーケンに対する布教活動を行っていたイギリス人宣教師ホワイトは、一九一一年二月一四日付の日記に次のように記している。(8)

この連中〔中国人の仲買人〕は群島〔メルギー諸島〕のあいだに住んでいて、モーケンを自分達のために無理に働かせるのである。モーケンによると、彼ら〔仲買人〕は言うことを聞かねば殺すと脅してくるらしい。彼らは代償の一部をアヘンで支払う。この連中のうち、少なくとも二人は（政府が発行するアヘン売買のための）鑑札を所有していない。……中略……アヘンを飲めと無理強いされるので、彼ら〔モーケン〕はそれを飲まねばならない。さもなければ死ぬであろう。中国人達が飲まねば殺すというのであるから［ホワイト 一九四三、一三四］

彼の日記からは、アヘンを強制的に吸引させせられることで、仲買人の「奴隷」と化しているモーケンの姿を読み取れる。実は以前からも、モーケンによるアヘン吸飲は植民地政府官僚にとって悩みの種であったらしい。一八六〇年にメルギー管区の副長官メンジーズ（H. C. Menzies）がテナセリム〔ビルマ最南部、メルギー諸島のある地域〕管区長官に対して、中国人がモーケンにアヘンを渡すことを禁じるべきだと忠告している［Anderson 1890: 8］。民族学者ベルナツィークも、仲買人がモーケンにアヘンを渡すことを問題視しており、アヘンの販売権を政府のみに限定し、仲買人がアヘンを扱うことを認めないようにするべきだと提言している［Bernatzik 1939: 27］。

当時の中国人やマレー人の仲買人が、モーケンにとっていかに大きな存在だったかを窺い知ることができよう。

仲買人とモーケンというパトロン―クライアントの二者間を、強力に結びつけていた介在物はアヘン・海産物・女性であった。

第2節　定住生活における緩やかな関係性

1　島への定住――スリン諸島を事例に

船に乗って島々を移動しながら、北東モンスーンの季節（乾季）を中心に行っていたナマコ漁に大きな変化が生じたのは、一九八〇年代のことである。タイ政府がアンダマン海域のあらゆる地域を次々と海洋国立公園に指定していったためである。それまでモーケンなどの沿岸に暮らす零細漁民が利用していた海域が、国家によって管理されるようになった。国立公園法のもとでは、指定区域における木材伐採や狩猟採集は禁じられている。モーケンの住まいであり、移動手段でもあった船を造ることも、魚介類を採捕することも基本的には認められない[10]。ビルマ領においても政府がアンダマン海域の豊かな海洋資源を管理するようになり、モーケンの定住化政策が推進されてきた。その結果、アンダマン海を自由に移動できなくなったモーケンは船上生活をやめて、特定の島や沿岸に居を構えて漁撈に従事するようになった。

その一方で、タイ政府とビルマ政府はアンダマン海域の観光開発をすすめてきた。海洋資源の保護と開発を同時に進めることは、一見すると矛盾する。しかし、国立公園の一般公開に代表されるように、特定の地域に公的な価値付けを与えることで、魅力的な観光資源として外部に提示することもできる。実際、タイ領とビルマ領のアンダマン海では、ダイビングやシュノーケリングを主目的とする多くの観光客を受け入れている。国家が沿岸漁民による海洋の利用を制限する一方で、観光客による利用を推進しているのである。とりわけ、海が穏やかな北東モンスーン期にはアンダマン海各地で観光客が優先的に海を利用している。モーケンは以前のように、船に乗って中国人やマレー人の仲買人とともに海上を移動して、ナマコを採ることはできなくなった。私が調査で通い続けているスリン諸島は、船上生活を維持できなくなったモーケンが定住化した場所の一つである。

スリン諸島は、ビルマとの国境近くのタイ領アンダマン海に浮かぶ（図7―1）。同諸島には入り江が多く存在し、マングローブ林や砂浜が点在する。熱帯雨林が叢生する豊かな森にはタイでは珍しい動植物もみられる。[11] 沿岸には発達したサンゴのリーフが広がっており、魚類の他にもナマコや貝類が多く棲息している。

スリン諸島とその周辺は一九七一年に保護林地区に指定された後、一九八一年に海洋国立公園のリストに登録された。タイの国立公園としては二九番目の、海洋国立公園としては六番目の指定であった。一九八五年以降は、一般人も毎年北東モンスーンの季節のみ訪問することが可能となり、[12] 観光客が集まるようになった。一九八〇年代後半、観光客が増えるとともに、モーケンはスリン諸島に陸地定着の度合いを強めていった。観光客が訪れる乾季のみスリン諸島で暮らす者も少なからずいたが、船で移動生活するモーケンは急激に減少していった。一九九〇年代に入ると、スリン諸島における宿泊者向けの施設が充実していき、島を訪れる観光客が徐々に増えていった。それと同時に、国立公園事務所によるスリン諸島の海域管理が強まり、モーケンは北東モンスーンの季節にナマコを採ることはできなくなった。他方で、海が荒れる南西モンスーンの季節（雨季）――五月から一〇月――には公園が閉じられるので観光客はおらず、モーケンは漁に専念する。

2　親族とタオケーとのつながり

ユーキ、その座り方はやめろ。タオケーみたいだ。それはとても良くない。

ユーキとは筆者のことである。スリン諸島滞在中、モーケンの人々にそう呼ばれていた。床に座る際、尻を床についてて手で体を支え、両足を前方に伸ばしていた時に足組みをした途端、モーケンにそのように注意された。タオケーとは、網元兼仲買人のことで、漢字で頭家と書く。言葉の由来からわかる通り、タオケーには華人が多い。タオケーは、モーケンなどの資本を持たない零細漁民に船や漁具を貸し与える、または廉価販売するかわりに、漁民が獲った魚介類を独占的に低価格で仕入れている。タイ南部に暮らす漁民にとって身近な存在である。

スリン諸島に暮らすモーケンは、タオケーの網子になることをひどく嫌う。彼らいわく、「網子になったら借金を背負わされ、一生タオケーのためにただ働きしなければならない」という。現在も、タイ本土に暮らすモーケンのなかには、タオケーのもとでイカかご漁に従事する者がいるが、そのほとんどは儲けが出ず、負債を抱えたままタオケーのもとで働いている。そうした事実もあり、モーケンはタオケーの仕草をした私に注意を促したのであった。

前節第2項で論じた中国人やマレー人の仲買人も、タオケーと同じような存在であったと考えられる。モーケンを海賊からの脅威から退けつつも、独占的に海産物を確保してきたやり方は、東南アジア各地にみられるパトロン―クライアント関係を思い起こさせる。しかし現在、モーケンはそうした密接な二者関係を意識的に持たないように行動している。つまり、タオケーとは適度な距離をとるようなあり方である。以下では、スリン諸島に暮らす、グーイとテープという男性二名のモーケンを事例として、どのようにナマコを中心とする海産物を採捕し、タオケーに売っているのか検討する。その際注目すべきは、親族のつながりとその居住地である。各地名の場所については、図7―1を適宜参照していただきたい。

【事例1】　グーイ（ビルマ・サデッチー島出身、男性、三〇歳）(13)

図7―4は、グーイと彼が海産物を採捕する際の重要人物との関係性を表した系譜である。スリン諸島に住むのはグーイとその弟のゴックである。グーイとゴックの両親はタイ本土に暮らしており、グーイの母の弟ポーンはプラトーン島在住であることを示している。

グーイはスリン諸島随一の潜り手であり、ナマコ漁を得意とする。彼は潜水漁に長けているだけでなく、あらゆる面において知識が豊富であり、周囲から一目置かれている。また彼は、学歴のない人が大半を占めるスリン諸島のモーケン社会では珍しく、タイ本土の高校を卒業してもいる。スリン諸島には小さい頃から訪れていたが、住まいはタイ本土にほど近いプラトーン島にあった。両親がグーイの出産を契機として船上生活をやめて、タイに定住するようになったためである。両親は子供に教育を受けさせるため、プラトーン島のモーケン村落に居を構えた。グーイは学校に通いながらも、休日には父親とともに船に乗り、プラトーン島近海で魚介類を採捕する手伝いをしてきたため、漁を熟知している。両親は息子に漁師以外の仕事に就いてほしかったが、グーイは高校を卒業すると同時に、幼少時から慣れ親しむスリン諸島に移り住むようになった。

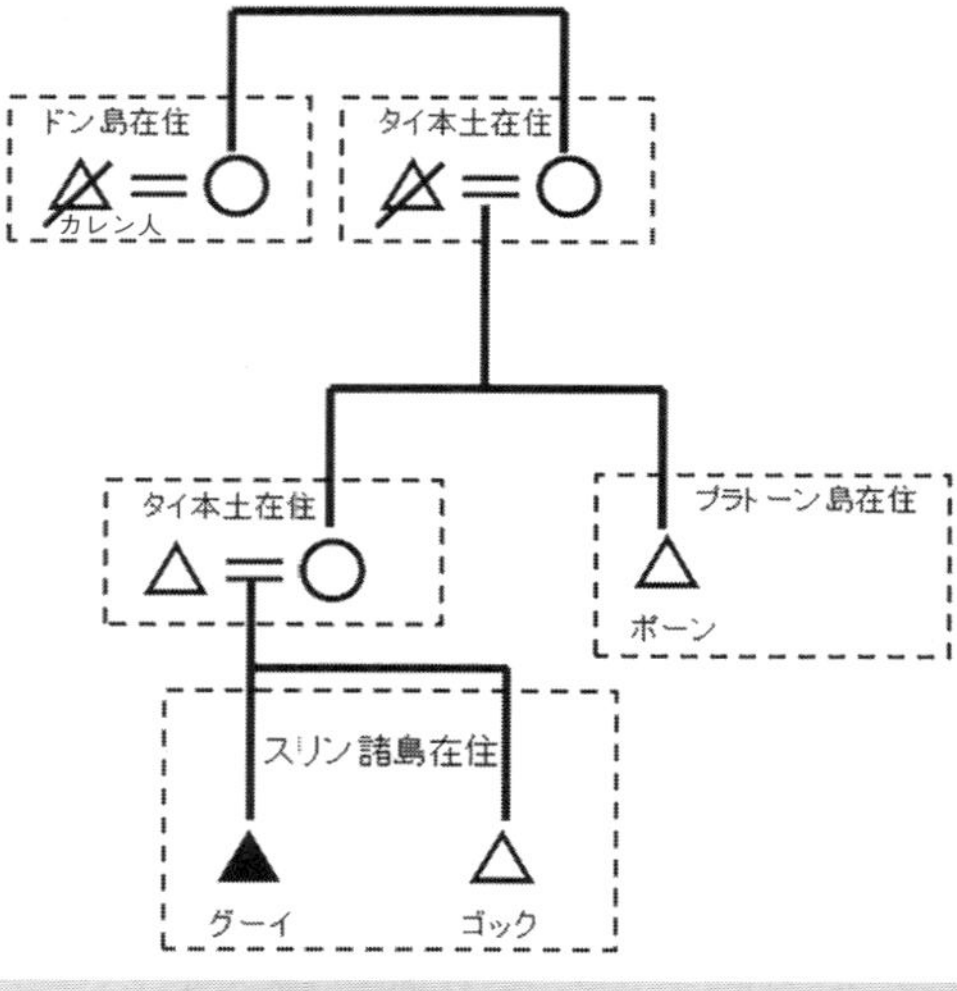

図 7-4　グーイの系譜と居住地

国立公園が閉まる南西モンスーンの季節になると、彼は仲間とともにスリン諸島の近海でナマコを中心とする魚介類の採捕に専念する。五月初旬から六月下旬にかけては浅い海域に棲息するナマコを素潜りで採り、同域のナマコを採り尽した後、より深い海域——水深二〇メートル程度——に潜ってナマコを採捕する。九月頃には、浅い海域に棲息するナマコは枯渇しており、深く潜る必要が出てくるので大潮期（満月と新月の前後二日間）の干潮時にしか漁ができなくなる。スリン諸島の場合、通常は九月中旬から一〇月上旬の間に、国立公園事務所からナマコ漁の禁漁が通達される。

その後は、南西モンスーンの風がインド洋から直接吹き込む、スリン諸島では漁に不向きな場所で潜ったり、タイ領内の他の海域へ移動して潜水漁を行ったりする。その詳細については［鈴木 二〇一三］を参照していただきたい。そのようにして採捕したナマコは、一定程度集めたあと本土にいるタオケーのもとに運び、買い取ってもらう。以上の行動は、スリン諸島に暮らす他のモーケンにもあてはまる。グーイに特徴的なのは、両親が暮らすタイ本土の村落を拠点として、プラトーン島の近海で潜水漁を行う点にある。彼の両親はもともとプラトーン島に住んでいたが、二〇〇四年末に発生したインド洋津波によって村落が壊滅した。その後、プラトーン島の別の場所に村落が再建されたが、両親は復興支援によって新たに設けられたタイ本土の村落に移住したのである。グーイは、スリン諸島でナマコが採れなくなると、たまに両親の家に戻り、プラトーン島の近海に棲息するナマコや貝類を採集するのである。以下は、二〇一四年二月に聞き取りをしたグーイの語りである。

スリン諸島でナマコや貝類が採れなくなったら、違う場所で採ればいい。わたしは毎年両親の家に寝泊まりしながら、ゴック（弟）と一緒にプラトーン島の近くの海で潜っている。プラトーン島にはポーン（母の弟）が暮らしているので、疲れたら彼の家で休憩もできる。たまに泊まらせてもらうこともある。だから、スリン諸島で漁ができなくても、他の場所でナマコや貝類を採ることができる。南西モンスーンの季節に訪れることが多いけれど、北東モンスーンの季節にも移動することがある。

グーイはスリン諸島に自分の家を持っており、基本的にはスリン諸島の近海で魚介類を採捕している。しかし、国立公園事務所から禁漁通達がなされたときや、スリン諸島で潜水漁のできない北東モンスーンの季節にプラトーン島の近海で漁を行っている。彼の両親はタイ本土に暮らしており、そこから遠くない場所にプラトーン島は位置している。グーイは両親の家を拠点にして、生業を営んでいるのである（図7―4）。また、プラトーン島には母の弟であるポーンが暮らしているので、潜水漁に疲れた際に気軽に立ち寄ることも可能である。

ただし、グーイが本土に出向いて行うのは、近海における潜水漁だけではない。グーイは、「本土に行ったら漁をするだけでなく、必ず買い取り価格の情報も入手している。タイ本土にはタオケーが何人かいるけれど、その時々で一番高く買い取ってくれるタオケーのもとにナマコと貝類を持っていくようにしている」とも語った。こうして、グーイが得た情報はスリン諸島で暮らす他のモーケンにも伝わる。こうしてスリン諸島に暮らすモーケンは、自分たちにとって最も経済的恩恵をもたらしてくれるタオケー（仲買人）を選ぶことができるのである。このように、本土のタオケーの買い取り価格の情報は、グーイだけでなく、各所に親族を持つ他のモーケンたちによってもスリン諸島にもたらされている。

【事例2】 テープ（スリン諸島出身、男性、二二歳）

図7―5は、テープが海産物を採捕し販売するうえで、重要な役割を持つ人々との関係性を表した系譜である。テープは妻とスリン諸島に暮らしている。妻の両親はサデッチー島に住んでおり、その父親の両親はビルマ本土に定住している。テープの妻の祖母はモーケンであるが、その夫である祖父は華人のタオケーであることがわかる。そのため、妻の父はモーケンと華人の混血ということになる。妻の母はビルマ人なので、妻にはモーケンと華人とビルマ人の血が混ざっている。

こうした系譜のためテープは、スリン諸島に生活の拠点を置きながらも、妻を連れてビルマ領のサデッチー島に頻繁に訪れている。その際は義父母の家に寝泊まりをし、サデッチー島周辺の海でナマコや貝類を探す。通常の船であれば、タイから国境線を越えてビルマに入ると監視している軍に停められる。特別な許可証がなければ入国できないが、モーケン船に乗ってさえいれば、裏金を渡すだけで入国が認められるのだという。軍関係者は、モーケンの多くが国籍を所持していないこと、また経済的に恵まれていないことを知っており、そのような対応をとっているという。[14] ただしテープは、時期を見極めたうえで、スリン諸島からビルマへ移動している。テープは以前、筆者に次のように語ったことがある。

ビルマは怖いところだ。とにかく軍人が多い。彼らは私たちを奴隷のように扱ってきた。人使いが荒く、無償労働を課してくる。たとえば、この前襲った激しい風——二〇〇八年五月初旬にビルマを襲った大規模サイクロン・ナルギスのこと——の後、サデッチー島に暮らすモーケン男性が木材伐採の労働に駆り出された。ビルマ本土の崩壊した橋を再建するために、政府は大量の丸太を必要としており、男性一人に対し四〇本の伐採を命じてきた。これを三日以内に完遂できない場合、本数が達成するまで妻子が人質にとられた。しかも、抑留中は食べ物の配給がなかったと聞いている。魚はタイよりたくさんいるが、ビルマには行かない方が良い。[鈴木 二〇一六、二六三〜二六四]

この聞き取りを行ったのは、二〇〇八年七月のことである。しかし、テープはその後何度も国境を越えてサデッチー島へ出かけ

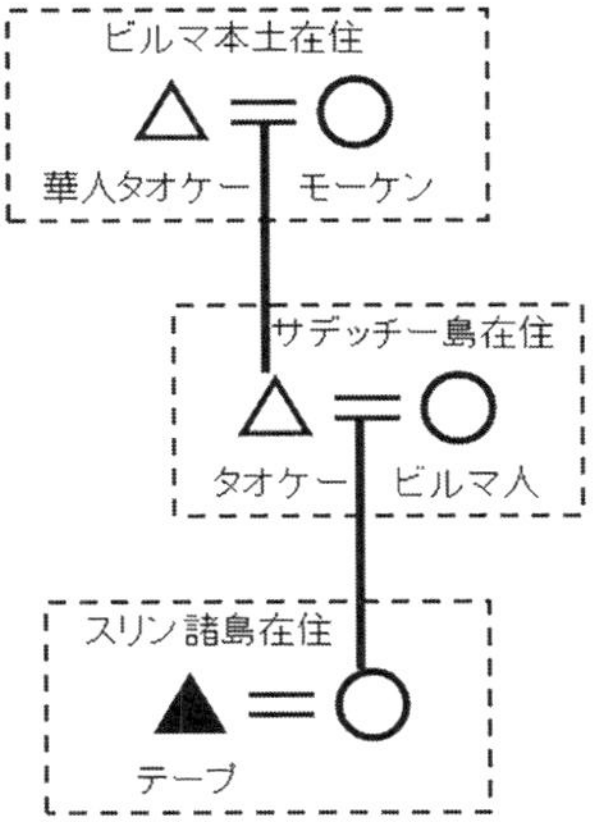

図7-5　テープの妻の系譜と居住地。

ている。二〇一四年二月にスリン諸島に再訪した際、テープがかつて上記の発言をした旨を伝えたうえで、サデッチー島への移動理由をたずねたところ次のような答えが返ってきた。

あの時（サイクロン・ナルギス来襲後）は、確かに軍が木材伐採を命じてきた。軍人は怖いが、いつも何かを命令されるわけではない。わたしがサデッチー島に行くのは、北東モンスーンの季節でも潜水漁ができるからだ。スリン諸島においては、北東モンスーンの季節は漁をできない。近年ビルマの海では漁船が増えており、潜水器具（チューブを通して酸素を送るコンプレッサー式の機械）を用いたビルマ人の漁師たちにナマコが採られるようになった。それでも少量ではあるけれど、ナマコを採れる。また、スリン諸島の近海では夜光貝がほとんど採れなくなったが、ビルマの海では大きい夜光貝がまだ採れる。そうして採ったナマコや夜光貝を、タオケー（仲買人）である義父に売っている。そうすれば、義父の家族も喜ぶ。タイのタオケーに売ると安い値段で買いたたかれることがあるけれど、義父の場合は騙されることがない。

軍人を恐れていても、テープがサデッチー島へ移動するのは北東モンスーンの季節に漁をするためであった。同時期は、タイのアンダマン海では観光客が優先的に利用する空間であり、潜水漁を行うことはできない。その一方で、ビルマ領のアンダマン海では漁が可能である。近年、ビルマ人漁民の増加によってモーケンの漁獲が減りつつあるも、サデッチー島周辺ではナマコや貝類を採捕することができる。

テープの事例で注目したいことは、採捕した魚介類の買い手である。特殊ではあるが、彼の義父が華人とモーケンの混血であり、タオケーである点を見逃してはならない（図7―5）。テープはビルマ領で採捕した魚介類を仲買人である義父に売ることで現金を獲得し、その義父の家族は義理の息子であるテープから買い取ることで海産物を確保している。親族間の取り引きには、両者ともに安心感を得られるようである。

ここでは、グーイとテープの二つの事例のみを紹介したが、彼らのようにスリン諸島以外の場所に暮らす親族とのつながりは、他のモーケンにも同様にある。現在スリン諸島に暮らす二〇代から三〇代のモーケンの、一つ前の世代や二つ前の世代は船を住まいとしてアンダマン海の広域を移動して暮らしていた。そのため現在、両親や祖父母、またその兄弟姉妹が他の島や本土の沿岸に暮らしていることは珍しくない。例えば、グーイの母方の祖母の姉はビルマ領アンダマン海域の北部に位置するドン島に暮らしている（図7―1、7―4）。

かつてのモーケンは、中国人やマレー人の仲買人と共に海上で生活をし、モーケン女性が仲買人に娶られることによって緊密な紐帯が築かれ、アヘンによってその関係性が維持されてきた。それは、特定の仲買人とのみ海産物を取り引きせざるをえない、固定的なパトロン―クライアント関係に根差した〈踊り場〉の様相であったといえる。ところが、一九八〇年代に国家による海域管理が強まり、島や沿岸での定住生活をするようになったモーケンは、各地域に散らばる親族を頼ることで生業空間を確保し、各地の仲買人を比較しながら海産物の買い取り先を選ぶようになった。以前のように恒常的な海上移動はできなくなったが、スリン諸島のモーケンはその時々の状況を見極めて海を渡り、他海域においてナマコなどの海産物を採る。さらに漁を行うだけでなく、各地の海産物の買い取り価格の情報を集め、集団内で共有し、蓄えた海産物を売っているのである。こうした状況からは、買い手が売り手を隷属的立場に置くような以前の関係性ではなく、売り手が買い手を吟味してその時々選択するような、比較的緩やかな関係性に基づく〈踊り場〉的な様相が浮かび上がってくる。

ただし、本章で取り上げたモーケンの事例だけで、海民と仲買人との関係性のすべてを説明できていない点に留意しなければならない。たとえば、東マレーシアのサバ州東岸部でサマの調査を実施したセイザー［Sather 1997］は、スルー王国においてサマが地方首長との間に緩やかなパトロン―クライアント関係を築いていたことを明らかにしている。首長は周囲からの奴隷狩りや略奪からサマを保護するかわりに、特権的な交易相手としての地位を確たるものにしていた。パトロンたる首長はサマに真水や薪の調達を許可し、農産物や衣服などを与えた。その一方でサマは庇護者である首長に対し、他の首長とは交易しないことを前提に、採捕したナマコなどの海産物を差し出していた。

こうしたパトロン―クライアント関係は、第2節で論じたモーケンの姿とそのまま重なるものである。しかしサマは、特定のパトロンとのみ交易をしていたわけではなかったようである。サマもモーケンと同様にかつては船上居住であり、移動を常態としていた。特定の土地に縛られて生きる首長とは違い、サマは海域を移動しながら、複数の陸地定住民と接触を持っていた。首長がサマを固定的な二者関係に縛り付けることは不可能であった。つまり、サマはパトロンを選んだり、パトロンとの関係を切ったり新たに結んだりすることもできた(15) [Sather 1997: 62-63]。

このように、モーケンとサマとでは置かれた状況に違いがみられる。海民が船上生活を送っていた頃、サマが仲買人との距離を戦略的にとることができた一方で、モーケンは仲買人と共に移動せざるをえなかった。そのために、仲買人とモーケンとの間のパトロン―クライアント関係はより固定的なものであった。推測の域をでないが、モーケンが生活圏とするアンダマン海では、サマの生活圏と比べると王国による支配の力が弱かったために、華人などの仲買人が比較的自由に海産物の採捕者である海民に近づけたという背景があるかもしれない。あるいは海民が暮らす地域と中国華南とを結ぶ交易ルートの距離も関係しているのかもしれない。各地の〈踊り場〉における海民と仲買人との関係性の相違と類似については、今後検討されるべき重要な課題である。

第3節　〈踊り場〉と多民族性のネットワーク

ナマコの生産・交易拠点である〈踊り場〉が形成されるには、（一）漁場があること、（二）海と密接な暮らしをする採捕者が存在すること、(三)中国華南とつなぐ交通ネットワークからそれていないこと、という三条件が指摘されている[鶴見 二〇〇〇、三〇五~三〇六]。本章で論じてきた漁場とは、八〇〇以上の島が浮かぶメルギー諸島の位置するアンダマン海であり、採捕者とは漂海民と呼ばれてきたモーケンであった。では、中国華南とつなぐ交通ネットワークからそれないために肝要なのは何であったのだろうか。ナマコを求める中国人(華人を含む)を中心とする仲買人の進出が何よりも重要であったことは論を待たないが、海民と仲買人のつながりだけでナマコをめぐる〈踊り場〉のネットワークが生み出されていたわけではない。その実情を知るためには、村井吉敬による次の文章が示唆に溢れている。

バジャウ[サマ]は海に依拠して生活する。海産物だけでは暮らせない。魚や貝や亀や海草を食べてだけは生きてゆけないからである。家でもあり漁具でもある船をつくるには木材が必要だ。加工する道具もいる。釣り糸や銛も必要だ。そして何よりも穀類や炭水化物の食糧が欠かせない。だからバジャウは陸上の民と接触し、これらの必要物を交換、交易する。そこに他民族集団との関係が生まれる。これは歴史的に生成発展あるいは衰退消滅する[村井 一九九四、七七]

木材を加工したり魚介類を採捕したりするための道具、あるいはその道具を作るための知識や技術を得るためには、仲買人以外の外部者との接触も必要不可欠である点が指摘されている。カレン人から伐採用の斧を入手したり[Anderson 1890: 12]、メルギーにおいて鍛冶技術を体得したりするモーケンの存在は[Anderson 1890: 20]、海民が多様な陸地住民との関係性に基づいて生きてきたことの証左である。(16) 中国華南に向けて運ばれるナマコなどの海産物を海民が獲得するためには、それらを採捕するための道具――移動手段としての船や漁撈手段としての銛など――が必須であり、そうした道具や道具を作る技術が、隣接集団から伝播した点を見落としてはならない。

道具のなかでも特に、ナマコを採るための潜水漁に欠かせないのが水中メガネである。筆者は以前、モーケンが使用する水中メガネは、アンダマン海に進出してきた沖縄の糸満漁民から伝えられたものであると推測した［鈴木二〇一六、一一八］。糸満漁民が得意とした追込み網漁には、ミーカガン――玉城保太郎が一八八四年に考案したといわれる木製の枠にガラスを装着した水中メガネ――が重要であったのと同様に、モーケンがナマコを採るために深く潜るには水中メガネが必要であった。

ところが現在、ミーカガンを原型とした水中メガネを用いるモーケンは、スリン諸島ではほとんどいなくなっている。彼らが新しく使用するようになったのが、シュノーケリング用の水中メガネである。アンダマン海の広域が海洋国立公園に指定された一九八〇年代以降、同海域には観光客が国内外から押し寄せるようになった。観光客のなかにはシュノーケリングやダイビングを目的とする人が多く、スリン諸島の近海でもたくさんの観光客が海に潜るアクティビティを楽しんでいる。そうした観光客が使用したシュノーケリング用の水中メガネが、モーケンの手に渡るようになったのである。

スリン諸島に来る観光客には、部品の欠損などの理由で不要とする場合があり、そうして捨てられたものをモーケンが拾い修理している。その他にも、何かの理由で観光客の手を離れてしまい、島に漂着した水中メガネをモーケンが見つけて、それを使用することもある。シュノーケリング用の水中メガネと同時に、フィンも同様のルートで入手可能となり、これら観光客用の道具を使用するモーケンが近年増えている。フィンを足に装着することで、同じキック力であっても、それまでよりも深い海に容易に潜れるようになった。これらの新しい道具の導入は、モーケンの潜水漁のあり方を大きく変えることになった。多民族との接触は、モーケンが海でより良く生きるための術と道具を拡散・浸透させるきっかけとなっている。

本章でこれまでみてきたように、モーケンは外部からやってくる他の集団の影響を受けつつも、仲買人との関係性を変化させながらナマコの取り引きをしてきた。鶴見が言及した東南アジア各地に点在する〈踊り場〉においても、ナマコをめぐってさまざまな人々が結びつきながら、中国華南とつなぐ海道が存在してきたと考えられる。海域世界研究を先導してきた秋道智彌は、個人や集団によって採捕された海産物が、加工されて消費されるまでの間に、複数の社会経済的ないし文化的背景を持つ集団が結びつく点を指摘し、そのようなあり方をエスノ・ネットワークと呼んでいる［本書第2章、秋道 一九九五］。さらにエスノ・ネットワークには、互酬的ネットワーク、主従的ネットワーク、パトロン―クライアントネットワークの三つの基本類型があり、他にも鎖状ネットワーク、櫛状ネットワーク、円環ネットワーク、樹状ネットワークといった海産物をめぐる多様な集団間のつながり方があることを明らかにしている。本章で取り上げたモーケンに関しては、相対的にパトロン―クライアントネットワークが強い社会といえるだろう。

鶴見による〈踊り場〉の観点からモーケンの事例をとらえた場合、階段の上から降りてきた中国人を主とする仲買人と、その下から上ってきたモーケンとが、まさに〈踊り場〉で交差し新たなネットワークが形成されてきたとみることができる。ただその関係性は、時代によって変化してきたことの一端を本章では明らかにした。かつてのモーケンは、仲買人と共にアンダマン海広域を移動していた。国立公園化がすすめられた一九八〇年代以降は、利用できる空間上の制約がありながらも、親族ネットワークを活用しながら島と沿岸の間、タイとビルマの間を移動することで、仲買人との距離をはかっていた。また、複数の他集団との接触を繰り返すなかで、海産物を獲るのに必要な道具を入手してきていた。ナマコを採って加工する海民とそれを買い取る仲買人を中心として、多種多様の人間が巻き込まれながら、〈踊り場〉のネットワークは生成・維持・変容してきたのである。モーケンのように〈踊り場〉で海産物を採捕してきた海民の「ネットワーク型社会」では、仲買人を基軸とする移動性と多民族性がその特徴の一つとして指摘できよう。

注

（1）海に棲息する棘皮動物の一種である。世界で約一五〇〇種が確認されており、そのうち食用とされるのは約三〇種である。食用とされるナマコの多くは、福建や広東を中心とする中国華南を主な最終目的地とするほか、世界中に散在する華人市場に向けて運ばれる。

（2）鶴見は「階段の踊り場」の他に、「階段踊り場」や「踊り場」という言葉を同様の意味で使用している。本章では〈踊り場〉で統一する。鶴見は〈踊り場〉を、二つの異なる意味合いで用いることがある。一つは、ナマコを採捕して交易人と接触する場所としての〈踊り場〉である。もう一つは、ナマコの採捕者が活動領域を広げる際に身体を馴らすための通過点としての〈踊り場〉である。本章で言及する〈踊り場〉は前者である。

（3）sea gypsiesという用語の初出は、一八五一年のトムソン（J. T. Thomson）による記述が最初だと考えられている［Thomson 1851: 140］。彼はジョホール近くで見かけたオラン・ラウト（Orang Laut、海の民の意）をそのように表現した。

（4）通常、大型のものを船、小型のものを舟と記述し、それぞれの数詞は前者を隻、後者を艘と数えて区別する。本稿では煩雑さを避けるために、大小問わず船で統一し、数詞も隻とする。

（5）モーケン（約二八〇〇人）とモクレン（約二五〇〇人）を合わせた人数である。言語学では一般的に、モーケンとモクレンを別の民族集団としてとらえるが、モクレン人は自らのアイデンティティをモーケンであると同定することが普通である。このため本章では、モクレンを含めた民族集団をモーケンとする。

（6）漂海民の「漂」には、あてもなく水に浮かび、流れに身をゆだねるといった語感がつきまとう。海洋資源を追い求めるなどの目的をもって移動する人々に対して、漂海民という言葉を当てはめて使用することが不適切だと考える研究者は多い。

（7）国家名の通称として、ビルマとミャンマーの二つがある。前者から後者への名称の変更が、軍事政権により行われたのは一九八九年である。軍事政権による一方的な決定を批判する一部の研究者が、現在でも意識的にビルマという国名を採用している。筆者もその一人である。そのような背景があるほか、モーケンの人々がミャンマーではなくビルマ（タイ語でバーマ）、あるいはタナーウ（モーケン語）と呼ぶことから、年代に関係なく本章での表記はビルマで統一する。

（8）ナルモン［Narumon 2000: 505］は五から二〇隻、ベルナツィーク［一九六八、二八］は一〇から三〇隻、イヴァノフ［Ivanoff 1997 : 3］は七から一〇隻ほどで一つの家船集団が構成されていることを報告している。

（9）読みやすさを考慮し、訳書を参考にしながら原著から筆者が訳した。

（10）ただし、国立公園に指定される以前よりアンダマン海域の資源を利用してきたモーケンは、生活が維持できるだけの木材伐採や漁業が非公式に認められているのが現状である。

（11）マメジカ、ブタオザル、カザリオウチュウ、サイチョウなどが挙げられる。

（12）一般人がスリン諸島を訪れることができる期間は、北東モンスーンの季節である乾季――通常一一月中旬から五月初旬の間であるが、年度によっては一〇月中旬から五月中旬の間――のみと限定されている。南西モンスーンの季節である雨季に島が閉鎖されるのは、天候不順のため海に船を出すことが危険であるというのが理由である。雨季のアンダマン海では、風濤に曝されて船が沈没する事件が頻繁に起きている。

（13）本章で取り上げるグーイとテープの年齢は、二〇一〇年一一月現在のものである。

（14）その一方で、モーケン船を見てわざと発砲してくる軍人もいるという［鈴木 二〇一六、三五四］。

（15）ここでは、一九七〇年代頃までの船上居住生活期におけるパトロン―クライアント関係に限定しているが、二〇〇〇年代に入り陸地に定住性の高い暮らしをしてからも、サマは比較的緩やかなパトロン―クライアント関係を築いていたことが明らかにされている。マレーシア・サバ州のセンポルナで調査を実施した小野林太郎は、同地域に暮らす漁民世帯の海サマ（定住性の低いサマ）が、仲買世帯の陸サマ（定住性の高いサマ）との間にかなり緩やかで曖昧なパトロン―クライアント関係を持っている点を明らかにした［小野 二〇〇七］。陸サマは海サマに対し、主に現金や食料を提供する一方で、漁具は提供・販売しておらず、海サマは漁獲の販売先に関して選択権を有していたという。

（16）第二節第二項事例一で取り上げたグーイの母方の祖母の姉がカレン男性と結婚していた（図7―4）。この事実からも、モーケンとカレン人のつながりは緊密なものであったと考えられる。その他にも、モーケンとカレン人との交流を示す記録が残されている。キリスト教徒のビルマ人がカレン人に対して宣教を行い、そのなかで改宗したメンバーの一人にナウ・ラ（NawLah）という女性がいた。彼女のひ孫の子どもにあたるナウ・セイ・ベイ（Naw Say Bay 一九三四年生まれ）はカレン人の血を継ぐビルマ人である。彼女は一九七三年からメルギー諸島各地のモーケン村落をまわり、ときにモーケンと共に暮らしながら、布教活動を行ってきたという［Koh 2007］。

参考文献

秋道智彌　一九九五『海洋民族学――海のナチュラリストたち』東京大学出版会。
小野林太郎　二〇〇七「ボルネオ島サマ人による漁撈の『近代化』と『伝統』――陸サマと海サマによる漁撈の比較をとおして」『国立民族学博物館研究報告』三一巻四号　四九七～五七九頁。
鈴木佑記　二〇一〇「『悪い家屋』に住む――タイ・スリン諸島モーケン村落の土態」『自然災害と復興支援』（みんぱく実践人類学シリーズ九）林勲男（編）、一五五～一八〇頁、明石書店。
――――　二〇一三「区切られる空間、見出される場所――タイ海洋国立公園におけるモーケンの潜水漁に注目して」『文化人類学研究』一四号、八九～一一三頁。
――――　二〇一六『現代の〈漂海民〉――津波後を生きる海民モーケンの民族誌』、めこん。
鶴見良行　一九九九『ナマコ』（鶴見良行著作集九）、みすず書房。
――――　二〇〇〇『海の道』（鶴見良行著作集八）、みすず書房。
長津一史　二〇〇八「サマ・バジャウの人口分布に関する覚書――スラウェシ周辺域を中心に」『アジア遊学』一一三号、九二～一〇二頁。
――――　二〇〇九「島嶼部東南アジアの海民――移動と海域生活圏の系譜」『東南アジア』（朝倉世界地理講座三――大地と人間の物語）春山成子・藤巻正己・野間晴雄（編）、二五〇～二五九頁、朝倉書店。
羽原又吉　一九六三『漂海民』岩波書店。
ベルナツィーク、H.A.　一九六八『黄色い葉の精霊――インドシナ山岳民族誌』大林太良（訳）、平凡社。
ホワイト、W.G.　一九四三『漂海民族――マウケン族研究』松田銑（訳）、鎌倉書房。
村井吉敬　一九九四「民族・国家・国境」『ソフィア』四三巻二号　六七～八一頁。

Ainsworth, Leopold 2000 [1930]. *A Merchant Venture among the Sea Gypsies: Being Pioneer's Account of Life on an Island in the Mergui Archipelago*. Bangkok: White Lotus.

Anderson, John 1890. *The Selungs of the Mergui Archipelago*. London: Trubner and Co.

Bernatzik, H. A. 1939. The Colonization of Primitive Peoples with Special Consideration of the Problem of the Selung. *Journal of the Siam Society* 31 (1): 17-28 (Translated by H. H. Prince DevawongsVarodaya).

Bird, George W. 1897. *Wanderings in Burma. London: Simplin*, Marshall, Hamilton, Kent & Co. Ltd.

Carrapiett, W. J. S. 1909. *The Salons*. Rangoon: Ethnographical Survey of India No. 2.

Chou, Cynthia 2010. *The Orang Suku Laut of Riau, Indonesia: The Inalienable Gift of Territory*. New York: Routledge.

Durand, H. M. 1883. *The Life of Major General Sir Henry Marion Durand, K. C. S. I., G. B., of the Royal Engineers* Vol. 1, London: W H Allen.

Ivanoff, Jaques 1997. *Moken: Sea-Gypsies of the Andaman Sea Post-war Chronicles*. Bangkok: White Lotus.

Kho, Angeline 2007. *How the Moken Sea Gypsies Got Their Book: Naw Say Bay's Story as Told to Angeline Koh*. Singapore: Media Singapore.

Narumon, Arunotai 2000. Kabang: The Living Boat. *Techniques & Culture* 35-36: 499-507.

Sather, C. A. 1997. *The Bajau Laut: Adaptation, History, and Fate in a Maritime Fishing Society of South-eastern Sabah*. Kuala Lumpur: Oxford University Press.

Sopher, David E. 1965. *The Sea Nomads: A Study of the Maritime Boat People of Southeast Asia*. Singapore: National Museum of Singapore.

Thomson, J. T. 1851. Description of the Eastern Coast of Johore and Pahang and/with Adjacent Islands. *Journal of the Indian Archipelago and Eastern Asia* 5: 83-92, 135-154.

◉コラム1

海民の土器を追いかけて
――南シナ海とタイ湾を貫いた鉄器時代のネットワーク

山形眞理子

東南アジア考古学の分野で海域ネットワーク研究の推進に最も大きく貢献したのは、二〇一四年に他界したアメリカ人考古学者ウィルヘルム・ソルハイム二世であろう。彼は次のように述懐したことがある。「サーフィン－カラナイ土器伝統の広大な分布こそが、東南アジアの海の文化について考える最初のきっかけを与えてくれた」[Solheim 1992: 201]。

「サーフィン」とはベトナム中部の鉄器時代サーフィン文化、「カラナイ」とはフィリピン中部マスバテ島カラナイ洞穴を指す。ソルハイムは一九五〇年代にカラナイ洞穴を発掘している。彼はフィリピン中部出土の土器にもとづいて「カラナイ土器コンプレックス」を設定し、それとサーフィン文化の土器との類似を重視し、両者を合わせてひとつの「土器伝統」と見なした。

ソルハイムが考えていたのは、土器伝統のバックグラウンドとしての人の移動や交流、とくに海を舞台とした航海交易民「ヌサンタオ」ネットワークの広がりであった[Solheim 2002; 2006]。ただし筆者はベトナムでサーフィン文化の土器を研究してきた立場から、「サーフィン・カラナイ土器伝統」という概念は適切ではないと批判している[山形二〇一〇]。

ソルハイムの重要な業績の一つは、カラナイ土器コンプレックスに酷似する土器がタイ南部サムイ島近くの小島から出土していることに気づき、実測図を付して報告したことであった[Solheim 1964]。フィリピン中部とタイ南部という、直線距離にして二五〇〇キロメートルも離れた二つの地域の土器が酷似するという事実は、考古学者を驚かせた。日本でも次のように評されたことがある。「……実にフィリピンと九州と同距離を隔ててまったく同じ型式の土器が存在するという事実は、当時きわめて航海技術に長じた人びとが南シナ海を自在に往来し、文化の緊密な伝播を可能にしていたことを示している」[今村 一九八四 二六九]。

しかしその後、カラナイとサムイの間をつなぐような資料はなかなか出土しなかった。その状況を大きく変えたのは、筆者らによるベトナム中部・ホアジェム遺跡（図コラム1―1）の発掘調査であった［Yamagata et. al. 2013］。良港として知られるカムラン湾の西岸に位置する遺跡である。二〇〇七年の発掘調査で四八平方メートルの発掘区から甕棺墓一四基と伸展土壙墓二基が、二〇一〇年には総計三六平方メートルの発掘範囲から甕棺墓九基が検出された（図コラム1―2）。

　甕棺の内外に副葬されていた土器の多くが、カラナイ土器コンプレックスと同型式の土器であった。土器だけではなく副葬鉄器もカラナイと同じ特徴を示していた。筆者らは様々な証拠を考え合わせ、ホアジェム遺跡の甕棺墓群が紀元後二～三世紀を中心とする時期に残されたものと推定した。

　特筆すべきは、ホアジェムの甕棺内に人骨が残存していたため（図コラム1―3）、カラナイと同型式の土器を持っていた人びとに関する形質人類学の調査が可能となったことである。人類学者の松村博文によって、集団間の近縁度を示すネットワーク図（頭骨計測値一六項目から算出したQモード相関係数にもとづく集団間の無根ネットワー

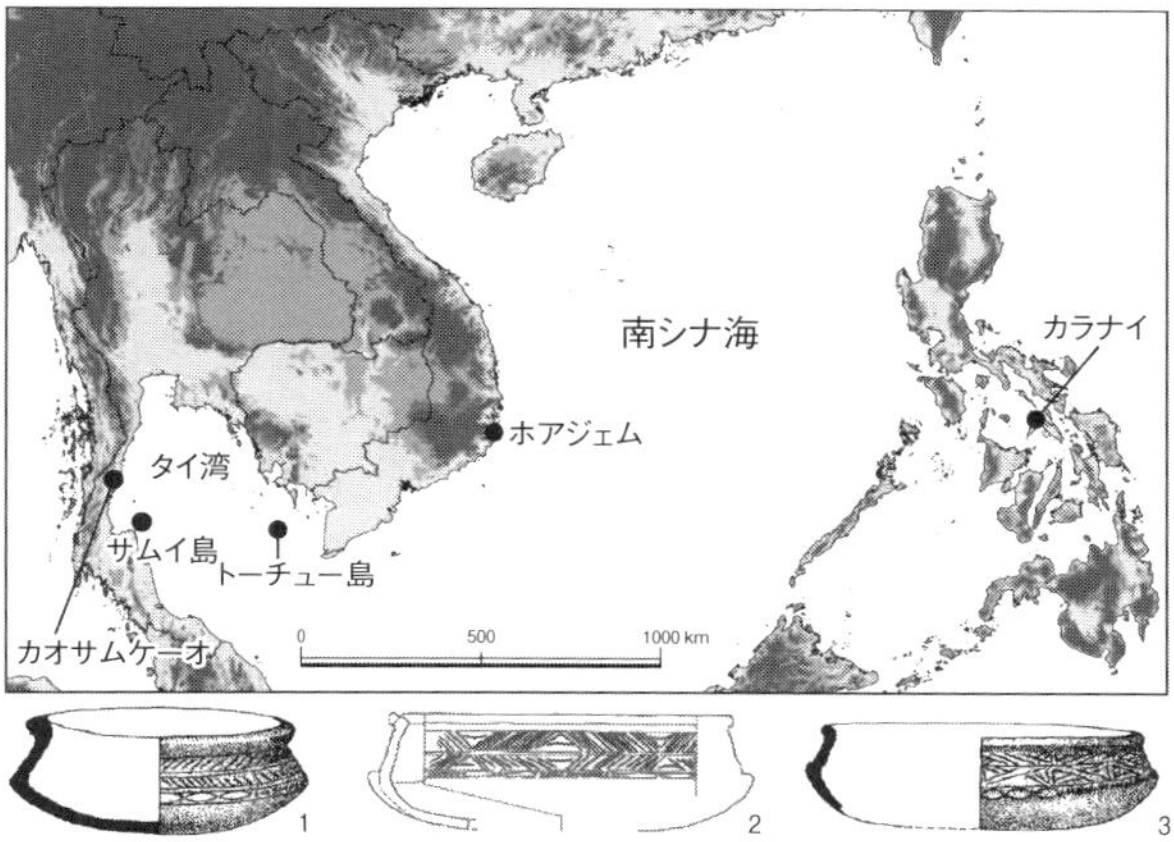

図コラム 1-1　本コラムで言及した遺跡の位置と出土土器。（1. サムイ、2. ホアジェム、3. カラナイ）（2 の口径 15.0cm、1,3 はサイズ不明）
出典：1,3: Solheim 1992, 4: Yamagata et. al. 2013.

図コラム 1-2　ホアジェム遺跡の発掘風景。

図コラム 1-3　甕棺内に残存していた人骨の状態。

ク樹状図）が描き出された。その中でホアジェム遺跡の人骨は、現代の島嶼部東南アジア人と近い位置にあることが示された［Matsumura et. al. 2013: 247］。遺物だけではなく人骨の面からも、ホアジェム遺跡が島嶼部と強い繋がりをもつことが明らかになった。

以上の成果は学界の注目を集め、海民の移動や交流の証拠として、カラナイ土器コンプレックスの遠距離間の類似が再び脚光を浴びるようになった。

重要な調査がマレー半島でも進行した。同半島の東岸チュムポン市に位置する古代港市遺跡カオサムケーオを二〇〇五年から二〇〇九年まで調査したフランス・タイ合同調査団は、引き続き二〇一四年まで、クラ地峡に沿って「サーフィン・カラナイ」土器を追跡した。そして内陸の洞穴や半島西岸の遺跡を含む一二カ所から、当該土器の出土を確認したのである［Fevereau 2014］。

ベトナムでも二〇一五年に新たな発見があった。ホアジェム遺跡調査団の一員であった鈴木朋美が、タイ湾に浮かぶトーチュー島からホアジェムと酷似する土器が出土していることに気づいた。一九九五年にベトナム考古学院がトーチュー島で初めて踏査を実施し、バイグとバイゾンという二か所の海岸で遺跡と遺物の存在を確認した［Nguyễn and Lại 1996］。このうちバイゾンで彼らが緊急発掘することになった甕棺墓の内外から、カラナイやホアジェムと同型式の土器が出土していたのである。

トーチュー島を踏査したベトナム考古学院の研究者によれば、彼らの調査中にトーチューの港には数多くの漁船が集結しており、ベトナム中部から来ている船もあった。トーチューは夏の南西モンスーン、冬の北東モンスーンの影響を強く受け、その季節風を利用してトーチューからベトナム中部へと（あるいはその逆ルートで）、漁船が移動するという。

最初にソルハイムが見いだした二つの「点」は、南シナ海とタイ湾を貫く「線」となりつつある。海民が残した土器を追いかけて、さらなる調査研究の進展が期待される。

参考文献

今村啓爾　一九八四「東南アジアの土器」『世界陶磁全集十六　南海』三上次男（編）、二五四～二七一頁、小学館。

山形眞理子　二〇一〇「「サーフィン・カラナイ土器伝統」再考」『南海を巡る考古学』今村啓爾（編）九五～一二九頁、同成社。

Favereau, Aude 2015. *Interactions et modalités des échanges en Mer de Chine méridionale* [*500 avant notre ère – 200 de notre ère*] *: approche technologique des assemblages céramiques*. Ph.D. thesis, Muséum National d'Histoire Naturelle, Paris, France [in French].

Matsumura, Hirofumi; Nguyễn, Lân Cường; and Yamagata, Mariko 2013. The Origin of Hoa Diem People: Perspectives from Cranial and Dental Morphometric Analysis. In *The Excavation of Hoa Diem in Central Vietnam*, Showa Women's University Institute of International Culture Bulletin 17, edited by Yamagata, Mariko; Bùi, Chí Hoàng; and Nguyễn, Kim Dung, pp. 241-260. Tokyo: Showa Women's University Institute of International Culture.

Nguyễn, Trung Chiến; and Lại, Văn Tới 1996. Điều tra khảo cổ học một số đảo ven bờ biển phía nam（「南部海岸の幾つかの島における考古学調査」）. Khảo Cổ Học（『考古学』）一九九六（四）: 二七～四〇 [in Vietnamese].

Solheim, Wilhelm G. 1964. Further Relationships of the Sa-Huỳnh-Kalanay Pottery Tradition. *Asian Perspectives* 8(1): 196-211.

Solheim, Wilhelm G. 1992. Nusantao Traders beyond Southeast Asia. In *Early Metallurgy, Trade and Urban Centers in Thailand and Southeast Asia*, edited by Glover, Ian; Suchitta, Pornchai and Villiers, John, pp. 199-225. Bangkok: White Lotus.

———, Wilhelm G. 2002 [1964] *Archaeology of Central Philippines* [revised edition]. Diliman: University of the Philippines.

———, Wilhelm G. 2006. Archaeology and Culture in Southeast Asia: Unravelling the Nusantao. Quezon City: The University of the Philippines Press.

Yamagata, Mariko; Bùi, Chí Hoàng; and Nguyễn, Kim Dung [Eds.] 2013. *The Excavation of Hoa Diem in Central Vietnam*. Showa Women's University Institute of International Culture Bulletin 17. Tokyo: Showa Women's University Institute of International Culture.

◉コラム2
海産物の開発をめぐる同時代史
——ナマコの事例から

赤嶺　淳

「あぁ、そのナマコですか。あれは、うちのオヤジが最初に手をつけたんです」

ずっと探しつづけていた情報に接し、思わず身震いすることがある。この発言を耳にした時が、まさにそうだった。二〇〇七年一〇月、老舗との定評ある北海道のナマコ加工業者を訪問したときのことである。

失礼するタイミングをさがしながらの雑談中でのことだった。ワシントン条約が話題になったところで、この情報を耳にしたのである。ここでいうナマコは乾燥品で、フカヒレや干アワビなどと同様に清代以降の中国で宮廷料理の必須食材として君臨する海産物である。第二次世界大戦を契機として、これらの乾燥海産物貿易はとだえたものの、一九七〇年代から徐々に復活し、中国経済の隆盛と歩調をあわせた「爆需」に対応するようにグローバルに生産されるようになり、二〇〇〇年代初頭から、絶滅の危機に瀕した野生生物を保護するワシントン条約において、国際貿易の規制が検討されるにいたっている。

ワシントン条約でナマコが問題視されるようになった背景には、経済のグローバル化がおよぼす地球環境問題への懸念がある。その代表例が、チャールズ・ダーウィンが進化論を構想したことで有名な太平洋にうかぶ孤島、エクアドル領のガラパゴス諸島で、一九九五年以降に幾度となくくりかえされ、「ナマコ戦争」という衝撃的なコピーで知られる環境保護論者と漁民との衝突である。

問題となったフスクス（*Isostichopus fuscus*）というナマコは、メキシコの太平洋岸からガラパゴス諸島にかけてしか生息しておらず、その乾燥品が市場に出回るようになったのは、ここ三〇年のことである。フスクスの採取がはじまったのはメキシコで、一九八〇年代なかごろのこととされている。まさに東南アジア諸国や中国の経済上昇にともない、世界のナマコ市場が拡大傾向にあった時期にあたる。

メキシコでの資源開発に連動するよ

うに、一九八八年にはエクアドルの大陸側でもフスクスが採取されるようになった。ひとりあたりの年間所得が一六〇〇米ドルに満たないエクアドルで、一日に数百米ドルを稼ぐことのできるフスクス漁に人びとは魅了された。水深四〇メートル以浅の岩礁域に生息するフスクスは、容易に採取しうるため、またたく間に獲りつくされてしまい、一九九一年から漁民たちは大陸から一〇〇〇キロメートルも離れたガラパゴス諸島でも同種を採取するようになった。

わたしの理解では、戦争をしかけたのは環境保護論者側である。かれらの論理はこうだ。①ナマコ資源が枯渇すれば、当然、生物多様性もそこなわれる。②第一、島の生態系を無秩序に撹乱する漁民など上陸させるべきではない。③しかも、ガラパゴス諸島のシンボルでもあり、環境保護運動のカリスマ的存在でもあるゾウガメまでを食用にするなど、もってのほかだ。

こうした環境保護論者の意向をくみ、一九九二年八月に大統領令によってガラパゴス諸島におけるフクスク漁は禁止された。しかし、突然の禁漁命令に納得しない漁師たちは密漁をつづけるかたわら、ガラパゴス出身の政治家やナマコ産業関係者たちと協力してエクアドル政府にナマコ漁の再開を懇願した。政府は資源量の捕獲調査として一九九四年一〇月一五日から三ヵ月間に五五万尾の漁獲を許可した。

正確な量は把握できていないが、二ヵ月間で一千万尾が漁獲されたと推測され、事態を重視した当局は予定より一ヵ月も早く操業をうちきった。このことに腹をたてた漁民たちは、生態学研究の殿堂であるダーウィン研究所を封鎖し、環境保護のシンボルであるゾウガメを亀質とし、その殺戮をほのめかすことにより、政府をはじめ世界の環境主義者たちに抗議したのである。これが、ナマコ戦争の発端であるが、その後も漁民の蜂起はたびたびくりかえされており、その度にゾウガメは殺戮の危機に瀕している。

もともとメキシコやエクアドルにナマコを食する文化がなかった以上、乾燥フスクスの製造・商品化は、だれかがもちこんだ発想となる。「ナマコ戦争」を報じるインターネットをはじめとした各種のメディアでは、その張本人は「アジア人」とされている。環境保護運動をあおるには、その程度のくくりでも有効であろう。しかし、「歴史」として正視するには、そんな大きなくくりでは無意味である。アダムとイブではないが、わたしは、その人物が気になっていた。そんな矢先、間接的ではあるものの、フスクス開発史を知る人物と出会う機会をえたのが、冒頭の発言であった。

当時、お父さん（以下、便宜的に乙とする）の会社を手伝っていた甲さんの話を総合すると次のようなことになる。一九八五年九月のプラザ合意をうけて円高が決定的となった。それをうけて乙さんは他社にさきがけて北米大陸でウニの買いつけをおこなった。すでに乙さんの工場では、北海道中からウニを買いつけていたが、女工さんらを通年で雇用するにはおよばなかった。周年操業させる方策を考えあぐねていた際にキャッチした円高ニュースに飛びついた、というのである。

北米でビジネスを開始するにあたり、乙さんは台湾のビジネスマンと協働することにした。そうこうするうちに、そのパートナーがメキシコ産のナマコの加工を依頼してきた。実は、乙さんの会社は、ナマコも手がけていたのである。乙さんは、そのナマコを塩蔵した状態で冷蔵輸入し、自社工場で加工し、自分の販売ルートを通じて台湾に輸出してみた。ウニのみならず、工場の周年操業に役立つと踏んだ乙さんは米大陸からのナマコの輸入を本格化させることを決意した。

乙さんと組んだ台湾系のビジネスマン（丙）は、現在、世界の乾燥海産物市場の中心である香港の南北行にも拠点を構えており、世界中のナマコを手がけるナマコ問屋の雄に成長している。南北行の乾燥海産物問屋がナマコ以外にもフカヒレやアワビなど多様な乾燥海産物を扱うのに対し、丙さんはナマコ専業である。その分、香港でも――ということは世界でも――一、二を争う問屋さんであり、この業界で丙さんを知らない人はいない。

わたしは、二〇一二年三月にかれの倉庫を訪問した際、試験的にトルコから入れてみたという冷蔵ナマコとその乾燥品を見せてもらった。一見、沖縄にも棲息するハネジナマコに似たナマコであった。これも、かれが開発したものだという。かれはいう。「人がやっていないナマコを扱えば、自由に価格を決めることができるんだ」

丙さんは、お父さんもナマコを扱っていたとはいうものの、自分一代で事業を拡大したという自負をもっている。丙さんなりの相場観から、家族は米国に生活させ、自分は台湾をベースにナマコ専業でビジネスをおこなってきた。メキシコのフスクスの情報に接したのは、かれが米国におけるネットワークを構築中だったころのことである。

一九九〇年代なかば、という時期は重要である。一九九〇年代以降に膨張する中国経済の揺籃期にあたるし、先述したように同時期、東南アジアでも日本でもナマコやフカヒレの需要が急増していたからである。また、同時期のアメリカは、財政赤字と貿易赤字という、いわゆる「双子の赤字」をかかえており、巨額な対日貿易赤字の解消が政治課題となっていた。そんな状況が一変する契機となったのがプラザ合意であった。同合意によって、貿易不均衡を是正するために円高・ドル安が誘導された結果、日本企業が海外に進出し、現地生産をおこなうという今日のビジネスモデルが誕生した。

日常生活の面でも変化が生じ、円高にまかせてわたしたちは世界中からさまざまな食料品を調達するようになった。このことに関して、『エビと日本人』の著者である村井吉敬は興味深い指摘をおこなっている。同書の刊行から二〇年ちかくたった続編（村井二〇〇七）において、南米原産のバナメイ種が病気に強いことから、世界中で養殖されるようになった過程を紹介するなかで、その先鞭をつけたのは日本企業と組んだ台湾系資本だとしているのである。

フスクスの場合も、エビのケースも、日本企業のパートナーとして活躍したのが台湾系資本であったことは偶然かもしれない。しかし、わたしたちは円高と同時期に切りあげられた台湾ドルを武器に海外に進出した台湾資本が、すでに拡散していた中国系住民・資本のネットワークとからみあいながら、世界の水産物流通を変革・拡大してきた事実にもっと目をむけた方がよいだろう。

これは、わたし自身の反省をこめてのことである。乾燥海産物の市場については、香港の南北行ばかりが脚光を浴びがちであるが、それは、一国二制度のもと、がんじがらめの中国の規制を、たくみに回避する術を香港の商人たちが熟知しているからである。しかし、今後、規制が緩和されていけば、対中国貿易における香港の優位性は失われていくはずだ。

まだ、後継者が決まっているわけではないが、丙さんは、そろそろ引退を考えているという。丙さんが引退するとなれば、業界内でも、さまざまな動きがでてくるにちがいない。今後、ますます高まると思われる水産資源の保全意識の高まりとともに、来たるべきナマコ業界の再編成からも、目が離せそうにない。

附記　本稿は『Field+』2号（二〇〇九年）に寄稿した「フスクス・ナマコと華人企業家――環境問題の死角をうめる」に加筆修正したものです。

参考文献

村井吉敬　一九八八『エビと日本人』岩波書店。
――　二〇〇七『エビと日本人2』岩波書店。

第Ⅲ部　東アジアの海域世界

第8章

海を渡り、島を移動して生きた最初期の「海民的」人びと

――宮古・八重山諸島の先史時代からみた海域ネットワーク

山極海嗣

はじめに――琉球弧の南端の島々に住んだ最初期の海民とネットワーク――

日本列島の九州地域から台湾に至る東シナ海上、そこに弧状に点在する島々のことを「琉球弧《りゅうきゅうこ》」と呼んでいる。その中において、沖縄諸島の南西約三〇〇キロメートル、台湾の北東約一〇〇キロメートルの海上に小さな島々からなる島嶼地域が存在している。それが、本章の舞台となる宮古《みやこ》・八重山《やえやま》諸島である（図8―1）。

私たちの共通祖先たる現生人類（ホモ・サピエンス）が、一〇～五万年前にアフリカ大陸を出て世界中へと広がっていった「グレート・ジャーニー」の旅路において、この東シナ海南部の島々に最初に人類が到達したのは、少なくとも更新世晩期の三～二万年前頃であったと考えられている。しかし、この島にたどり着いた最初期の人びとがその後に継続してこの島嶼環境に居住していたかどうかは、現時点では明らかとなっていない。

宮古・八重山諸島や沖縄諸島に継続的な人や文化の痕跡が確認できるようになるのは、この最初期の人びとからさらに数万～数千年の時間が経った完新世以降のことであった。この時期には、九州から沖縄諸島へかけて大きな

人や文化の移動が起こり、その反対に南の地域では、ユーラシア大陸東南部（現在の中国東南部）から台湾・フィリピンにかけて大規模な文化集団の移動が生じていた。つまり、東シナ海南部は、更新世晩期には初期現生人類の移動が起こり、完新世には北と南の大きな人や文化の動きが生じるという、人類の移動誌の交差点・境界面となった海域世界であったと言える。その中で、四〇〇〇年前頃にこの大きな人・文化の動きの狭間に位置し、大陸からも離れた小さな島々に、継続的に住み始める人びとが現れた。それが、本章の主役となる宮古・八重山諸島の先史時代の人びとである。

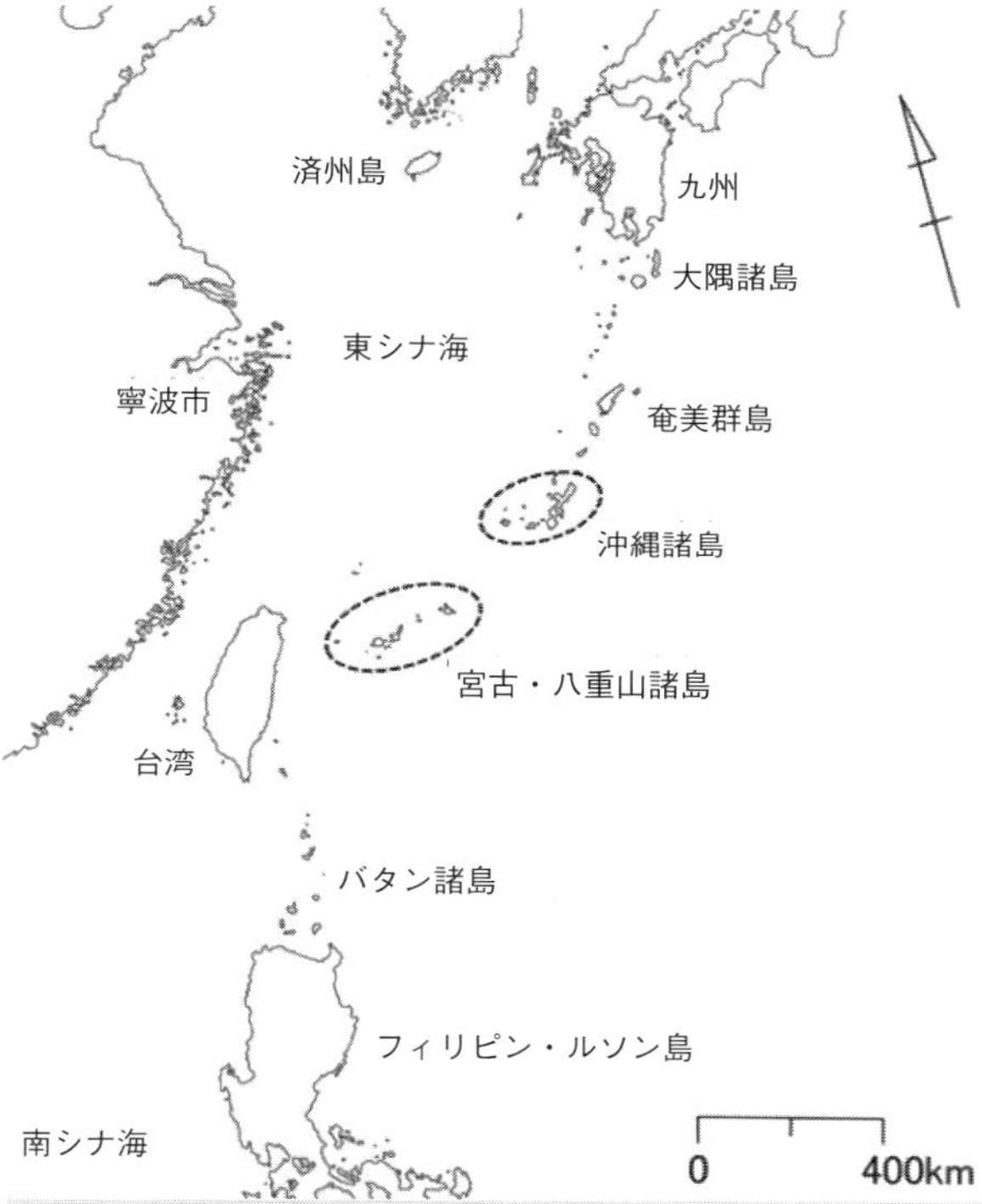

図 8-1　琉球弧の島の位置関係。

約四〇〇〇年前にこの島嶼地域に住み始めた人びとは、サンゴ礁に恵まれた海で魚や貝を獲り、海を渡って島々を移動して生活を営んでいた。その姿は現代の感覚からすると、海を主な生活の場とし、多くの地域や島々とネットワークを形成して生きる海の民、すなわち広い意味での「海民」としての印象もあたえる。しかし、この最初期の島嶼の人びとは、身近な島々の間を行き来していた一方で、その移動や文化的関係は周辺で起こっていた大きな人や文化の流れ（東アジア海域における縄文文化集団や新石器文化集団の移動）に対しては閉ざされていた。すなわち、彼らの活動範囲は基本的にこの地域の中で完結した孤立的な形であったということである。そしてその結果、彼らの生活の痕跡を示す「物質文化」も周辺の地域とは異なる独自のものへと展開していった。

島の世界や海の世界において、孤立せず様々な地域と結びつき、ヒトや資源が行き交うネットワークを維持するのは、島で生存するのに重要な役割を果たすとされている［印東 二〇〇二など］。一方で、四〇〇〇年もの昔にこの東シナ海の小さな島々に暮らした人びとは、周辺地域とは閉ざされた中で、数千年に及ぶ生活の痕跡を残してきた。では、海を渡ってこの島々へ辿り着いた最初期の人びとは、周辺地域とは閉ざされたこの地域の中でどのように生活し、いかなる海域ネットワークを形成して生存し続けていたのか。果たして、彼らは「海民」や「海人」と捉えられる存在であったのであろうか。

本章では、考古学の視点から宮古・八重山諸島という小さな島々に居住した先史時代の人びとの生活を復元することで、島間の移動に基づく人びととの初期的なネットワークと「海民的」な人びとの姿、その時間的な変化へ迫ることとしたい。

第1節　東シナ海島嶼地域への最初の航海者――

本題となる時代に入る前に、まずは本地域への最初の航海者について触れておこう。

宮古・八重山諸島は複数の島々から構成される島嶼地域で、現在は観光地としても知られる石垣島や西表島などからなる八重山列島と、宮古島などからなる宮古列島という二つの地域からから成り立っている（図8―2）。

近年、この八重山列島の石垣島に立地する白保《しらほ》竿根《さおね》田原《たばる》洞穴《どうけつ》遺跡の古い地層から化石人骨（図8―3）が発見され、

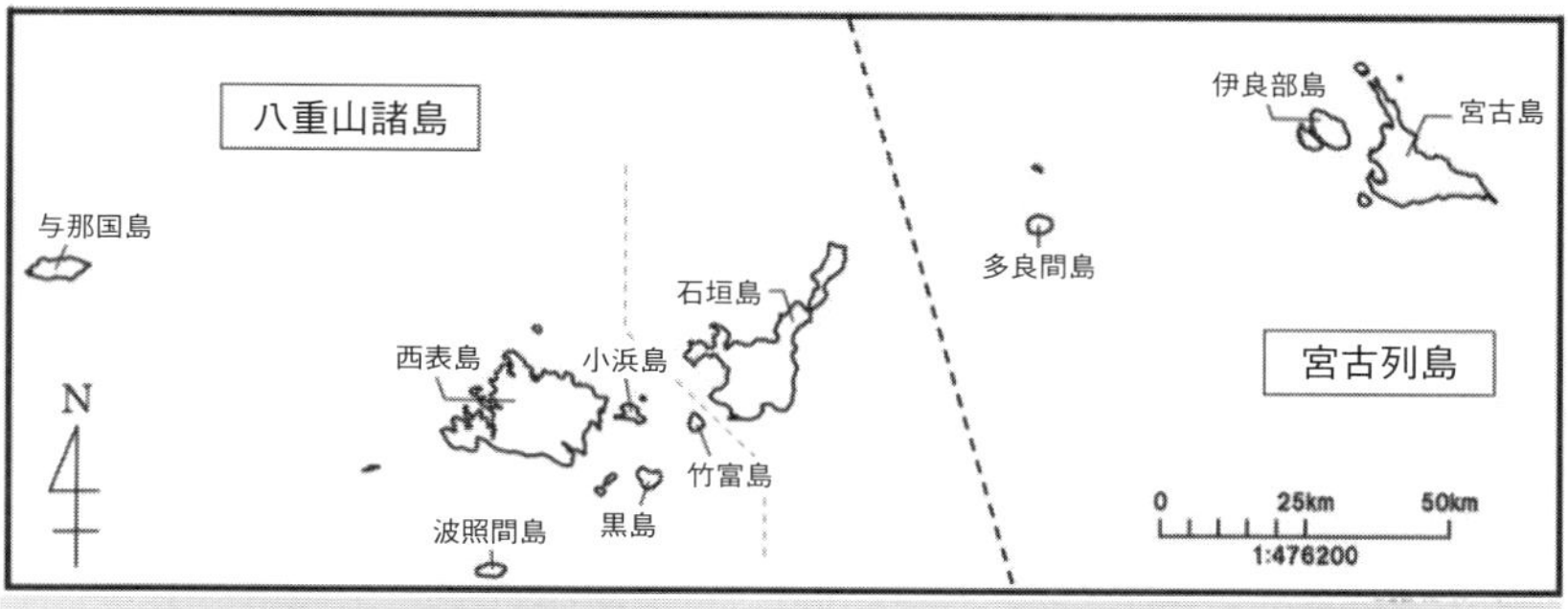

図 8-2　宮古・八重山諸島を構成する島々。

複数の人骨から約二万四〇〇〇～八〇〇〇年前までの年代が確認された［沖縄県立埋蔵文化財センター 二〇一三］。この発見の意義深い点は、それまでは人骨が含まれる地層年代からしか推定されていなかった更新世晩期《こうしんせいばんき》における人類の存在が、人骨そのものからも確認されたことにある。

三万～二万年前という年代は、日本列島やユーラシア大陸東部で旧石器文化が展開した「旧石器時代」に相当する時期である。これまで沖縄諸島でも地層年代がこの時期に該当する複数の化石人骨（「港川《みなとがわ》人[1]」など）が発見されていたが、白保竿根田原洞穴遺跡の化石人骨は、旧石器時代に相当する時期に人類が沖縄諸島や宮古・八重山諸島へと辿り着いていたことをより強く支持するものとなった。また、この時期には琉球弧が既に大陸から切り離されて島嶼となっていたことから、現時点でこの化石人骨の人びとは海を越えてこれらの島々へ

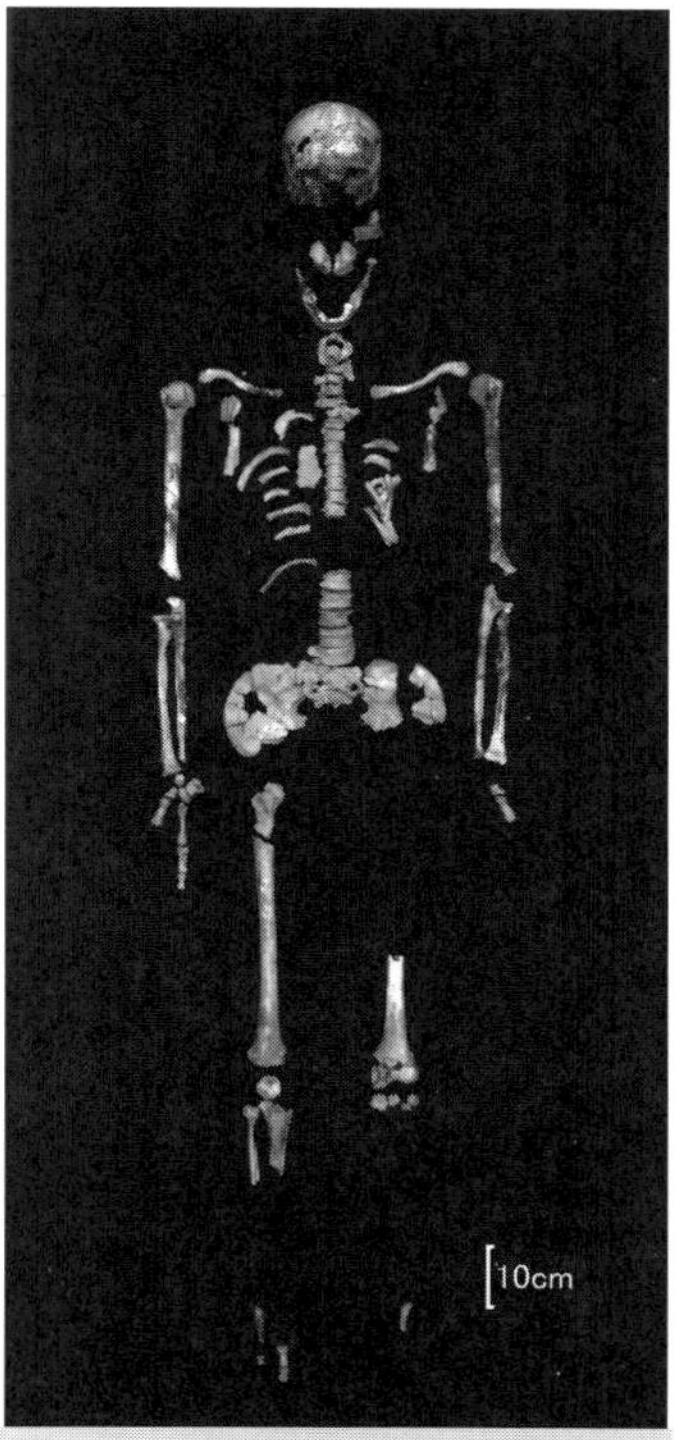

図 8-3　白保竿根田原洞穴遺跡出土の４号化石人骨。
出典：沖縄県立埋蔵文化センター 2017, 78

と渡って来た、東シナ海における最初の航海者であったと言えるだろう。

しかし一方で、これらの初期航海者たちの具体的な移動経路や、同時期に日本列島・ユーラシア大陸東部に展開していた旧石器文化集団との関係は、いまだ多くが謎に包まれている。その背景の一つには、沖縄諸島や宮古・八重山諸島で発見された化石人骨に伴う物質文化（道具や住居などの人の生活や文化に関わる痕跡）がほとんど明らかになっていないことがある。ユーラシア大陸東部や台湾、日本列島の更新世晩期の遺跡では石器や動物骨製品が出土することが多い。中でも日本列島では更新世晩期の人骨資料が僅かである反面、石器の出土量が豊富で、旧石器文化は文字通り石器によって特徴づけられている。そのため、物質文化のみを頼りにするだけでは、石器などの物質文化が確認できないこの時期の東シナ海島嶼地域の人びとと、[2]周辺地域の関係を読み解くのは難しい状況にあるのである。

ただし、人骨資料に関しては、近年、骨の形質やヒト遺伝子から当時の人びとの生活や集団の移動経路へ迫る研究が行われており、人骨に残された疾病（外耳道骨腫《がいじどうこつしゅ》）の痕跡を基に、当時の人びとが素潜りなど水と頻繁に関わっていたらしいこともわかってきている［沖縄県埋蔵文化財センター 二〇一七］。また、沖縄諸島に関しては、当時の人びとが石器ではなく貝を道具の素材にしていた可能性も提示されている［Fujita et al. 2016］。これらの様々な分野・視点からの複合的な研究成果は、この時期の沖縄諸島や宮古・八重山諸島の人びとが海と結びついた生活を営んでいたことを示唆するが、彼らが海民的な生活様式を営んでいたかどうかに関してや、海域や島嶼間をどう移動したかに関しては、いまだ明らかになっていないことが多い。加えて、沖縄諸島や宮古・八重山諸島における更新世晩期の遺跡の確認例は少なく、完新世以降の先史時代遺跡とも大きな年代的空白が存在するなど、この人類集団がこの地域でどの程度の期間生存していたかについてもよくわかっていない。

少なくとも今から三〜二万年前という段階で、人類が海を渡って沖縄諸島や宮古・八重山諸島へ渡って来たことは間違いないと見られている。しかし、彼らの生活の実態やネットワークに関しては、まだそのおぼろげな形が見えかけている段階に過ぎないのである。

第2節　東シナ海の島嶼地域に人が住み続ける時代へ――

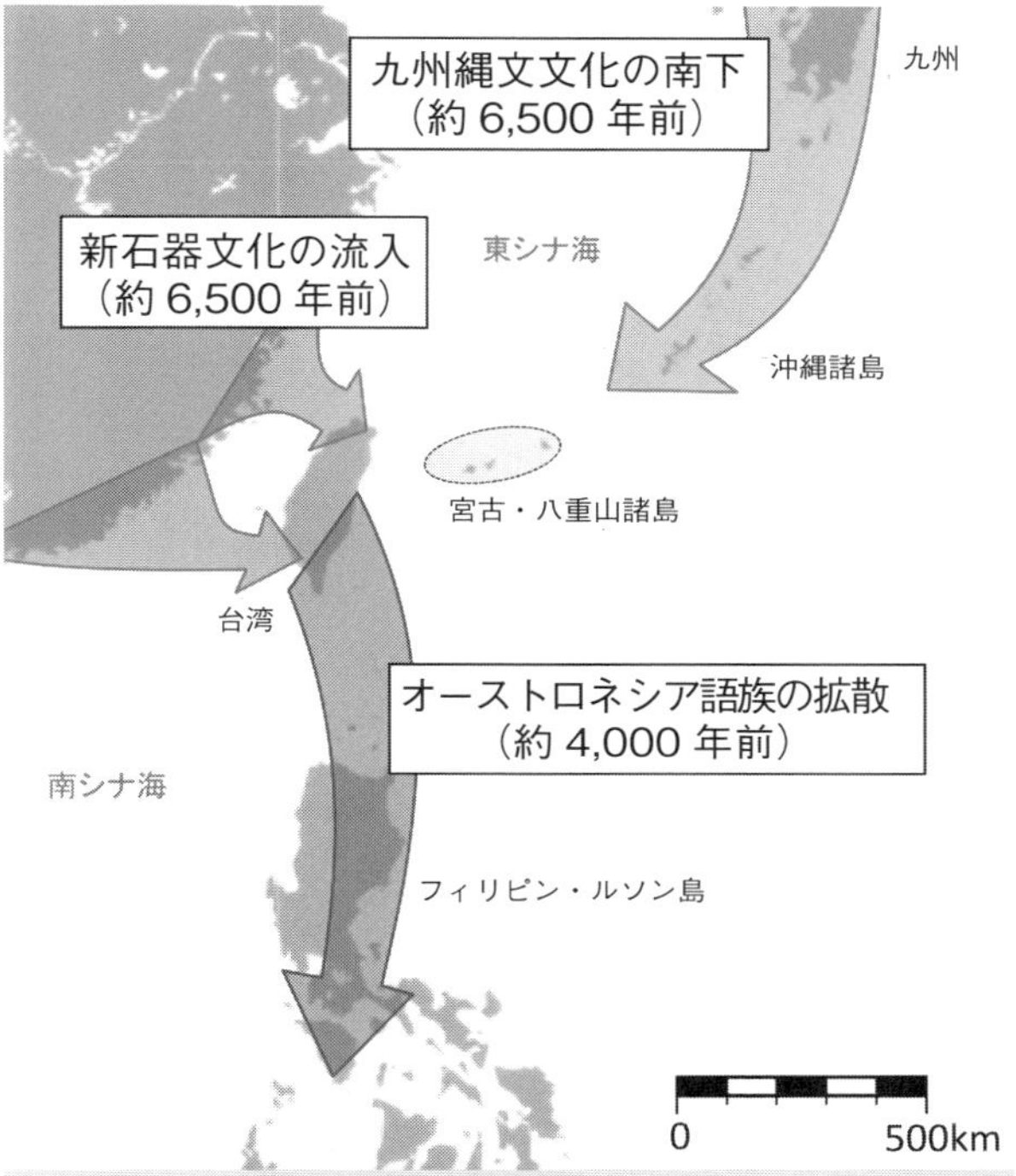

図8-4　完新世以降の先史東シナ海における大きな人・文化の動き。

いまだ謎に包まれた更新世晩期の人類の時代から数千年の後、完新世の約八〇〇〇〜七〇〇〇年前以降になると、ようやく沖縄諸島で継続的な人類居住の痕跡が確認されるようになる。この人びとは主に狩猟・漁撈・採集によって食料を獲得し、土器や石器を利用して生活を営んでいた。この道具の中で、少なくとも約六五〇〇年前に利用された土器については、九州地域に展開していた縄文土器文化の影響を強く受けていたことが確認されている［横尾 二〇一四］。これは、この時期に九州地域から沖縄諸島まで人や文化の移動が生じたことを示しているが（図8―4）、この移動は必ずしも恒常的に起こっていたわけではないようで、これらの地域は断続的に途切れながらも複雑につながる断続的な文化関係で結ばれていた。

一方で、南の台湾では約六五〇〇年前にユーラシア大陸東南沿海部から人類集団の移動が起こり、大坌坑《だいふんこう》文化と呼ばれる新石器文化が展開していた（図8―4）。この人びとは焼畑農耕や狩猟漁撈採集を織り交ぜながら食料を獲得し、こちらも土器や石器を利用して生活を営んでいた［劉 二〇〇二］。台湾に展開したこの人びとは、四〇〇〇年前頃になると今度はさらにフィリピンへと南下し、やがて彼らの拡散は東南アジアの島嶼部からリモート・オセアニア地域まで及んで、今日の太平洋地域に広く分布するオーストロネシア語族の祖先になったとも考えられている［Bellwood 2011］。この移動は人類史から見れば一方通行的に見えるが、その過程には双方向的な人や文化の移動が存在しており、台湾とフィリピン北部の間でも複数回の人の移動や文化的な影響関係が確認されている［田中 二〇一三、および本書の第4、11章参照］。

このような人や文化の大きな動きの狭間で、宮古・八重山諸島に継続的な人の居住が確認できるようになるのは、現時点で約四三〇〇年前になってからのことである。この四〇〇〇年ほど前の時期から、文献資料に記録が登場する紀元一一～一二世紀頃に至るまでの期間が、宮古・八重山諸島における「先史時代」として位置付けられている。

第3節 「下田原期」宮古・八重山諸島で継続的に居住した最初の人びと――

宮古・八重山諸島の先史時代は、大きく二つの時期に分けることができる。その一つが、考古学的に初めて人類が継続的に居住し始めたことが確認できる約四三〇〇～三六〇〇年前の時期で、「下田原《しもたばる》期」という名称が与えられている。

下田原期の人びとは、貝類や魚類・ウミガメなどの海産資源や、イノシシやコウモリ・鳥類などの陸産資源を獲得し、土器や石器、貝製品を道具に利用して生活していた。一方で、石鍬《いしくわ》や石包丁《いしぼうちょう》といった農耕に深く関わると考えられる道具は見つかっておらず、畑や水田などの痕跡も検出されていないなど、先史時代を通して明確に農耕などの食糧生産を示す証拠は確認されていない(3)。当時の人びとの生活痕跡を示す遺跡も基本的には海岸部に立地しており、彼らは比較的海との結びつきが強い生活様式をもった人びとであった。

図8-5　石垣島ピュウツタ遺跡出土の下田原式土器。（石垣市教育委員会所蔵）

この時期に利用されていた素焼きの器「土器」は「下田原式土器《しもたばるしきどき》（図8―5）」と呼ばれており、その器形や紋様などの特徴は、同じ時期における沖縄諸島の土器とは大きく異なっている。これは、下田原期の人びとが沖縄諸島以北の土器文化をもった人びとの集団とは関りが薄く、文化的にはほとんど断絶していた可能性が高いことを示している。

それとは対照的に、この土器は台湾の土器とは断片的な類似を示しており［e.g. 国分 一九七二、山極 二〇一五aなど］、石器・貝製品の一部にも台湾との共通性が見られる［e.g. Pearson 1969, 国分 一九七二、大濱 一九九九など］。これらは、少なくともこの時期の比較的初期には、台湾地域からこれらの島々へ、人の移動やそれに伴う文化的影響が生じた可能性を示している。ただし、両地域の文化的な類似はあくまでも断片的なものにとどまっている。台湾との共通要素は下田原期の比較的新しい年代の遺跡でも確認することができるが、最後まで台湾地域と全く同一の文化集団になるようなことはなかった。

このような関係性は、宮古・八重山諸島と台湾の間で頻繁にヒトやモノが

図 8-6　石垣島大田原遺跡出土の石斧。（石垣市教育委員会所蔵）

行き来するような関係までは展開しなかったことを示している。宮古・八重山諸島の最西端である与那国《よなぐに》島と台湾との間の距離は約一〇〇キロ程度で、天候次第では与那国島から台湾を望むことができる距離にあるが、人びとがこの海域を積極的に行き来することはなかったようだ。

このように、沖縄諸島や台湾といった周辺地域との間における人の移動は希薄であった下田原期の人びとであるが、その一方で、考古学的証拠からは、宮古・八重山諸島を構成する島々の間では頻繁に移動していたことも読み取ることができる。

宮古・八重山諸島は主に火成岩や変成岩地質からなる山地島《さんちとう》と、主にサンゴの死骸などが堆積してできたサンゴ島から構成されている［e.g. 目崎 一九八五など］。これを踏まえた上で、下田原期の人びとが製作・利用した土器の胎土成分と粘土産地の関係［e.g. 山崎ほか 二〇一二など］や、石器石材と地質の関係［島袋 二〇〇二］を見てみると、土器（図8―5）や石器（図8―6）の材料の多くが山地島に産出するものであることがわかる。下田原期の遺跡は山地島・サンゴ島いずれの島にも分布するが、どの遺跡でも山地島由来の材料を利用した土器や石器が出土しているのである。

多良間《たらま》島や波照間《はてるま》島といったサンゴ島の遺跡では、一部の道具をサンゴ島で獲れるサンゴ礫や貝殻で作る工夫もされたが、どの遺跡でも普遍的に出土する斧の刃（石斧）（図8―6）は、山地島由来の火成岩や変成岩以外で作られることはなかった。つまり、下田原期の人びとは山地島・サンゴ島いずれの島にも生活圏を広げたものの、土器

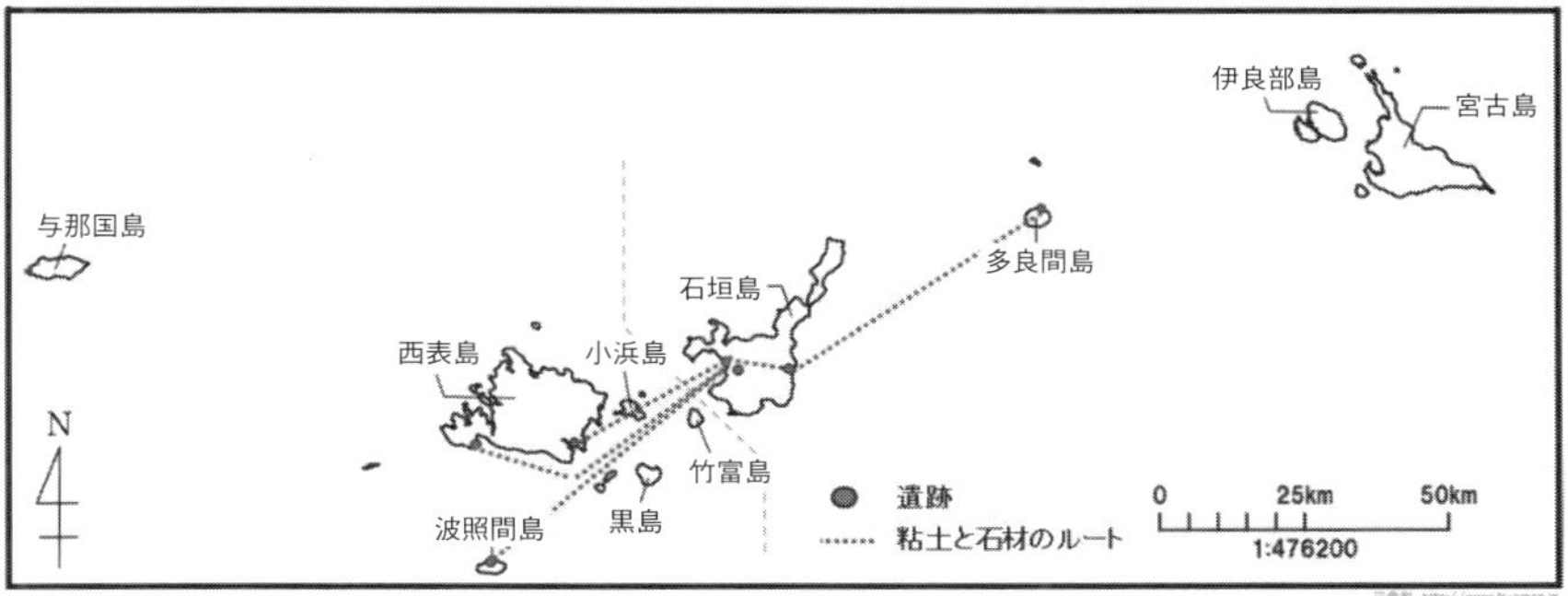

図8-7　粘土・石材から読み取れる下田原期の山地島とのアクセス。（石垣島、西表島・小浜島の一部のみ山地島地質、その他は全てサンゴ島）

や石器を利用するためには常に山地島へのアクセスを維持しなくてはならなかったということになる（図8―7）。それを反映してか、山地島から遠い宮古島などでは下田原期の遺跡が見つかっていない。

また、遺跡に残された動物利用の残滓に関しては、比較的年代が古い遺跡では確認できる事例が少ないものの、[4]多良間島や波照間島に立地する遺跡では主にサンゴ礁に生息する貝類や魚類、陸生のイノシシなどが出土しており［e.g. 沖縄県教育委員会 一九八六など］、これらの生物が当時の人びとに利用されていたことが読み取れる。貝類に関しては遺跡の近くの環境（河川・内湾・ラグーン）を反映した種構成を示しており、貝類の出土が少ない石垣島の遺跡でも付近の内湾環境を反映したフネガイ科（*Arcidae*）貝類の残滓を確認することができる［沖縄県教育委員会 一九八〇］。当時の人びとはこのサンゴ礁リーフに恵まれた島の中で、基本的にラグーン（礁湖《しょうこ》）から海岸や内湾、河川、少し開けた陸域などを主な食糧獲得エリアと考えていたようで、活動する環境に合わせて柔軟に食糧選択を行っていたものと捉えることができる。一方で、外洋の魚類や海獣類の利用はどの遺跡でもほとんど見られず、外洋での食糧獲得は積極的ではなかったようだ。

現在の考古学的資料から考えると、下田原期の人びとは基本的には狩猟・漁撈・採集を生業としていた可能性が高く、食糧生産を生業の主体とした社会であったとは考え難い。そのため、一地域で長期間定住すると、その地域の食糧を食べ尽くしてしまったり、獲得食糧が季節や天候によって減少・枯渇したりといった問題を抱えることになる。遺跡からも長期定住を示すような住居の痕跡は見つかっておらず、この時期の人びとは、土器や石器などの道具を作成する上で山地島へは頻繁にアクセスしつつ、海岸沿いをベースに短期的な居住や移動を繰り返しながら生活を営んでいたものと捉えることができる。

かつて網野善彦が用いた「海民《かいみん》」という用語は中近世の日本を例とした「水面を生活の場とし、未分化な状態にあった生業に従事していた存在」と捉えられており〔盛本 二〇〇九〕、この網野の海民の概念へ影響を与えたと考えられる宮本常一の「海人《かいじん》」は、海への依存度が高い「専漁型」と、農耕と漁撈が組み合わさった「半農半漁型」の二つの型式で説明される〔後藤 二〇一〇、本書第1章〕。下田原期の人びとは海を渡り、島々を移動するネットワークを構築した生活を営んでおり、海産資源に限らずイノシシなどの陸産資源も利用していたが、一方で、利用動物種の極端な偏りはなく、狩猟に特化した道具（槍の刃先、矢じり、解体具など）や、漁撈に特化した道具（釣り針、銛など）も確認されていない。ここからは、特定の生業に特化・依存していたわけではなく、獲得しやすいものは臨機応変に何でも利用するという姿勢がうかがえる。また、遠洋まで出かける専業的な漁撈活動や、農耕などの食糧生産が行われていたことを明確に示す痕跡は未だ確認されていないことも踏まえると、下田原期の人びとは宮本の示した「海人」というよりは、幅広い概念として網野が提示した「海民」に近いイメージで捉え得る存在であったと言えるだろう。

下田原期の人びとは諸島内を移動していた反面、外洋へ出て他地域へ積極的に進出していくことはなかった。下田原期の物質文化には台湾からの断片的な文化的影響の可能性が伺えるものの、それは恒常的な人の行き来や、交易を行うような地域間ネットワークへは展開しなかった。食糧や道具の材料を得る上で、諸島内の島々では頻繁に移動していた下田原期の人びとだが、その移動は宮古・八重山諸島を構成する島々の間を結ぶネットワークとして完結していたのである。すなわち、彼らは若干の陸域と海岸沿いやラグーンを主な生活・移動領域とする比較的ドメスティックな「海民」的人びとであったと言える。

第4節　「無土器期」サンゴ島環境への適応と継続的な居住の始まり――

図 8-8　宮古島アラフ遺跡の焼石集積。
出典：石垣市総務部市史編集課 2009、28 頁

四〇〇〇年ほど前から島々を移動し、土器や石器を利用して生活していた下田原期の人びとであったが、約二八〇〇年前になると土器作りを全く止めてしまう。この時期は、土器を利用しないことから「無土器《むどき》期」と呼ばれる。鉄製の容器や陶磁器などが流通する以前の段階に、土器利用文化から利用しない文化へ変遷するというのは、太平洋におけるポリネシアの島々でも見られるものの世界的には珍しく、周辺の沖縄諸島や台湾・フィリピンでも例のない現象であった。

一方で、この時期の遺跡からは焼けた礫の集積（集石遺構《しゅうせきいこう》）（図8―8）が発見されている。これは焼いた石を集めて食物を蒸し焼きにする、アースオーブン（集石炉《しゅうせきろ》）と呼ばれる調理法の痕跡とも考えられており、無土器期の人びとは獲得した食糧を土器ではなくアースオーブンなどを用いて調理していたようである。

この時期には貝殻で製作した斧の刃（貝斧《かいふ》）（図8―9）も登場し、これも無土器期文化を特徴づける要素の一つとなっている。この貝斧

図 8-9　宮古島浦底遺跡出土の貝斧。
出典：高宮・知念編 2004、286 頁

は、主にシャコガイ科（*Tridacnidae*）貝類の貝殻の比較的分厚い部分を利用して製作した斧刃で、刃の形状やその作り方は下田原期の石斧とも共通する点が多い。おそらく、石斧と似たような用途に使用されたのだろう。

焼けた礫の集積や貝斧の存在は、無土器期以前の下田原期とは大きく異なる文化的要素で、これらを根拠に二つの時期は系統の異なる文化であるとする論も示されている。特に貝斧に関しては、フィリピン南部やウォーレシアで類似した貝斧が出土していることから〔本書第4章参照〕、それらの地域から宮古・八重山諸島への集団的移住や移動が存在し、無土器期の文化が成立したと捉える文化起源論も提示されている〔e.g. 安里　二〇一〇など〕。

しかし、貝斧が出土しているフィリピン以南の地域では、約四〇〇〇年前以降は土器を利用する文化が継続展開しており、未だに無土器期と全く同じ物質文化を示す地域は確認されていない。また、それらの地域と宮古・八重山諸島の間に位置するフィリピン北部のルソン島や台湾も土器利用文化であったことに加え、こちらでは貝斧の出土すら確認されていない。したがって、現資料からは、南方地域の人びとが下田原期の人びとに入れ替わるようにして移住し、無土器期の文化が成立・展開したと考えるのは難しい状況にある。

貝斧以外で他の地域とのヒトの移動を示すものとしては、無土器期の遺跡で中国王朝・唐代の銭貨である開元通《かいげんつう》寶《ほう》や、用途不明の鉄製品、鉄滓も出土している〔e.g. 石垣市教育委員会　一九八七など〕。これらは宮古・八重山諸島で生産されたものではないことから、日本や中国王朝との間における貿易関係の可能性を示唆する資料であるが、その出土はごく少数であることに加え、貿易に伴うであろう陶磁器などの貿易品も出土していない。また、銭貨や鉄製品の出土する時期の前後で、無土器期の人びとの居住や生業などの生活様式が大きく変化した様子も確認することはできない。このことから、宮古・八重山諸島と周辺地域との間で恒常的にヒトやモノが行き来する貿易・交易関係が結ばれていたと考えるのも、現資料からは難しいと言わざるを得ない。この時期に琉球弧で出土する中国王朝の銭貨に関しては、文献記録などを基に貿易船の漂流などによってもたらされた可能性も指摘されているが［宮城　二〇一三］、銭貨や鉄製品はこのような偶発的・あるいは散発的な移動の産物と捉える方が現時点の出土状況は理解しやすい。

加えて、無土器期と平行する時期の台湾やフィリピンは、約二〇〇〇年前には金属器を利用する時代へ移行しているが［第4章参照］、宮古・八重山諸島ではそれらの金属器文化と共通するような考古学的遺物は発見されていない。無土器期の宮古・八重山諸島は依然として沖縄諸島とも文化的に断絶した状況を保っており、台湾・フィリピンなども含めた周辺地域との文化的交流や関係は積極的かつ恒常的なものではなかったようである。

しかしながら、このように周辺とはヒトの行き来が比較的閉じた状況にあった一方で、無土器期の人びとも下田原期の人びとと同様に、宮古・八重山諸島を構成する島々の中では移動を繰り返していたことも読み取れる。さらに、この時期にはそれまで遺跡が確認されていなかった宮古島にも遺跡が分布するようになり、全体的な遺跡数も増加するなど、下田原期に比べて人びとの活動や移動の範囲が拡大していた。

土器を利用しないことや貝斧の存在は無土器期の特徴的な要素であるが、この時期も下田原期と同様に石器が利用されており、その器種や利用する石材には大きな変化はない。山地島・サンゴ島の多くの遺跡でも火成岩や変成岩を利用した石斧が出土しており、山地島とサンゴ島の間でヒトやモノが行き来していた様子が伺える（図8―10）。

ただし、無土器期になって初めて遺跡が分布するようになる宮古島では、八重山列島とは異なる生活様式や人び

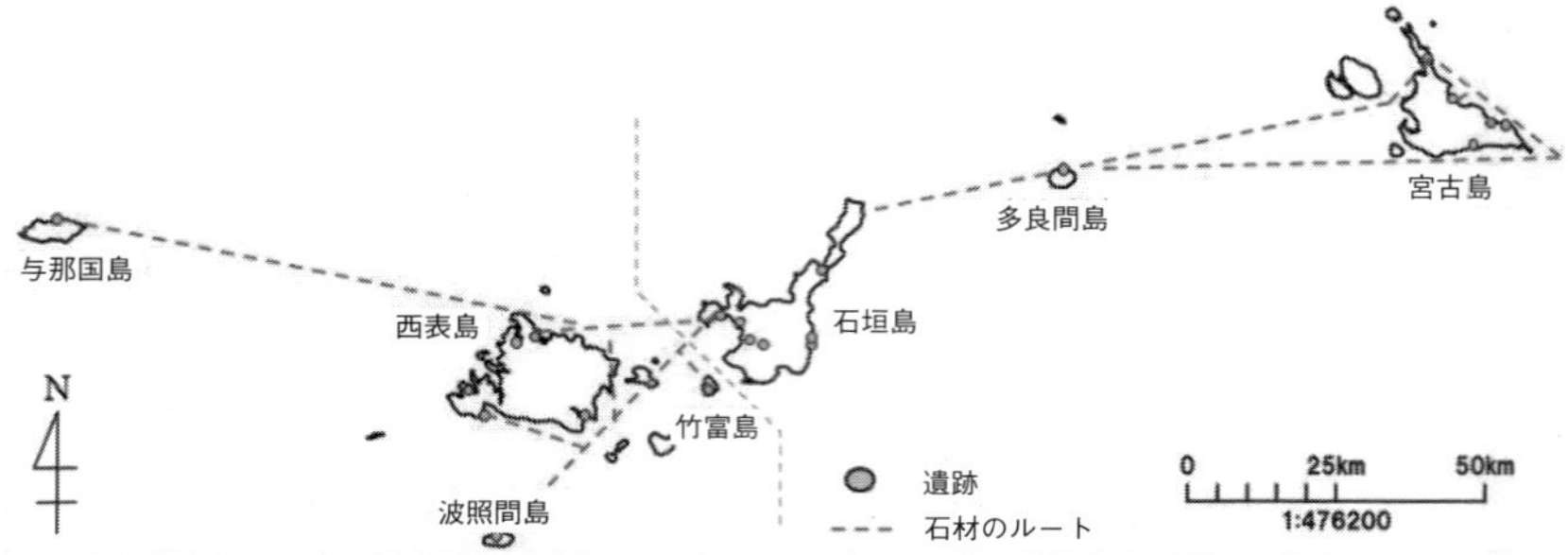

図 8-10　石器石材から読み取れる無土器期の山地島とのアクセス。

との動きも確認されている。石垣島などの山地島からは距離の離れたサンゴ島である宮古島では、比較的古い年代を示す初期の遺跡で山地島の変成岩を利用した石器が僅かに出土しているものの、宮古島の遺跡では石器に比べて貝殻やイノシシ骨などを利用した道具の数量が圧倒するという地域性が見られる。無土器期を特徴づけるシャコガイ製の貝斧も、実はそのほとんどがこの島の遺跡で出土したものである。

宮古島はサンゴ島であることから石器の素材となる石材に恵まれないが、この島の人びとは石材以外の材質で道具を作ることが得意であったようで、それ以外の島では石材以外でしか作っていなかった斧の刃（石斧）を彼らは貝殻で作ることに成功していた（貝斧）。宮古島の無土器期の人びとは、土器を利用しなくなったことで、山地島の粘土を獲得する必要性から解放され、貝殻や動物骨を道具の材料として利用することで、より一層山地島にアクセスする必要性を低下させていた。これは、彼らがサンゴ島で継続的に生活する上で非常に有利に働く資源利用の戦略・選択であったとも捉えることが可能で［山極二〇一五b］、それ以前の下田原期には見られない要素であった。

一方で、無土器期の人びとの食糧獲得事情は、宮古島も八重山列島も基本的な部分は下田原期から大きく変化したわけではない。この時期の遺跡は下田原期に比べて貝類などの動物遺存体がより多く確認できるようになるが[5]、いずれの遺跡も主に河川や内湾・ラグーンなどの貝類や魚類、陸域のイノシシなどを利用しており、貝類も基本的に遺跡の立地環境を反映した種類構成を示している。反対に、この時期も外洋の魚類や海獣類の利用はほとんど見られない。この時期の人びとも食糧獲得においてサンゴ礁ラグーンを越えた外洋での活動は積極的ではなかったようで、さらに狩猟や漁撈といった特定の生業、或いは特定の食糧の獲得に特化・依存していた様子もなく、土器以外の基本的な道具のバリエーションも下田原期と比べて大きな変化はなかった。したがって、この時期も比較的「未分化な状態にあった生業」に従事していたものと捉えることができる。

無土器期も主な生業となるだけの食糧生産手段を示す痕跡はなく、人びとは基本的には移動を繰り返しながら食糧を獲得する生活であったと考えられる。この時期の人びとは土器を利用しないことから粘土の産地と頻繁にアクセスする必要性が低下したが、宮古島を除く八重山列島の島々では石器素材に主として山地島産出の石材を利用していたことから、下田原期と同様にある程度は山地島を中心とした移動を繰り返すようなネットワークを維持していたものと考えられる。

一方で、宮古島での山地島産出石材を利用した石器の出土はごく僅かで、山地島との結びつきを示す要素が少ない。宮古島の遺跡では、人がいない期間を挟んで断続的に同じ場所が繰り返し利用された痕跡も確認できることから、人びとはこの比較的大きなサンゴ島の中で移動を繰り返しながらも継続的に生活していたもと考えることが可能で、貝殻を主とした道具素材の利用もサンゴ島での生活により適応的なものであった。

貝斧は八重山列島の遺跡からも少量出土するが、例えサンゴ島であっても最後まで宮古島のように貝斧の利用が大きく展開することはなかった。つまり、宮古島と八重山列島では長い間異なる道具素材利用の戦略が採用されていたこととなり、これは両地域間における人びととの交流頻度が比較的少なかった可能性を示している。宮古島・八重山列島どちらの人びとも、二つの地域間でのヒトやモノの行き来をそれほど必要としていなかったのかもしれない。

フィリピン南部などとの文化関係が注目されている無土器期の人びとだが、生業や道具の器種、島々を移動しながらの生活など、実は生存の基盤になる要素にはそれ以前の下田原期と共通する部分も多い。前述の周辺地域との関係も踏まえると、全く別の文化集団が入れ替わるようにして移住してきて無土器期の文化が成立したと考えるだけでなく、下田原期から継続して展開した部分が少なからず存在していると捉えることも可能である。

太平洋のリモート・オセアニアにおいても、サンゴ島へヒトが移住する過程で土器が利用されなくなる事例が存在しており、その背景の一つとして、「土器粘土の乏しいサンゴ島環境に適応していく過程で、人びとの文化的な選択として土器が失われた」との解釈が示されている〔印東 二〇一二〕。宮古・八重山諸島でも貝殻や動物骨を利用する道具作りなど、サンゴ島へ適応しようという人びとの工夫が生まれており、多様な島嶼環境へ適応する過程の一つとして土器が利用されなくなったという可能性は、この地域でも大いに考え得るものである。貝斧に関しても、サンゴ島で有益な道具素材利用として見れば、このような環境適応手段の一つとして捉えることもできるだろう。リモート・オセアニアにおいても、貝斧は実際に採用された道具利用であった。

いずれにせよ、無土器期の人びともそれ以前の下田原期と同様に、海を越えて島々を移動して海岸沿い居住し、特定の生業にこだわらず海産資源や陸産資源を獲得して生活を営んでいたことは確かである。そして、彼らの生活も海との結びつきが強い一方で、それ以前の下田原期と同じく「専漁型」や「半農半漁型」からなる「海人」とまで言い切れる要素は確認できない。つまり、彼らもより広い枠組みでの「海民」的なイメージで捉えられる人びとであったと言える。

加えて、無土器期においても周辺の沖縄諸島や台湾・フィリピンとの間で頻繁にヒトやモノが行き来するような関係は展開しなかった。宮古・八重山諸島を構成する島々の中では移動を繰り返していたものの、それは下田原期と同じく基本的には資源獲得や生存と結びついた移動に基づいて比較的近くの島々を繋ぐ「島嶼間ネットワーク」

であり、あくまでも本諸島内に限定された動きであったのである。

第5節　宮古・八重山諸島の先史時代における「海民的」人びととネットワーク――

約三～二万年前に初めて宮古・八重山諸島へと辿り着いた人びとについては未だ謎に包まれた部分が多い。しかし、少なくとも約四三〇〇年前以降のこの地域に継続的に居住した人びとに関しては、下田原期の古い年代の遺跡や一部の遺跡での動物利用が明確ではないものの、サンゴ島に立地した遺跡や、その後の無土器期の遺跡を見る限りでは、海岸線に居住しながら島々を移動し、海や陸の資源を利用する食糧獲得を軸とした生活を営んでいたことが読み取れる。ただ、このような海との結びつきが見られる一方で、陸獣資源に特化した狩猟や、遠洋まで進出しての漁撈は行っておらず、特定の生業に特化・依存していた様子や、半農半漁の生活様式を確立していた様子は確認できない(6)。この姿は幅広い意味をもった「海民」に近いと言えるものだが、それでも中近世の海民とは歴史的に同一ではないことを考えると、ここでは「海民的」人びととして表現するべきであろう。

そして、この「海民的」人びとは、周辺地域の大きな人類集団や文化の動きの狭間にあたるようなマージナル（境界的）な地域で生活を営んでいた反面、どの周辺地域・文化との間においても恒常的にヒトやモノが行き来するような関係を展開することはなかった。彼らは海と結びついた生活を営んでいたものの、広範囲の地域との間で交流や交易を行い、それに基づく地域間ネットワークを構築する海の民とはならなかったのである。

しかし、このような周辺地域との閉じた関係の一方で、先史時代の人びとは宮古・八重山諸島の島々の間を移動しながら生活を営んでもいた。その移動は、考古学的証拠から見る限りでは、食糧の獲得や生活に必要な道具素材の獲得などに結びついており、島を移動して多様な環境・資源にアクセスすることは人びとにとって必要不可欠であったように考えられる。それは言わば、この地域で生存するために必要な最低限のネットワークであったとも考えることができる。

一方で興味深いのは、宮古・八重山諸島の先史時代の人びとは時間を経る中で、時には特定の道具の利用を喪失したり、道具の素材を環境に適したものに切り替えたりするなど、既存の移動経路・ネットワークを拡大して展開させていくどころか、むしろ削減する方向にも見える行動をとっていることである。そして、それは結果的に無土器期における宮古島と八重山列島の道具素材利用の違いというローカリティ（地域性）へと繋がることとなった。海上を行き来する行為は陸上とは異なり多くの危険が伴い、そのネットワークを維持するのには労力やコストもかかる。そう考えると、人びとはできるならそのようなリスクやコストを負わずに生活したかったのかもしれない。

それを反映するように、宮古・八重山列島の先史時代の人びとの移動は島の外へと積極的に出て行こうとする推進力をもつものではなかった。彼らの生活様式からは海とは切っても切れない海民的な性格が読み取れるものの、その反面、外洋に漕ぎ出して海を広く移動する漂泊民のような海民とはならなかった。この背景には、人びとが安全な遠洋航海を可能とする航海技術を持っていなかった可能性も考えることができる。しかし、裏を返せば、この地域の先史時代の人びとは、遠洋を航行し広範囲の地域や集団を結ぶ優れた航海技術やネットワークが存在しなくとも、長い間生存することができたということである。

おわりに――「海民的」人びとのその後と、彼らのネットワークが教えてくれること

文化的狭間にありながら孤立的だった宮古・八重山諸島において、その周辺の地域との関係が大きく変化していくのは、紀元一一世紀後半～一二世紀に入ってからのことであった。この時期は東シナ海で日宋《にっそう》貿易が展開し、そ

の間接的な影響を受ける形で日本列島から沖縄諸島へもさまざまなモノが運ばれ、後にグスクと呼ばれる構造物に代表される文化が展開した。宮古・八重山諸島もこうした北からの影響と、沖縄諸島のグスク文化の影響を受け、土器利用文化の再登場、比較的堅牢で規格性のある住居の構築、栽培作物や家畜技術の伝播、貿易陶磁器の搬入など、大きな文化変容が生じていくこととなった〔第9章参照〕。この一一世紀後半以降の状況と比べると、それ以前の先史時代が周辺地域から孤立していた様子は、より際立っていたように見える。

一一世紀後半〜一二世紀以降の東シナ海におけるヒトやモノの動きやネットワークの広がりは、それまで活動や移動が基本的に宮古・八重山諸島の中に限られていた人びとが、積極的に周辺地域へ広がりや交流を求め始めたとするよりも、日本列島からユーラシア大陸や周辺島嶼部を含めた東アジア社会全体の大きな動きと連動し、宮古・八重山諸島がその潮流へと飲み込まれていったと考える方が理解しやすい。周辺の地域から多くの物質文化が持ち込まれ、それまでの無土器期の生活を支えた石蒸し焼き調理や貝斧といった文化的特徴が消滅し、約四三〇〇年前から大きく変わることのなかった魚貝類やイノシシなどを中心とした食糧利用事情が、イネ科などの農耕作物やウシ・ウマなどの家畜が加わったものへと変容していったことは、その構図をよく表す要素であると言える。

宮古・八重山諸島の先史時代の人びとは、比較的海と結びついた生活を送りながらも特定の生業に依存することはなく、また「半農半漁」の生活様式を示す明確な姿も見られないという、幅広い枠組みである「海民」的なイメージで捉えられる人びとであった。ただ、彼らは利用可能な資源を幅広く使用しており、見方によっては「半農半漁」に繋がるような「柔軟性のある生業戦略」を採っていたとも考えることができる。そのような彼らの持つ海域ネットワークは、比較的狭い島々の間の移動に基づくものであった。それは、考古学的なデータから見れば、少なくとも生存や生活に不可欠な資源に関わるネットワークであったと捉えることができる。

彼らの物質文化は一一〜一二世紀頃を境に大きく変容していくこととなるが、農耕作物や家畜利用の痕跡が確認できるようになる一方で、必ずしもそのような陸上の食糧生産のみに依存した社会へと変化したわけではなく、先史時代と同様に海産資源も利用しながら柔軟に生活を営んでいた。この一一世紀以降の人びとの生活とネットワークがどのようなものであったかに関しては次章を参照していただきたいが、先史時代からの変化に目を奪われがちである一方で、生業の柔軟性など先史時代と共通する要素があることにも注目してみるとおもしろい。

特に興味深いのは、一一世紀以降にも大陸の王朝や日本列島、朝鮮半島などとの間である種マージナルな位置に存在していた宮古・八重山諸島において、そのネットワークが一見すると周辺世界と連動して外に開かれたように見えるものの、実はその後も拡大を続けていくわけではなく、時には地域的な小さな纏まりへと収縮し、その結果として地域ごとのローカリティが形成されていったということである。これは、断片的には外から持ち込まれた要素が存在するものの、基本的に周辺地域からは孤立的で、結果としてローカリティが発揮されることとなった先史時代の状況と共通する部分がある。すなわち、この一一世紀以降の人びとのネットワークに関しても、先史時代にその原型的ともいえるような要素が認められるということになる。

結局のところ、この東シナ海南部の小さな島々に生きた人びとにとっては、どの時代においても広範囲の地域に跨り、頻繁にヒトやモノが移動して交流するようなネットワークは、少なくとも生存する上では必要不可欠なものではなかったということであろう。そこからは、海域におけるネットワークとは広範囲であることや拡大することに常にメリットがあるとは限らず、状況によっては縮小する方向性すらもつものであるということを読み取ることができる。そして、それは結果として物質文化などに表れる文化的なローカリティへも繋がっていくのである。

注

（1）沖縄島南部の港川フィッシャー遺跡で見つかった化石人骨に付けられた名称。人骨が出土した地層が約一万六〇〇〇年前の年代を示し、全身骨格が復元できるほどの人骨が見つかっている。

（2）沖縄諸島では石英を素材に用いた石器の可能性も示されているが［山崎 二〇一五］、これらがどの地域の文化や集団と結び付くかに関しては解明されていない。

（3）ダイジョやトゲイモなどイモ類が栽培されていた可能性も指摘されているが［石垣市総務部市史編集課 二〇〇九、四一頁］、それを示す明確な証拠は見つかっていない。

（4）石垣島の遺跡では動物遺存体の出土が確認できない［石垣市教育委員会 一九九七］、あるいは他の遺跡に比べて動物遺存体の出土数が少ない［沖縄県教育委員会 一九八〇］。これに関しては、その遺跡での動物利用が少なかった可能性に加え、発掘地点と当時の人びとのゴミ捨て場のような場所が異なっていた可能性や［石垣市教育委員会 一九九七］、これらの遺跡が立地している地域の土壌が酸性を示す［大城・浜川 一九八一］ことから有機物が分解されてしまった可能性なども考えることができるが、現時点ではいずれの可能性も支持する明確な証拠が欠けている状況にある。

（5）この時期は海岸線が後退し、ほとんどの遺跡が砂丘地に立地して砂層に埋没するため、土層に埋没した遺跡に比べて動物遺存体が残存しやすい状況にあった可能性も考えられる。また、この時期はサンゴ礁がより発達する時期にもあたることから［小林ほか 二〇一三］、本島嶼環境全体で生息する貝類の種類や総数が下田原期と比べて豊富になった可能性もある。

（6）この点は、現在見つかっている「痕跡」から当時の人びとの姿を間接的に復元する考古学的方法の限界でもあり、今後の新しい「発見」によって、より「海人」的な要素が確認される可能性も残されている。

参考文献

安里嗣淳　二〇一〇「南琉球の先史文化と東南アジア」『南海を巡る考古学』今村啓爾（編）、一五九〜一八二頁、同成社。

石垣市教育委員会　一九八七『崎枝赤崎貝塚』石垣市教育委員会。
――　一九九七『名蔵貝塚ほか発掘調査報告書』石垣市教育委員会。
石垣市総務部市史編集課　二〇〇九『有土器から無土器へ――先島諸島先史時代無土器期のくらし――』石垣市。
印東道子　二〇〇二『オセアニア　暮らしの考古学』朝日新聞社。
――　二〇一一「土器文化の「生態」分析　粘土から「もの」へ」『ものの人類学』床呂郁哉・河合香吏（編）、九一～一一〇頁、京都大学学術出版会。
大濱永亘　一九九九『八重山の考古学』先島文化研究所。
沖縄県教育委員会　一九八〇『石垣島県道改良工事に伴う発掘調査報告書　大田原遺跡・神田貝塚・ヤマバレー遺跡』沖縄県教育委員会。
――　一九八六『下田原貝塚・大泊浜貝塚―第1・2・3次発掘調査報告』沖縄県教育委員会。
大城喜信・浜川謙共　一九八一『よみがえれ土：沖縄の土壌とその改良』新報出版。
沖縄県立埋蔵文化財センター　二〇一三『白保竿根田原洞穴遺跡――新石垣空港建設工事に伴う緊急発掘調査報告――』沖縄県立埋蔵文化財センター。
――　二〇一七『白保竿根田原洞穴遺跡　重要遺跡範囲確認調査報告2――総括報告編――』沖縄県立埋蔵文化財センター。
国分直一　一九七二『南島先史時代の研究』慶友社。
後藤明　二〇一〇「『海人・海民』論と造船について」『国際シンポジウム報告書Ⅰ　海民・海域史からみた人類文化』、一六七～一七二頁、神奈川大学。
小林竜太・山口徹・山野博哉　二〇一三「リモートセンシングによる石垣島サンゴ礁形成史の地域差推定――先史資源利用研究に向けて」『考古学研究』六〇巻第二号、五五～七二頁、考古学研究会。
島袋綾野　二〇〇二「波照間島下田原貝塚採集の石器資料」『南島考古』二一号、三七～四八頁、沖縄考古学会。
高宮廣衞・知念勇〔編〕　二〇〇四『考古資料大観』〔第一二巻　貝塚文化後期〕小学館。
田中和彦　二〇一三「ルソン島北部における新石器時代から金属器時代の土器編年と人びとの移動」『古代文化』第六四巻第四号、八五～九七頁、古代学協会。

宮城弘樹　二〇一二「八重山諸島の開元通宝」『先島地域における先史時代の終焉とスク遺跡出現に関する研究――研究成果報告書――』第三九回三菱財団人文科学研究助成 人文科学三一、一三～二二頁、三菱財団。
目崎茂和　一九八五『琉球弧をさぐる』沖縄あき書房。
盛本昌広　二〇〇九「海民という概念」『海と非農業民』神奈川大学日本常民文化研究会（編）、一三七～一四八頁、岩波書店。
山極海嗣　二〇一五a「琉球弧西縁地域における土器文化の継続性と断続性」『継続性と断続性――自然・動物・文化――』池田榮史［編］、五七～七六頁、琉球大学考古学研究室。
――　二〇一五b「宮古・八重山諸島無土器期における地域間変異と生態資源利用」『物質文化』九五号、一五三～一七〇頁、物質文化研究会。
山崎真治　二〇一五『島に生きた旧石器人 沖縄の洞窟遺跡と人骨化石』新泉社。
山崎真治・仲里健・仲座久宣　二〇一二「胎土分析から見た下田原式土器」『沖縄県立博物館・美術館紀要』五号、三七～五〇頁、沖縄県立博物館・美術館。
横尾昌樹　二〇一四「貝塚時代前2期の土器編年について――室川下層式土器の研究を主体として――」『琉球列島先史・原史時代における環境と文化の変遷に関する実証的研究 研究論文集』［第一集］新里貴之・高宮広土（編）、三一～四六頁、六一書房。
劉益昌　二〇〇二『臺灣原住民史　史前篇』國史館臺灣文獻館。
Bellwood, P. 2011. Holocene Population History in the Pacific Region as a Model for Worldwide Food Producer Dispersal. *Current Anthropology* 52（4）: S363-378.
Fujita, M. et al. 2016. Advanced Maritime Adaptation in the Western Pacific Coastal Region Extends Back to 35,000–30,000 Years before Present. *Proceedings of the National Academy of Sciences* 113: 11184-11189.
Pearson, R.J. 1969 *Archaeology of the Ryukyu Islands*. Honolulu: University of Hawaii Press.

第9章

中世・近世期における八重山諸島とその島嶼間ネットワーク

島袋綾野

はじめに

沖縄県でも南に位置する八重山諸島は、最西端の与那国島、最南端の有人島である波照間島を含む（図9―1）。八重山諸島で最も人口が多いのは石垣島で、県外からの直行便を受け入れる石垣空港や、県外や海外からの大型クルーズ船が寄港する石垣港があり、同諸島の経済の中心的な役割を担っている。しかしながら、島の歴史や文化といった点においては、必ずしも石垣島が中心ではない。それぞれの島に各時期の先史遺跡が分布し、伝統的な祭祀行事も、それぞれに個性を見せる。

当然、島は海で隔てられている。島に暮らす人びとは、先史時代から近世に至るまで、生きていく上で海との関わりを持ち続けている。それは、食料の調達であったり、岩石や樹木等資材を求めて島嶼間を行き来する行動に現れ、これらは遺跡から出土する遺物が同一文化圏を示していることでも証明される。その点においては、広義の海民と位置づけられる。本章では、島嶼間を行き来する人びとの海の利用から、八重山諸島における小範囲の海域ネットワークについて考える。

前章でも触れたように、先行研究においても、八重山諸島の先史時代の物質文化は、沖縄本島や周辺離島とも異なることが指摘されてきた。その源流を探るべく研究は進められているが、未だ諸説を検証する段階である。本章で主に対象とする中・近世期やそれ以降の時代についても、土器を中心とした型式学的研究が進められているものの、各時期を概観・総括した考古学的研究は、あまり進んでいない。

図9-1　八重山諸島を構成する島々と新里村期の主な遺跡。

　そこで、本章ではまず、考古学的な時代区分をベースに、主に中・近世期の八重山諸島と他地域との接触の痕跡を紹介し、その中で見えてくる、ローカルなネットワークの存在を探ってみたい。具体的には、八重山諸島の中・近世期にあたる考古学的状況を踏まえつつ、近現代の事例も含めて検討する。

　八重山諸島の考古学研究では、前述したように沖縄本島以北とは異なる編年で各時期が示されてきた。前章で紹介された先史時代期も含めて、これを整理したのが表9―1になる。このうち、ここでは中・近世期にあたる①新里村期、②中森期、③パナリ期、の三つの時期における考古学的状況を整理してみたい。

　その前に簡単に各時期の特徴について紹介しておくと、一二～一三世紀の新里村期は、確認されている遺跡数が少なく、代表的な遺跡としては石垣島のビロースク遺跡と竹富島の新里村東遺跡がある（図9―1参照）。それらの遺跡では、南宋の陶磁器、徳之島産カムィヤキ、長崎産滑石製石鍋等の出土が確認でき、異なる文化圏の要素が出土し

表 9-1　八重山諸島の考古学的編年と主な遺物・遺跡群。

編年			土器	石斧・貝斧	陶磁器・開元通寶	立地・石垣	主な遺跡
先史時代	旧石器時代	（参考） ^{14}C20416 ± 113 ^{14}C18752 ± 100 ^{14}C15751 ± 421					白保竿根田原洞穴
先史時代	（先土器文化の可能性？）						
先史時代	下田原期	（参考） ^{14}C4250 ± 50 ^{14}C3970 ± 95 〜 ^{14}C3290 ± 90 ^{14}C3280 ± 100	下田原式土器	石斧	無し	砂丘後背の微高地	下田原 仲間第二 大田原 ピュウツタ
先史時代	（未発見の空白期）						
先史時代	無土器期	（参考） ^{14}C1770 ± 85 ^{14}C1770 ± 70 〜 12 世紀前半	無し	貝斧 石斧	開元通寶 中国陶磁器（北宋末）が僅かに出土 徳之島産カムィ窯須恵器	砂丘	仲間第一 大泊浜 崎枝赤崎
歴（原）史時代	新里村期	12 世紀 〜 13 世紀	新里村式土器 ビロースク式土器	石斧僅か	中国陶磁器（北宋末〜南宋）が少量出土	丘陵上や平野石垣無し	新里村東 ビロースクの 2・3 層
歴（原）史時代	中森期	13 世紀末 〜 17 世紀初	中森式土器	無し	中国陶磁器（元〜明）が大量出土	丘陵上や平野石垣が登場	鳩間中森 フルスト原 新里村西 花城村
歴（原）史時代	パナリ期	17 世紀 〜 19 世紀	パナリ焼	無し	湧田・壺屋陶器や八重山陶器が出土	近世の廃村や現村落	新城島

石垣市総務部市史編集課 2007 を参考に作成

ている。これらは、本州や九州と琉球列島との人的交流が、八重山諸島にも拡大した考古学的証拠であろう。同時に、この三種類の遺物は、ほぼ同時期に沖縄諸島の遺跡でも出土している［沖縄県教育委員会 一九八六］。

これらの文物が持ち込まれた事実は、宮古凹地の海域が初めて越えられたのが無土器期の終わりから新里村期の初めにかけてであり、「先島諸島と沖縄諸島が同一文化を共有」［木下 二〇〇三、一二一］したことも示している。またそうした状況下において、北方面から稲作文化の導入があったと考えられている。実際、新里村期の遺跡からは、炭化米や炭化麦、イネのプラント・オパールの検出が確認されている。

一三世紀末から一七世紀初頭にあたる中森期になると、多くの中国産陶磁器が移入されるが、これらの多くは公の交易によるものではなく、私貿易によるものとも推察されている。これらの中国産陶磁器は、盤や酒器などの出土が僅少で、碗や皿などの日用雑器が多い傾向がある［石垣市二〇〇八］。陶磁器の出土量は、他県に比して多い。これら中国産陶磁器が、遺跡の規模の大小やその性格（集落か官衙か等）を問わず出土することは、琉球列島の特徴でもある。相当な量の中国陶磁器が八重山諸島を含め、この時期の琉球列島に流入したことを示している。またこの時期の遺跡には、二メートルを超える高さの石積みで囲われた遺跡も出現する。これらの遺跡は、沖縄諸島に見られる「グスク」と比較されることもあるが、集落跡であるとの見解が一般的である［国立民俗学博物館一九九九］。

一七世紀以降のパナリ期は、いわゆる琉球近世期に相当する時代である。その期間は、概ね一六〇九年の薩摩侵攻から一八七一年の廃藩置県までと捉えられる。パナリ期には、中国産陶磁器の出土が激減するいっぽう、九州産の陶磁器の出土が目立つようになる。これは、中国本土の国政の状況もさることながら、江戸、薩摩といった琉球支配の様相が、八重山諸島にまで及んだことも大きく影響しているようだ。

このように八重山諸島における中・近世の各時期には、少なからず外部からの接触があったことは間違いない。しかし、型式変化はありながらも近世になるまで土器を焼き続け、それらのほとんどは、八重山諸島という狭いエリア内で消費されているのも事実である。このことを踏まえつつ、ここではそれぞれの時期における八重山諸島でのネットワークを探るために、考古遺物の出土状況について、より詳細にみていく。その検討から、何がもたらされ、何が変化し、かつ何が変わらないのか、その根底にある地域性と人びとの活動―ネットワークについて試案してみたい。

第1節　前提となる沖縄諸島の状況

八重山諸島で、新里村期〜パナリ期に当たる時期、沖縄諸島の考古学では、いわゆるグスク時代〜第二尚氏王朝（琉球王朝）の後期である。一一世紀頃に先史時代が終わり、一四世紀にはいわゆるグスクが築かれる。一五世紀初頭には、尚巴志により三山が統一されるが、この一四世紀から一五世紀にかけての琉球は、海上交易が活発化し、多くの中国産陶磁器が諸島内に持ち込まれた。琉球王国成立後に確立した明国（中国）との冊封・進貢体制により、琉球王国の船は、たびたび明国を訪れている。その交流の中でもたらされた文化は、今なお、「沖縄独特の文化」として、人びとの生活（食や祭祀行事の分野）に浸透している。

また、沖縄諸島での稲作文化は、一〇世紀頃には雑穀栽培が開始された可能性が高い［甲元 二〇〇三、高宮 二〇〇三、那覇市教育委員会 一九九六］。先史時代の終末期であり、グスク時代前夜である。沖縄諸島では、生活基盤を変えるほどの変化が、この頃には確認されている。先史時代より多くの外部からの接触が確認されている地域であるが、グスク時代に移り変わる時期には、北方からの影響が顕著となる。稲作文化の導入も、接触によってもたらされた、一つの要素だと考えられる。

近世期の琉球は、一六〇九年の島津侵攻で、外部圧力による変革が余儀なくされた。これは、朝鮮出兵により疲弊した豊臣秀吉からの二度目の食糧調達要請を、琉球王国の尚寧王が断ったことが契機となった。その後、関ヶ原の戦いに勝利した徳川家康が幕府を開くと、敗れた西軍に属したものの領地の所有を継続できた薩摩藩は、琉球が礼を欠いたことを直接の理由に、琉球侵攻の許可を幕府に求めた。琉球を介した対外交易の利権獲得を、画策したのである。その波は宮古・八重山諸島にも押し寄せ、薩摩、琉球王国という二重支配体制の末端に置かれた。

薩摩藩は、侵攻からわずか二年後の一六一一年には検地を実施し、琉球の石高を掌握している。後に、諸税徴収の方法として課せられたのが、いわゆる人頭税制度である。その始まりは諸説があるが、少なくとも一七世紀前半には実施されていたようである。八重山諸島では、一六五九年に定額人頭税になるが、これは、八重山全体の上納高を、耕地や人口の増減・気象の変化などに関係なく一定にする制度であった。

第2節　中世期における八重山諸島

1　新里村期の遺跡と主な出土遺物

新里村期は、竹富島の新里村遺跡を指標とするため（図9―1）、この名称がついた。先述したように、新里村期の遺跡数は少なく、石垣島と竹富島で確認されている〔石垣市 二〇〇九〕。その少なさは、これに先行する無土器期の遺跡数と比較すると、一〇分の一にも満たないことからも指摘できよう。しかし、石垣島のビロースク遺跡や竹富島の新里村東遺跡、カイジ村遺跡の発掘調査により、先史時代が終わり、再び土器を作り始める「変革の時期」という点で、重要であることは明らかである。

遺跡数が少ないため判然としない部分もあるが、新里村期の遺跡は、海岸に近い石灰岩台地上や砂丘後背の平地などに立地している。この時期、屋敷囲の石垣は見られず、その他の遺構としては、新里村東遺跡で土留めの石積みが確認されている〔沖縄県教育委員会 一九九〇〕。同遺跡のC―22・D―25の西壁の層序から、生活層であるⅡ層が、土留めの石積みの上に堆積している状況が確認されている。このことから、整地した後に、集落を形成したことがわかる。建物の形態としては、ビロースク遺跡〔石垣市教育委員会 一九八三〕で円形状平地住居跡が、新里村東遺跡やカイジ村跡遺跡等で、方形の掘立柱建物跡が検出されている。

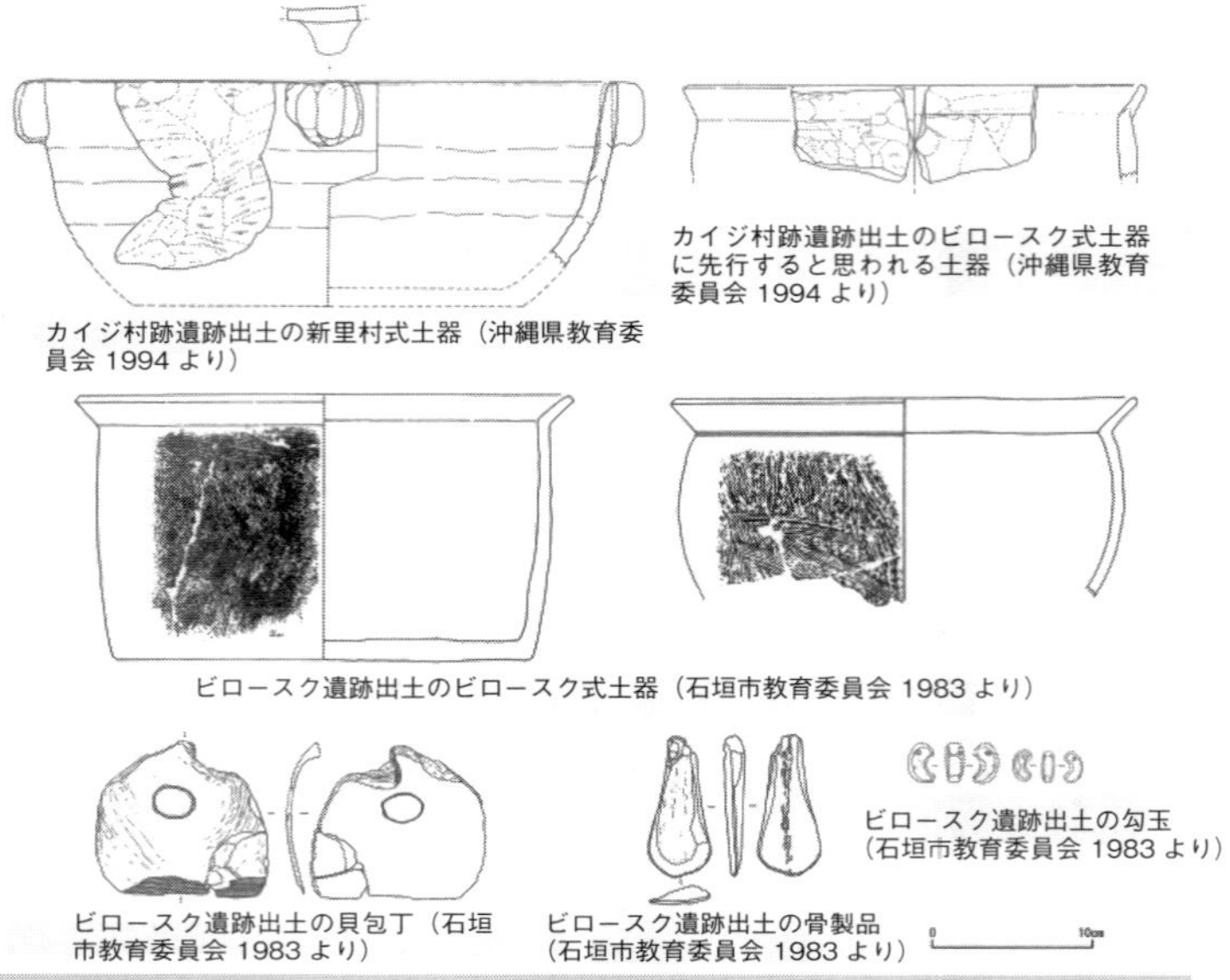

カイジ村跡遺跡出土の新里村式土器（沖縄県教育委員会 1994 より）
カイジ村跡遺跡出土のビロースク式土器に先行すると思われる土器（沖縄県教育委員会 1994 より）
ビロースク遺跡出土のビロースク式土器（石垣市教育委員会 1983 より）
ビロースク遺跡出土の貝包丁（石垣市教育委員会 1983 より）
ビロースク遺跡出土の骨製品（石垣市教育委員会 1983 より）
ビロースク遺跡出土の勾玉（石垣市教育委員会 1983 より）

図 9-2　新里村期の土器やその他の遺物。

墓は、石垣島のビロースク遺跡で確認できる。新里村東遺跡では、五体の人骨出土の記載はあるが、いずれも保存状態が悪く、遺構についての詳細は不明である。なお、ビロースク遺跡で出土した人骨の頭位は、後述する中森期に見られるような、民俗方位の西枕を意識していないようだ。これは、死者に対する宗教上の枕の位置（北・西枕）が、この時期にはまだ意識されていなかったことを示唆しており、埋葬遺構が出土した際の、時期的な判断基準になる。現在はまだ検証例が少ないため指摘に留めておくが、この点も外部との接触の強弱を判断する基準となるかもしれない。

新里村期の土器型式としては、ビロースク式土器と新里村式土器の二つが知られる〔金武 二〇〇九、一九〕。ビロースク遺跡の発掘調査は一九八二年に実施され〔石垣市教育委員会 一九八三〕、その際に、複数の遺物包含層が確認された。このうち、新里村期にあたるのは第Ⅱ層と第Ⅲ層である。調査では、後述する中森式土器とは異なる口縁形態を持つ土器が出土し、後に、金武正紀によってビロースク式土器が型式設定された〔金武 一九九四〕。ビロースク式土器は、口縁部が「く」の字に折れる特徴がある。胴部は膨らむものと、直線的に平底の底部につながるものとが確認されている（図9—2）。

沖縄県教育委員会が実施した新里村東遺跡の発掘調査〔沖縄県教育委員会 一九九〇〕では、長崎産滑石製石鍋の破片とともに、石鍋を模倣した新里村式土器も出土した。八重山諸島における、こうした模倣土器の登場は、移入された滑石製石鍋に影響を受けたものであろう。また、カイジ村跡遺跡〔沖縄県教育委員会 一九九四〕では、新里村式土器、ビロースク式土器とともに、口縁部が緩く折れ曲がる、ビロースク式土器先行タイプと考えられる資料も報告されている。

滑石製石鍋とともに中国産の白磁や褐釉陶器、徳之島産のカムィヤキなども出土している。これらの移入ルートについては諸説あるが、中国産白磁については、早くから注目され、金武正紀らにより研究が進められてきた〔e.g. 金武 一九八三〕。

その他の出土遺物としては、貝製品（貝錘、貝刃、貝包丁、貝匙、垂飾品、遊具等）、骨製品（骨製利器、骨製尖頭器、骨製装飾品、ヘラ状製品）、石器（石斧、敲打具、石皿、砥石）などが出土している。なお、貝斧は無土器期の特徴的な遺物として把握されているが、新里村東遺跡とカイジ村跡遺跡（未製品、またはハンマーと考えられるもの）から各一点出土している（図9―2）。

これらは、在地性が高い遺物であるが、その他の移入品としては、鉄製品が出土している。新里村東遺跡からは、鉄鍋の破片が一点、カイジ村跡遺跡からは、鉄釘一点（Ⅲ層）が出土している。その他の金属製品としては、ビロースク遺跡からは、中国唐時代の開元通宝をはじめ、おおよそ七世紀～一一世紀頃に鋳造された銭貨が出土した。また、勾玉等の玉類も出土しており、ここからも、九州以北の人びととの接触が確認できる。

このほかに興味深い資料として、ビロースク遺跡から出土した埋葬されたイヌ骨がある〔石垣市教育委員会 一九八三〕。八重山諸島では、古い時代に野生のイヌの痕跡は見つからず、イヌは外部からの接触によってもたらされたものと捉えられる。ビロースク遺跡の報告では、出土したイヌの種は日本犬ではなく、かつ古い時期のものではないとあり、古くから自生していた可能性を否定している。また、近世文書の「慶来慶田城由来記」には、漂着したオランダ船を助けた際に譲り受けた雄雌が、最初のイヌであると記されており、出土したイヌ骨とは数百年の開きがあるが、共通するのは、外部からの移入という点である。

下田原期の波照間島下田原貝塚でも、イヌの牙に穿孔した垂飾品が出土していることから〔沖縄県教育委員会一九八六、六六〕、イヌの登場時期についてはさらに検討が必要だが、ビロースク遺跡で確認されたイヌの埋葬は、この時期までにイヌの生体が持ち込まれたことを示している。なお、下田原期とほぼ同時期のイヌの牙等を利用した製品は、台湾でも出土例があるが（国立台湾史前文化博物館展示資料等）、両者を比較した研究はない。

穀物の栽培に目を向けてみると、ビロースク遺跡の発掘調査では、Ⅱ層から炭化麦と炭化米が出土している。報告書の所見によれば、米は一粒のみで断定できないが、麦作は盛行していた可能性が示唆されている。ビロースク遺跡出土の土器胎土からはイネのプラント・オパールが検出されているが〔宇田津 二〇〇五〕、分析されたのは胴部資料のため、ビロースク式土器かは判然としない。炭化米の出土と併せて考えると、この時期の八重山に稲作が存在していたことは確かであろう。ビロースク遺跡等で出土する貝包丁も、穂摘具としての可能性が指摘されている。なお、沖縄諸島では、稲作の開始期が一〇世紀頃と見られ、八重山諸島の開始期より百年以上早い。

2　中森期の遺跡と主な出土状況

中森期には、先行する時期に比べて、遺跡数が増加するとともに、出土する遺物からは、対外的な交流（交易活動）が盛んになったことも窺える。同時期の各遺跡からは、多くの輸入陶磁器が出土する。また、屋敷囲の石垣が登場するのもこの頃である。なお、在地で記された文書は残されていないが、「朝鮮王朝実録」の一四七七年の記載は、この頃の八重山のものだと比定されている。

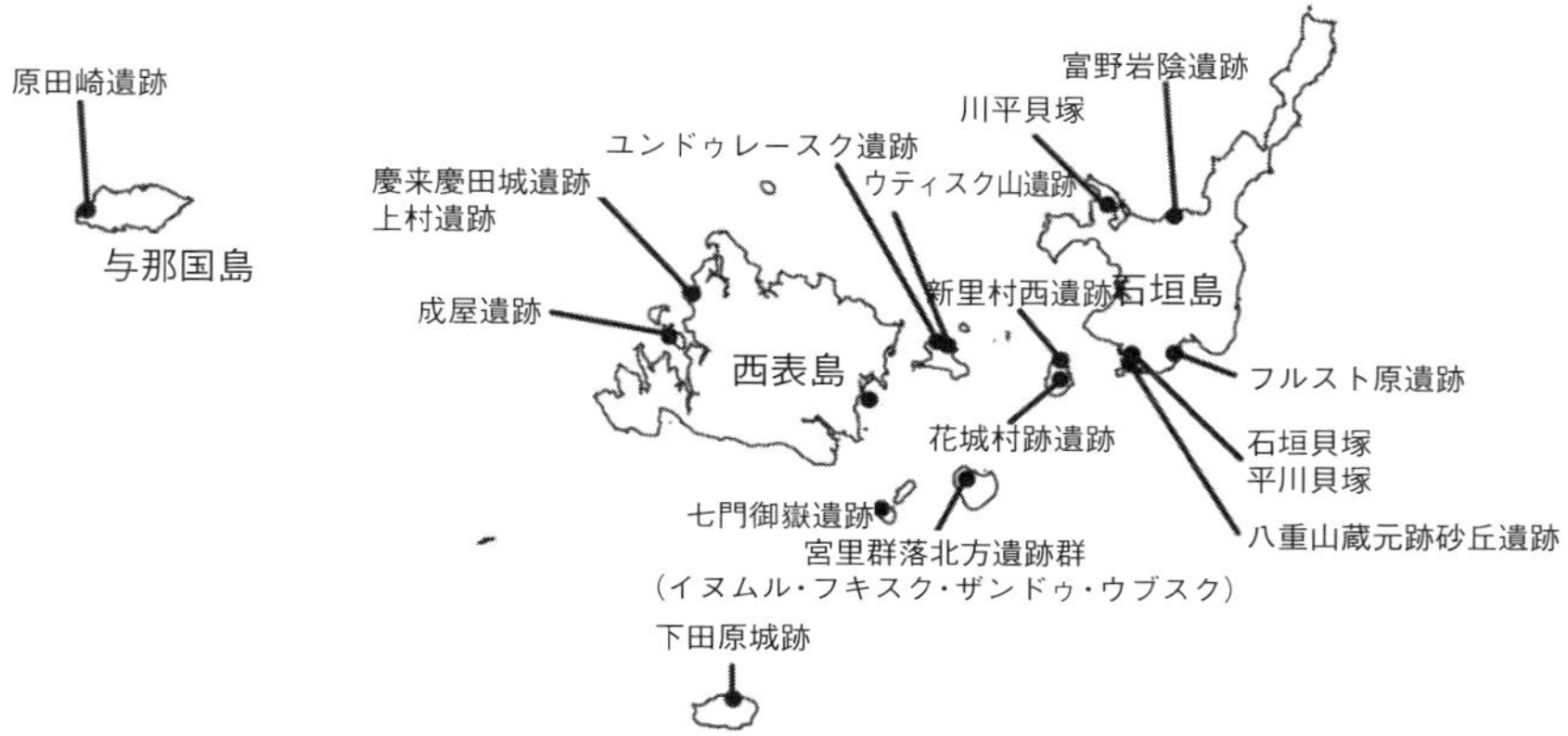

図9-3　中森期の主な遺跡分布図。

この時期は、遺跡数に比例して発掘調査の事例も多い。遺跡は、いわゆる山頂や極端な内陸部ではなく、海沿いの低地に集中している。この傾向は、現代社会にも繋がり、石垣島の四ヵ字（字登野城、大川、石垣、新川）などは、当時から人びとが住み続けている典型的な地域である（図9―3）。

ビロースク遺跡［石垣市教育委員会　一九八三］や新里村西遺跡［沖縄県教育委員会　一九九〇］の調査などから、八重山諸島においても一四世紀頃から石垣が登場することがわかっている。屋敷囲の石垣には、①“細胞壁状”と表現される、いくつもの屋敷跡が連なった形態のもの（新里村西遺跡や花城村跡遺跡、フルスト原遺跡等）や、②中心となる空間を取り囲むように石垣で囲うもの（小浜島ウティスク山遺跡）、③ひとつひとつが独立したもの（黒島の宮里部落北方遺跡群）などがある（図9―4）。

このうち①は、早くから八重山諸島の特徴的集落形態として指摘されたもので［金武　一九九四ほか］、石垣と石垣を結ぶ道路がなく、通用門で結ばれたタイプである。石垣の根石幅はフルスト原遺跡、新里村西遺跡、花城村跡遺跡等の調査により一・八メートル～二メートルもあり、その幅に比例するように花城村跡遺跡（図9―5）や波照間島マシュク村遺跡では、二メートル以上の高さで石垣が現存している。

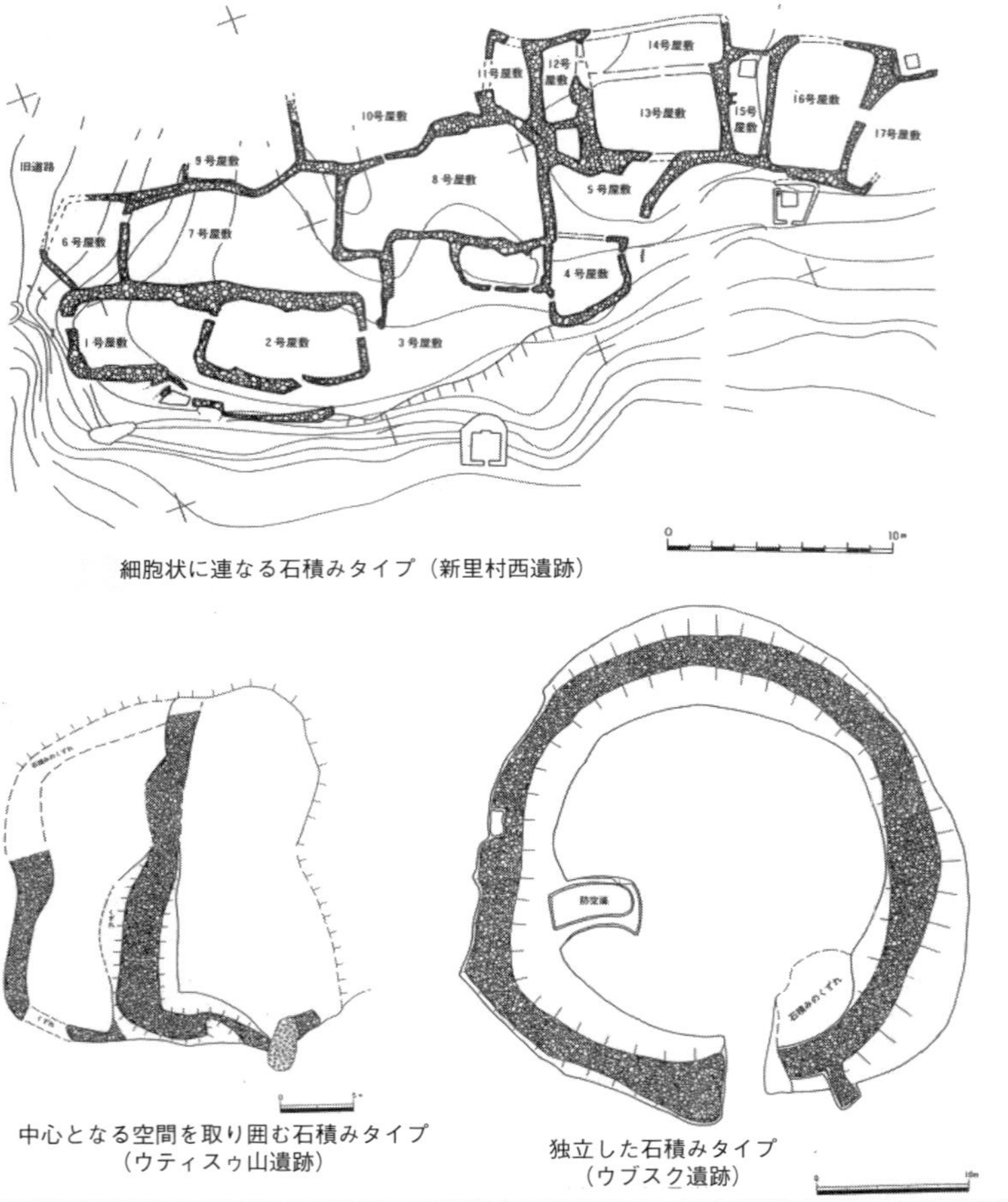

細胞状に連なる石積みタイプ（新里村西遺跡）

中心となる空間を取り囲む石積みタイプ
（ウティスゥ山遺跡）

独立した石積みタイプ
（ウブスク遺跡）

図 9-4　屋敷囲の石垣タイプ。

八重山諸島における石垣のある遺跡について、かつては沖縄本島及び周辺離島に見られるグスクの概念が当てはめられ、一様に考えられていた。しかし、発掘調査が進むにつれ、出土する遺物や石垣の形態の差違が明らかとなり、現在では集落論が優勢になっている。ただし當眞嗣一は、小浜島のウティスク山遺跡や、ユンドゥレースク遺跡などは城郭遺跡であると指摘している［當眞 二〇〇四］。

なお、同時期の遺跡

図 9-5　花城村跡遺跡（左）と土門御嶽遺跡（右）の石垣。

のうち、フルスト原遺跡、花城村跡遺跡に代表される、道路がなくそれぞれの石垣が連結した遺跡は、上村遺跡などの数例をのぞいて、おおむね一四世紀末～一五世紀が中心で、一六世紀初頭には生活層が途絶える傾向が判っている［国立歴史民俗博物館 一九九九］。

住居と思われる遺構としては、フルスト原遺跡で円形状平地住居跡が［當眞 一九八九、二七］、新里村西遺跡［沖縄県教育委員会 一九九〇］等で方形の建物跡が検出されている[1]。また、新里村西遺跡では、高床式の高倉跡と考えられるものも検出されており、農業生産の発達が指摘されている。新里村西遺跡の調査から、明治期に描かれた八重山の古地図（現沖縄県立図書館所蔵）や現在の竹富集落でも確認できる「ひとつの屋敷に複数の建物が建つ」構造は、この時期からとの考察もある［金武 二〇〇四］。

これらの集落遺構には、井戸が隣接して見られる。井戸の形態はウリカーと呼ばれる降り井戸である。これらの井戸は、近世以降も手を加えられながら、利用が続く場合が多い。石垣島平得のパイナーカー遺跡やアラスク村跡遺跡内の新城原井戸、竹富島の新里村東遺跡と西遺跡の間に位置するハナクンガーも同じ事例としてあげられる。

この時期には、墓も多く検出されている。その埋葬形式は土壙墓がもっとも多く、周囲を石で囲った石囲墓、板石墓なども見られる。また石垣島四ヵ村では、成人骨は、民俗方位の西側に頭を向けて埋葬される傾向があることも確認

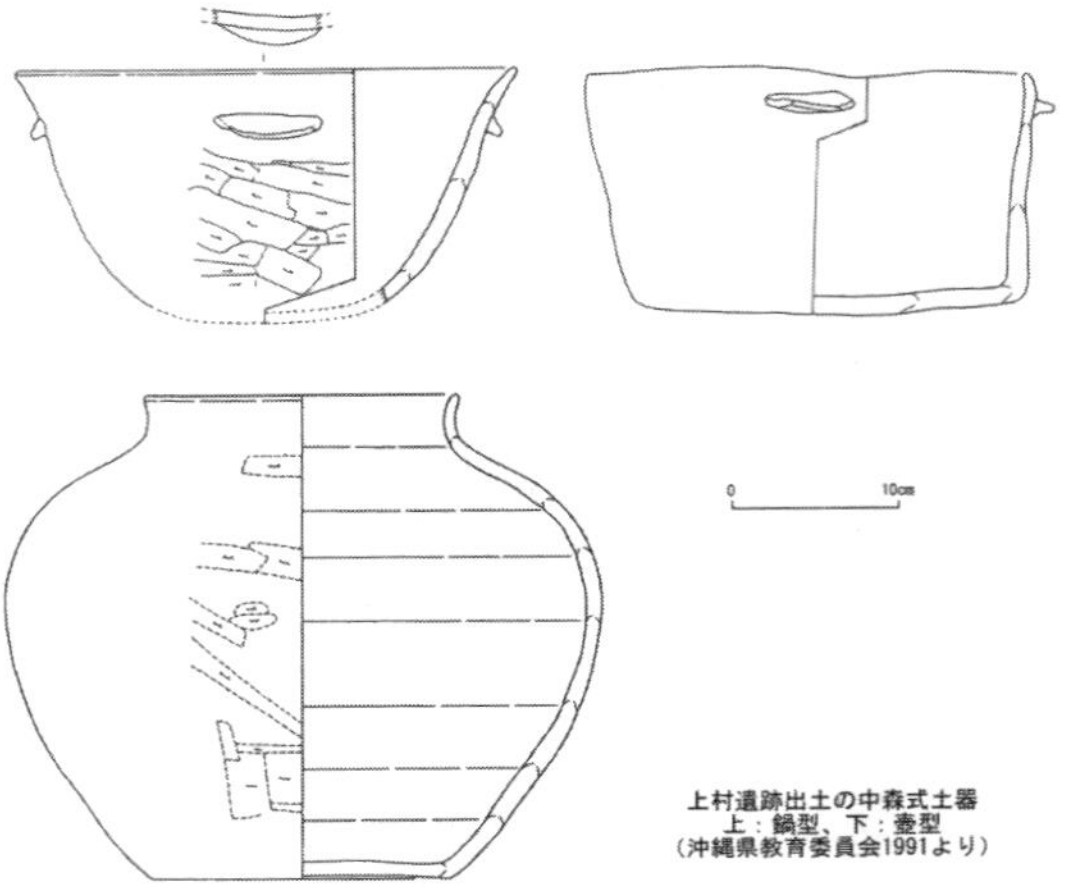

図 9-6　中森期の土器組成。

された。なお、類例は少ないが、石垣島の石垣貝塚に石組墓と報告されたものがある〔石垣市教育委員会 一九九三〕。墓の規模も他の例より大きく、かつ、焼骨を埋めており、スタンダードな墓とは言えない。岩陰墓もいくつかは、同時期に属する可能性があるが、明確な遺物が見られない場合が多く、帰属時期が判然としない場合が多い。

ところで、この時期を代表する土器型式には、中森式土器がある（図9—6）。中森式土器は、新里村式土器やビロースク式土器から型式変化したものと考えられ〔石垣市 二〇〇七、三六〕、壺型土器が登場する以外に外部からの影響は、あまり認識されていない。

しかし、外部からの接触がなかった、というわけではない。実際、中国産陶磁器については、同時期の沖縄本島や周辺諸地域の出土傾向とほぼ同様で、青磁は蓮弁文碗や雷文帯碗、無文の外反口縁碗などのほか、白磁、染付、褐釉陶器等が出土している。なぜ八重山諸島に、これだけの外国産磁器が入ってきたのか。その理由を説明する、明確な学説やルートの研究はまだ少ない。しかし、遺跡から多くの中国陶磁が出土しているのは事実であり、東南アジア一帯まで広がるネットワークの中の一地域として、八重山諸島が存在していたことを物語っている。(2・3)

陶磁器以外にも、刀子、手斧状鉄製品、鉄鍋破片等の鉄製品がもたらされている。出土数は、新里村期に比して増え、西表島上村遺跡［沖縄県教育委員会 一九九二］、石垣島ヤマバレー遺跡［沖縄県教育委員会 一九八〇］、仲筋貝塚［仲筋貝塚発掘調査団 一九八一］などで、簡易な鍛冶があったことを示す鞴の羽口も出土している。「明実録」には、一四世紀代に、琉球が、鉄釜等を欲している様子が記されている。大城慧は沖縄での鉄器流通について、グスク時代（一二〜一六世紀）の後半以降に鉄器が広く使われだしたが、限定された特定階層にとどまり、一般民衆の中に浸透していくのはさらに遅れると想定している［e.g. 大城 一九八三］。あわせて、農具の鉄器化が遅れるとの指摘は、重要である。このほかに、石またはガラス製小玉や勾玉も出土する。これらの製品の移入もさることながら、未成品の出土もあり、文化要素の受容が、この時期に進んだことを指摘できよう。

また中森期には、ウシやウマの骨の出土が増えることも特徴的である。これらも、先史時代には出土しないことから、元々は、移入された可能性が高い。

新里村期にも見られたニワトリやウシのほか、慶来慶田城遺跡からは、イエネコの出土が報告されている［沖縄県教育委員会 一九九七］。同報告書では、沖縄におけるネコの飼育はグスク期以降であり、日本本土とほぼ変わりないとある。しかし、イヌについては、ビロースク遺跡で埋葬されたイヌの骨が出土したのとは対象的に、慶来慶田城遺跡では解体痕を持つイヌの骨が出土しており、「沖縄では基本的にイヌを食べる風習はなかったはず」として、イヌを食べる風習を持つ別の文化との接触が示唆されている［金子 一九九七、一三七頁］。

米や粟の栽培が安定化してくるのも、この時期である。フルスト原遺跡、新里村西遺跡を始め、複数の遺跡で炭化米やイネプラント・オパールの報告があり、稲作がかなり定着していることがうかがえる。分析の結果、それらはジャポニカ種であることが指摘されている［宇田津 二〇〇五］。これは、新里村西遺跡で検出された高倉跡や、遺跡が増える（人口が増加する）要因としても重要である。

一方で、同時期の遺跡には、食料残滓の廃棄場所としての貝塚を形成する例がある。貝塚を形成せずとも、先史時代の無土器期とほぼ同程度の海の利用があったのだろう。これは、農耕社会に入ってもなお、食料の調達においては、海への依存が高いことを示している。

第3節　パナリ期と近世期の八重山諸島

近世期に相当する八重山諸島の土器に、パナリ焼がある［島袋 二〇一一］。その土器の名を取って、パナリ期の名称がある。パナリ焼（図9—7）は、八重山近世に作られた土器である。一般的に新城島で、一九世紀中頃まで焼かれていた土器と説明されている。しかし、新城島には、すべての土器生産を支えるだけの、粘土、燃料、水が十分でない上、胎土分析の結果からしても、新城島のみで焼かれたとは考えにくい［島袋 二〇一一ほか］。

同時期の集落遺跡は八重山諸島各地に残るが、その発掘調査事例は少ない。近世村跡のうち、立地が不便であることなどを理由に廃村になった村は、現在でも雑木に覆われて進入が困難である。しかし、その状況が幸いし、ほとんど人が寄りつかず、開発の対象とならなかったことで、当時の石垣や家の礎石などが残されている遺跡もある。その中で、発掘調査が実施されたのは、西表島上村遺跡［沖縄県教育委員会 一九九二］や石垣島野底遺跡［石垣市教育委員会 二〇一二］である（図9—8）。上村遺跡の調査では、中森期のフルスト原遺跡や花城村跡遺跡などが、およそ一六世紀の前半で生活層が途絶えるのに対し、同じ遺跡内で中森期とパナリ期の層が確認され、その結果、パナリ焼（図9—7）の初現が一七世紀であることを確認している。野底遺跡では、中森期の遺物とパナリ期の遺物、墓などが近接して見つかっていることから、上村遺跡と類する傾向にあったことも考えられる。

同時期の遺跡は、石垣島では野底遺跡、八重山蔵元跡遺跡［石垣市教育委員会 一九九七］のほか、石垣市街地の街路改良工事に伴う複数の発掘調査でも、包含層が確認されている。また、黒石川窯跡［石垣市教育委員会 一九九三］

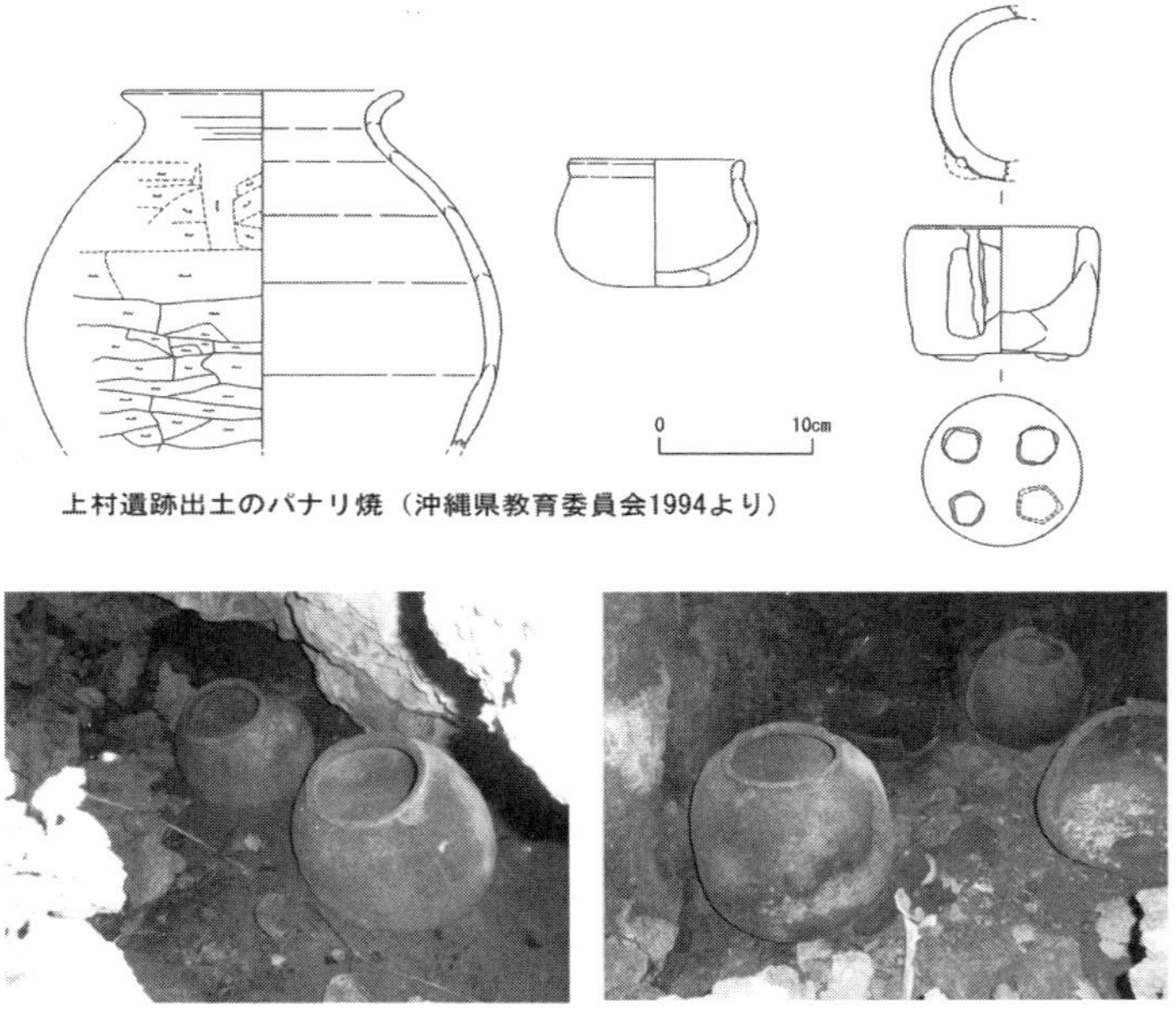

図 9-7　パナリ焼。

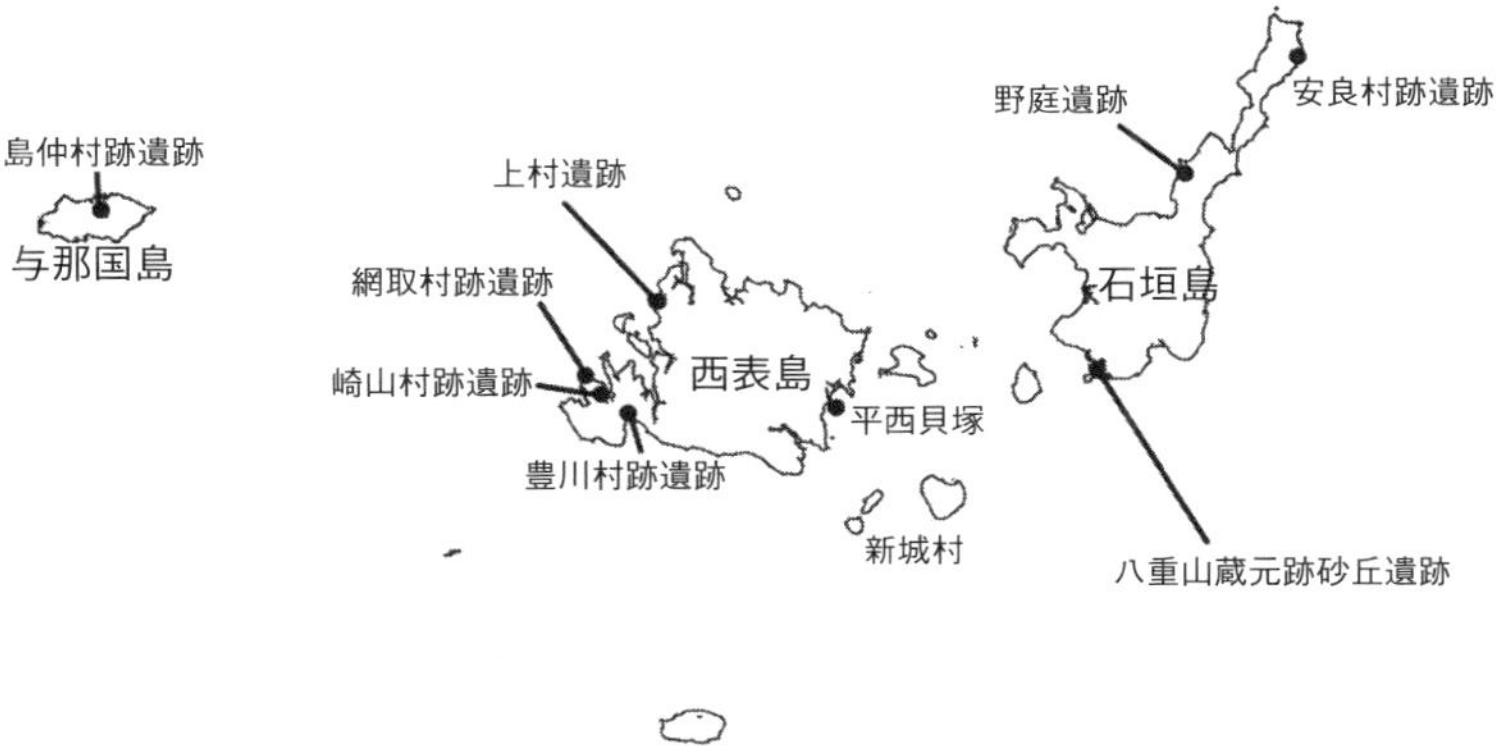

図 9-8　パナリ期の八重山諸島における主な遺跡。

や名蔵瓦窯跡といった生産遺跡の調査も実施され、窯体の検出に成功している（図9―9）。なお、八重山諸島の窯業は、朝鮮系陶工により指導されたことが、史料に残る。近世村跡の学術調査としては、西表島網取遺跡の調査、石垣島安良村跡遺跡の発掘調査も実施されている［東海大学文学部考古学第一研究室 二〇〇七、石井 二〇一三］。

近世パナリ期の村は、海の近くだけでなく、山間にも集落を作る。これは水場があり、水田ができる地理的要素のほかに、集落全面の海に、船が寄せられる津（八重山諸島では、狭義の港ではなく、港に適したリーフの切れ目を含む）があることも大きな理由である。この津の近くに集落を形成するのは、政策的な意図によるものであり、外国船の監視も大きな目的であった。

この時期の屋敷囲の石垣は、中森期と比べると、民俗方位によるズレがあるものの、おおよそ東西南北を走る道路のある集落形態を意識して作られる。また、石垣は中森期に比べると低くなり、根石の幅や高さは、現在の石垣島白保や川平、竹富島、西表島祖納といった集落のそれと比較しても、ほとんど変わらない。この時期には、「北木山風水記」に代表されるように、いわゆる風水師による見聞も記録され、このような外部知識との接触により、集落形態に変化がもたらされた側面もある。

一八世紀になると、諸職に関する史料も残る。近世文書の『富川親方八重山島規模帳』には、

一、木細工・加治細工・畳細工・石細工・木地引細工之儀、村々頭高ニ応シ人数相定不申者第一船作事島用之支罷成候間、其了簡を以村々江右工柄之者見立相働せ候事

と記され、不便がないように、鍛治が巧みな者（得意な者）から選んで働かせるよう指示し、農民が望んだ時に役所でヘラや鍬を調えて渡していたが、品質が悪いので千割鉄を所望する者には素材を渡して、自分で打ち調えさせるようにとも記される（与世山親方八重山島規模帳）。これらの史料からは、外部からの材料の移入や、技術の導入と

いった部分も読み取ることができる。

葬制については、この時期に洗骨の風習が、八重山諸島でも確認できる。おそらく、それに先行して乾燥葬の一つである岩陰等を利用した風葬が定着し、その後、大きな墓室の中でシルヒラシも行う方法へ変化したものと見られる。これは、八重山諸島独自の風習ではなく、琉球列島全域に広がり、死者に対する概念の同化と考えられる。反面、その地理的要因のためか、変化しないものもある。パナリ期、つまり八重山近世を代表する土器に、先述したパナリ焼がある（図9―7）。古文書にも「新城焼」として登場する。現存しているものは、壺や骨蔵器が主であるが、「八重山島諸座御規模帳」（琉球大学付属図書館宮良殿内文庫）に現れるパナリ焼の器種には、「火取、れんかく鉢、かめ、鍋、火爐、風呂」がある。これらの中には、中森式土器にはない器種が見られる。これは、諸文化との接触及び、首里を中心とした地域の、陶工らとの接触から生まれたものであると推察する。

土器の器種の増加とは逆に、中森期に大量に出土していた中国産陶磁器が、激減する。代わりに、九州産陶磁器や沖縄県産陶器の出土が、生活層や墓から確認できる。このことからも、沖縄本島を経由した北からの文化との接触がより活発化したことがわかる。

ほかに、煙管や簪なども多く出土する。これらは生活層からの出土もあるが、墓の副葬品としても多く見られるようになる。煙管を使った煙草文化の浸透も、文物と同じく、北からの習俗の伝播であろう。

なお、沖縄本島にある遺跡から、事例は多くないが、パナリ焼が出土している。しかしながら、これは、八重山諸島からの人の移動がもたらしたものというよりも、人頭税制度などで所望される地域の特産物の中に、パナリ焼が含まれることが原因だろう。那覇市の渡地村跡［沖縄県立埋蔵文化財センター 二〇〇七、那覇市教育委員会 二〇一二］などで出土することからも、八重山諸島から持ち出されたものと考えた方が良いかもしれない。

珍しいところでは、ジュゴンの肉が不老長寿の妙薬として好まれ、首里王府から所望されて、コンスタントに諸島外へ持ち出されていた。同様に、ヤコウガイの殻も持ち出されたものの一つと考えられ、パナリ期の集落遺跡や蔵元跡などから、集中して見つかることもある。ところが、食料残滓としての海の資源については、中森期に比べて出土数は減少する傾向が見られる。

穀物の栽培については、中森期から続くことはもちろん、史料や様々な伝承などからも、この時期に稲や粟、麦、稗といった穀物が栽培されていたことがわかる。特に、「安南」につながる伝承は、稲作と関係していることが興味深い。中には、安南から種籾を持ち帰り、栽培したという拝所（御嶽）の由来もある。しかしながら、遺跡から見つかるイネの痕跡は、ジャポニカであり［宇田津 二〇〇五］、タイ・ベトナムなどの地域で栽培されるインディカは、見つかっていない。八重山諸島の南西方向に位置する地域との接触については、不明な点も多い。

同時期における海産物残滓出土量減少の傾向は、近世八重山における集落形態の変化にも影響しているかもしれない。一方で、政策的な海利用の制限もある。近世においては貝種によって異なる価値を考慮しなければならないと考える。

首里王府が、八重山から調達し海産資源の独占化を図ったとされるホラガイ［真栄平 一九九八］などがそうである。また、夫役の代わりに様々な産物を納めることができ、貝はその重要な品物であった。夫役は労働力によって税を納める方法であるが、指定されたものを代納することによって免除されるのである。

近世集落において出土する貝の偏向は、蔵元跡遺跡でも見られ、貝全体の出土量に比してヤコウガイとシャコガイが多い（実見による）。また、安渓氏の西表島鹿川村跡遺跡の「自然遺物（貝類）の出現数と頻度」表によると［安渓 一九七七］、もっとも多いのはヤコウガイであり、ついで、サラサバティ、ヒメジャコ、シャゴウ、クモガイ、コシダカサザエの順である。このうち、ヤコウガイが四〇パーセント近くを占め、上位六位までが全体の八四パーセント以上を占める。西表島上原村跡にも大量のヤコウガイ、サラサバテイの堆積が見られるとの例［安渓一九七七〕や、黒島の番所跡にヤコウガイが積まれていた例〔山口一九九八〕もある。これらの背景には、ヤコウガイ・タカラガイ・ホラガイなどは、輸出品として重要であり、首里王府が大量に必要としたという事情も反映しているものと思われる〔真栄平 一九九八、木下 二〇〇〇〕。

さらに興味深いのは、真栄平氏が引用した『参遣状』康熙三八（一六九九）年の記録である〔真栄平 一九九八〕。「ホラガイを私的に売買するのを以前から禁じていたが、密売するものがいるので、法度を守るように堅く申し渡す」と記され、王府が独占化を図ろうとした様子がわかる一方で、これらが商売として行われていた事実が見える。このことからも、ある種の貝は労働力を費やすに値する対価的価値を持っていたといえよう。

なお、近世においては農業に従事させるため、人びとが海に行くことを規制する様子も古文書に残る。しかし、矛盾するようだが、海から得られる資源は首里王府にとっても、もちろん人びとが生活していく上でも重要だったのである。ある種の貝は、集中的に集められた状態が遺跡に残るが、また逆に持ち出された場合には遺跡に残らないということも予想できる。近世集落においては生活層に残った偏った貝種の集中も、周辺環境や季節といった自然の要素以外にも検討する必要がある。

近世において、発掘調査の成果だけを見た場合、中世以前よりも海と人びととの関わりは、見えづらくなる。これは、社会情勢の変化から、島で暮らす民の海（海産物）への意識が少なからず変化したことも要因の一つではないかと考える。自由に使える、食料調達の場としての「海」からの意識変化である。この時点において、先の時代までにおける「広義の海民」とは、意味が違ってくるものと思われる。

第4節　遺跡が語る中・近世期の八重山におけるネットワーク――

これまで述べてきたように、一二世紀以降も八重山諸島は、多くの外的要因と接触してきた。実際に、土器の再登場や器種・器形の変化、石垣遺構の築造、移入品の出土などからは、異文化の享受が、痕跡として残されている。しかしながら、文化の同化とは異なる現象であると考える。

例としては、沖縄諸島においてグスク土器――つまり土器文化そのものが一六世紀を待たずに衰退しても、中森式土器の使用は続き、新たにパナリ焼という土器文化を継続することがあげられる。また、渡海するような積極的交流の痕跡が僅かであることから、冊封・進貢体制とは別の、琉球王国を介しない島嶼外との接触が考えられることなどである。

現在、考古学的成果で見られる要素からは、沖縄諸島周辺地域と同一ではなく、宮古諸島とも似て非なるものであるといえよう。これまで見てきた土器文化一つとっても、中森式土器やパナリ土器は、地域的特性の強い土器群で、同時期の宮古島や沖縄本島の様相とは、異なっている。ところが、八重山諸島という範囲だけに焦点を合わせた場合、様々な変化、要素が、比較的短時間に、一気に広がったことが想定される。このような狭い地域で、しかし確実に交流する海域ネットワークを、ここでは、島嶼間ネットワークと呼んでみたい。

図9―9～11は、先に紹介した各時期における異文化との接触や文物の移動を示したものである。

まず図9―9は、新里村期における異文化との接触や物質文化の移動を整理したものである。図には、八重山諸島に最も近い宮古諸島も含めた。新里村式・ビロースク式土器と同時期の宮古諸島では、八重山以上に遺跡の発見例が少ない。また、土器の出土量も僅か、かつ小破片であり、詳細は不明である。前章でも論じられているように、宮古島と八重山諸島の島々は「先島諸島」とも呼ばれる。しかし八重山諸島で褐釉陶器などの中国産陶磁器が出土するのに対し、宮古諸島では出土例がないなどの違いがある［下地 二〇〇八、四一］。したがって、これらの輸入陶磁器が持ち込まれたルートは、再検討を要するとともに、「宮古・八重山諸島」や「先島諸島」と一括りにされが

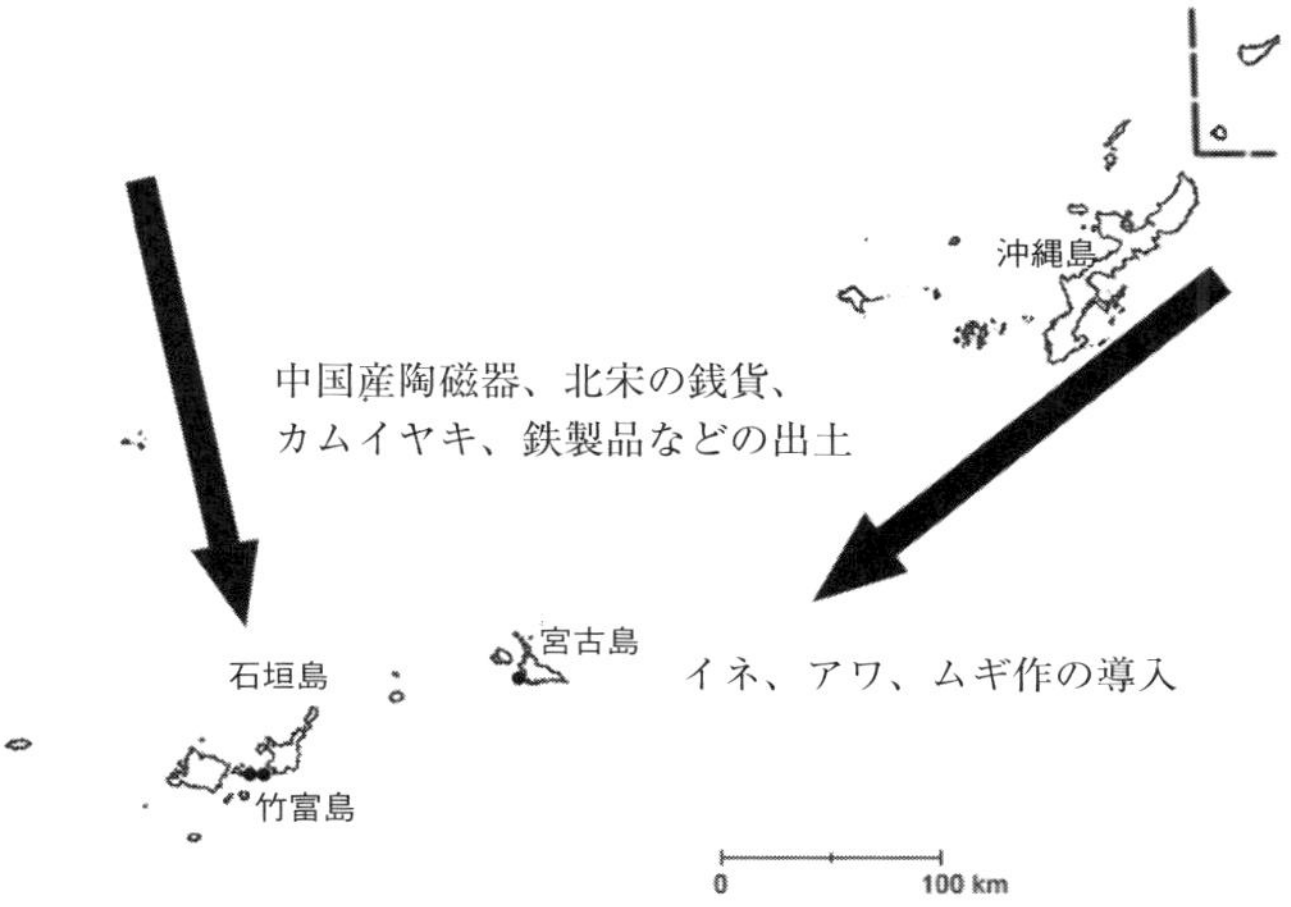

図 9-9　新里村期における異文化との接触や物質文化の移動

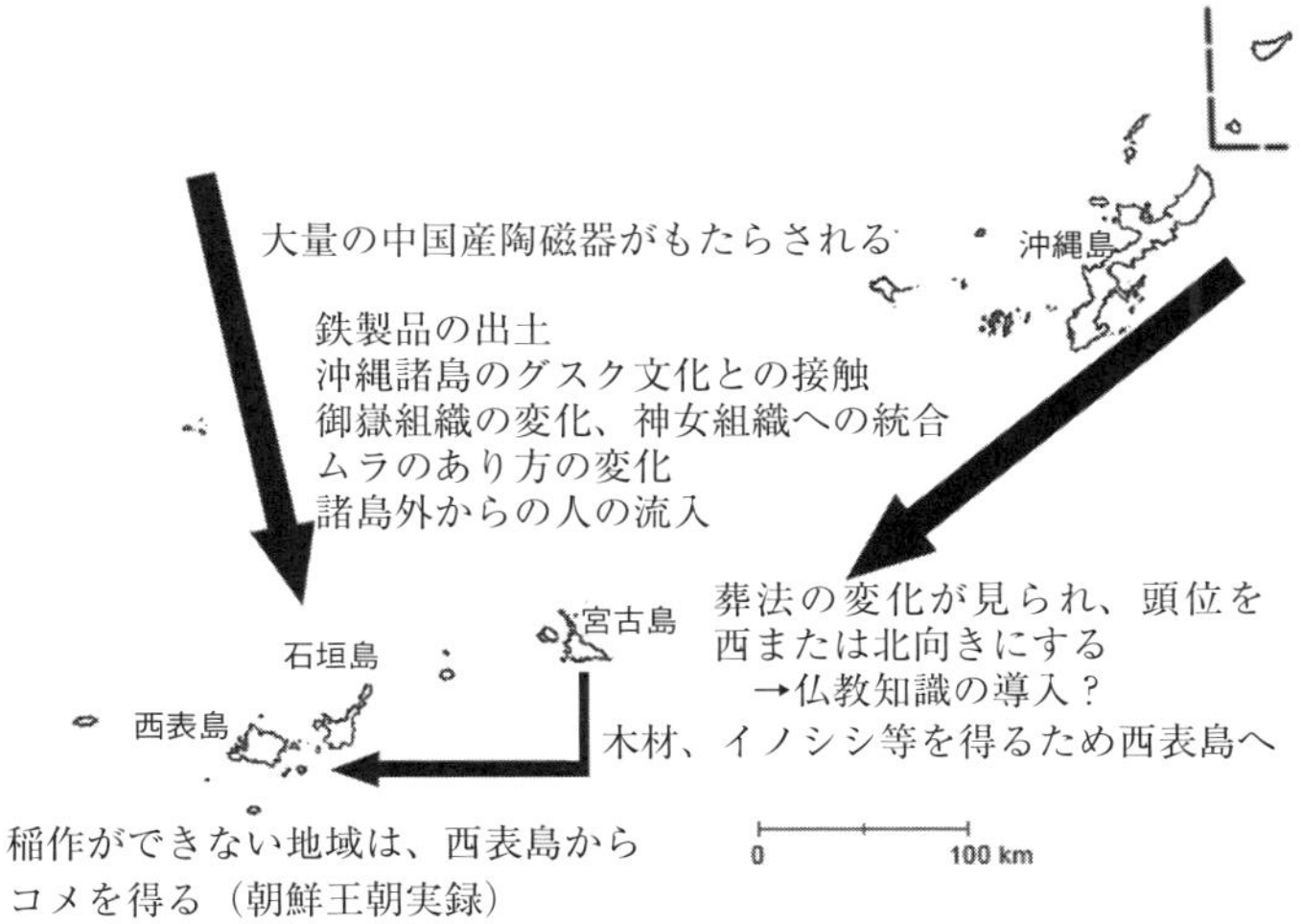

図 9-10　中森期における外部との接触を示す物質文化

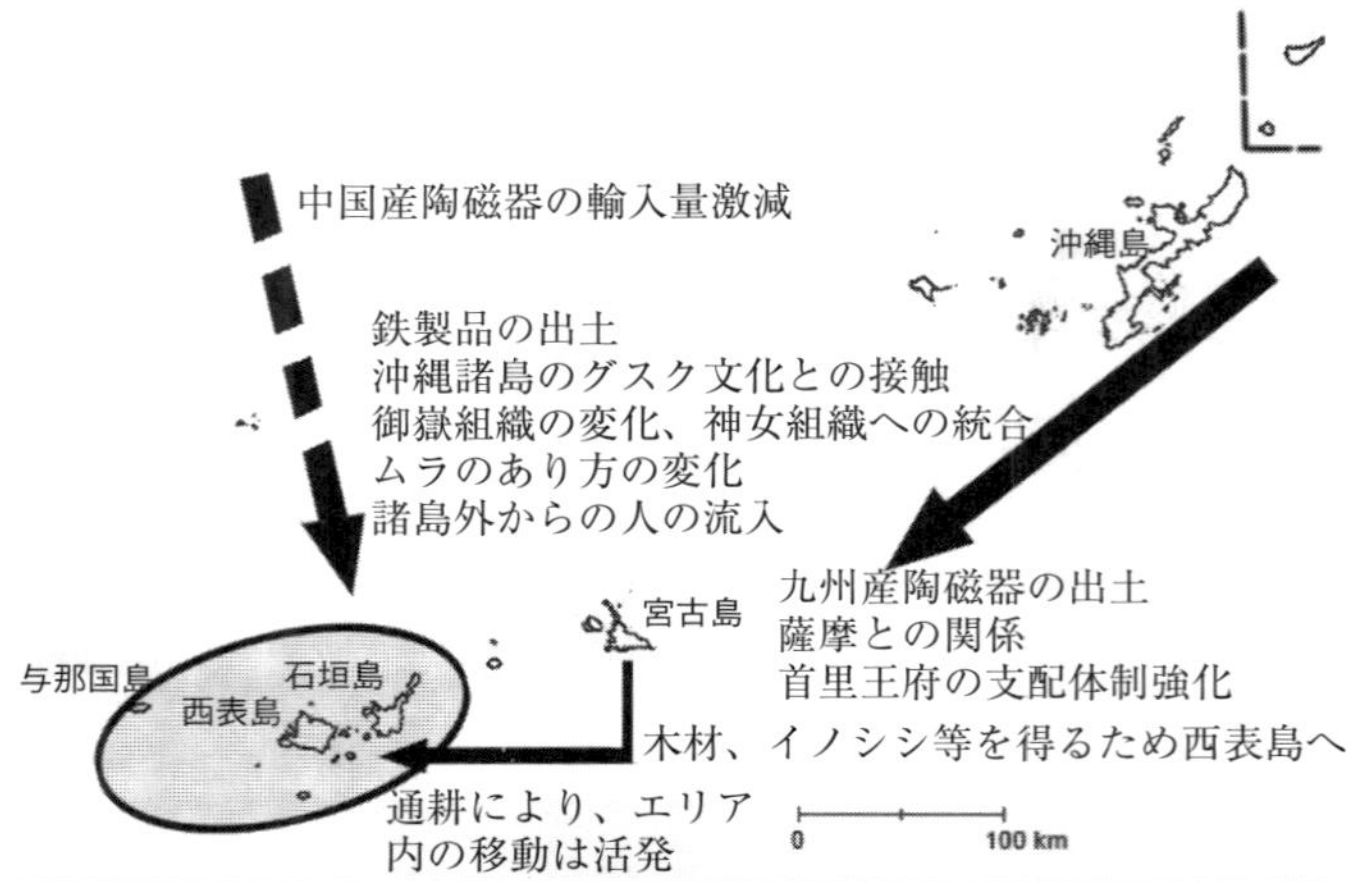

図9-11　パナリ期における外部との接触を示す物質文化。

ちな両地域の違いは、改めて考古学的にも認識する必要があるだろう。

図9―10は、中森期の様子について整理したものになる。中森期には、先述の通り、大量の中国産陶磁器が持ち込まれ、遺跡からも出土する。これらの輸入陶磁器は、石垣島や竹富島、西表島といった八重山諸島における中心的な島だけでなく、与那国島や波照間島まで、同じように流通している。これらは中国のジャンク船によって私貿易で持ち込まれた可能性が高い。

ただし、ジャンク船が周遊し、八重山諸島の各島々を網羅したとは考えにくいため、石垣島や竹富島を入口として流入した陶磁器が、八重山諸島内における流通していったと考えるほうが妥当だろう。これは、僅かずつながら変化する中森式土器の器形〔新里 二〇〇四など〕が、石垣島から波照間島、与那国島まで見られることと連動している。つまり中森期の八重山諸島には、中国産陶磁器やその他の文物が流通する、何らかの島嶼間ネットワークが形成されていたと考えられる。

なお、中森期の遺跡から、事例は少ないが、宮古島で焼かれた土器と思われる土器片が見つかることがある。これは、次のパナリ期でも確認されている。この現象の原因のひとつには、宮古諸島では得られない木材、食料としてのイノシシ等の確保が考えられる。

図9―11は、パナリ期の様子をまとめたものである。パナリ焼について、「新城」という島、もしくは村のみで生産されたという前提で見るなら、後述する通耕による島を越えた村有地の在り方などから〔得能一九八五、二〇〇七〕、新城村の人びとがその技術を持って海を移動し、通耕地として土地勘があり、土・混和材・燃料の調達が可能な地域で焼いたという解釈が成り立つ。その場合、流通ルートとしては、西表島が中心となり、製作場としては、原材料豊富な石垣島が中心となった可能性がある〔島袋 二〇一一ほか〕。いずれにせよ、これまでの考古学的状況に従うなら、すべてのパナリ焼が、新城島でのみ生産された可能性は極めて低い。

この時期の特徴として、通耕は重要な要素である。通耕とは、他の島や同じ島でも違う村域に耕作地を有し、帰属する村から通いつつ耕作を行う行為である。これは、近世以前からもあったと考えられるが、人頭税が制度化されて、穀物を納めることが課せられてからは、その生産を上げるために必要不可欠なシステムになったと考えられる。このシステムの中では、さらに八重山諸島内での管理体制、つまり蔵元という行政機関を中心とした管理体制が強化され、対外的な交流は、消極的にならざるを得なくなっていった。

総じて、中・近世期の八重山諸島における島嶼間ネットワークは、前章で論じられた先

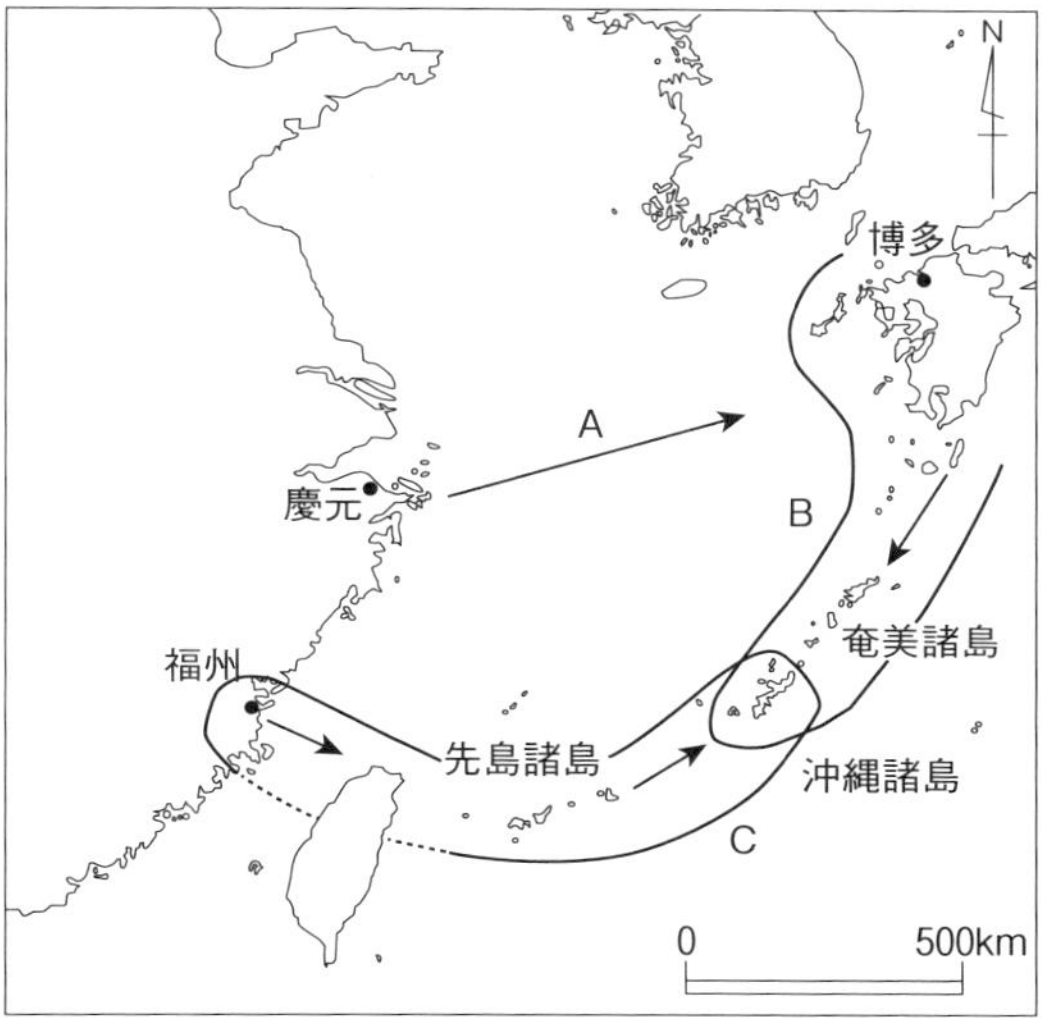

13世紀後半～14世紀前半の2つの交流圏
A：慶元から博多に向かう中国陶磁の動き
B：博多を起点にする中国陶磁の流通圏
C：福建を起点にする中国陶磁の流通圏
→：陶磁の移動方向

（木下 2009より）

図9-12　中国産陶磁器の流入ルート。

史時代と同じく、かなり限定された近隣の島嶼間に重きが置かれていたようだ。しかし一二世紀以降、沖縄諸島の社会変革に見られるように、北方方面からの影響が徐々に浸透したのも確かである。最も強い影響を与えたと言われるのが、一五〇〇年に起こったオヤケアカハチ事件であり、首里王府に抵抗した石垣島のオヤケアカハチの軍勢を、首里王府・宮古の仲宗根豊見親・石垣島の長田大主と西表島の慶来慶田城用緒の連合軍で攻めている。この事件を機に、八重山諸島もいわゆる琉球王国の版図に組み込まれていく。

三山時代から尚巴志による統一、琉球王国成立に至る時期には、明国との海上交易が活発化する。八重山諸島でも、中森期には大量の中国産陶磁器が出現する（図9―12）。ただし、これらの陶磁器は、琉球諸島経由で入ったものもあったかもしれないが、より多くは直接に持ち込まれた可能性がある。当時の文献記録が皆無に等しいこともあり、八重山諸島民が中国へ直接船を出していた記録はない。また、主な出土遺物も陶磁器に限られている状況から、先述したように中国のジャンク船で持ち込まれる状況が想定できる。そして、持ち込まれた陶磁器は、中森式土器やパナリ焼とともに、各時代を通じて、島嶼間のネットワークによって各島々へ広がって行ったと考えられる。

おわりに――考古学から見える「八重山らしさ」――

本章ではこれまで、考古学的視点から、中・近世期における八重山諸島の人びとが受容して変化したものと、それでも変わらぬ事象について紹介してきた。たとえば新里村期以降の八重山諸島域は、物質文化全体としては、「先島諸島」の一部として、「沖縄諸島と同一文化を共有」［木下 二〇〇三］してきたと理解されている。

このように中世以降の八重山諸島が、沖縄本島を中心に北方からの影響を大きく受けたことは明らかだが、表象される物質文化としては影響を受けつつも強く地域性を残してきた。その傾向は何も先史時代のみに限らず、近代以降においても認められるのではないだろうか。

たとえば八重山諸島の現代の墓を代表するものに、塔式墓がある。名嘉真宜勝らによれば、塔式墓の始まりは日清・日露戦争による戦没者特別弔葬による勲功碑墓に由来するという［名嘉真 一九八三、八九二］。復帰前後には、沖縄本島および周辺離島でも作られていたというが、それらはいわゆる石碑墓に似て、八重山諸島で一般的に作られているものよりは規模が小さく、さほど普及を見せなかった。塔式墓のほとんどがコンクリートで作った簡易な「破風墓・家形墓タイプ」の上に碑を乗せたもので、石垣島を中心に、波照間を含む八重山諸島全域に広がりを見せている。その由来から考えればいわゆる沖縄文化と日本文化の折衷墓であると言えよう。

これらは、台湾において日式墓が作られる過程とも似ていると言われる。日式墓は、戦時中に台湾にいた日本人が作ったいわゆる和型の墓をモチーフとして作られた折衷様式の墓である。つまり、全く異なる文化により持ち込まれた墓の形態が住民たちに選択されたのである。受容過程が明確な日式墓に対し、塔式墓については、ほとんど資料がない。しかし、それらの定着過程には、元々八重山の文化にはなかった勲功碑等との文化的接触が重要な役割を果たしている。台湾における日式墓の存在と同様の異なる文化との接触から、さらにそれらを受容するだけの精神的基盤が、八重山諸島で暮らす人びとにあったと考える［島袋 二〇一〇］。なお、現在、石垣島だけでなく波照間島、与那国島まで分布する塔式墓について、地元の人びとのほとんどはその原型を知らない。現在、墓の建築に携わっている業者でさえ、周囲の墓にあわせてひとつのデザインとして扱っており、そのデザインになんの違和感も覚えていない。

この塔式墓の八重山諸島での受容過程や、島々への伝播の仕方は、批判を承知で言えば、新里村期以降の中・近世期における八重山諸島の文化の受容形態とその地域性を端的に表している。

中・近世期の八重山諸島における物質文化は、一つの要素のみに注目すれば、確かに沖縄諸島のものと類する部分もある。沖縄諸島のグスク文化と同一遺物の出土や、ほぼ同時期に築造し始めた石垣の存在等である。ところが、別の要素、たとえば、オヤケアカハチ事件以降、制度上は、琉球王国に組み込まれた八重山諸島であるが、沖縄諸島でグスク土器が作られなくなってもなお、中森式土器を使用し続け、パナリ焼に発展している。

また、通耕を前提とした村の在り方、集落形態の在り方を見れば、琉球列島全域が「グスク時代」であったとは言い難く、近世についても、その支配過程の構造が違うことから、同一の社会情勢にはなり得ていない。これが、「沖縄の考古学」「琉球の考古学」として一括りにされた時の、八重山諸島の考古学関係者が感じる違和感の正体でもある。

同地域の中世・近世期における海域ネットワークは、新たな文化的要素を取り入れてなお、自らの生活を大きく変えることはなく、かつ、最終的には、それらがもともとこの地域で生まれたかのように、生活に同化している。一見閉鎖的に見えて門戸は開き、しかしながら、自らが積極的にエリア外に出て行くような開放的要素は見られない。つまり、同ネットワークは、島嶼間の限られたものと推察する。これは、新里村期からパナリ期、そして近現代に至るまで、基本的な部分で変化はないと思われる。だからこそ、琉球列島の各地とは、似て非なる物質文化、精神文化が連綿と続いているのだろう。

注

（1）ただし、石垣市教育委員会　一九八四「V．遺構」『フルスト原遺跡発掘調査報告書』石垣市文化財調査報告書第七号、四頁、石垣市教育委員会　では、「方形プランの掘立住居が想定される」とある。

（2）「朝鮮王朝実録」の一四七七年の記事に、八重山諸島のネットワークに関するものと思われる記事がある。漂着した朝鮮人を沖縄島・九州経由で朝鮮に送る内容である。与那国島・西表島・波照間・新城島・黒島に滞在しながら、多良間島・伊良部島・

宮古島を経由して沖縄島から薩摩に送られたようだ。年代的には、まだ八重山諸島が琉球国の版図に入る前であるが、この時期にすでにある種のネットワークができていることが読み取れる。

（3） 木下尚子は、一三世紀後半〜一四世紀にかけて、沖縄諸島と宮古・八重山諸島とは、異なる陶磁器の流通圏があったとする［木下尚子 二〇〇九］。筆者も、この考えに賛同する。

参考文献

安渓遊地　一九七七「八重山群島西表島廃村鹿川の生活復原」『人類の自然誌』伊谷純一郎、原子令三（編）三〇一〜三七五頁、雄山閣出版。

石井竜太　二〇一三「遺構、遺物にみる安良村終末期の屋敷跡」『石垣市立八重山博物館紀要』第二二号、四四〜六二頁、石垣市立八重山博物館。

石垣市　二〇〇七『石垣市史考古ビジュアル版』第一巻、石垣市。

――　二〇〇八『石垣市史考古ビジュアル版』第五巻、石垣市。

――　二〇〇九『石垣市史考古ビジュアル版』第四巻、石垣市。

石垣市教育委員会　一九八三『ビロースク遺跡――沖縄県石垣市新川・ビロースク遺跡発掘調査報告書』石垣市文化財調査報告書第六号、石垣市教育委員会。

――　一九九三『黒石川窯址――沖縄県石垣市黒石川（フーシナ）窯址発掘調査報告書』石垣市文化財調査報告書第一五号、石垣市教育委員会。

――　一九九七『蔵元跡発掘調査報告書』石垣市文化財報告第二一号、石垣市教育委員会。

――　二〇〇〇『石垣島の岩陰遺跡―沖縄県石垣市内岩陰遺跡分布調査報告書』石垣市文化財調査報告書第二五号、石垣市教育委員会。

――　二〇一一『野底遺跡――野底リゾート開発地内の宿泊施設等建築に伴う古墓群及び埋蔵文化財等の緊急発掘調査報告書』石垣市文化財調査報告書第三三集、石垣市教育委員会。

石垣市総務部市史編集課　二〇〇七『石垣市史の編年』。

宇田津徹朗　二〇〇五「石垣島における稲作の起源を追って――プラント・オパール分析法を用いた検討――」『石垣市史のひろば』第二八号、二四～三四頁、石垣市総務部市史編集課。

大城慧　一九八三「沖縄における鉄関連遺跡と鉄器資料について――グスク遺跡の資料を中心として――」『南島考古』第八号、五～一八頁、沖縄考古学会。

――　一九九〇「沖縄グスク時代鉄器・鉄滓出土地地名表」『文化課紀要』第六号、一〇一～一〇九頁、沖縄県教育委員会。

――　二〇〇七「沖縄貝塚時代後期出土の鉄器について」『南島考古』第二六号（多和田真淳先生生誕百年記念特集号）、八一～九六頁。沖縄考古学会。

沖縄県教育委員会　一九八〇「Ⅳ．ヤマバレー遺跡（元桴海村跡）」『石垣島県道改良工事に伴う発掘調査報告――大田原遺跡　神田貝塚　ヤマバレー遺跡　附編　平地原遺跡表面採集遺物』沖縄県文化財調査報告書第三〇集、六九～七六頁、沖縄県教育委員会。

――　一九八六「第3節　骨・牙製品」『下田原貝塚・大泊浜貝塚――第1・2・3次発掘調査報告――』沖縄県文化財調査報告書第七四集、沖縄県教育委員会。

――　一九九〇『新里村遺跡――竹富島一周道路建設工事に伴う緊急発掘調査報告』沖縄県文化財調査報告書第九七集、沖縄県教育委員会。

――　一九九一『西表島上村遺跡――重要遺跡確認調査報告』沖縄県文化財調査報告書第九八集、沖縄県教育委員会。

――　一九九四『ぐすく　グスク分布調査報告書（Ⅲ）八重山諸島』沖縄県文化財調査報告書第一一三集、沖縄県教育委員会。

――　一九九四『竹富島カイジ浜貝塚――竹富島一周道路建設工事に伴う緊急発掘調査報告』沖縄県文化財調査報告書第一一五集、沖縄県教育委員会。

――　一九九七『慶来慶田城遺跡――重要遺跡確認調査――』沖縄県文化財調査報告書第一三一集、沖縄県教育委員会。

沖縄県立埋蔵文化財センター　二〇〇七『渡地村跡―臨港道路那覇1号線整備に伴う緊急発掘調査報告』沖縄県立埋蔵文化財センター調査報告書第四六集、沖縄県立埋蔵文化財センター。

金子浩昌　一九九七「慶来慶田城出土の脊椎動物遺体」『慶来慶田城遺跡――重要遺跡確認調査――』沖縄県文化財調査報告書第

一三一集、一三七頁、沖縄県教育委員会。

木下尚子　二〇〇〇「開元通宝とヤコウガイ」『琉球・東アジアの人と文化』上巻、一八七～二一九頁、高宮廣衞先生古希記念論集刊行会。

――――　二〇〇三「貝交易と国家形成―九世紀から一三世紀を対象に」『先史琉球の生業と交易―奄美・沖縄の発掘調査から―』（改訂版）、一一七～一四四頁、熊本大学文学部。

――――　二〇〇九「総括」木下尚子（編）『13世紀～14世紀の琉球と福建』、二四九～二五七頁、熊本大学文学部。

金武正紀　一九八三『ビロースク遺跡――沖縄県石垣市新川・ビロースク遺跡発掘調査報告書』石垣市文化財調査報告書第六号、石垣市教育委員会。

――――　一九九四「土器→無土器→土器――八重山考古学編年試案――」『南島考古』第一四号、八三～九二頁、沖縄考古学会。

――――　二〇〇四「八重山の古村落」『グスク文化を考える』、四六二～四六七頁、沖縄県今帰仁村教育委員会。

――――　二〇〇九「【コラム】新里村式土器とビロースク式土器の発見」『石垣市史考古ビジュアル版』第四巻、一九頁、石垣市。

甲元眞之　二〇〇三「琉球列島の農耕のはじまり」『先史琉球の生業と交易――奄美・沖縄の発掘調査から――』（改訂版）木下尚子（編）、二二五～二三四頁、熊本大学文学部。

国立民俗学博物館（編）一九九五『村が語る沖縄の歴史――歴博フォーラム「再発見・八重山の村」の記録』新人物往来社。

島袋綾野　二〇一〇「墓――現世の思いと後生の住まい――」『八重山歴史研究会誌』創刊号、九三～一一三頁、八重山歴史研究会。

――――　二〇一一「パナリ焼―イメージの形成・製作・流通の謎」『石垣市立八重山博物館紀要』第二〇号、五一～七三頁、石垣市立八重山博物館。

下地和宏　二〇〇八「【コラム】宮古諸島出土の輸入陶磁器」『石垣市史考古ビジュアル版』第五巻、四一頁、石垣市。

新里貴之　二〇〇四「先島諸島におけるグスク時代煮沸土器の展開とその背景」『グスク文化を考える』、三〇七～三二四頁、沖縄県今帰仁村教育委員会。

高宮広土　二〇〇三「植物遺体からみた奄美・沖縄の農耕のはじまり」『先史琉球の生業と交易――奄美・沖縄の発掘調査から――』（改訂版）、三五～四六頁、熊本大学文学部。

東海大学文学部考古学第1研究室　二〇〇七『網取遺跡・カトゥラ貝塚の研究』、東海大学。

當眞嗣一　一九八九「2．フルスト原遺跡の考古学的調査」『史跡フルスト原遺跡保存管理計画策定報告書』、二五〜二九頁、石垣市教育委員会。
――――　二〇〇四「小浜島のスク（グスク）」『小浜島総合調査報告書』、九五〜一〇五頁、沖縄県立博物館。
得能壽美　一九八五「近世末期八重山農村の様相」『沖縄文化』二二巻一号、七〜二二頁、沖縄文化協会。
――――　二〇〇七『近世八重山の民衆生活史』琉球弧叢書一三、榕樹書林。
鳥居龍蔵　一九五三「私と沖縄諸島」『ある老学徒の手記――考古学とともに六十年』、一〇四〜一〇九頁、朝日新聞社。（二〇〇三年復刻　ネスト企画）
仲筋貝塚発掘調査団　一九八一『沖縄・石垣島仲筋貝塚発掘調査報告』、仲筋貝塚発掘調査団。
名嘉真宜勝　一九八三「塔式墓」『沖縄大百科事典』中巻、八九二頁、沖縄タイムス社。
那覇市教育委員会　一九九六『那崎原遺跡――那覇空港ターミナル用地造成工事に伴う緊急発掘調査報告』那覇市文化財調査報告書第三〇集、那覇市教育委員会。
――――　二〇一二『渡地村跡―臨港道路那覇1号線整備事業に伴う緊急発掘調査』那覇市文化財調査報告書第九一集、那覇市教育委員会。
真栄平房昭　一九九八「第10章　琉球王国における海産物貿易―サンゴ礁海域の資源と交易」『海人の世界』秋道智彌（編）二一九〜二三六頁、同文館。
山口正士　一九九八「第2章　サンゴ礁の資源論」『海人の世界』秋道 智彌（編）四五〜六二頁、同文館。

第10章　糸満漁民の移住とネットワークの動態

玉城　毅

はじめに——流動的状況からの秩序形成——

海域アジアにおいて移動を基調とする海民、あるいは漁民は、「漂海民」や“Sea gypsies”とも呼ばれてきた（本書第1章）。長沼さやかと浅川滋男は、「漂海民」研究を渉猟して「東アジア・東南アジアにおける家船居住の分布」地図を作成している。そこでは、北は北海道・礼文島から南はインドネシア・スラウェシ島まで、東は同じく北海道・礼文島から西はタイ・プーケットまでの広い範囲で多くの「家船民」＝「漂海民」が存在している（いた）ことが明らかにされている［浅川 二〇〇三、四五］。広い範囲に家船が遍在していることに驚くと同時に、この領域の中央付近に位置する沖縄と台湾には家船がみられないことに目が惹かれる。沖縄から台湾にかけた海域では、各島の距離が離れているために中心的な市場へのアクセスが難しいことや、台風が頻繁に襲うといった島嶼環境が、家船の出現を阻んだのかもしれない。

とはいえ、沖縄に海民的な性格をもち、移動を基調とする人びとがいなかったわけではない。むしろ、故地を離れて移動し、既存の農村の周辺に住み着いた人は近代以前から多く存在していた。このような人々は「居住人」や「寄留民」と呼ばれた。(1) ただし、居住人（寄留民）の多くは漁民ではなく、「士」の身分をもつ無禄士族であった。無禄士族とは、琉球王朝時代の家禄を持たない中下層士族であり、彼らのうち王府の役職に就けなかった人びとは、沖縄島各地の農村に移住して「居住人（寄留民）」となり、その多くが小作となって生計を立てた。居住人（寄留民）によって形成された集落は「屋取」と呼ばれる。これに対し、近世以来持続的に現われた海や漁撈と関わる移住者としては、糸満の人びとがほとんど唯一の事例である。ゆえに糸満漁民は、本書における海民の定義にも当てはまる人びとと認識できる。

また農業国家であった近世琉球王国において、漁村（漁撈を主な生業とする村）は糸満と久高島の二つしかなかった。このうち、糸満は移住者によって形成されて展開し、後には糸満からも多くの移住者を出すようになった。特に、明治中期以降の糸満漁民の移動は広範囲に渡り、移動先で多くの「分村」も形成された。(2) 近世から近現代にかけた歴史において、沖縄で頻繁に移動を繰り返した人びとは、無禄士族以外では糸満の人びとが目立っており、彼らも、無禄士族と同様に「寄留民」と呼ばれた。(3)

大正初期の小笠原で漁撈活動をしていた糸満漁民について、東京朝日新聞の記者・近藤春夫は次のように記している。

此処に永く働いて居るつもりかと尋ねたら「見込みがなければ早く帰るかまたは外へ行くかするが見込さへあれば十年でも二十年でも遺つて行くつもりです」と云ひ乍ら頻りと労働して居た。聞く所によれば大に見込があると云ふ事が確実になつたので永久的の仕事の場として此処に生活するやうになると云ふことだ［近藤 一九一七、九二］。

ここでは、糸満漁民の移動性の高さが示されているが、その一方で定着の志向性が強いと指摘する研究もある。

沖縄の糸満漁民と長崎の家船の比較研究をした野口武徳は、家船の住民が「閉鎖的で同化を拒否した（拒否された）」のに対して、糸満漁民は「社会的・文化的適応力が実にすぐれている」と述べて、彼らの定着の傾向を説明している［野口 一九七四、一三七］。

これらの研究を踏まえて本章では、近世から近現代にかけて頻繁に移動を繰り返しながら、集落形成を実現していった糸満漁民の移住と定着のプロセスに着目し、糸満漁民が形成した海域ネットワークの拡大を支えた要因について、タテの関係を軸とする観念的な父系性と、ヨコにつながる兄弟性という二つの親族関係を軸に論じたい。

第1節　糸満漁民による移住と村落形成の歴史

1　門中が語る糸満の誕生

糸満漁民は、沖縄の代表的な漁民であり、ウミンチュ（海人）の代名詞となるほど、その存在が知られている。糸満近海に留まらず国内外に出漁し、広範囲に出漁して移住地を拡大していった糸満漁民であるが、その本拠地たる糸満も一七世紀に主に近隣の農村からの移住者によって形成された漁村だったことを仲松弥秀が指摘している［仲松 一九七七（一九四四）、三〇七〜三〇八］。仲松がその根拠にしたのは、一九三四（昭和九）年に刊行された「糸満社会誌」（『糸満尋常高等小学校創立五十周年記念誌』に収録）である。この資料では、糸満の四四の門中とそれぞれの宗家の所在地が記されている。それによると、糸満町内に宗家がある門中は具志川腹だけで、糸満近隣の農村（高嶺村・兼城村）に宗家がある門中が三三を数える（表10—1）。

門中とは、父系祖先を共有する子孫で構成される親族集団であり、文化人類学の用語では「父系出自集団」と規

表 10-1　門中宗家の所在地。

	門中宗家の所在地	門中の数
	糸満町	1
糸満近隣	高嶺村字大里	12
	高嶺村真栄里	8
	高嶺村字国吉	2
	兼城村字照屋	5
	兼城村字座波	2
	兼城村字波平	1
	兼城村字嘉数	1
	兼城村字阿波根	1
	兼城村字潮平	1
その他	小禄村字大嶺	2
	真和志村字上門	2
	玉城村字百名	1
	首里市	1
	浦添村	1
	西原村字幸地	3
合　計		44

定される［比嘉 一九八三］。理念的にいえば、始祖の直系子孫である宗家を中心として、宗家から分家、さらに分家からの分家といった具合に世代を経て増えた分家群で門中は構成されている。糸満に多くの門中があるにも関わらず宗家が糸満にないことは、過去のある時点で糸満に移住した人（世帯）を基点として、糸満内で分家が増えていったことを意味している。

　これらの門中の祖先たちの移住の時期や状況の詳細を示す資料は得られていないが、幸地腹・赤比儀腹門中の墓碑と伝承から一七世紀後半には移住者が定着した例があることがわかる。

　康熙二十三年甲子十月九□

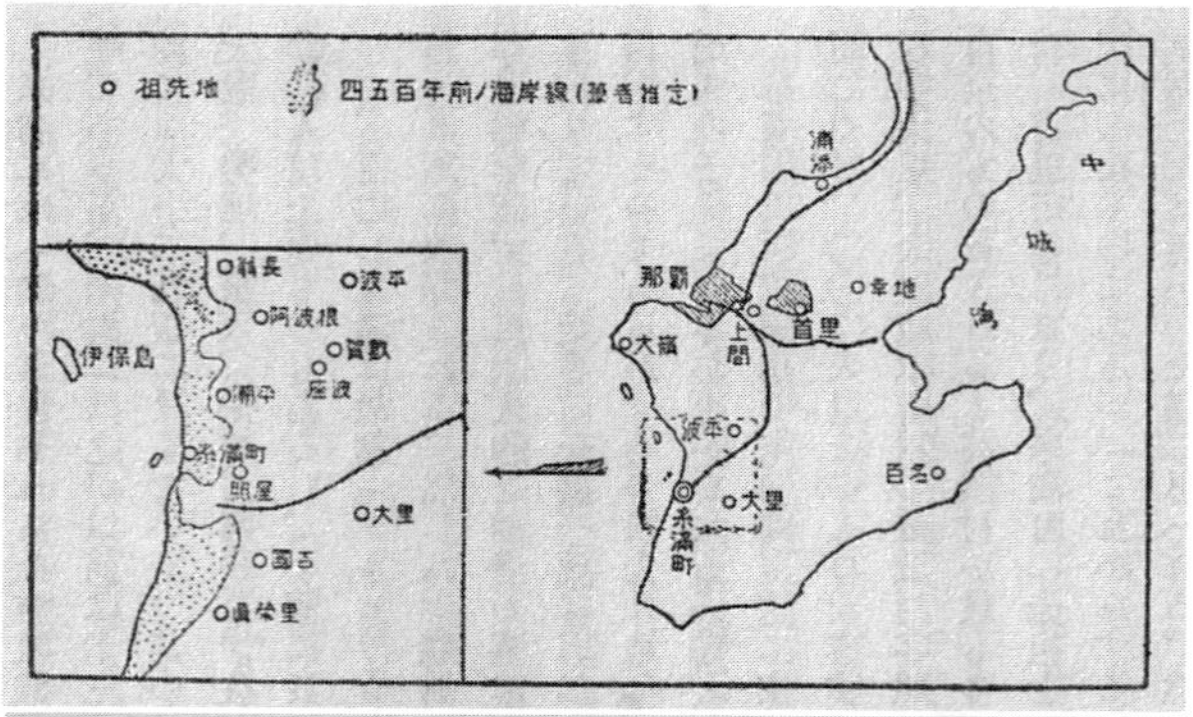

図 10-1　糸満町民の祖先の地。［仲松 1977、308］

此墓東表□ニハ　□□掟親雲上兄弟八人
西□□ニハ金城ちくとの兄弟三人［沖縄県教育庁文化課　一九八五、一一九］。

この碑文は、一六八四（康熙二三）年に二組の兄弟（八人兄弟と三人兄弟）が墓を建設したことを示している。碑文の「解説」によると、西原間切幸地村より来た上原掟親雲上の息子八人と、小禄間切大嶺村より来た金城筑登之の息子の三人が共同で墓を造成したようだ［沖縄県教育庁文化課　一九八五、一一九］。

幸地腹門中宗家に残る「幸地腹門中由来記」では、幸地腹の四代上原親雲上の息子八人と赤比儀腹に嫁いだ娘が協力して墓を建設したと記されている(4)。門中墓は、改築や増築が繰り返され、一九三五（昭和一〇）年の増築によって現在の規模の墓になった［『幸地腹門中新地親族家系譜』二〇〇二］。現在、幸地腹門中は四千から五千人のメンバーで構成されている［琉球新報　二〇〇二年五月一〇日］。幸地腹門中の墓碑は、墓建築の年代を示すものであり糸満への移住の年代を示すものではないが、一七世紀後半に他所から移住して糸満に定着した例があったこと、移住者の子孫が糸満で親族集団を形成したことは知ることができる。

図10-2　幸地腹・赤比儀腹門中墓碑。

2　門（ジョー）の形成からみる漁業町への発展

これまでの検討から、糸満への移住と

漁撈の開始が一七世紀の近世期にさかのぼることを改めて指摘できる。しかし、糸満が漁港や市場を備えた漁業町へと変貌していくのは、その後の近世から近代への転換期である。漁業町の形成と関連して目を惹くのは、埋立によって形成された「門」（ジョー）と呼ばれる宅地群＝埠頭である（図10―3、図10―4）。

門に着目した研究としては、満田久義［一九八七］と加藤久子［二〇一二（一九八七）］による研究がある。満田によれば、門とは「旧糸満に固有に存在する、海（沖合）への拡張的埋立（宅地造成）によって形成された舟だまりとしての入江をさす」［満田 一九八七、二二六］。埋立が始められたのは近世にさかのぼり、明治の旧慣期に加速したといわれて

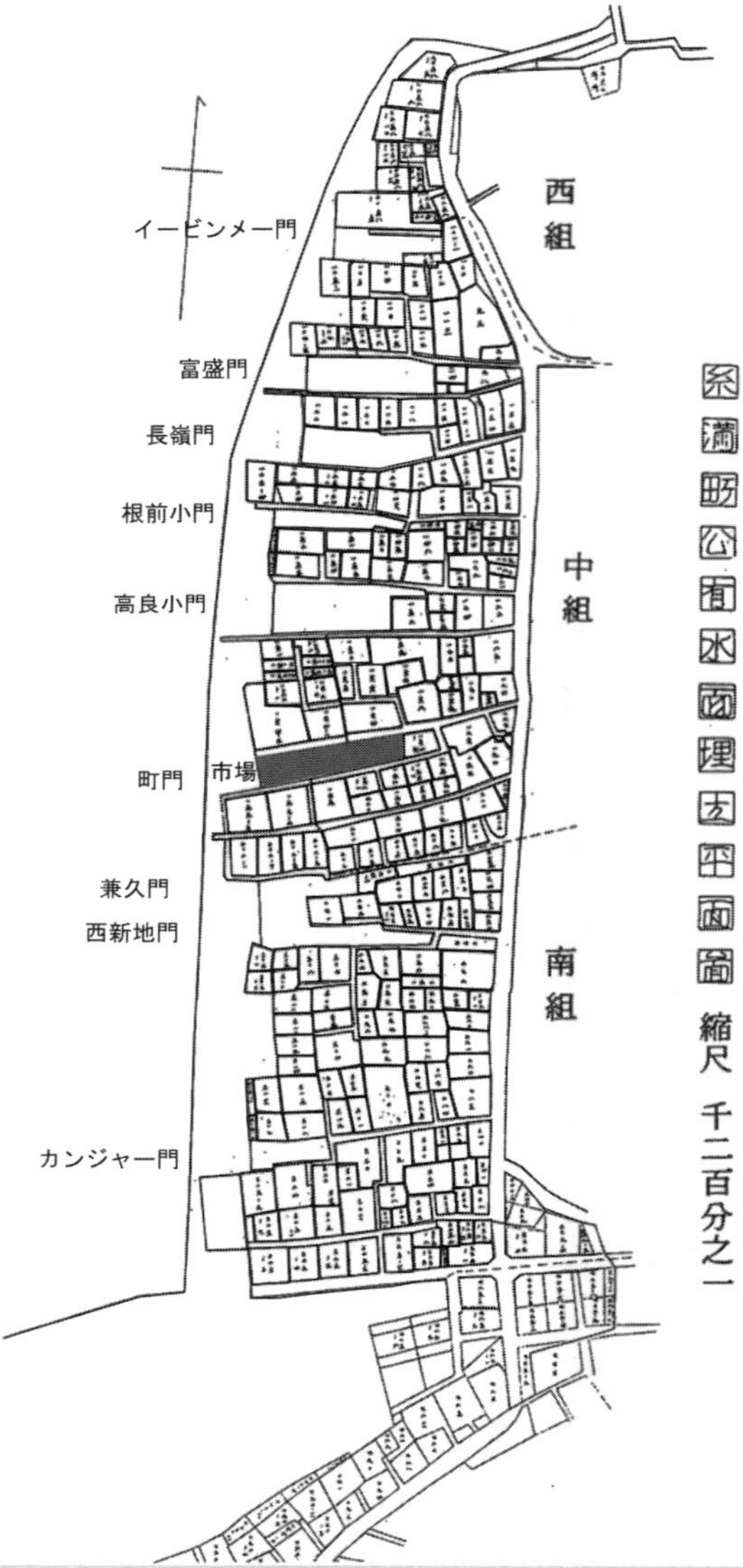

図 10-3　1935（昭和 10）年頃の門（平面図）。

いる［加藤　二〇一二、七六］。それぞれ八本の入江には名前がつけられ、入江を挟んで立ち並ぶ家々で「門御願」と呼ばれる儀礼も行なわれるようになった。一九三五年頃、門の先端に護岸が築かれてかつての入江は路地となり、舟だまりとしての機能はなくなったが、「門御願」は戦後も続いて行なわれている［加藤　二〇一二、一〇七］。

図 10-4　1935（昭和 10）年頃の門。（写真：坂本万七撮影）

加藤は、海浜の埋立工事を始めたのが勢理という有力家であることを主に伝承から明らかにし、その時期が一八世紀中頃であると推察している［加藤　二〇一二、七〇～七一］。

むかし、勢理という屋号の大金持ちの家があった。上之平の屋敷には大きな米倉をもち、馬小屋もあった。あるとき糸満はひどい飢饉に襲われ、住民は餓死寸前になった。その折、勢理がみかねて自分の米倉をあけみんなに分けてくれた。この行為に対し、兼城間切座波にあった役所が「謝礼をしたがほうびに何が欲しいか」と聞いた。するとなんと勢理は「糸満の浜をもらいたい」と答えた。「周りはどこまでも続く海ですよ。みんな勝手に貝や魚を捕ったりしている時代だから、そんなもので良いのかい、という気持ちで役所は許可したわけさねえ。でもここの浜は遠浅で、潮がひけば砂浜になる潟原でしょう。資金のある勢理は馬車や人を雇って浜の砂を運び上げて屋敷を造ったわけさ。自分の屋敷ばかりでなくどんどん埋め立てていく。誰も思いつかなかったことだったさあ」。驚いた役所は通称「耳グヮータンメー」(耳の小さなおじいさん)という、頭のある(頭が良い)職員が、「このまま放っておいたら糸満人は勢理にのっとられてしまう」と考えた末、沖之島(通称アナギ)という島グヮー(実存した島)との交換を申し入れた。勢理も快諾し、それから力あるもんが次つぎと埋め立てて、糸満は発展していったわけさあ［加藤 二〇一二、七七］。

加藤によると、門の形成過程は次のように進行していった。勢理が埋め立てた土地の一部は長嶺大屋・西平・高良小の三家に売却され、四軒の家が集住することになった(第一次造成)。この四軒の家に並列して海岸線沿いに南へ拡張されていき(第二次造成)、さらに沖合に向けて埋立地が拡大していった(第三次造成)。沖合への埋立地の拡張は明治初期から急速に進展していった。その結果、「櫛の歯状の宅地が海に張り出し、家並みと家並みの間は満潮時になると潮が満ちて入江となり、小さなサバニに適した自然の舟溜まりとな」り、「八本の門(スージグヮー)を核とする漁村糸満の骨格が出来上がった」［加藤 二〇一二、七一〜七二］。

門(埋立地)は旧土地制度の下で特に加速・展開したと加藤が述べているのは重要な指摘である［二〇一二、七六］。沖縄では、琉球処分(一八七九年)以降も近世の土地制度(地割制)が続き、地割制が廃止されたのは一九〇三(明治三六)年であった。地割制下の村では土地は基本的に村落の共有であり、耕作地は一定の期間で割替えられていたが、一部、富裕な百姓が仕明(開拓)した土地は私有地として認められていた。この点において、糸満の門は農村における仕明地(開拓地)と類似している。富裕な漁民が海岸を埋立て、私有地を獲得した結果形成されたのが門なのである。一九三五（昭和一〇）年頃に坂本万七が撮影した門の写真には、瓦葺家屋の家並みが映っている。この時期の農村では茅葺家屋が一般的であり、ここからも門に住む漁民たちが経済的に豊かだったことがわかる。

3　門の形成における兄弟の重要性

こうして富裕な漁民たちにより、門は形成されていったが、そこで重要となった要素として、ここでは、兄弟の協力に注目したい。このことを直接証明する近世資料は得られていないが、開拓によって造成された門において分家群が集住する傾向があるという事実は、兄弟を中心とする親族が協力して働いた一つの結果と考えることができる。屋敷を開拓ではなく購入することで獲得した場合でも、埠頭として機能する門に特定の兄弟たちが集住したことは、兄弟たちが協力して漁業を行なっていたことを示すものと考えることができる。

この可能性については、加藤［二〇一二］も同様の指

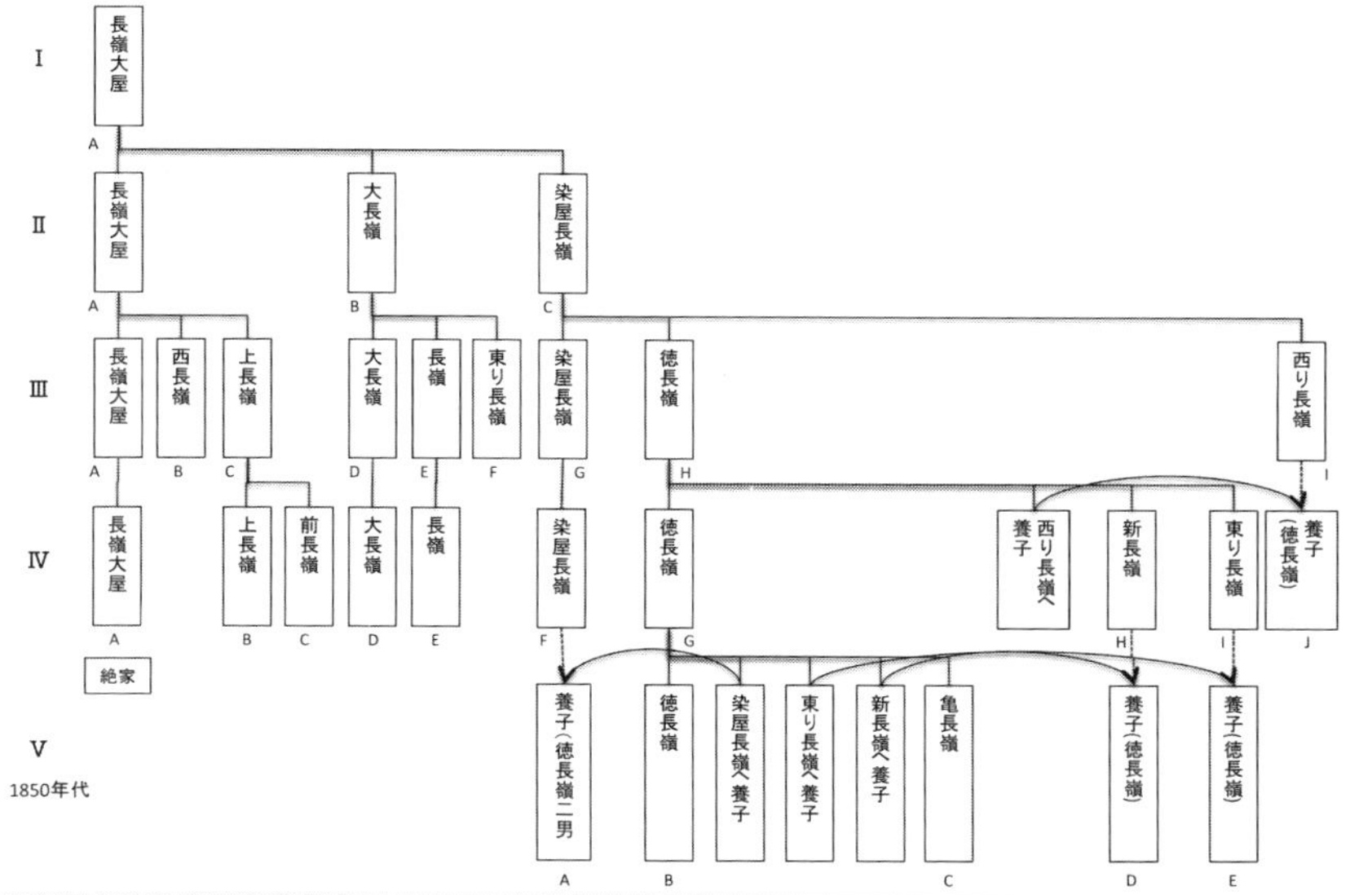

図 10-5　長嶺大家を中心とする兄弟。

摘をしている。というのも、集団漁業のメンバーの中心となるのは親族であり、多くの分家を抱えることが繁栄のシンボルでもあった。たとえば集落が形成された当初、最も多くの分家活動が行われたとみられる長嶺家の場合、同じ敷地内に長男の長嶺大屋を中心として、次男の大長嶺、三男の長嶺染屋、次男の分家の長嶺、さらに新しい二軒の分家筋、西り長嶺、前長嶺が加わり、五つの分家が同じ屋敷内に軒を並べたという。この中でも長嶺染屋は男兄弟の多い家筋で、今から四代前は五人兄弟がそろった。おそらくサガーマーで潤ったのが一八五〇年代であり、そのころに門御願も行なわれるようになった」［加藤 二〇一二、九七］。

加藤の指摘を系図資料で確認すると図10―5のようになる。門形成初期に長嶺大屋・大長嶺・染屋長嶺の兄弟とそれぞれの息子たち（ⅡA・ⅡB・ⅡC・ⅢA・ⅢD・ⅢF・ⅢG・ⅢI）が同じ敷地に住んだ。その二世代後には徳長嶺の兄弟たち（VA・VB・VC・VD・VE）は漁業で繁栄し、門御願という儀礼が染屋長嶺を中心に行なわれるようになった。このことは、兄弟の共住と集住が地域コミュニティとしての門の形成過程の核になっていったことを意味している。次節で詳しくみるように、同じ敷地で兄弟が共住していることと、兄弟・分家が集住したことは、二〇世紀始めの門でも同様であった。

第2節　二〇世紀前半の門における兄弟世帯

1　一九四五年の屋号地図からみる糸満

筆者は以下の資料を使い、一九四五年頃までの糸満における屋号世帯地図を作成してみた。これらの資料は、（1）一九三五年頃の門の屋敷地と地番が描かれている「糸満町公有水面埋立平面図」（作成年代詳細不詳、図10―3）[5]、（2）昭和一〇年の戸主名・屋号・地番について記録された「昭和一〇年四月一日調査　番地見出簿」［糸満町役場］、（3）

昭和二〇年の戸主名・屋号・地番がわかる「字糸満の屋号地図」〔『糸満市史資料編7戦時資料下巻』付録〕、(4) そしてその関連資料である（図10—9・図10—12）。さらに、いくつかの門中の系図を参照することにより、世帯間の系譜関係についても確認した。その結果、兄弟の共住と集住の傾向が明らかになった。

まず一九四五年、沖縄戦で村や町が破壊される直前の門には、三五二世帯の人々が暮らしていた。「糸満町公有水面埋立平面図」では、屋敷地として区分されて地番がついていたのが二〇五区画であったので、屋敷地の数よりも多い世帯が門一帯に住んでいたことになる。一九四五年時点の「字糸満の屋号地図」を作成した糸満市教育委員会の市史編集の担当者によると、字糸満は、近隣の農村に比べると一つの屋敷に複数の世帯が住んでいることが多いという。これらは兄弟による共住や集住という形でのパターンが最も一般的だった。そこで次に兄弟の共住や集住についてみていく。

2　兄弟の共住・集住パターン

兄弟の共住とは、複数の男兄弟がそれぞれ結婚して独立した後も父親の家や屋敷内に住み続けている状況を指し、一時的に父系拡大世帯が形成されたことを意味する。このような世帯には多くの働き手がいることになり、協力して漁業を行なうことによって経済的に展開することが可能な時期でもあった。

ある世帯と世帯が本家—分家関係にあることは、屋号からある程度推測することができる。というのも分家の屋号には、本家の屋号が含まれていることが一般的だからだ。たとえば、「富盛」から分家した世帯に「前富盛」・「西り富盛」・「新富盛」などとなる。さらに「前富盛」から分家した世帯には「前富盛次男」・「新出前富盛」・「浜前富盛」がある。本家の屋号が語根となり、それに接頭辞や接尾辞をつけて分家の屋号がつけられるのである。糸満の屋号の規則性について早い時期に関心をもった宮良当壮も、糸満の次のような指摘をしている。

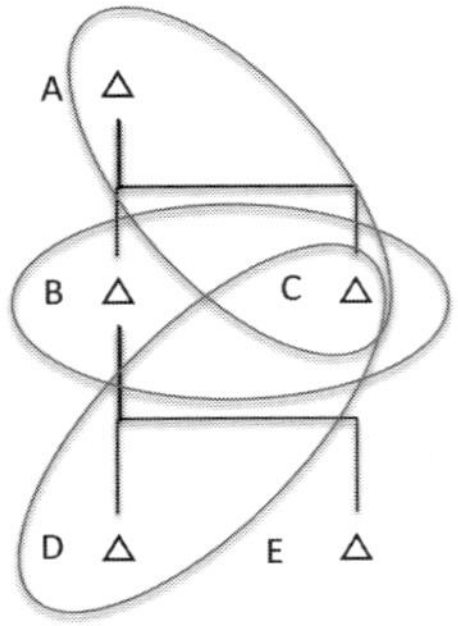

①父親と次男以下の息子が「戸主」のケース：AとC

②兄弟が「戸主」ケース：BとC

③オジとオイが「戸主」のケース：CとD

図10-6　兄弟共住のバリエーション。

> 分家を表はすに数種の形式がある。概して分家は本家の屋号の上又は下に或語を添附して其某家の分家なることを表はすのである。従って屋号に依って本家と分家との関係が分るのみならず、更に遡って其血族の大団体を推知することが出来る。換言すれば糸満町に於ける彼等の幾つかの元祖に迄でたどり着くことが出来るのである。分家にして本家の屋号を全然離れて独特新奇なるものを附することは極めて稀である［宮良 一九二五、五四］。

これらから、屋号から兄弟が共住及び集住している傾向を伺うことができるが、前述の屋号・戸主名・地番が記載された複数の資料からは、一つの屋敷に兄弟が居住していることがより明確にわかる。実際、同じ屋号をもつ世帯が一つの屋敷（同一地番）に居住している場合、複数の「戸主」が記載されているケースが多くある。その場合、複数の「戸主」は、①父親と次男以下の息子の関係にあるか、②兄弟関係にあるか、③オジとオイの関係にあるかのどちらかであった（図10―6）。

①の場合、父親が「戸主」であり、その家の継承者たる長男はまだ「戸主」になっていない状況にある。次男以下の弟たちが結婚して自らの世帯を構えると彼等は「戸主」となる。その結果、父親と次男以下の息子が「戸主」として並ぶことになる。②の場合、「戸主」であった父親が亡くなり、長男が「戸主」となり、次男以下の「戸主」と並ぶことになる。③の場合、父親の世代の兄弟が同居している状況で父親が亡くなり、その世帯が息子（長男）に継承された結果オイとオジが「戸主」になる。

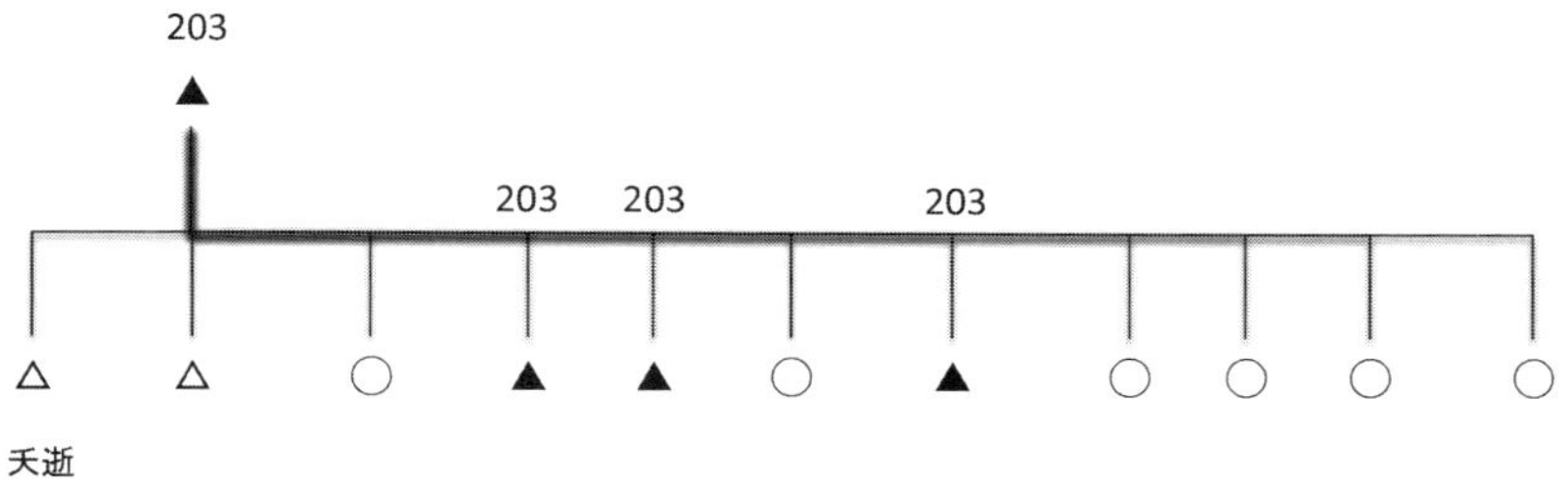

図10-7　1940年代の糸満における兄弟共住の状況。（屋敷番号203）

表10-2　各門における兄弟共住世帯

番号	門名	世帯数	屋敷数	兄弟共住世帯	割合
1	イービンメー門	19	9	—	—
2	富盛門	30	17	5	29.40%
3	長嶺門	21	10	3	30.00%
4	根前小門	33	22	7	31.80%
5	高良小門	30	19	5	26.30%
6	町門	44	25	6	24.00%
7	兼久門	39	21	9	42.90%
8	西新地門	59	37	11	29.70%
9	カンジャー門	72	43	11	25.60%
	その他	5	2	—	—
	合計	352	205	57	27.80%

ここで紹介した全てのケースは、結婚して独立した兄弟が共住している点で共通しているので、これらの世帯を「兄弟共住世帯」と呼ぶことができる。たとえば、屋敷番号二〇三の世帯（図10―7）は、父親とその次男・三男・四男が戸主となり二〇人が共住していた。このような世帯には、多くの働き手がおり、活気のある世帯だったと考えられる。表10―2は、このような視点から同一世帯に複数の世帯が居住しているすべてのケースを検討して作成したものである。

この表に従うなら、実に門全体の三割近くが兄弟共住世帯であることがわかる。なお兄弟共住世帯の分布は図10―7のとおりである。つまり糸満において、少なくとも一九四五年までの門では、兄弟が共住する傾向が顕著であったことは明らかだ。

兄弟の共住ほどではないが、兄弟が集住しているケースもあった。兄弟の集住は、開拓によるものにせよ、購入によるものにせよ、兄弟たちの協力による経済的な展開の結果であろう。一九四五年時点で兄弟が集住していなくても、父系第一イトコや第二イトコが集住している場合、前の世代の兄弟が集住していた結果とみることもできる。

当時の糸満で、兄弟やイトコの集住が顕著だった門の一つが、富盛門（トゥムインジョー）である（図10―8、図10―10）。富盛門では、一二の屋敷に兄弟・イトコが集住していた。たとえば図10―9における▲と◎は、一九四五年時点の「戸主」を意味する。一方、数字は「屋敷番号」を表す。したがって、V‐AとV‐Dの兄弟は同じ屋敷（22）に住み、

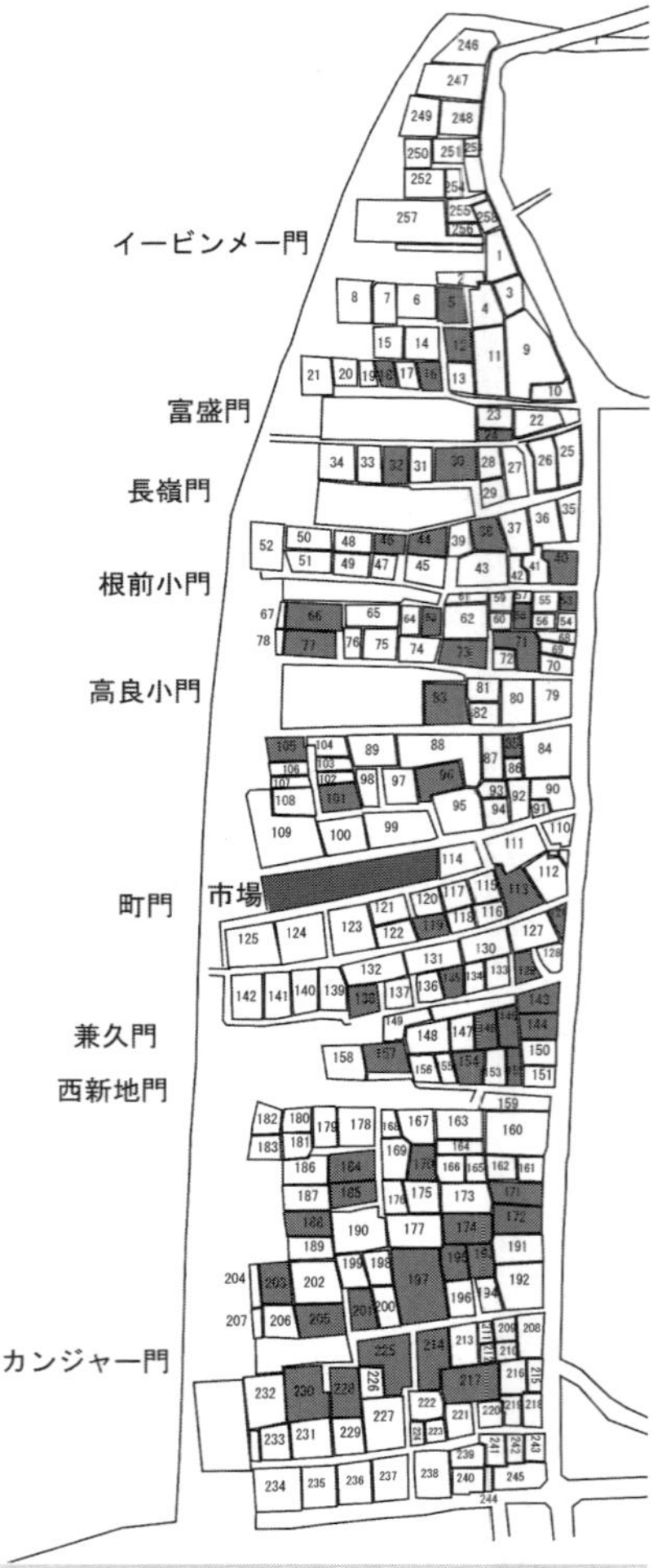

図10-8　1940年代の糸満における兄弟共住世帯。（グレー）

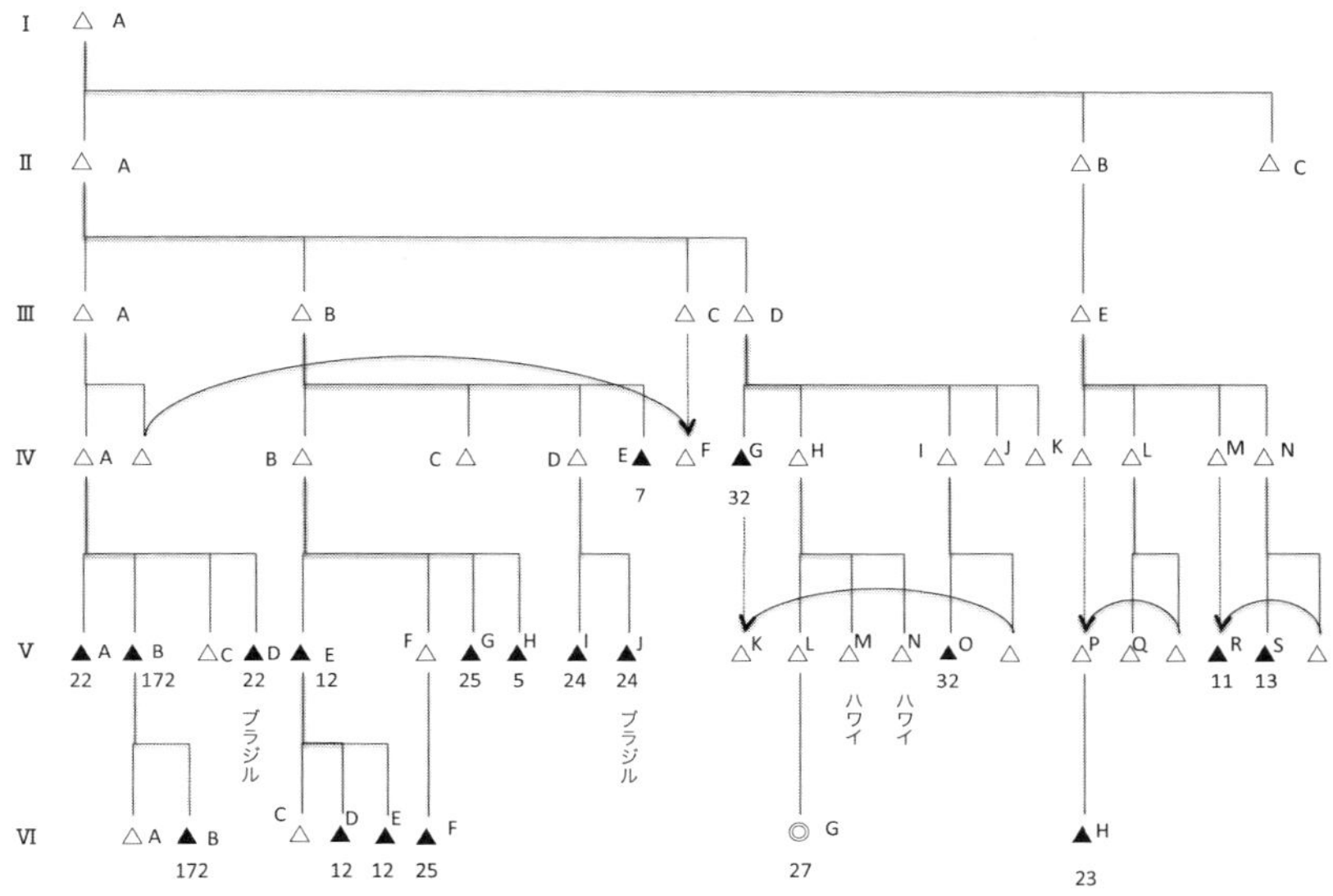

図 10-9　富盛門における兄弟の集住。

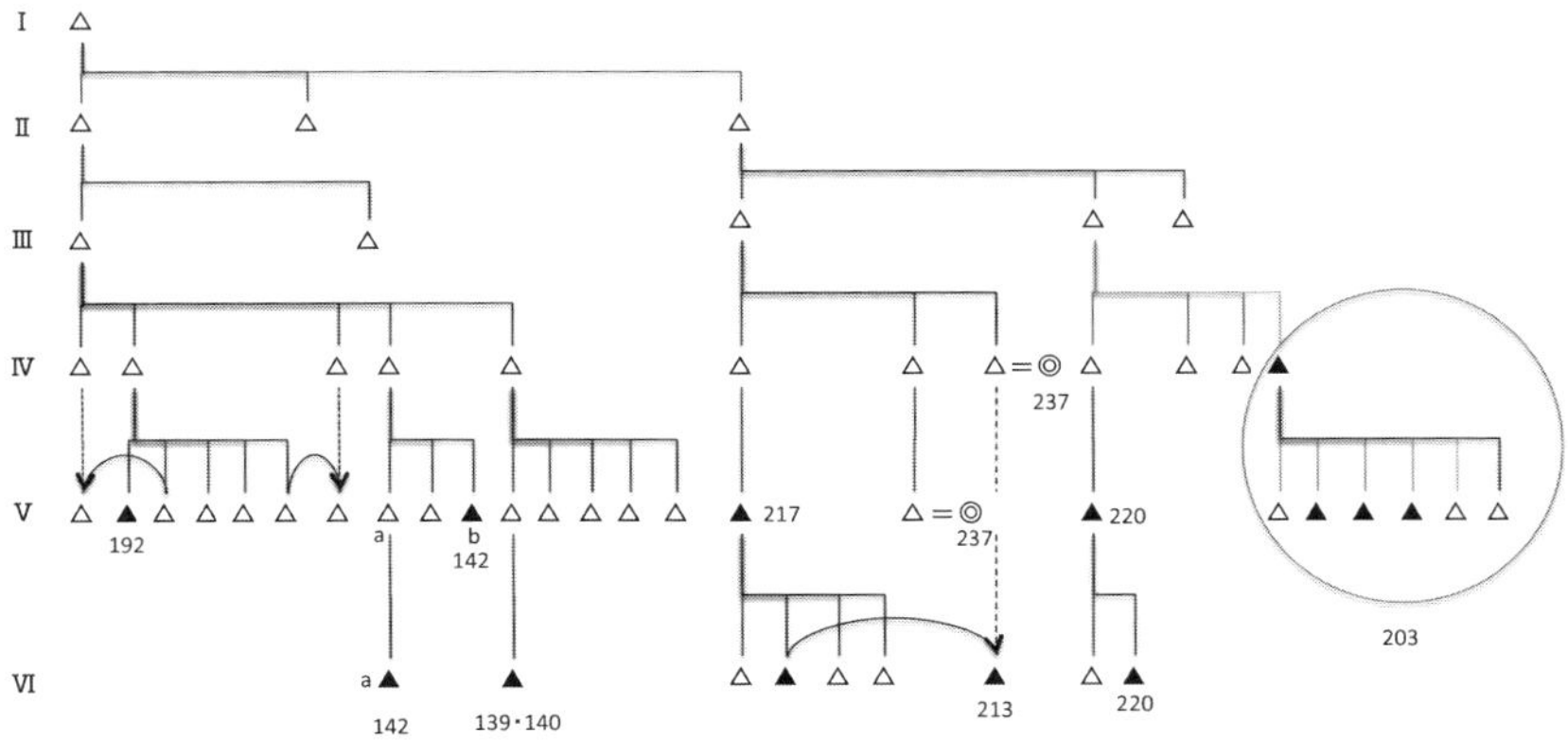

図 10-10　カンジャー門における兄弟の集住。

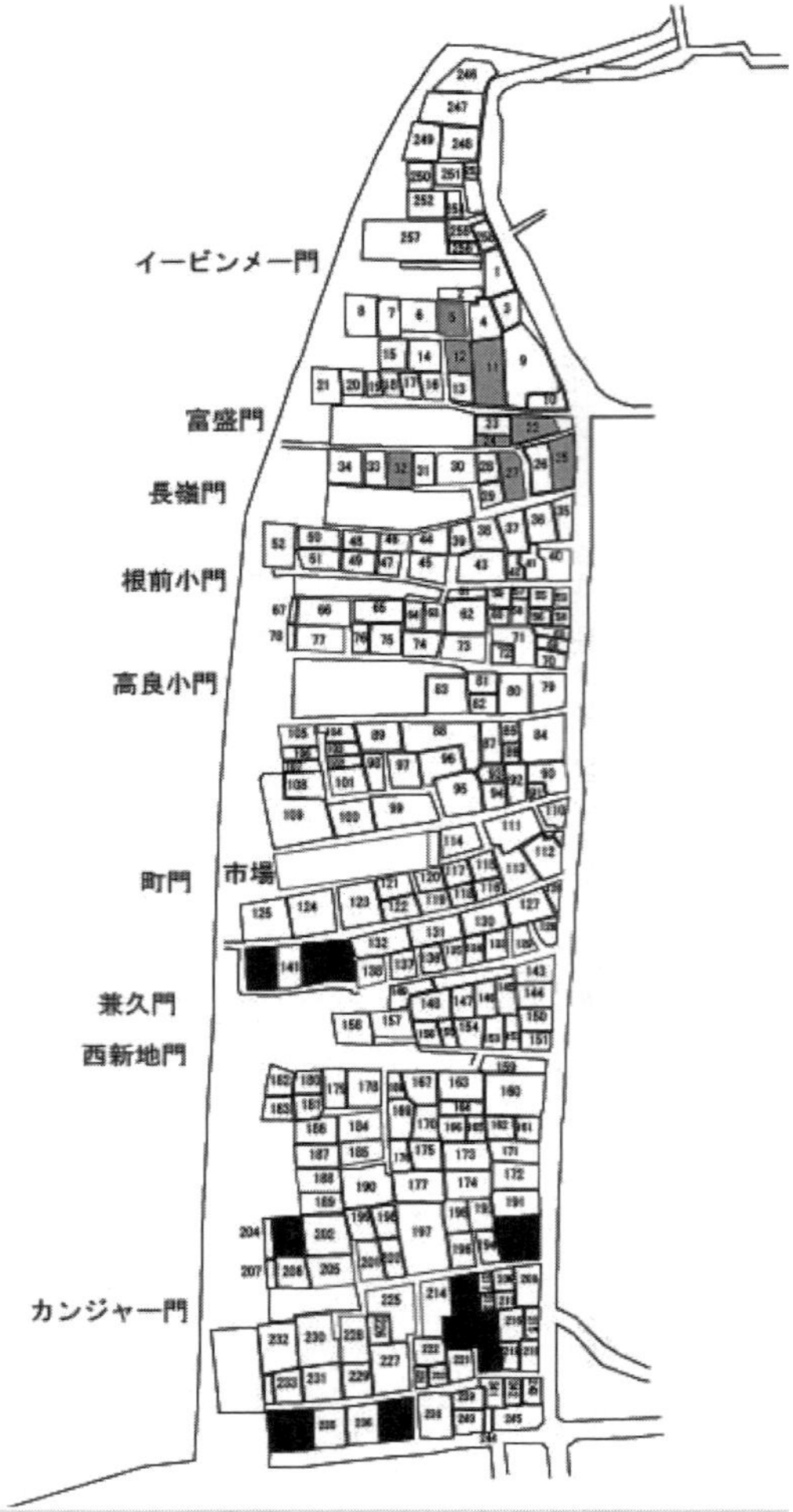

図10-11　1940年代の糸満における兄弟の集住世帯。（グレー：富盛門に集住する兄弟世帯、黒：カンジャー門に集住する兄弟世帯）」

Ⅴ-B（オジ）とⅥ-B（オイ）も同じ屋敷に住んでいることになる。カンジャー門でも、富盛門と同様に兄弟やイトコが集住する現象が顕著にみられる（図10―10、10―11）。門において兄弟が集住していることから、彼らが漁業集団として機能していたことを推測できるが、その実態はまだ不明な部分が多い。

一九四〇年代の糸満における兄弟の共住と集住は、兄弟が協力して経済的な展開を計った結果として表われた現象とみることができる。兄弟の協力的な関係は、門形成の重要な条件だったのである。

第3節　開拓推進の核としての兄弟と親族のネットワーク

兄弟が協力して実践的な課題に取り組んだことは、糸満の分村においてもみられる。広範に分布する分村の全貌を捉えることは難しいが（注(2)参照）、ここでは、筆者が調査した沖縄島南部の港川と与那国島久部良の事例をみたい。

1　始祖兄弟からの展開と分村

糸満の分村の中で最も早い時期に形成され、周囲の農村と肩を並べるほどの集落展開を果したのは、沖縄島南部八重瀬町の港川である。[6] 王府時代の平等所裁判記録（一八七〇）では「港屋取」と記されており（注(3)参照）、近世末期にすでに一定の定住者があった。港川の住民は糸満ことば（イチマングチ）を話し、多くの人が糸満の門中に属している。伝承によると、港川に最初に定着したのは糸満幸地腹門中〈大長嶺家〉の三男だったといわれている。現在、彼を基点とする子孫は「港川長嶺一門」として互いを認識しており、二〇〇二年の調査時に四四世帯あり、そのうち三四世帯が港川に居住していた。

移住始祖の息子たち（長男L・次男M・三男N）は、父親とともに港川の開拓者として伝承されているだけでなく、この兄弟を基点とする家筋は、村落祭祀において中心的や役割を担っている。東長嶺家（長男筋）と北長嶺家（次男筋）の屋敷内にそれぞれの祖先を祀った祠が設えられているが、それは村落祭祀の拝所にもなっている（表10―3、図10―12）。

また、一九八〇年頃まで、東長嶺・北長嶺・上長嶺の三家は、村落祭祀の際にビンシー（米・酒・線香を入れた祭祀道具箱）を出して祭祀を主導していた。[7] 村落祭祀のコンテキストで移住始祖として焦点化されているのは、父親（A）

表 10-3　村落祭祀の拝所（2003 年調査）

月日（旧暦）	名称	拝所（礼拝する順）
1 月 1 日	正月　字の拝み	東長嶺家、南の御嶽、ヘーヌカー、ウブガー、ナカヌカー、唐の船御嶽、北の御嶽、北長嶺家、漁協の神棚
2 月 10 日	字立ての御願	字の拝みと同じ
5 月 4 日	ハーリー	東長嶺家、南の御嶽、龍宮神、唐の船御嶽、ナカヌ御嶽、北長嶺家　※翌日、漁協から東長嶺家に供物を提供
8 月 10 日	八月十日の御願	東長嶺家、南の御嶽、ヘーヌカー、ウブガー、ナカヌカー、唐の船御嶽、北の御嶽、北長嶺家、漁協の神棚
10 月 10 日	火と水の御願	北長嶺家、ヘーヌ浜、
11 月 10 日	字慰霊祭（海難遭難者）	龍宮神、南の御嶽、慰霊塔
12 月 24 日	師走の御願	字の拝みと同じ

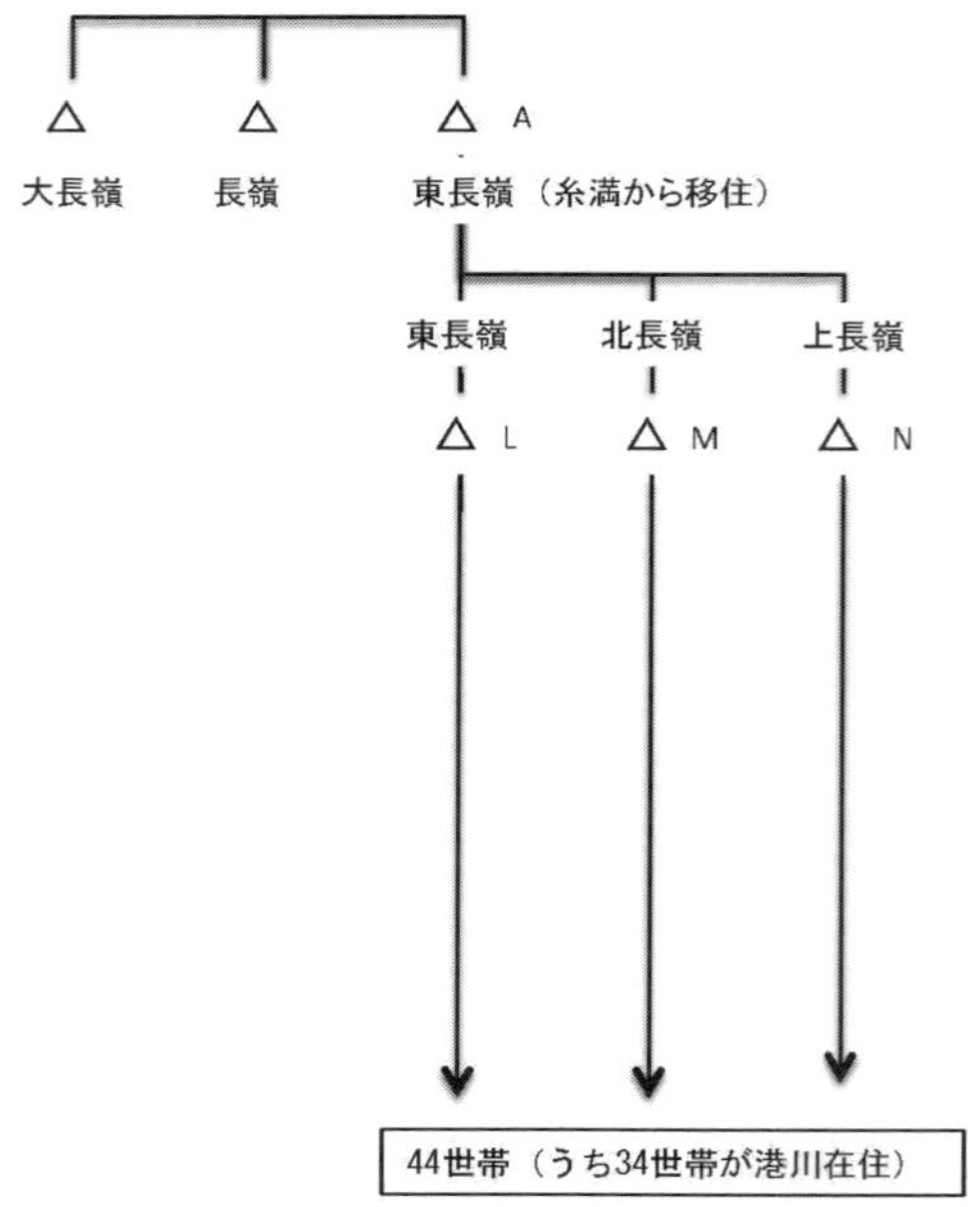

図 10-12　港川長嶺一門。（2003 年調査）

ではなく、息子たち兄弟（L・M・N）である。特に、「字立ての御願」では、東長嶺家と北長嶺家の始祖が分村形成の功労者として顕彰されている。これらことは、定着して長い時間が経っても、移住村落を開拓した兄弟が村落祭祀のかたちで記憶されていることを示している。

移住の局面で兄弟が積極的な役割を果たしたことは、与那国島の分村において明確に聞くことができた。糸満から与那国島に移住した人の孫であるTさん（一九三二年生まれ、漁師）に聞いたところでは、移住したのは三人兄弟であった。長兄がまず与那国島に渡り、しばらくしてから弟たち（次男と三男）を呼び寄せた。Tさんは、移住始祖の末弟（三男）の孫である。移住したTさんの祖父は一八六一年生まれで、与那国島に移り住んだときは独身であり、与那国で結婚して長男が誕生したのが一八九一年であった。ここから、兄弟が移住したのは一八八〇年代だったと思われる。兄弟たちは、最初祖納に住み、しばらくしてから久部良に掘っ立て小屋を建てて住んだ。これが漁村久部良の始まりとなった。

2 追込網漁集団（アギヤー）

兄弟の実践的な協力は、漁撈活動においてもみられる。とくに、明治中期以降に活躍した追込網漁集団（アギヤーシンカ[8]）を結成する際に兄弟が核となっていたことを、断片的ではあるが多くの研究者が指摘している［比嘉 一九八七a、三五八、三六五、牧野 一九八九、一二〇～一二一、市川 一九八九a、二七七～二七八、平田 一九八九、三二二～

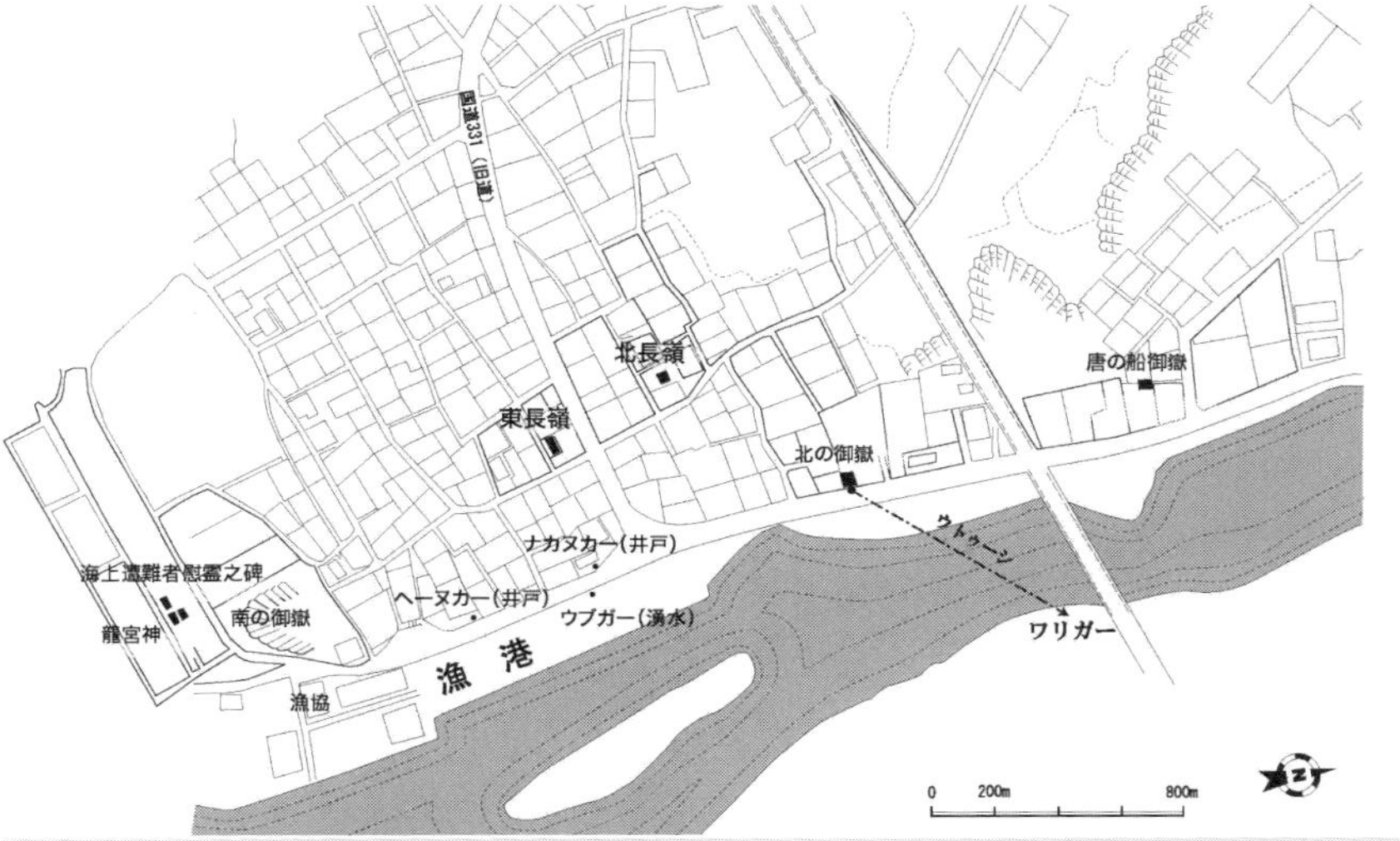

図10-13 港川拝所地図。

三二三、檜垣 一九八九、三四六〜三四七、片岡 一九八九、三六二、市川 一九八九b、三九五、三九九、三浦 一九八九、四六二〜四六三、坂岡 一九八九、四七五〜四七六、四八〇、市川 二〇〇九、一七五、一八七、二二六、二三〇〜二三二〕。

この中から、喜界島の湾集落で操業していたアギヤーシンカの例〔坂岡 一九八九〕をみてみよう。明治終わりから大正始め頃に結成されたカーニンメー組は、Ⅱ‐Aを中心に、彼の妻の兄弟たち（Ⅱ‐B、Ⅱ‐D、Ⅱ‐E）を中心メンバーとして、二十数人の雇い子で構成されていた（注（8）参照）。操業場所は喜界島に限らず、千葉県にも出漁していた。Ⅱ‐Aが大正一四年に死亡すると、この組は解散した。その後、カーニンメー組の兄弟たちの母方イトコにあたる三兄弟（Ⅲ‐C・Ⅲ‐D・Ⅲ‐E）が中心となって、カーニンメー組の会計担当だったⅡ‐Cの息子・Ⅲ‐Bが参加してウシースー組が結成された。Ⅲ‐Bは、一五歳まで糸満で育ち、漁業も糸満で習得していたが、カーニンメー組が解散して父・Ⅱ‐Cが糸満に帰郷するのと入れ替わるように喜界島に渡り、ウシースー組に加わった。

戦時中から戦後にかけて、ウシースー組の責任者・Ⅲ‐Cが抜けて、新たにⅢDが責任者となると、Ⅲ‐Dの幼名をとってマンクースー組と称するようになった。マンクースー組は一九七〇年代始めまで喜界島で操業していたが、沖縄の本土復帰（一九七二年）後、一世帯ずつひきあげるようになって解散した。マンクースー組の責任者（Ⅲ‐D）の長男・Ⅳ‐Bは「跡取り」であるという理由で一九五一年には糸満に戻っていた。Ⅲ‐Dも復帰の翌年に糸満に戻って息子と暮らした。復帰後も喜界島に住み続けたのは、次男のⅣ‐Cであった。Ⅳ‐Cは中学校を卒業後、父と一緒に追込網漁をしていたが、結婚後、喜界島で魚の卸と小売業を始めた。彼の息子たちが成人すると、Ⅴ‐A（長男）とⅤ‐C（三男）の兄弟が加わって商業は拡張していった。一九八四年に大幸水産ビルを建て、一九八〇年代終わりには、五人の家族従業員を含む従業員一四人の卸・小売業者として展開した。

第Ⅳ世代のキョウダイの中で、Ⅴ‐L（長女）も商業に携わっている。彼女は、学校を卒業した後沖縄で働いたが、まもなく喜界島に戻って母たちと魚売りをした。結婚後も商いを続け、鮮魚店を経営するに至った。Ⅴ‐Lの

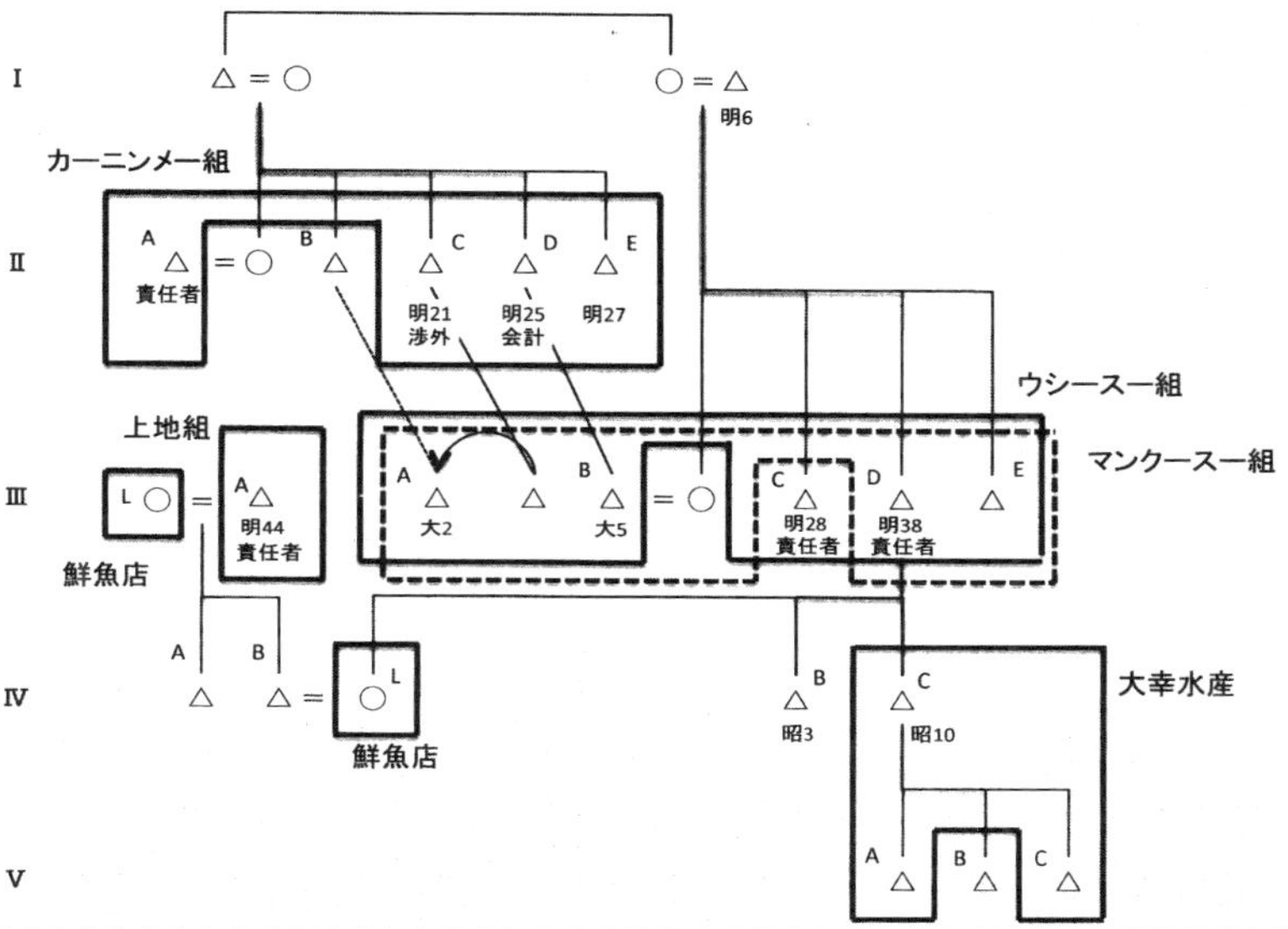

図 10-14　喜界島の追込網漁集団（アギヤーシンカ）と兄弟。
［坂岡 1989：474―479 頁より作成］

夫の父親Ⅳ・Aは、国頭村生まれであるが、雇い子として糸満漁民のもとで働き、育った人物である。漁業技術を身に着けて成人したⅣ・Aは、一九三七（昭和一二）年に追込網漁集団・上地組を結成した。妻・Ⅳ・Lは糸満出身で徳之島に魚売りに来ていたときにⅣ・Aと結婚した。Ⅳ・Lは一九六〇（昭和三〇）年に鮮魚店を持ち、夫が亡くなるまで店を経営していた。追込網漁集団を解散した後、カーニンメー組とウシースー組の主要なメンバーたちが次々と糸満に帰っていったのとは対照的に、上地組は解散後も責任者が喜界島に留まり、息子たちも（Ⅳ・AとⅣ・Bの兄弟）も漁業を続けた。

喜界島の事例が示しているのは、追込網漁集団が兄弟を核に結成されたということだけでなく、下の世代の漁業の継続、及び、漁業から商業へと生活戦術を変えて新たな展開を計った際にも兄弟の協力が重要であったことである。分村において、兄弟は開拓推進の核となり、それを基点とする親族のネットワークは生活戦術としてよく機能した。

3　タテとヨコの親族関係

近世から近現代にかけた長い歴史において、糸満漁民が頻繁に移動を繰り返した一つの理由は、故地に住み続けることが難しい状況があったからだと思われるが、それだけでなく、移住に乗り出す術があったからでもある。移住を可能にし、移住先での新しい生活の展開を可能にしたのは、兄弟を基点とする親族のネットワークであった。また、喜界島の例で触れたように、商業に携わった姉妹や妻たちの力も大きかった［上江洲・前川 一九七四、加藤 一九九〇］。一般的に女性は、門中や家（ヤー）において儀礼的な役割はあるものの、財産の相続権がなく、父系親族の中で周縁的な存在とみられてきた［リブラ 一九七四、比嘉 一九八七］。

しかし、移住者の生活戦術としてみれば、女性（妻・姉妹）は、親族のネットワークを展開させる重要な結節点の一つであり、男性（夫・兄弟）たちの漁業を商業に結びつけた存在でもあった。兄弟を基点とする親族ネットワークとは、兄と弟の関係だけを指すのではなく、姉妹、兄弟の配偶者、兄弟の子（オイ・メイ）、親同士が兄弟であるイトコなど、ヨコに広がる親族のネットワークであり、それが経済的・実践的な局面で機能する社会関係資本となって移住者の生活を支えたのである。

巨視的にみれば、持続的な人口流出は構造的な問題であり、琉球・沖縄社会は、人口扶養力が不十分だった時期が長く続いてきたことを意味している。過剰人口に対して、時の為政者たちは政策的な移住を画策したこともあった。明治・大正期の海外移民政策や高度経済成長期の集団就職などがその例である［冨山 一九九〇］。しかし、本章で検討した糸満漁民の特徴は、こうした制度に頼った移住ではなかった点にある。八重山・石垣島の糸満の分村において、ある漁師が、「腕が悪いウミンチュが糸満に留まり、腕の良いウミンチュは外に出て行った」と筆者に語ってくれた。糸満漁民の移住は自発的なものであり、過剰人口に内発的に対応する社会文化的な要素をもっていたといえる。それが親族のネットワークである。

このような沖縄における移住者の社会文化的特徴は、従来の研究では十分捉えられてこなかった。沖縄を対象とした人類学的研究では、村（定住者）の社会組織をテーマにした研究を多く蓄積してきた。それと関連して「伝統的」な親族組織として門中が注目され、親族のネットワークはその影に隠れてしまった。門中が祖先と子孫というタテの関係を基点として展開した文化的観念あるいは集団であるのに対して、兄弟を基点とする関係は、ヨコに展開するネットワークである。従来の沖縄研究では、タテの関係が重視されヨコの関係はあまり注目されてこなかったといえよう。

本章で検討した兄弟を基点とする親族のネットワークは、門中のような「伝統的」な親族とは異なるものである。実践的な兄弟の重要性が見過ごされてきた一つの理由は、兄弟の戦術によって経済的な成果を収めると、彼らの関係を門中のレトリックで再表象する傾向があったからだと思われる。糸満で大規模な門中墓が形成されたのは、近代の早い時期に、兄弟たちによる経済的な展開があったことを示している。この見方が正しければ、門中が「未成熟」だと比嘉政夫が指摘した沖縄島とその近隣諸島の状況［比嘉 一九八七b、三三］は、近代の地域社会の経済的展開の度合いを反映しているとみることができる。つまり、これらの地域では兄弟の協力的な実践があっても、それが親族組織化するほどに十分な経済的展開を成し得なかったと考えられる。逆に糸満で門中が発達したのは、移住・開拓の局面を経て、兄弟の協力が一定の経済的な展開に結びついた結果とみることができる。

おわりに——糸満の事例が語るネットワークの多重性と柔軟性——

「糸満で長男の家に嫁ぐのは大変である。特に宗家の嫁は苦労する」というのは、五十代より下の世代においてよく聞く話である。このように言われる理由は、門中や家に関わる祖先祭祀が長男の家で毎月にように行なわれ、祭祀を実際に担っているのが「長男の嫁」だからである。沖縄の中でも糸満は特に「伝統」を重んじる地域とみられている。父系親族が強調されることは、「伝統」に関心がない世代の人々、特に女性にとってはマイナスのことでしかなく、「門中事」は、人を観念的な「伝統」に縛り付け、閉鎖的な集団の中に閉じ込めるというイメージを喚起する。しかし、それとは正反対に、糸満の歴史は極めて実践的な行為によって紡がれたものであった。

本章で検討した事例からは、糸満の親族関係に、タテの関係を軸とする観念的な父系性と、ヨコにつながる実践的な関係の二つの側面があることが認められる。両者は兄弟関係において交差し、さらにヨコに展開して親族のネットワークを形成して移住者を支え開拓を促進した。このことは、「伝統」の内に存在しながら、その枠に収まらない移住者たちの柔軟性を示しており、その柔軟さこそが移住を促進させ、かつ移住先での集落形成を可能にしたといえよう。糸満漁民による海域ネットワークは、何よりこの二重の親族ネットワークを基礎とすることで、移住により琉球列島内に拡散しながら形成されてきたとの見方も成り立つ。

東南アジアに暮らす海民の特徴として指摘された「離散移住」「商業志向」「二者間関係の連鎖によるネットワーク形成」は［第1章、前田 一九八九、立本 二〇〇〇］、琉球列島における糸満漁民の移住と定着の過程でも認められる。糸満の門や分村の形成は「離散移住」のプロセスの一環であり、女性たちの活躍は「商業志向」の例であり、兄弟を基点とする親族ネットワークは「二者間関係の連鎖によるネットワーク形成」に近い。ただし、これらの事例は、親族レベルでみれば、「離散」というよりも、親族による協力的な移住かつ定着であり、また兄弟の結合の結果は、門中の結合として再解釈される傾向もあった。糸満漁民の社会文化的特徴は、柔軟なネットワーク形成に代表される東南アジア的な要素と、父系親族の組織化に代表される東アジア的な要素を併せもっている点にあるといえる。

注

（1）「居住人」は、近世史料で散見される。近代以降は、一般的に「寄留民」と呼ばれるようになった。

（2）上田不二夫は、奄美から台湾までの間に二七の「分村」を数えている［上田 一九九一：四五］。しかし、分村を数えるのは簡単な問題ではない。例えば、上田が「分村」として紹介した久米島の真泊は、一九一四年一〇月二一日の『琉球新報』では糸満漁民が一時的に滞留する「旅小屋」とされている。また、八重山では、上田が示した地域以外にも、黒島の伊古や小浜島の細崎に糸満漁民の集住地域がかつてあった。また、集住はしていないが、竹富島には糸満出身者を始祖とする（糸満胤）の家が一〇軒ほど存在している（筆者の調査による）。一時的に滞留した「旅小屋」と定着者が形成した「分村」は連続しており、歴史の中のどの時点を捉えるかによって、「旅小屋」だったり「分村」だったりする。ここでは、「分村」を、ある地域に一定の期間、糸満漁民が集住した地域として緩やかに捉えておきたい。

（3）糸満の分村の一つである沖縄島南部の港川は、一八七〇（明治三）年の史料で「港屋取」と記されている［比嘉・崎浜 一九六五：四〇～四二］。筆者の知る限り、無禄士族以外の集落で屋取と称された最も古い例である。

（4）別の系図資料（『幸地腹門中家系図』）によると、上原親雲上の息子は九人いたが、そのうちの一人は墓の建設に協力せず、近隣の照屋村で独立したという。

（5）この地図が一九三五（昭和一〇）年頃に作成されたものだというのは、この資料を発掘した糸満市役所の金城善氏のご教示による。

（6）伝承によると、糸満から港川に最初に移住した〈東長嶺家〉〈北長嶺〉〈上長嶺〉の始祖兄弟の父親は、五代前の人物だったという（二〇〇三年調査）。門中系図で確認すると、その人物は一八〇〇年代始めに生きた人であり、港川への最初の移住は、その頃だったことになる。糸満からの移住の例で最も古い例である。注（3）も参照。

（7）現在の村落祭祀は区長が主導して行なっている。

（8）追込網漁集団（アギヤーシンカ）は、運搬船（母船）一〜二隻、クリ舟（サバニ）五〜六隻、総勢数十名からなる集団である。責任者（テーソー）、艫乗り（トヌムヌイ）、舳先乗り（ヒーヌイ）で構成される。テーソーは、母船や袋網の所有者である場合が多い。トゥムヌイはサバニ所有者で熟練した技能者である。ヒーヌイは一二、三歳の少年で、その多くが農村からの年季奉公で雇われた「雇い子（ヤトゥイングヮ）」であった。雇い子は、「糸満売り」ともいわれ、貧窮した農村から「身売り」された少年たちである。利益の分配は、テーソーとトゥムヌイが一人前〜一・五人前の他に「網前」や「舟前」をとった。ヒーヌイは、技能に応じて〇・三人前〜一・三人前といった具合に利益が分配された。アギヤーシンカは、漁期ごとに編成された。沖縄近海での操業だと、旧暦八月から翌年五月までの漁期の間活動し、それが過ぎると解散した［廣吉　一九八九：七―八頁、片岡・上田　一九八七、一四八〜一四九］。

参考文献

浅川滋男　二〇〇三「東アジアの漂海民と家船居住」『鳥取環境大学　紀要』創刊号、四一〜六〇頁。

安達義弘　一九九九「民間由来記と系図づくり」『屋部久護家文書』（名護市史資料編5・文献資料集別冊1）名護市史編さん室（編）二八〇〜三四八頁、名護市教育委員会。

市川英雄　一九八九ａ「奄美南部三島における追込網漁業」『日本における海洋民の総合研究（下巻）――糸満系漁民を中心として』中楯興（編）二五九〜二九〇頁、九州大学出版会。

――　一九八九ｂ「奄美大島・喜界島の糸満漁業（戦後期）」『日本における海洋民の総合研究（下巻）――糸満系漁民を中心として』中楯興（編）三八〇〜四一〇頁、九州大学出版会。

――　二〇〇九『糸満漁業の展開構造――沖縄・奄美を中心として』沖縄タイムス社。

上江洲均・前川守夫　一九七四「糸満における漁撈」『糸満の民俗　糸満漁業民俗資料緊急調査』、沖縄県教育委員会。

上田不二夫　一九九一『沖縄の海人――糸満漁民の歴史と生活』沖縄タイムス社。

片岡千賀之　一九八九「奄美大島・喜界島の糸満漁業（戦前期）」『日本における海洋民の総合研究（下巻）――糸満系漁民を中心として』

中楯興（編）三五七～三七九頁、九州大学出版会。
片岡千賀之・上田不二夫　一九八七「戦前における那覇の漁業構造——地域漁業史試論」『鹿児島大学水産学部紀要』三六巻一号一三七～一六七頁。
加藤久子　一九九〇『糸満アンマー——海人の妻たちの労働と生活』ひるぎ社。
——　二〇一二『海の狩人沖縄漁民——糸満ウミンチュの歴史と生活誌』現代書館。
近藤春夫　一九一七『小笠原及八丈島記』東洋タイムス社（復刻版『明治後期産業発達史資料　第八四一巻』龍渓書舎、二〇一〇）。
坂岡庸子　一九八九「糸満系漁民定住家族の生活史と婦人の役割」『日本における海洋民の総合研究（下巻）——糸満系漁民を中心として』中楯興（編）、四七〇～四八九頁、九州大学出版会。
立本成文　二〇〇〇『家族圏と地域研究』京都大学学術出版会。
玉城　毅　二〇〇七「兄弟の結合と家計戦術——近代沖縄における屋取の展開と世帯」『文化人類学』七二巻三号、二二三～五二頁。
——　二〇一二「兄弟のつながりから地域社会のまとまりへ——近代沖縄におけるムラの流動性と社会形成」『〈つながり〉の文化人類学』高谷紀夫・沼崎一郎（共編）、一〇一～一三二頁、東北大学出版会。
冨山一郎　一九九〇『近代社会と「沖縄人」——「日本人」になるということ』日本経済評論社。
中鉢良護　一九九九「屋部久護家の歴史と久護家文書」『屋部久護家文書』（名護市史資料編5・文献資料集別冊1）名護市史編さん室（編）、六～四二頁、名護市教育委員会。
仲松弥秀　一九七七『古層の村——沖縄民俗文化論』沖縄タイムス社。
野口武徳　一九七四「家船と糸満漁民——水上生活者の移動と定着」『日本の海洋民』宮本常一・川添登（編）、一三一～一三八頁、未来社。
檜垣　巧　一九八九「与論島・沖永良部島・徳之島」『日本における海洋民の総合研究（下巻）——糸満系漁民を中心として』中楯興（編）、三三四～三五六頁、九州大学出版会。
比嘉政夫　一九八三「門中」『沖縄大百科事典』下、沖縄タイムス社。
——　一九八七ａ「奄美徳之島における糸満漁民の現地住民との社会関係」『日本における海洋民の総合研究（上巻）——糸満系漁民を中心として』中楯興（編）、三五三～三七八頁、九州大学出版会。

―――　一九八七b『女性優位と男系原理：沖縄の民俗社会構造』凱風社。
廣吉勝治　一九八九「経済的特徴」『日本における海洋民の総合研究（下巻）――糸満系漁民を中心として』中楯興（編）、一〜一二頁、九州大学出版会。
平田順治　一九八九「糸満系漁民団の社会民俗の動態――徳之島（亀津・山ほか）の事例」『日本における海洋民の総合研究（上巻）――糸満系漁民を中心として』中楯興（編）、三一九〜三三三頁、九州大学出版会。
前田成文　一九八九『東南アジアの組織原理』勁草書房。
牧野洋一　一九八九「小値賀島（戦後期）」『日本における海洋民の総合研究（上巻）――糸満系漁民を中心として』中楯興（編）、一一七〜一三六頁、九州大学出版会。
満田久義　一九八七「糸満漁民の社会構造――とくに門（ジョー）について」『日本にける海洋民の総合的研究（上巻）』中楯興（編）二二五―二三六頁、九州大学出版会。
三浦典子　一九八九「糸満系漁民の移動と生活構造――移動と定住」中楯興（編）『日本における海洋民の総合研究（下巻）――糸満系漁民を中心として』四五〇〜四六九頁、九州大学出版会。
宮良当壮　一九二五「糸満の人名及屋號（承前）」『国学院雑誌』三一巻一二号、五四〜七三頁。
リブラ、ウィリアム　P.　一九七四『沖縄の宗教と社会構造』弘文堂。
Tamaki, Takeshi. 2013. Formation of Munchu by Brothers in Modern Okinawa. *International Journal of Okinawan Studies* 3(2): 61-72.

資料

糸満市史編集委員会編　一九九八『糸満市史戦時資料下巻　資料編7』糸満市役所。
糸満町役場　一九三五『昭和一〇年四月一日調査　番地見出簿』糸満町役場。
沖縄県教育庁文化課編　一九八五『金石文――歴史資料調査報告書Ⅴ』沖縄県教育委員会。
幸地腹門中新地家系譜作成編集委員会　二〇〇二『幸地腹門中新地親族家系譜』。
創立五十周年記念事業期成会編　一九三四『五十周年記念誌　糸満尋常高等小学校』糸満尋常高等小学校。

比嘉春潮・崎浜秀明編訳　一九六五『沖縄の犯科帳』平凡社。
作成者不明　作成年不明「糸満町公有水面埋立平面図」。

◉コラム3

水中文化遺産が語る琉球王国時代の海上ネットワーク

片桐千亜紀

琉球列島は九州南端から台湾の間、一九八の島々、長さ一二〇〇キロメートルにもおよぶ広大な海域からなる。かつてこの海域には列島最大の沖縄島を中心とした琉球王国（一四二九～一八七九年）と呼ばれる海洋国家が存在した。

琉球王国時代、列島には船とそれをささえる港によって結ばれた広範囲な海上ネットワークが存在した（図1）。そのことは、一六四四年に江戸幕府三代将軍徳川家光の命によって献納された正保国絵図に、琉球列島の島々を結ぶ六七ヵ所もの港とその航路が記載されていることからもうかがえる〔津波他一九九二〕。

一七世紀に形成されていた海上ネットワークの存在を裏付けるように、琉球王国時代のあらゆる島々の遺跡からは、中国や東南アジア、日本といった諸外国、そして琉球王国内で生産された陶磁器が出土する。時代によって中国産や琉球産など陶磁器の割合に差があるものの、様々な地域、島々で生産されたモノが、海上ネットワークを通じて隅々まで流通していた証拠である。

このような広範囲な海上ネットワークはいつから成立したのだろうか。琉球列島では一二世紀頃から、それまで共通性が希薄だった中琉球文化圏（奄美・沖縄諸島）と南琉球文化圏（宮古・八重山諸島）の物質文化に多くの共通性が見られるようになる（本書九章を参照のこと）。

この時代を沖縄諸島ではグスク時代（中世相当）と呼び、社会はそれまでの狩猟採集的なものから集約的な稲作・農耕を行う社会へと変貌を遂げていく〔上原 二〇〇三〕。この文化的統一は、長距離航行を可能とする船と港、海上ネットワークの整備・成立が大きな要因となったはずである。その萌芽が一二世紀にはみられたと言えよう。この後、琉球列島では按司と呼ばれる権力者が各地に出現し、やがて統一国家の誕生をみることになる。

一五世紀に誕生した琉球王国は中国との冊封関係を利用して、日本、韓国、東南アジアを結んだ中継貿易によって繁栄する。この頃の琉球王国の海上ネットワークは、北は韓国・日本、南は東南アジアの国々にまで広がっていた。遺跡からは、人の住む島ならばどんなに小さな島々であろうとも、多量の中国産陶磁器が目立って出土するようになり、その繁栄ぶりがうかがえる。

一六〇九年、琉球王国は薩摩の侵攻を受ける。以後、琉球は中国と日本に両属することになるが、その立場を利用して現在の沖縄に見る独自の文化を発展させていく。一七世紀後半には薩摩藩の助力を得て琉球王国内でも窯業が開始された。近世期の王国の島々の遺跡からは、これまでの中国産陶磁器だけでなく、王国内で生産された陶器や薩摩、肥前といった日本本土産の陶磁器も目立って出土するようになる。

古地図や陸上遺跡の調査によって、琉球王国内における海上ネットワークの航路や物資流通の充実を知る事ができるが、それだけではネットワークのあり方まで知る事は難しい。しかし、水中文化遺産はその問いに答えてくれる可能性を持つ。

水中文化遺産の代表的な資料に碇石がある。碇石とは、木製のイカリを海底に沈めるための重りとしてイカリが装備するものである［図2］。その材質や形によって船の大きさや船籍等を推定することができる。琉球列島では中国製と琉球製の碇石が発見されており、中国製の大型碇石は外洋航海が可能な中国船の存在を、琉球製の小型碇石は王国内の津々浦々を結ぶ、より小型な琉球船の存在を推定することができる。

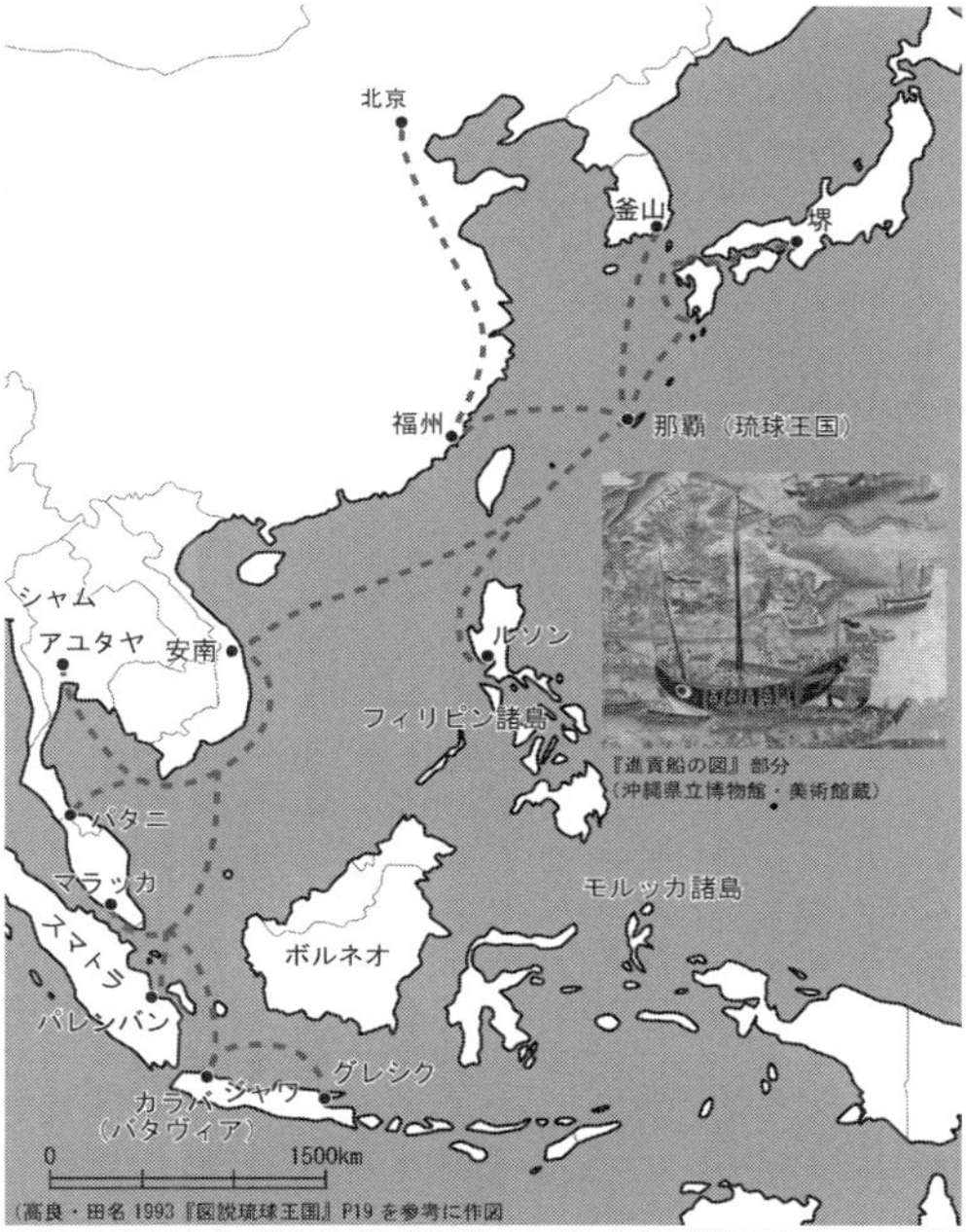

『進貢船の図』部分
（沖縄県立博物館・美術館蔵）
（高良・田名 1993『図説琉球王国』P19 を参考に作図

図コラム 3-1　琉球王国時代の対外交易ネットワーク

図コラム3-2　沖縄諸島で発見された碇石とその調査風景（瀬底島アンチ浜沖海底遺跡、写真：沖縄県立埋蔵文化財センター提供）

中国製碇石は奄美大島で八本、沖縄諸島で三本知られており、先島諸島（宮古・八重山）では未発見である［崎原 二〇一三］。注目すべきは、沖縄諸島の久米島で二本、沖縄島で一本の中国製碇石が発見されていることである。琉球王国時代、沖縄島（那覇港）～久米島（兼城港・真謝港）～福建（中国）を結ぶ海上の道は中国と琉球を結ぶ重要な港と航路として歴史的に知られている。

久米島と沖縄島で発見された中国製碇石の存在は、この航路が琉球王国と中国を結ぶ海上ネットワークにとっていかに重要な航路であったかを物質資料として裏付けているといえよう。また、琉球製の小型碇石も沖縄島各地で発見されている。中国製碇石よりも小型であることから、船そのものも、より小型であったことが推定できる。積荷を満載した琉球船が、王国内の様々な港や島々に向け、四方八方へと航行していた姿が彷彿とされる。

さらに一七世紀以降の近世江戸期に入ると、中国の明代に新たに登場した可能性の高い鉄製四爪錨が、九州以北の日本列島では広く普及する。琉球列島では、これまでこの鉄錨が一本も見つかっていなかったが、近年ついに八重山諸島の石垣島沖で八本もの鉄製錨が発見された（巻頭カラー写真）。このことは近世琉球船も鉄錨を装備していた可能性のほか、琉球に侵攻した薩摩の船が八重山まで頻繁にきていた可能性、さらには正規のルートを外れ、中国船が八重山に漂着していた可能性を示している［小野他 二〇一三、Ono et al. 2016］。今後、錨を搭載した船の同定にはさらなる研究が必要だが、この発見は一七世紀以降における海上ネットワークを考えるうえで大きなヒントになるだろう。

次に、海難事故による船の沈没や積荷の投棄によって形成された海底遺跡に目を向けてみよう。石垣島の名蔵シタダル遺跡や久米島の東奥武（オーハ）島海底遺跡は、一五世紀頃の中国産陶磁器が多量に散乱する海域である。海難事故によって船そのものが沈没するか、沈没をまぬがれるために積荷の投棄を行った結果形成された海底遺跡と考えられる。この中国産陶磁器に混じってタイ産陶器が発見されている［大濱一九九九、片桐二〇一〇］。このことは、中国産とタイ産の陶磁器が同じ船に積載されて琉球の島々へ流通していたことを示している。

石垣島と西表島間の海域である石西礁湖で発見された石西礁湖海底遺跡群第1地点は、沖縄島の那覇で生産された多量の壺屋焼と少量の清朝磁器が海底に散乱しており、やはり海難事故による船の沈没や積荷の投棄によって形成された海底遺跡と考えられている。沖縄島の壺屋焼と中国の清朝磁器が同じ船に積載されて八重山の島々に流通していたことを示している［片桐他二〇一三］。

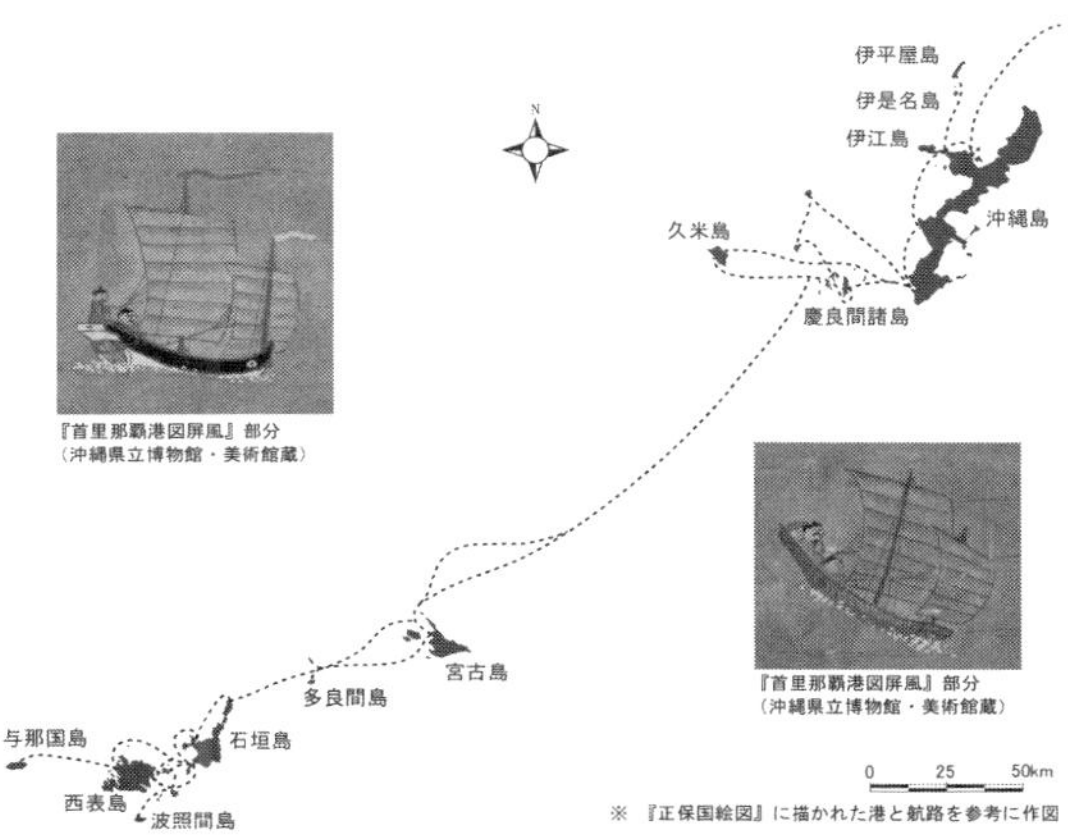

『首里那覇港図屏風』部分
（沖縄県立博物館・美術館蔵）
『首里那覇港図屏風』部分
（沖縄県立博物館・美術館蔵）
※『正保国絵図』に描かれた港と航路を参考に作図

図コラム3-3　琉球王国の域内流通ネットワーク

南から北への流通のあり方を示す海底遺跡も発見されている。沖縄島の西に約四〇キロメートルに位置する慶良間諸島、座間味島には阿護の浦海底遺跡があり、海底からは那覇の壺屋焼と宮古島で生産された土器が密集して発見された。やはり同じ船に積載されていたと考えるのが妥当である［宮城他二〇〇四］。

陸上の集落遺跡からは様々な産地の陶磁器が出土するが、それらがどのようなルートで運ばれたのかを知ることは意外と難しい。八重山諸島で出土する清朝磁器も、それが中国からの直接貿易によって入手したのか、どこか別の島や国、港を中継してきたのか、などはわからない。

しかし、海難事故による船の沈没や積荷の投棄によって形成された八重山の海底遺跡から、一五世紀の中国産陶磁器とタイ産陶磁器が出土した事実は、両者が同時に運ばれたことを明らかにした。同じく近世期の琉球王国時代に沖縄島の那覇で生産された壺屋焼と清朝磁器が、同じ船の積荷として発見されたことは、清朝磁器が沖縄島の那覇港を経由して、沖縄産陶器と伴に八重山に流通していたことを物語る。

さらに、座間味島の阿護の浦海底遺跡で確認された壺屋焼と宮古島産の土器のセット関係は、宮古島から北の沖縄諸島の島々へと運ばれる物資が、直接慶良間に流通するのではなく、那覇港を経由して壺屋焼など別の島で生産された物資と伴に、慶良間、そしてその先の島々へ流通していたことも明らかにした。

　水中文化遺産の調査と研究は、琉球王国時代における海上ネットワークの存在だけでなく、ネットワークを利用した船の規模や国籍、ネットワークのあり方についても知ることができる様々な可能性を秘めている。またこれら沖縄における水中文化遺産の研究からは、従来の文献史学による研究で指摘されてきた以上に、近世～近代における琉球王国の海上交易ネットワークが、より複雑かつ多方面にその網を延ばし、王国外と王国内のルートがともに発達していたことを明らかにしつつある。

参考文献 ――――

上原静　二〇〇三「グスク時代」『沖縄県史　各論編』第二巻（考古）（財）沖縄県文化振興会（編）、沖縄県教育委員会。

大濱永亘　一九九九『八重山の考古学』先島文化研究所

小野林太郎・片桐千亜紀・坂上憲光・菅浩伸・宮城弘樹・山本祐司　二〇一三「八重山における水中文化遺産の現状と将来――石垣島・屋良部沖海底遺跡を中心に」『石垣市立八重山博物館紀要』二二号　二〇～四三頁。

片桐千亜紀・宮城弘樹・渡辺美季（編）二〇一四『沖縄の水中文化遺産』ボーダーインク。

片桐千亜紀(編)　二〇一〇『沿岸地域遺跡分布調査概報（Ⅲ）～概要・遺跡地図編～』沖縄県立埋蔵文化財センター。

崎原恒寿　二〇一三「南西諸島の碇石について」『水中文化遺産データベース作成と水中考古学の推進 海の文化遺産総合調査報告書・南西諸島編』、アジア水中考古学研究所・南西諸島水中文化遺産研究会・鹿児島大学法文学部物質文化論研究室。

津波清・名嘉正八郎・金城善・豊見山和行（編）一九九二『琉球国絵図史料第一集――正保国絵図及び関連資料――』沖縄県教育委員会。

宮城弘樹・片桐千亜紀・新垣力・比嘉尚輝　二〇〇四「南西諸島における沈没船発見の可能性とその基礎的調査――海洋採集遺物からみた海上交通――」『沖縄埋文研究2』沖縄県立埋蔵文化財センター。

Ono, R.; Katagiri C.; Kan H.; Nagano N.; Nakanishi Y.; Yamamoto, Y.; Takemura F. and Sakagami M. 2016 Discovery of Iron Grapnel Anchors in Early Modern Ryukyu and Management of Underwater Cultural Heritages in Okinawa, Japan. *International Journal of Nautical Archaeology* 45(1): 75-91.

◉コラム4

シイラの食文化からみえる海と山のネットワーク

橋村　修

魚と人との関わりは実にさまざまである。マグロやカツオ、タイ等のようにどこでも一定の市場価値で流通する魚もあれば、地域によって価値の異なる魚、つまり「地魚」や「雑魚」もある。本コラムでは、おもに日本におけるシイラの利用と流通を通して、東アジアにおける海を巡るネットワークの一事例について論じてみたい[1]。

シイラ（*Coryphaena hippurus Linne*）は、その体長が約五〇から二〇〇センチメートルにもなる浮き魚である（図コラム4―1）。この魚は日本近海には夏場に黒潮や対馬暖流に乗って北上し（上りシイラ）、夏をすぎると南下（戻りシイラ）する回遊性の魚でもある（図二）。シイラは台湾では鬼頭刀、ハワイではマヒマヒ、アメリカではドルフィンフィッシュ、またはドラード、地中海のマルタではランプーキと呼ばれ、高級魚としての利用や国の魚としての位置づけがみられる。世界では統計上約六万トンの漁獲があり、日本、台湾、コスタリカが主な漁獲国だ。

この魚は、日本では周年で見られるが、群れをなして回遊するのはおよそ四月から一二月までである。しかし、日本におけるシイラの経済性は一般的に低く、マグロやカツオなどと異なり、現在では雑魚として扱われることが多

図コラム 4-1　シイラ
（*Coryphaena hippurus Linne*）

い。今でも国内外においてひどく嫌われる地域があるいっぽうで、好んで食用にされる地域や祭事で出される地域もみられる。つまり一見するとシイラは魚としての価値や文化的重要性は小さく見える。しかしこうした魚でも、歴史軸、地域軸、民俗的な視点から捉え直すと新たな一面が出てくる。

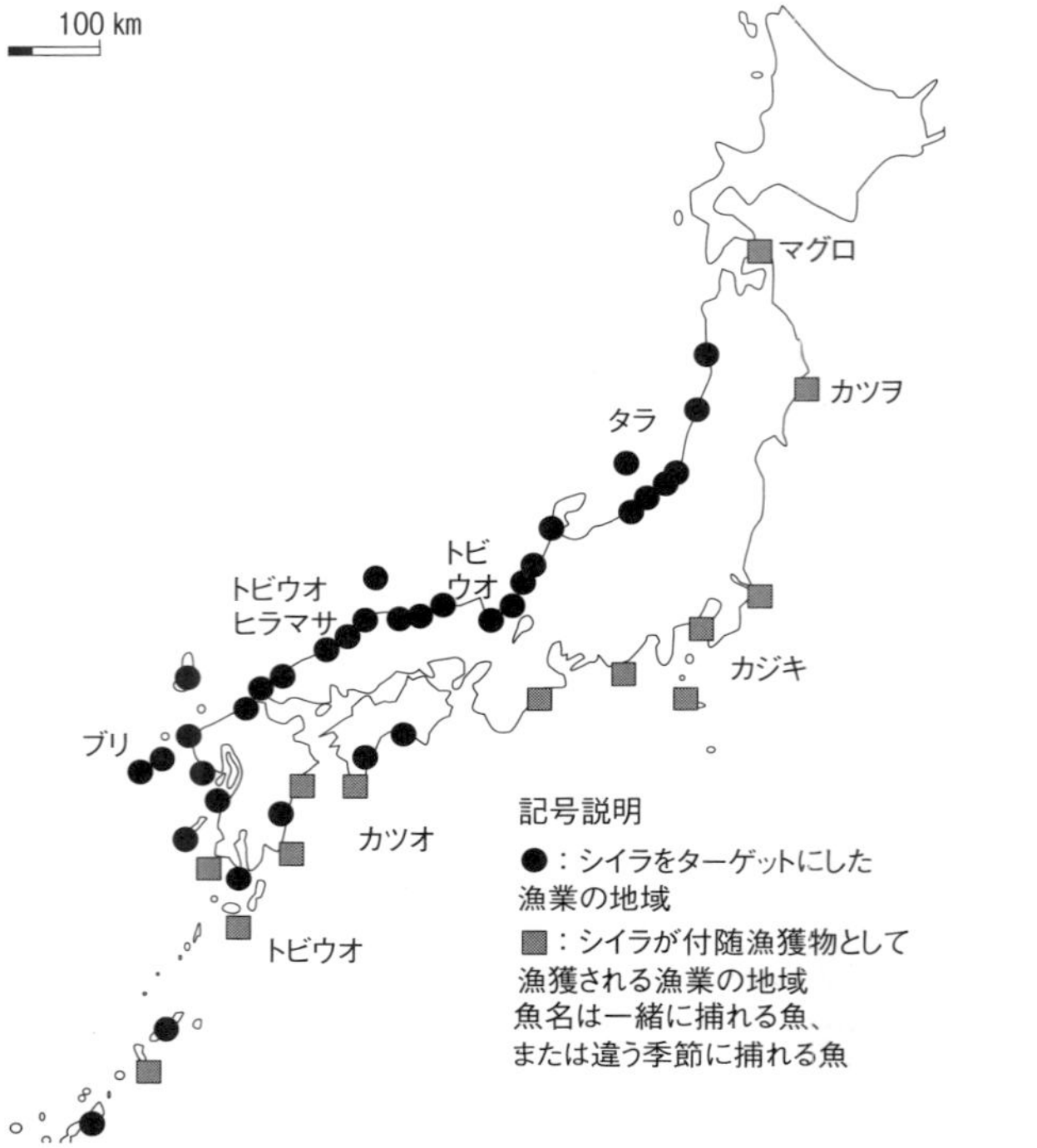

図コラム 4-2　昭和 40 ～ 50 年代ごろの日本列島におけるシイラ漁業の分布図。

昭和四〇年～五〇年代ごろの日本列島におけるシイラ漁業の分布をみると（図コラム4－2）、日本海側では北の秋田から山口、そして九州西岸の鹿児島甑島までと沖縄においてシイラをターゲットにしたシイラ漬漁業（シイラの習性にヒントを得てつくられた竹を束ねた浮き漁礁）が認められる。他方、太平洋側では高知県でシイラ漬漁業があるが、一般的にシイラはカツオ漁やマグロ漁の付随漁獲物として捕獲されるに過ぎなかった。このように、シイラの利用とその価値は、太平洋側と日本海側とで大きな違いがあったようだ。

そこで日本海側におけるシイラの用途を調べたところ、日本海側では日常の消費のほかに正月行事でのカミへの供物などさまざま利用が確認できた。とくにシイラの文化的価値が高かったのが中国山地である。中国山地でシイラが好まれてきた背景には、この地域において冷蔵庫が普及するまで、シイラが保存に適した塩魚として重宝されてきたことを指摘できる。実際、シイラは「まんさく正月」などと呼ばれ、正月などのハレの場で出される魚だった（図コラム4―3）。シイラを正月に出す地域は、内陸の滋賀県高島市朽木麻生、沿岸部の福井県若狭町三方の常神、太平洋側では鹿児島県奄美大島などでみられる。

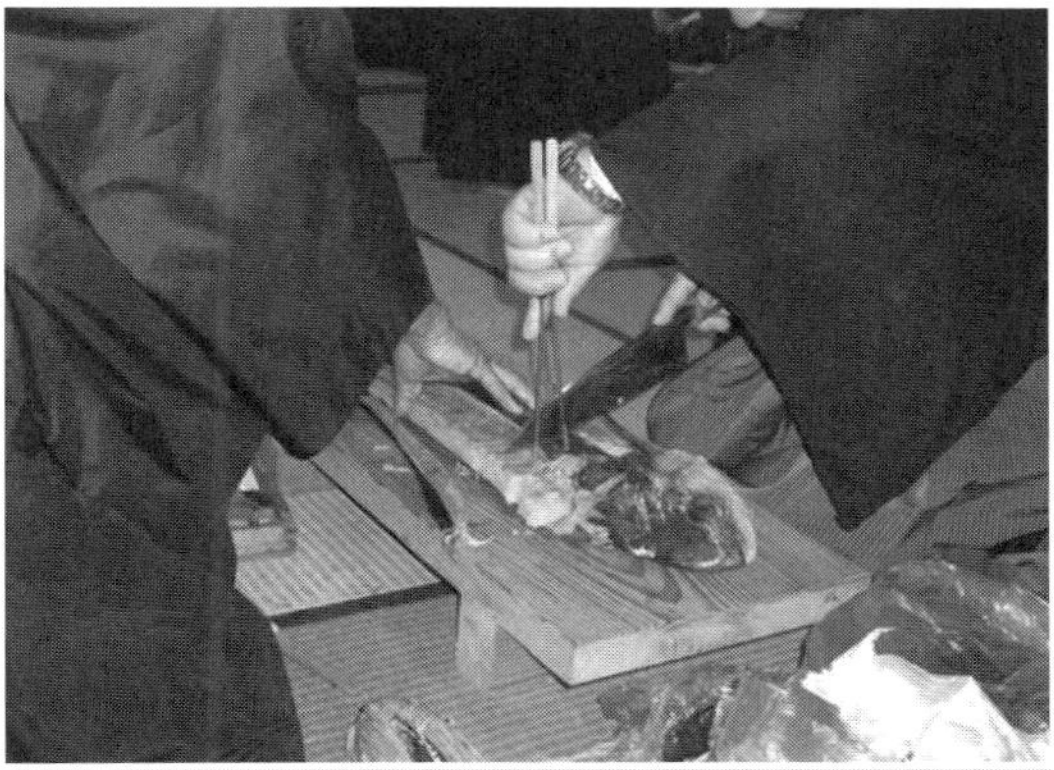

図コラム4-3　カミへの供物としてシイラを利用する正月行事の風景（滋賀県の朽木麻生）

　滋賀県の朽木麻生では、普段サバは食べてもシイラを食べることはないが、正月の元旦だけは地区の若宮神社に奉納し、神から下げた後の「式包丁」を経て各家の主人がその切り身を食べ一年の無病息災を祈る。三方の常神では正月一日の歩射神事の前にシイラが運ばれ板の魚の儀がおこなわれ、シイラを俎板に載せ真名箸と包丁を使って切り身にした雄形（おがた）と雌形（めがた）（骨付きが雄形）が各膳に配られる。

　また、中世末期から江戸時代には、支配者への献上品、カミへの供物としても重用されていた。中世末期の若狭では、誕生祝にシイラが出されていた。江戸時代の薩摩の坊津では、八朔の際に地方から藩主への献上魚となり、天保期（一九世紀前半）の鹿児島城下の武士の生活を書いた文献（『鹿児島ぶり』）には、結納の時にシイラのつがいを供えたと記されており、縁起のいい魚と認識されていたことがわかる。

　これらの事例からはいくつかの点が指摘できる。まずシイラは、日本の各地で「縁起のいい魚」や「ハレの魚」として利用されていた特別な魚の一つであったこと。二つ目にその文化的重要性は、内陸の中国山地や滋賀県に多くみられることである。とくに二つ目の点からは、これらの地域では古くからシイラが捕獲される漁場と、そこから遠く離れた内陸部を結ぶシイラの流通ネットワークが存在してきたことを指摘できるだろう。シイラがただの「雑魚」ではなかったことは、ここからも明らかだ。

　しかし、日本海側での積極的なシイラ利用が多いのに対し、太平洋側では宮崎、高知や和歌山、静岡、三陸地方を除いて受動的な利用が多いことも確かだ。では、この違いはどうして生じたのか。新潟県佐渡島姫津の旅館経営者によると、佐渡周辺において夏から秋にかけてとれるシイラは脂がのって美味で、好まれていたという。しかし、昭和五〇年代の半ばに日本海のシイラが不漁だった際に、太平洋のシイラを購入したところ淡白でまずかったという。このことは、同じシイラでも日本海産と太平洋産で違いがあることを示している。

ところで現在、シイラ漬漁業は日本海側では島根県と東シナ海の熊本県長崎県、熊本県に残るのみだ。そのため、シイラを好む中国山地や新潟等の業者は、日本海のシイラではなくて、広島市場や名古屋市場に入る太平洋の沖縄、宮崎、三重の沖合でマグロやカツオの漁業で付随的に獲れたシイラを購入して消費者に提供しているという。消費者からすると日本海の秋口の脂ののったシイラを食べたい願望もあるが、温暖化や漁業者の減少などの問題もあってそれは叶わなくなっている。それでも魚の流通販売に関わる人々によって太平洋のシイラが提供されている。漁場が変わりより遠隔地となっても、地域に根付いた魚食文化は、その流通形態の進化もあって維持されているのである。ここには、日本のシイラ利用をめぐる新たな流通ネットワークのあり方を見いだせよう。

実はこうした流通ネットワークの拡大は、近年における海外のシイラ利用でもみられる。たとえばハワイでは、シイラが「マヒマヒ」の呼称で知られ、ウェルカムランチのサンドイッチやムニエルとして観光客が一度は口にするとされる。ハワイの観光化にともなってマヒマヒの消費は増えたが、周辺海域での漁獲が追い付かない状態に追い込まれた。そのため、冷凍加工したシイラをハワイへ輸出（船便）する動きが一九六〇年代から台湾で始まり、その後日本のシイラもハワイへ輸出された。

また周辺海域に豊かなシイラ漁場のある中米のコスタリカでは、元々この魚を食べる習慣はなく七色に変わるのでむしろ嫌っていたが、一九八〇年代初頭からアメリカ（ハワイ）輸出用の延縄漁業が始まった。当地ではシイラの鮮度が重視され、漁獲後すぐに切身加工され、真空パックに入れて空輸されている。今では日本や台湾と並んで世界で最も多くのシイラを漁獲する国になっている。

一般的にシイラは、必ずしも美味とはいえない魚とみなされているが、日本の中国山地などではハレの日に出す特別な魚でもあった。そこには沿岸部との流通ネットワークにより、塩魚としてこの外洋魚が頻繁に運ばれていたという歴史的背景があった。シイラはもともと各地でそれなりに価値ある魚として利用されてきたが、冷蔵技術の普及により、様々な魚の流通が可能となるにつれ、その食文化は急速に失われていったとも認識できる。

しかし本コラムで紹介したように、日本においても一部の地域では、今でも根強くその食文化が維持されている。この背景には、各地に残る魚（「地魚」）と人との関わり方の深さがあるかもしれない。画一的な魚食文化が見直されるなかで注目されている地域固有の魚食文化を維持するためにも、ローカルレベルから地域レベル、そして国をこえるグローバルなレベルでの「地魚」「雑魚」の流通形態を歴史・民俗学的視点から読み直す作業が求められているといえよう。同時にこの作業は、一見隠れがちな人々の魚を巡るネットワークの姿やあり方を明らかにする試みともなるはずである。

注

（1）本コラムの内容の多くは以下の拙稿を踏まえつつ、ここ二年程の調査事例も盛り込んでいる。本コラムで論じた事例の詳細は以下を参考のこと。

橋村修　二〇〇三「亜熱帯性回游魚シイラの利用をめぐる地域性と時代性――対馬暖流域を中心に――」『国立民族学博物館調査報告』四六号、一九九～二二三頁。

――　二〇一三「コスタリカにおけるシイラの漁業と利用」『国際常民文化研究叢書』一号、四七～五五頁。

――　二〇一三「沖合集魚装置漁業をめぐる漁場利用の史的展開」『国際常民文化研究叢書』一号一二七～一五一頁。

――　二〇一三「日本列島周辺海域における回游魚シイラの漁業と利用」『国際常民文化研究叢書』二号　一五九～一七八頁。

第Ⅳ部——オセアニアの海域世界

第11章

先史オセアニアの海域ネットワーク
――オセアニアに進出したラピタ人と海民論

小野林太郎

はじめに

本章では、オセアニア海域の先史時代における人類＝ヒトの移住・拡散と、そのプロセスの中で成立していった可能性のある海域ネットワークや海民の出現について、これまでに発見された考古学的痕跡に基づき検討する。

オセアニアにおける人類の登場は、遅くとも約五万年前の更新世後期まで遡る可能性が高い。その最古の痕跡は、現時点ではオーストラリア大陸とニューギニア島に残されている。オーストラリアでは南東部のマンゴ湖で五〜四万年前の年代値を示す古人骨が発見されている。また北部では最近、実に六万五〇〇〇年前の年代値が得られた遺跡も発見された（Clarkson et al. 2017）。これらはいずれも新人＝ホモ・サピエンスによる痕跡と考えられている。五〜四万年前という年代は世界的にもアフリカで誕生したとされる私たち、新人がユーラシア大陸の各地に進出した年代として認識されている。つまり、オセアニアへ最初に進出した人類も新人だったことになる。これは第4章における東南アジア海域の人類史が、一八〇万年前頃の原人時代まで遡るのに比べ、かなり新しい。

その要因は明らかだ。原人が確認されているジャワ島までは氷期には大陸部と陸橋で繋がっていたのに対し、オセアニアは海域世界であり続けてきた。第4章で紹介したように、原人もフローレス島のあるウォーレシア海域までは到達した可能性があるが、その先に広がるオセアニアへの移住は難しかったようだ。というのも、ウォーレシア海域とオセアニアには、最も近いオーストラリア大陸やニューギニア島との間にも、八〇～一〇〇キロメートル以上の海壁があるためだ。

オセアニア海域へ到達するためには、この海を渡る技術と知識が求められ、それは私たち新人の時代になって初めて可能となったことを、オーストラリアでの発見は示唆している。しかし、ヒトが渡海しただけでは海域ネットワークは生まれない。渡海によりヒトとモノが動き、それが恒常化して初めてそこに何らかのネットワーク性が認識される。オセアニア海域において、その痕跡は三万年前頃まで遡る可能性があり、さらに新石器時代期とされる三三〇〇年前頃からは、「ラピタ」として知られる、新たな移住集団の出現により、新たなネットワークとそれまで人類未踏の海域だったメラネシア東部からポリネシア域への移住が開始された。

そこで本章ではこの海域に最初にヒトが到達した更新世後期の事例に触れたうえで、とくに完新世以降のオセアニア海域における人びとの移住やモノの移動からうかがえる海域ネットワークの成り立ちを、近年の考古学的成果に基づきながら論じる。とくに人類未踏の島々への新たな移住に成功したラピタ集団について、その海民的傾向を踏まえつつ、東南アジアの事例との比較を交えて検討したい。

第1節　更新世後期のニア・オセアニアと人びとの海洋適応――

「ニア・オセアニア」とは、完新世前期までに人類の移住が行われた、サフル大陸とその周辺離島をさす。ここ

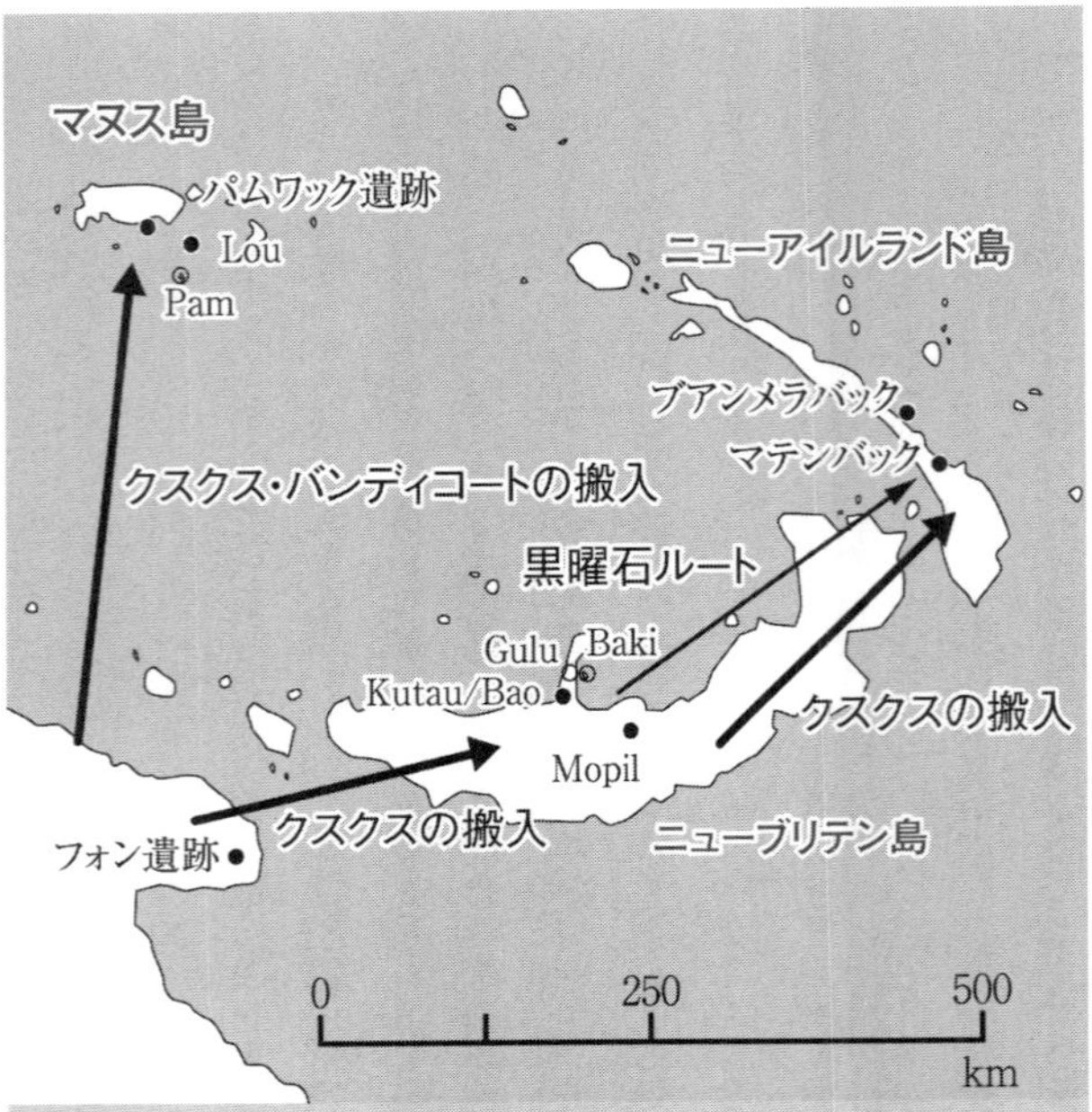

図 11-1　ニア・オセアニアの更新世遺跡と動物や黒曜石の搬入ルート。（小野 2017；図 40 より）

では、島嶼間の距離はそれほど離れておらず、海を隔てて目的とする島が見える。いっぽう、島嶼間の距離がより遠く、人類史的にはラピタ以降に人類の移住が行われた残りのオセアニア域は「リモート・オセアニア」とよばれる。目的とする島は、出発する島からは見えないことが多い。

ニア・オセアニアでは、約三万五〇〇〇年前頃より、当時のサフル大陸の一部となっていたニューギニア北岸から、その離島域にあたるビスマルク諸島やソロモン諸島へ人びとが移住に成功したことが、最近の考古調査でわかってきた。実際、ニア・オセアニアの島々は、最終氷期に相当する当時においてもニューギニアから八〇～二〇〇〇キロメートルは離れており、新人による新たな移住は、ウォーレシア海域と同じくオセアニア海域でもこの頃までに人びとの海洋適応が進み、渡海能力も高まったと考えられている。

これらの離島域では、人類による居住以前には発見されていないサフル大陸産の小型有袋類や植物種が、約二万年前頃より出土する。つまり、人類が意図的にクスクスなどの野生動物や植物種を運び、移住先の限られた食料資源の増加を意図的に狙った可能性がある。

図11―1は、ニア・オセアニアに位置するビスマルク諸島やソロモンで、これまでに発掘された更新世後期遺跡群を整理したものである。これらの遺跡群のち、最も古くまで遡るのが、ニューアイルランド島のブアン・メラバック岩陰遺跡とマテンクプテン岩陰遺跡の二遺跡で、その初期居住期は三万五〇〇〇年前頃まで遡る。両遺跡からは大量の海産貝類と、数は少ないものの魚骨も出土した。

さらに寒冷化が進む二万年前頃になると、ニューアイルランド島のブアン・メラバック岩陰遺跡とマテンベック岩陰遺跡で二万三〇〇〇年前、マテンクプテン岩陰遺跡では一万六〇〇〇年前から、それ以前は生息の確認されていない隣のニューブリテン島から運ばれたと推測されるハイイロクスクス［*Phalanger orientalis*］が大量に出現する［e.g. Flannery and White 1991; Leavesley and Allen 1998］。遺跡からは、クスクスと同じくニューブリテン島のタラセア産やモピール産の黒曜石も出土しており、ヒトによる島嶼間での特定資源の運搬・移入が行われていた可能性が高い。

より遠方の産地となるタラセアからニューアイルランド島までは、直線距離で三〇〇キロメートルの渡海が必要となる。ただし、両島の最短距離は三〇キロメートルのため、ニューブリテン島の東岸までを陸路や海岸沿いに運べれば、より短い渡海距離で運ぶことも可能だった。なお黒曜石と異なり、ハイイロクスクスの原産地はニューギニア本島だと考えられている。まだ証拠はないが、これがニューブリテン島などを経由して、ニューアイルランド島へと運ばれたと考えられる。

ここで注目したいのは、こうした動物や黒曜石といった資源の搬入が、最終氷河期の最寒冷期（あるいはLGM期）とほぼ重なっていることだ。つまり寒冷化により陸上資源の獲得がもっとも困難になったと予想される時期に、人びとのより活発な移動や、島嶼面積の限られる離島域へ意図的に動物資源を搬入するなどの戦略が実践された可能性を指摘できるかもしれない。その一つの事例に、二万一〇〇〇年前頃には、ニューギニア島北岸から二三〇キロメートル離れているマヌス島でもパムワック遺跡で人類の痕跡が出現する。これが意図的な移住だったのであれば、より発達した渡海能力による新天地を目指した集団がいたとも解釈できよう。

動植物の海上運搬の可能性については、日本の琉球列島でも人類が更新世末期頃よりイノシシを移入していた可能性が指摘されている。こうした特定資源の運搬は、海域ネットワークの原初的状況を示唆している。こうした資源の運搬がどれだけ密に行われたかは不明だが、人びとが移住後にも、出身先の島や他の島々との行き来を繰り返した可能性を物語っていよう。しかし、この時代の海域ネットワークについてはまだほとんど分かっていないのが現状である。またこの時代の人びとは、積極的に海産資源の利用を行っていた点においては広義の海民と認識できるかもしれないが、それ以上の意味を持たすことは現時点では難しいだろう。

第2節　完新世期の開始と海域ネットワークの発達

やがて一万三〇〇〇年前頃より完新世期が始まる。第4章でも触れられているように、完新世期は気温の温暖化する間氷期にあたり、現在に続くまで世界の平均気温は小寒冷期を含みながらも、上昇し続けてきた。温暖化が海洋や沿岸環境における最大の影響は、海面上昇や水温上昇による沿岸地形や生態系の変化であろう。とくに約二万年前の最寒冷期に比べ、現代の海面は一五〇メートル近く上昇しており、人類が居住可能な陸域は大幅に減少してきた。そのいっぽう、サフル大陸は海峡によりニューギニア島とオーストラリア大陸に分断されたほか、多くの島が出現することになった。

海域東南アジアでもスンダ大陸が島嶼化し、スマトラやジャワ、ボルネオ島といった島が出現し、海域化したのが完新世期である。こうした完新世期における沿岸・海洋環境の変化はさらに人類の海洋適応を進めさせた。

たとえば先述したマヌス島のパムワック遺跡では、一万三〇〇〇年前頃から、ニューギニア原産とされるブチクスクス（*Spilocuscus kraemeri*）、トゲバンディクート（*Echymipera kalubu*）、アジア起源のカンラン（*Canarium indicum*）が出土しており［Kennedy 2002］、この頃までに動植物資源の海上運搬は、二〇〇キロ以上の距離でも可能になった。一万年前頃には、ブカ島のキル遺跡でもカンランが出現し［Wicker 2003］、八〜六〇〇〇年前頃になるとニューアイルランド島の遺跡で、ニューギニア島産のヤブワラビー属の一種（*Thylogale browni*）が登場する。

運搬された可能性のあるのは動物だけではない。ニューギニア本島ではさらに黒曜石などの石材資源や石器、貝製品も運ばれた痕跡がある。黒曜石の運搬についてはすでに更新世後期のビスマルク諸島でも確認されているが、完新世期にはさらに離島部とニューギニア本島、さらにその内陸部を結ぶ運搬ネットワークが生まれたようだ。ニューギニア高地のカフィアバナ遺跡では、約四五〇〇年前の層からニューブリテン島産の黒曜石が出土している［White 1972］。同じくニューブリテン島やビスマルク諸島では、ニューギニア本島産の石材を用いた特徴的な乳棒が出現するなどの事例が知られる［e.g. Swalding and Hide 2005］。

ところで完新世期の温暖化は、陸域での資源利用にも大きな影響を与えた。人類史を大きく変える契機となったともされる、農耕の出現である。世界的に初期農耕の出現期が、完新世初期にあたっており、急速な温暖化や小寒冷化が人類による植物栽培の開始と相関している可能性は高い［小野 二〇一七a］。オセアニアにおいても唯一、ニューギニア島の高地にあるクク湿地遺跡で、九〇〇〇年前頃の灌漑農耕を示す証拠が出ている。遺跡からはタロイモやヤムイモ、バナナ等のデンプンが出土しており、灌漑施設をあわせて農耕や植物栽培の痕跡と考えられている［e.g. Golson and Gardner 1990; Golson et al. 2017］。

ただし、クク湿地遺跡の標高は一六五九メートルもあり、これは更新世紀におけるニューギニア高地の森林限界とされる標高二〇〇〇メートルに近い。ニューギニア高地では氷期に氷河も存在した痕跡があり、実際、温暖期にあたる現代でも、ニューギニア高地では霜が降りることがある。またニューギニア高地は人類が蛋白源として利用できる大・中型の哺乳類や有袋類も存在していなかった。つまり、こうした厳しい自然環境が、ニューギニア高地における農耕が早くから開始された要因だったとも考えられている［e.g. Bellwood 2005, ベルウッド 二〇一二］。

実際、ニューギニア高地で完新世期に出現した灌漑をともなうタロイモやバナナの農耕は、同じニューギニア島における海岸近くの低地部や離島部には広がらなかったようだ。熱帯圏に属するこれらの地域では完新世期に入っても、後期更新世から継続して狩猟採集や漁撈を軸とした生業が継続して行われたとの理解が一般的である。これら沿岸から離島域に農耕や家畜化が本格的に到来するのは、次節で紹介する新石器時代である。

第3節　移住・生業パターンから見るアジア系新石器集団

アジア系新石器集団は、約三三〇〇年前までにはオセアニアに出現していたとされる。第4章でも紹介されているように、彼らの南方方面への新たな移住により、東南アジアからオセアニアへと続く海域世界にも、土器や石斧に代表される物質文化に加え、農耕や家畜飼育の技術と知識をセットとした新石器時代文化が到来した。こうした新たな物質文化の出現が、新たな人類による移住とセットとして認識できるのは、この集団がそれ以前には人類未踏の無人島として存在し続けていた、リモート・オセアニアの島々への入植に初めて成功したからでもある。

現在、その最古の痕跡を残すのが、メラネシアのビスマルク諸島である。この島々では、三三〇〇年前頃より特徴的な土器、石斧、ブタ等を伴う遺跡が出現しだす。やがて類似した遺跡群はビスマルク諸島から、その先のソロモン諸島を超え、三一〇〇年前頃になると、人類未踏の島々であったソロモン諸島南部のサンタ・クルズ諸島から、ヴァヌアツやニューカレドニア諸島でも出現した。さらに二八〇〇年前頃までにはメラネシア西端のフィジーを経

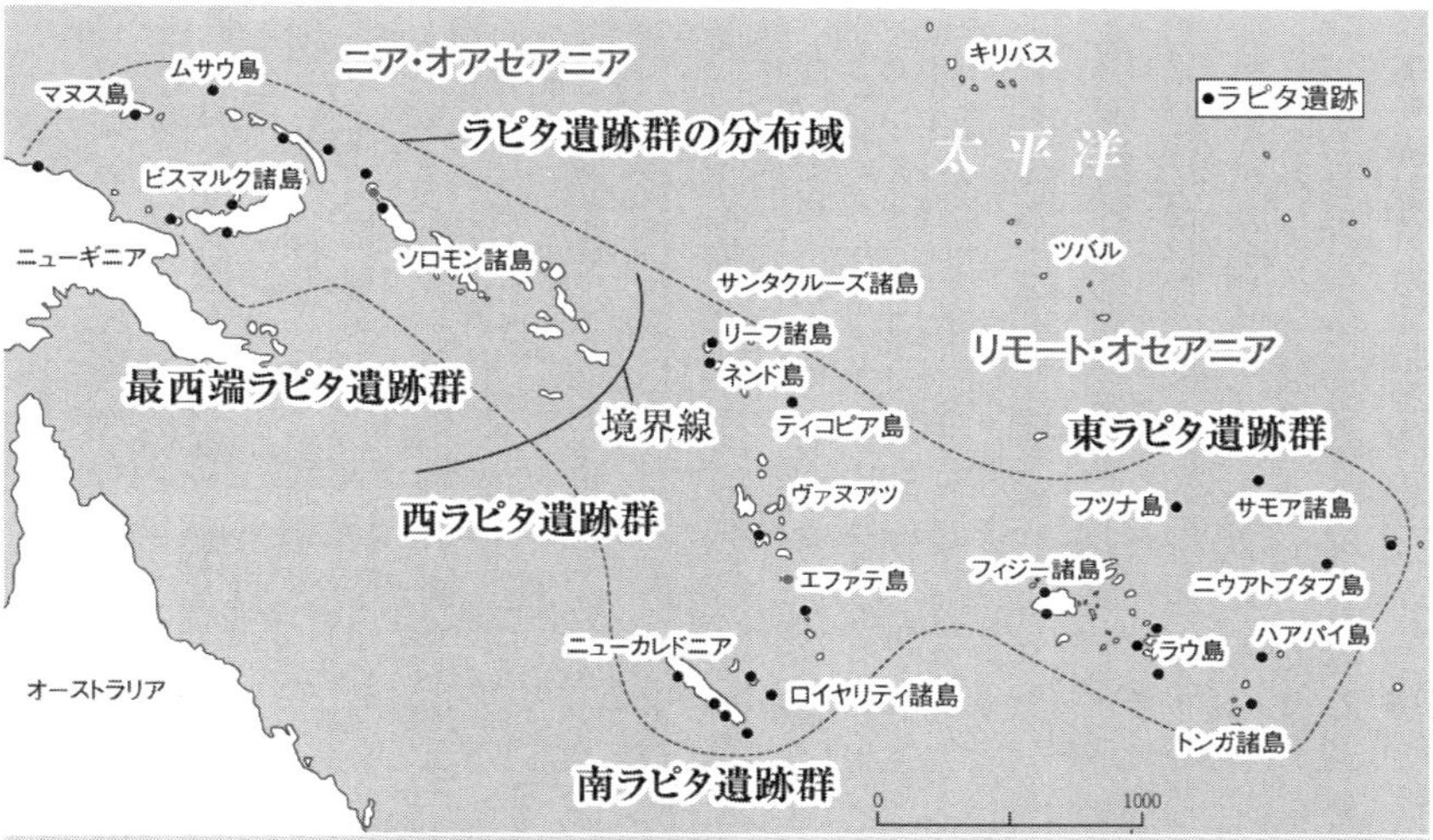

図11-2　おもなラピタ遺跡群のその分布域。（小野 2017、図41より）

由し、ポリネシアの西部に位置するサモアやトンガまで広がる（図11―2）。

この土器は最初に発見されたニューカレドニアの遺跡名にちなみ、ラピタ式土器と呼ばれる。その文様的な特徴は、赤色スリップや「鋸歯印文」という独特な技法にあり（図11―3）、これらの土器を伴う物質文化を「ラピタ文化複合」と呼び、その担い手となった人びとをラピタ集団、あるいはラピタ人と呼ぶことが多い〔e.g. 石村 二〇一一〕。このラピタ人による移住と拡散は、リモート・オセアニアの島々への移住と植民に人類史上初めて成功した点で、オセアニアへの人類移住における大きな画期ともなった。

なお、彼らがアジア系と認識されている理由は、大きく二つある。一つは第4章でも指摘されている言語である。つまり、オセアニアから海域東南アジアで話されているオーストロネシア諸語の起源地が、約六〜五〇〇〇年前の台湾とする言語学からの仮説に基づく理解である。二つ目は考古学的証拠で、ラピタ遺跡から出土する土器や石斧などの物質文化が、やはり台湾方面でより古く、ついでフィリピンやインドネシアからオセアニアへと続く。ラピタ土器に特徴的な鋸歯印文

図11-3　ヴァヌアツ出土のラピタ土器と鋸歯印文・円文による装飾。（小野撮影）

も、フィリピン北部のものがより古い［第4章参照］。

　ラピタ遺跡は、これまでに約二〇〇以上のラピタ遺跡が確認されているが、このうち最も古い三三〇〇～三一〇〇年前頃に相当する初期のラピタ遺跡は、ビスマルク諸島やムサウ島に集中し、ビスマルク諸島だけで約八〇の遺跡がある。しかしその後、二五〇〇年前頃までには特徴的なラピタ式土器は見られなくなり、これ以降はポスト・ラピタ期と認識されている。

　こうしたラピタ人による島々への新たな拡散には、最大で三〇〇〇～六〇〇〇キロ前後の島嶼間を航海する必要があるため、ラピタ人が更新世期の人びとよりも長距離の海上移動を行える技術や知識を持っていたことは間違いない。さらにリモート・オセアニアへ進出したラピタ人の海上移動には、目的地となる島が視界にない無視界航行を部分的に行う必要もあった。ラピタ人による移住は、いずれも意図的かつ計画的に実践されていたようだ。

　ラピタ人の移住における計画性の高さに関しては、彼らが移住先の島々にブタやイヌ、ニワトリといった家畜動物、タロイモやヤムイモ等の根菜植物種のほか、バナナやカナリウム等の植物種を意図的に持ち込んだことが発掘により確認されている［e.g. Kirch 1997］。ただし、これらの家畜動物や栽培種と考えられる植物遺存体が移住初期の段階で揃って出土することはほとんどない。

たとえば初期ラピタ期の遺跡が多いビスマルク諸島北部の離島に位置するカムゴット遺跡では、移住初期では魚骨が卓越するが、その後にブタ、イヌ、ニワトリといった家畜種のほか、ニューギニア原産のクスクス（*Thylogale browni*）やナンヨウネズミ（*Rattus exulans*）がセットで出土した［Summerheys 2007］。

東南アジア大陸部が原産とされるニワトリや東南アジア島嶼部が原産のナンヨウネズミ、あるいはユーラシア大陸が起源とされるブタやイヌの出現は、ビスマルク諸島に進出したラピタ人が、アジア方面を起源とし、東南アジア経由でやってきた可能性を改めて示唆している。

第４節　ラピタ人にみられる文化的混合性

ラピタ遺跡でのニューギニア産クスクスの出土は、オセアニアに進出したラピタ人が、在地の動物資源も利用してきたことを示している。その痕跡は、ラピタ人による植物資源の利用でも確認でき、ラピタ遺跡から出土するバナナのプラントオパールは、ニューギニア原産のバナナであり、土器に付着したタロイモの澱粉粒はニューギニアで栽培化された種だった［Crowther 2005］。

これらの痕跡が示唆するのは、東南アジアや台湾といったアジア方面から新たに移住してきた新人集団が、オセアニア海域で暮らしてきた在地の新人集団とも何らかの交流を持ち、その過程でこれら新たな栽培植物や動物に関する知識・情報を得ていたことだ。

その可能性は、ラピタの代名詞にもなっている特徴的な鋸歯印文を持つラピタ式土器からも認められる。ラピタ式土器の多くは、東南アジアや台湾の新石器時代土器と共通する赤色スリップ式土器である。しかしその中に、鋸歯印文や円文によるデザインを施した有文土器が少数ながら含まれる。これらには、さらに石灰が充填されるか、赤か黒の彩色が施される有文土器もある。鋸歯印文が入り、石灰が充填された土器は、東南アジアや台湾でもほとんど見つかっていなかった。ゆえに、ラピタ土器の特徴として注目されてきた。

しかし、第4章でも触れたように一九八〇年代頃からフィリピン北部、また近年ではインドネシアのスラウェシ島でも鋸歯印文と円文に石灰充填を持つ土器が確認されるようになってきた［小野 二〇一七b］。したがって、この施文技術の起源も新石器時代の台湾や東南アジアに求めることが可能である。ただし、東南アジアの場合、三角形の刻線や円文とセットでジグザグ状に鋸歯印文が施されるなどの比較的シンプルなものが多いのに対し、ラピタ式土器では鋸歯印文で人面やより複雑な幾何学文様が施され（図11―3参照）、描かれるデザインには多様性が認められる［e.g. Summerhayet 2000］。

東南アジアでは見られないラピタ土器の図像は、ニューギニアやメラネシアの装飾品や仮面、入れ墨等に見られるデザイン［e.g. Parkinson 1907］により近いという指摘もあり［e.g. Kirch 1997］、オセアニア海域で独自に誕生したデザインだった可能性もある。もしそうであれば、ラピタ土器も、アジア系集団により持ち込まれた技術と在地のオセアニア集団の文化が融合したあった結果として、新たに生まれた土器群とも認識できよう。

人骨の形態研究からも、両者の混合が確認されつつある。近年、ヴァヌアツのテオウマ遺跡であいついで発見されたラピタ人骨群の研究からは、ラピタ集団が新たに移住してきたアジア系だけでなく、それ以前からサフル大陸やその周辺島嶼に居住していたオーストラロ・メラネシア系の特徴を示す人骨もあり、両者が混合した混合集団だった印象を強くさせる。フィジー諸島で出土したラピタ人骨は、台湾で出土した先史人骨との類似性が高いとされているが［石村 二〇一二］、この場合はアジア系の占める割合が高かったのか、あるいはたまたま発見された人骨がアジア系だったのか判断が分かれるところである。

これら出土したラピタ人骨にはコラーゲンが残ることが少なく、遺伝子情報はほとんど得られてこなかった。しかし近年、先のテオウマ遺跡にて出土した複数のラピタ人個体から古代ＤＮＡが検出された。その結果によると、ＤＮＡを検出できた三体の女性人骨は、いずれも台湾の先住民の塩基配列と最も近いパターンを持っていたという［Skoglund et al. 2016］。またそのミトコンドリアＤＮＡはポリネシア型とも呼ばれる、Ｂ４ａ１ａ１のハプロタイプであることも確認された。これまで見てきたように、考古学的に出土した物質文化に基づくなら、ラピタ人の文化や暮らしにはアジア方面から新たに持ち込まれた基本的な枠組みに、オセアニア海域における在地の知識や文化的要素が組み込まれた印象が強い。

これに対し、フィジーの事例も含めたラピタ期に遡る人骨から得られた遺伝子情報に基づくなら、その構成はアジア系集団の占める割合がより高かった可能性がでてきたことになる。ただし、ラピタの古人骨を対象とした遺伝子研究はまだ始まったばかりともいえ、ＤＮＡが検出された個体数もまだ限られている。今後、この分野のさらなる進展に期待したいところである［小野 二〇一七ｂ］。

ラピタ人の文化については、かつてより「ラピタ文化複合」と呼ぶことが多かったが、アジア系集団とそれ以前から暮らしてきた在地の集団からなる混合集団こそが、ラピタ人だったのではないだろうか。ゆえにラピタ人は、その拡散の過程で、先住系の人びとや彼らの知識・文化も取り込みながら、その居住域を拡大することに成功した。そのもう一つの根拠となるのが、ラピタ人によって発展した海域ネットワークともいえる、資源やモノの交換システムの存在である。

第5節　ラピタ人による海域ネットワーク

ラピタ人の海域ネットワークに関して注目できるのは、その移住範囲の広さと、その空間内で行われた海上移動距離の長さである。彼らは新たな島々への移住後にも、それ以前に暮らしていた出身地となる島々とも頻繁に交流を継続し、移住先の島にはない資源や、他島で製作された物質文化を海上輸送し、島嶼間で流通させる交換システムの形成にも成功した。

このうち考古学的に確認できる範囲で、もっとも頻繁かつ広範囲に流通した資源の一つが、ビスマルク諸島のニューブリテン島・タラセア産の黒曜石である。この黒曜石のラピタ期における分布域は、産地から約三五〇〇キロメートルも離れたフィジーにまで広がっている。この事実は単に好んで利用されたというレベルを超え、何らかの象徴的な資源としてタラセア産黒曜石が認識されていた可能性すら示唆している。

この黒曜石と同じく象徴的なモノとして、島嶼間で流通していた物質文化にラピタ土器や様々な貝製品がある。このうちラピタ土器には、入れ墨の技術をそのまま転用したのではともいわれる「鋸歯印文」で描かれた人面や、幾何学文様を持つサイズの大きい土器群（図11―3）は、祭祀か何らかの象徴的な役割の下に流通していた可能性が高い。実際、これら大型の土器に描かれた人面文は、ビスマルク諸島からサモアまで地域的な共通性を保ちつつ、西から東に向かって微妙に変化していくことが確認されている［e.g. Summerhayes 2000; 石村 二〇一一］。

民族誌時代のメラネシア島嶼域社会では、部族ごとの顔面に施す入れ墨のデザインが異なり、それが各部族の境界やクランの違いを象徴する目印の一つとなっていたとの指摘から［e.g. Fox 1925］、ラピタ土器に描かれた人面文様にもこうした入れ墨と同じ象徴性があった可能性は高い。

かつてラピタ考古学の第一人者であったR・グリーンは、ラピタのホームランド仮説を提唱した［Green 1991］。この仮説では象徴性の高いラピタ土器や黒曜石が、移住の拠点となった母集団の島や集落から、移住先のコロニーに供給されることで、両者の社会的繋がりが保たれたのではとの想定も紹介されている。逆に移住先のコロニーからは、新たに獲得された自然資源等がホームランドへと運ばれたのかもしれない。こうした両者の具体的な行き来や交換を示す考古学的証拠はまだ得られていないが、興味深い仮説の一つであろう。

ところでラピタ人はこうした島嶼間の移動や、新たな島への移住に際し、どのような船を使い、航海していたのだろうか。残念ながらその考古学的証拠はまだ見つかっていないが、意図的に次々に無人島への移住を成功させた背景には、航海術や船の発達が垣間見られる。まず船に関しては、オーストロネシア語族集団の分布とほぼ一致して分布する、アウトリガー式カヌーの製作と利用が始まっていたと推測されている［e.g. Anderson 2000; Irwin 2008、後藤 一九九九］。

図11-4　ダブルアウトリガー式カヌー［A］とシングルアウトリガー式カヌー［B］。
A：インドネシア・スラウェシ島［小野撮影］、B：ミクロネシア・ポロワット［門田修氏提供］

アウトリガーとは、腕木のことで、くり抜き舟の片側か両側に腕木を装着したカヌーがこれに相当する。片側のみに腕木があるものをシングルアウトリガー式カヌー（図11―4A）、両側にあるものをダブルアウトリガー式カヌー（図11―4B）と呼ぶ。このうち、民族誌時代以降の分布状況によるなら、東南アジア島嶼部ではダブルアウトリガー式が卓越しつつ、スラウェシ島の一部などではシングルアウトリガー式も分布するのに対し、オセアニア海域ではシングルアウトリガー式のみしか分布していない。この状況に従うなら、ラピタ人が好んで利用したのもシングル・アウトリガー式カヌーであった可能性が高い。

航海術についても推測の域をでないが、やはり民族誌時代にミクロネシアを中心にオセアニア海域で実践されていた伝統航海に基づくなら、星の動きから目的地の方角を求めるスターナヴィゲーションや、波やうねりの方向、雲の動き、鳥や生物の動き、匂いといった海上で得られるあらゆる情報を利用した航海が試みられていたかもしれない［e.g. 後藤 一九九九］。

三三〇〇～二五〇〇年前はエルニーニョとラニーニャが頻繁に繰り返されるENSO期にあたり、エルニーニョ期にはフィジーからサモアやトンガ方面への風が発生した可能性があることから、とくに発達した航海術がなくても西ポリネシアまでは辿り着けたとする指摘もある［e.g. Anderson 2000］。しかし、近年におけるトンガでの発掘結果からは、初期のラピタ集団はフィジーからでなく、より西のソロモン諸島辺りから直接に移住してきたことがわかってきた［Burley and Dickinson 2010］。

第6節　ラピタ人にみられる海民的要素

ラピタ人による急速な拡散と新たな島々への移住、資源交換の海上ネットワーク形成は、ラピタ人の海洋適応の結果とも認識できる。ラピタ人の海洋適応の一端は、遺跡から出土する多数のシャコガイ製斧（図11―5A）、タカセガイやサザエを素材にした多様な貝製釣針（図11―5B～D）、それに貝のビーズや腕輪といった装飾品にも認められる。

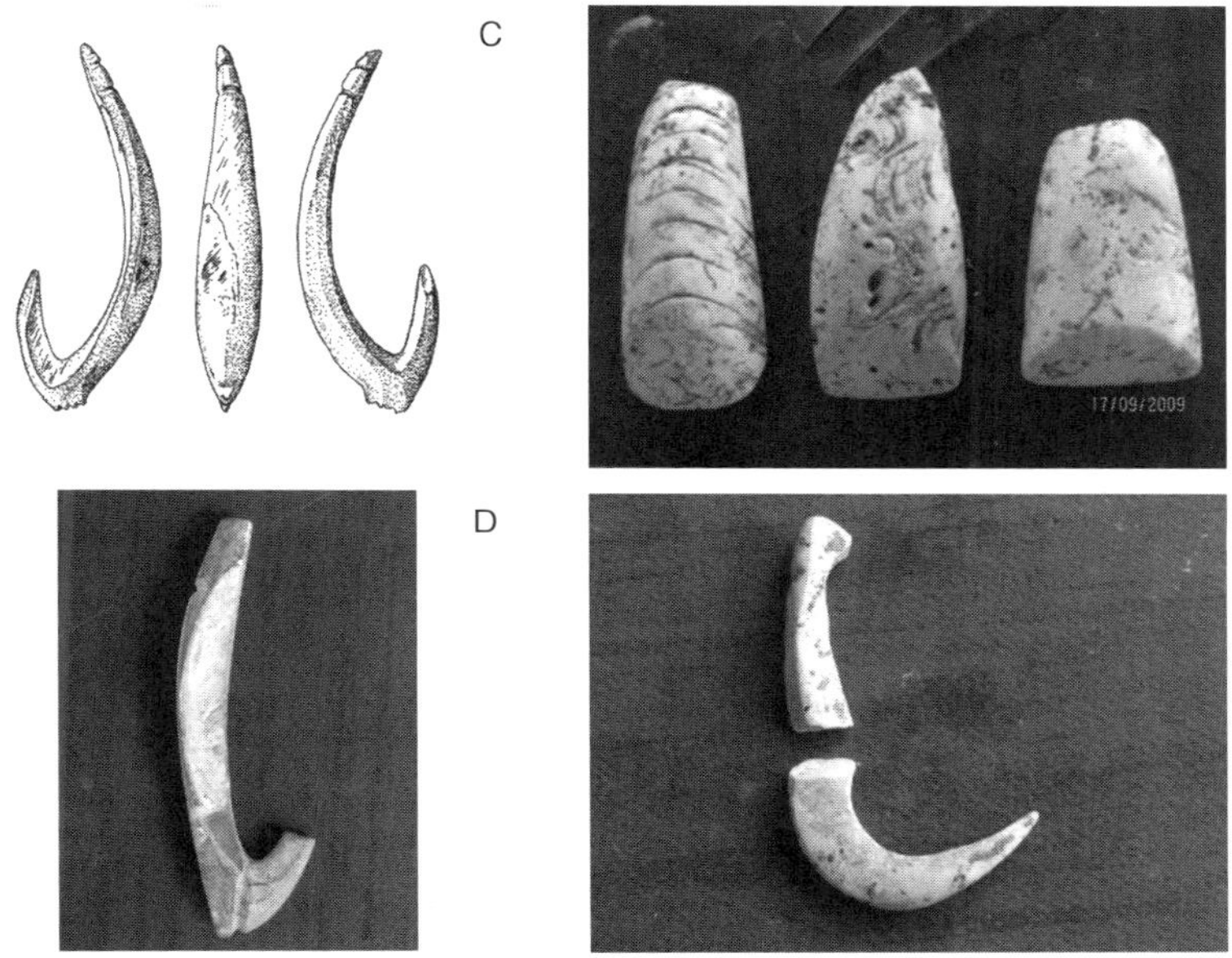

図11-5　ラピタ遺跡群出土のシャコガイ製斧と貝製釣針
A: ヴァヌアツ・ラピタ遺跡出土のシャコガイ製斧
B-C: ムサウ島のタレパケマライ遺跡出土のタカセガイ製ルアー型単式釣針、
D：ヴァヌアツのヴァオ遺跡出土のタカセガイ製ルアー型単式釣針。
（A.B.D: 小野撮影、C：Kirch 1997）

シャコガイ製斧は、山極による第8章でも紹介されるように琉球列島の宮古島でも二〇〇〇年前頃に大量に制作・利用され、おもにカヌー建造などの際に加工具として機能したと推測されている道具だ。人類史的には、すでに完新世初期の北マルク諸島やニューギニアの離島にあたるマヌス島などで出現しており［小野二〇一七b］、物質文化としてはラピタ以前から存在していた。しかしその形態やサイズみられる多様性は、ラピタ期のものが突出している。

多様な釣針も、ラピタ文化複合の重要な要素の一つだ。とくに台湾とティモール島を除き、海域東南アジアの新石器時代からはまだ釣針が出土していない状況は、その存在を際立たせている。ただし、台湾でも釣針が出土している点や、ミクロネシアにおける同時期の遺跡からも貝製釣針が出ているため、釣針もアジア系新石器集団が持ち込んだ物質文化の一つだった可能性は高い。

しかし、ラピタ遺跡からは単式釣針のほかに、外洋域で利用されるトローリング漁の道具と認識できる、タカセガイのルアー型単式釣針も出土する（図10―5C、D）。こうした漁具は、まだ他地域では出土しておらず、オセアニアに進出したラピタ人が新たに生み出した可能性が高い。いっぽう、貝製釣針の素材として、タカセガイが利用される技術伝統は、すでに完新世初期にはウォーレシア海域のティモール島［e.g. O'Connor et al. 2011］やニア・オセアニアで出現しており、その伝統がラピタの漁撈文化に取り込まれた可能性もある。さらに二〇一六年には、ティモール島発見の釣針よりさらに古い二万三〇〇〇年前に遡る貝製釣針が沖縄本島のサキタリ洞遺跡で発見され、世界的な注目を受けつつある［Fujita et al. 2016］。

ところで、これまでの考古調査によれば、ラピタ集団の漁撈活動は、その多くがサンゴ礁の発達した沿岸を意図的に選んでいた傾向が強い。実際、出土する魚骨の約九〇パーセント以上が沿岸魚種のもので占められている［e.g. Butler 1994; Kirch 1997; Ono 2010］。これは沿岸部に好んで集落を形成する、彼らの居住戦略とも一致する。たとえば、ビスマルク諸島のムサウ諸島に位置するタレパケマライ遺跡やアラウェ島のアパロ遺跡の発掘からは、当時の海岸や潮間帯上にラピタ村落が形成されていたことが確認され、彼らの住居は現在の海民が暮らすような杭上家屋であったようだ［Kirch 1997］。

その前面には発達したサンゴ礁が広がるパターンが多いため、安定した捕獲が見込める沿岸魚種の豊富な場所を戦略的に選んで居住していた可能性が高い。加えてトローリング漁など、外洋で大物を狙う漁法も持ち合わせていたラピタ人は、必要があればリーフの外でも漁撈を行ったと思われる。こうした考古学的状況からは、ラピタ人が現代の海民と同じく、海洋や沿岸環境に適応した暮らしを営んでいた姿を想起させる。

しかし、彼らは単なる漁撈集団ではなかった。先述したように、ラピタ遺跡からは家畜動物も含めた様々な動物骨や、植物遺存体が出土しており、ラピタ人が陸産資源の利用とその知識も十分に持ち合わせていたことは明らかだ。海洋性志向が強い印象はあるものの、それは大海原に浮かぶ無人の離島域に入植した開拓民の戦略として資源利用が実践された結果だったともいえる。これらを総合するなら、ラピタ人による生業は「半農半漁」的な性格が強く、また海産資源の利用においては「漁撈採集民」的な要素も強い。すなわち、ラピタ人の生業や居住戦略には、現代の東南アジア海域に暮らす海民にも通じる性格が強いと認識できるのである。

第7節　ラピタをめぐるオセアニア海域からの海民論

これまでの考古学データからは、オセアニアのラピタ集団は定着型農耕民と言うより、漁撈採集や狩猟採集といった生業と熱帯性農耕の両方に長け、新たなフロンティアを目指した海洋性志向の強い人びとといった印象を強く受ける。民族誌時代以降の海域アジアにおいては、このような人びとが「海民」と認識されてきた。日本では「海人」として知られる人びととの生業や居住面での類似性が高いが、三三〇〇年前頃までにはオセアニアの海域世界へ到達していた新石器集団は、そうした集団だった可能性は高い［e.g. 小野 二〇一一、二〇一七b］。

本書の第6章で長津によって紹介されているサマ・バジャウ人も、東南アジアの海民として有名で、商品価値の高いサンゴ礁域の海産資源を求め移動分散を繰り返し、フィリピン南部からボルネオ沿岸、それに東インドネシアの各地に分布している。

これらサマやバジャウの組織原理には、その出自と関係なく、サマ語を話せばサマ人と称せる融通無碍さに象徴される高いクレオール性が認められる。実際、インドネシアのカンゲアン諸島では、別の民族集団に属していた親世代がサマ村落へと移住し、サマ語しか話せない子世代は自身をサマだと名乗っており、結果としてサマ人口は急増しているという［長津 二〇一二］。ラピタ人はオーストロネシア語族の一派だったと一般的に考えられているが、現代の海民に見られる高いクレオール性は、文化複合を得意とし、資源や新たな土地を求め移動を繰り返し、物質文化における高い混合性を示すラピタ人にも認められたのかもしれない。

ところで、ラピタ人を含むアジア系新石器集団のイメージには、第4章でも触れられているように、ボートピープル化して日本や台湾へと移動したと想定される「稲作漁撈民」［安田 二〇〇九］とも重なる部分がある。とくに安田らが気候の寒冷化が起こったとする約三五〇〇年～三二〇〇前にかけての時期は、まさにウォーレシアやオセアニア海域でアジア系新石器時代集団が出現する時期とも重なる。また現在までに海域東南アジアで確認されている新石器時代遺跡が極めて少ないことから、これら新たな移住者は、人口的には小規模な集団だった可能性も高い。

ラピタ人が物質文化のみでなく、エスニック集団としても高い多民族性をもつ集団だったとしたら、アジア方面から最初にやってきた人びとの数は小規模だったとする仮説とも整合する。ただし、彼らがボートピープルと表現されるような、大陸方面から押し出された難民だったのか、自らの意志で新たな新天地を求めて海の彼方へ漕ぎだした冒険者だったのかは、現時点では判断材料があまりに少ない。

ラピタ人の生業・移住戦略については、未開拓の新天地を求め、移住先の豊富な支援資源を獲りたい放題に利用し、そうした資源が減ってくると次の移住先へと動く戦略を基本とする「ストランド・ルーパー仮説」や「トレーダー仮説」が知られる［e.g. Clark and Terrell 1978; Green 1991］。七〇年代末に提唱された仮説だが、ラピタ人の移住初期に下層から大型のカメやトカゲ、海鳥といった絶滅種が各地で出土し、上層ではこれらが欠落することから、移住後まもない初期ラピタの時代に、陸ガメなどの大型爬虫類や鳥類の絶滅が起きていたことが分かってきた［e.g. White et al. 2010］。

こうした近年の研究成果から、改めてこの仮説に注目が集まっているが、手つかずの豊富な資源を求めて数世代単位で移住を繰り返したラピタ人の戦略は、サマなど東南アジアの海民が実践する移住戦略にも共通する。加えて、これまで指摘したラピタ集団の文化的混合性の高さ、トレーダー仮説が指摘するような交易も視野に入れた資源開発・開拓志向の高さは、いずれも本書で検討してきた民族誌時代における海域アジアの海民にも通じる。

ラピタ人を含むアジア系新石器集団は、冒険的なトレーダーでもあったかもしれないし、もともとは故郷を追いやられた難民集団だったのかもしれない。こうした二面性は、現代の海民にも認められる。たとえば、新たな市場や海産資源を求めて移動を繰り返すサマの戦略からは、高い商業性志向や彼らの強かさを認めることができるいっぽう、農工業に適した豊かな土地を持てず、社会的には陸域や都市部からみれば辺境とうつる海域フロンティアで生きていく選択肢しか残されていなかった人びと、という見方もできるのである。

ポジティブとネガティブな解釈が、見方によればどちらも成り立つところに、海民論の面白さがある。第1章でも紹介されているように、海域東南アジアにおける海民論は、近代国家という枠組みを解体する視点を提供してきた。つまりここでの海民は、私たちや社会を相対的に映す鏡としての役割を担ってきたともいえる。本章で強調したかったのは、それが先史時代を対象にしたラピタの事例においても成り立つということである。

最後に歴史的視点に戻すと、ラピタ人の事例に代表されるアジア系新石器集団には、海民的要素が極めて濃厚に認められることを改めて指摘しておきたい。海域東南アジアでは、海民社会はこの海域世界におけるプロトタイプや、基層文化の一つとして認識・議論されてきた。これらの議論を踏まえるなら、そうした海民的要素が出現した時代として、まずはアジア系新石器集団とその拡散期までさかのぼることができるのではないだろうか。いっぽう、オセアニア海域においては、ラピタ人に見られるような海民的要素は、初期の拡散期にのみ突出し、その後は考古学的にあまり明確には認められなくなる。

今から二〇〇〇年前～一〇〇〇年前頃のどこかで、ラピタの末裔とされるポリネシア人はサモア付近から、新たにポリネシアの各地へと新たな移住を開始した。彼らの航海能力はより発達し、さらなる長距離航海も可能となっていく。その結果として、もっとも近隣の島とも三〜四〇〇〇キロ近く離れたハワイ諸島やイースター島、ニュージーランドへの移住も達成された［e.g. 印東 二〇〇二、二〇一七、小野 二〇一七b］。

しかし、これらポリネシアの島々では、ラピタ期に見られたようなホームランドと入植先の島々とを頻繁に行き来するようなネットワークの継続は、今のところ明確ではない。島嶼間の距離が離れるリモート・オセアニアでは、その後に海域東南アジアでさらに発達するような、経済的機能に比重がある島嶼間ネットワークは形成されなかったようだ。

そのいっぽうで、ミクロネシアやポリネシアの一部では、次章で紹介されるサウェイネットワークのような互酬性に基づく、リスク回避の機能も持ち合わせた資源の交換ネットワークがサンゴ島と火山島の間に発達していく。また島嶼間の距離が短いニア・オセアニアに位置するメラネシアの島々では、これらに加え、経済的機能も認められる特定資源の運搬ネットワークが形成された。それは第13章で深田が論じるように、現代に至るまで存在し、また時代とともに変化しつつある。その主人公にあたる人びとを「海民」と呼べるかについては、その解釈を巡って議論が分かれるだろう。発達した海洋適応を見せつつも、彼らは海域アジアにおける海民とは、その生活や移動のスタイルがかなり異なる。これに対し、初期移住者だったラピタ人に、より海民的要素が強く見られたのは、彼らが海域アジアをホームランドとした開拓民だったからなのかもしれない。

オセアニア海域までを視野に入れた海民論は、海域アジアの海民を客観的に検討するうえでも、大きな意義と可能性を持っているといえよう。

参考文献

石村智　二〇一一『ラピタ人の考古学』渓水社。

印東道子　二〇〇二『オセアニア――暮らしの考古学』朝日新聞社。

――――　二〇一七『島に生きる――オセアニアの楽園創世記』臨川書店。

小野林太郎　二〇一一『海域世界の地域研究――セレベス海域の漁撈と民族考古学』京都大学出版会。

――――　二〇一七a「東南アジア・オセアニア海域に進出した漁撈採集民と海洋適応」『狩猟採集民からみた地球環境史――自然・隣人・文明との共生』池谷和信（編）、二三～四一頁、東京大学出版会。

――――　二〇一七b『海の人類史――東南アジア・オセアニア海域の考古学』雄山閣。

後藤明　一九九九『海を渡ったモンゴロイド』講談社。

長津一史　二〇一二「異種混淆性のジェネオロジー――スラウェシ周辺海域におけるバジョ人の生成過程とその文脈」、『民族大国インドネシア――文化継承とアイデンティティ』鏡味治也（編）、〇〇―〇〇頁、木犀社。

安田喜憲　二〇〇九『稲作漁撈文明』雄山閣。

Anderson, A. 2000. Slow Boats from China: Issues in the Prehistory of Indo-Pacific Seafaring. In *East of Wallace's Line: Studies of Past and Present Maritime Culture of the Indo-Pacific Region,* edited by Modern, S. P. *Quaternary Research in Southeast Asia* 16: 13–50.

Bellwood, P. 2005. *First Farmers: The Origins of Agricultural Societies.* Oxford：Blackwell Publishing Ltd.

Butler, V. 1994. Fish Feeding Behaviour and Fish Capture: The Case for Variation in Lapita Fishing Strategies. *Archaeology in Oceania* 29: 81–90.

Burley, D and Dickinson, W. 2010. Among Polynesia's First Pots. *Journal of Archaeological Science* 37(5): 1020-1026.

Clark, J and Terrell, J. 1978. Archaeology in Oceania. *Annual Review of Anthropology* 7: 293-319.

Crowther, A. 2005 Starch Resides on Undecorated Lapita Pottery from Anir, New Ireland. *Archaeology in Oceania* 40: 62-66.

Flannery, T.F. and White, J.P. 1991. Animal Translocations. *National Geographic Research and Exploration* 7(1): 96–113.

Fox C.E. 1925. *The threshold of the Pacific*. London: Kegan Paul, Trubner and Co.

Fujita, M.; Yamazaki, S.; Katagiri, C.; et al. 2016. Advanced Maritime Adaptation in the Western Pacific Coastal Rgion Extends Back to 35,000–30,000 Years before Present. PNAS. www.pnas.org/cgi/doi/10.1073/pnas.1607857113

Golson J. and Gardner, D. 1990. Agriculture and Sociopolitical Organization in New Guinea Highlands Prehistory. *Annual Review of Anthropology* 19: 395–417.

Golson et al. 2017. Ten Thousand Years of Cultivation at Kuk Swamp in the Highlands of Papua New Guinea. *Terra Australis* 46, Canberra: Australian National University Press.

Green, R.C. 1991. The Lapita Cultural Complex: Current Evidence and Proposed Models. B*ulletin of the IndoPacific Prehistory Association* 11: 295–305.

Irwin, G. 2008. Pacific Seascapes, Canoe Performance, and a Review of Lapita Voyaging with Regard to Theories of Migration. *Asian Perspectives* 47(1): 12-27.

Kennedy, J. 2002. Manus from the Beginning: An Archaeological Overview. In *Admiralty Art: Art from the South Seas*, edited by Kaufmann, C; Schmid Kocher, C.; and Ohnemus, S, pp 17–28, Zurich: Museum Rietberg.

Kirch, P.V. 1997. *The Lapita Peoples: Ancestors of the Oceanic World*. Oxford: Blackwell Publishers.

Leavesley, M, and Allen, J. 1998. Dates, Disturbance and Artefact Distributions: Another Analysis of Buang Merabak, A Pleistocene site on New Ireland, Papua New Guinea. *Archaeology in Oceania* 33: 63–82.

O'Connor, S.; Ono, R.; and Clarkson, C. 2011a. Pelagic Fishing at 42,000 Years before the Present and the Maritime Skills of Modern Humans. *Science* 334: 1117–1121.

Ono, R. 2010. Ethno-Archaeology and the Early Austronesian Fishing Strategies in Near-shore Environments. *Journal of the Polynesian Society* 119 (3): 269–314.

Skoglund, P.; Posth, C.; Sirak, K.; et al. 2016. Genomic Insights into the Peopling of the Southwest Pacific. *Nature* 538: 510-513.

Summerhayes, G.R. 2000. *Lapita Interaction*. Terra Australis No.15, *Centre of Archaeology*. Canberra: Australian National University.

———. 2007. Island Melanesian Pasts: A View from Archeology. In *Genes, Language, and Culture History in the Southwest Pacific*. Edited by J. S. pp. 10-35 Oxford: Oxford University Press.

Swadling, P.; and Hide, R. 2005. Changing Landscape and Social Interaction, Looking at Agricultural History from a Sepik-Ramu Perspective. In *Papuan Pasts: Studies in the Cultural, Linguistic and Biological History of the Papuan Speaking Peoples*, edited by Pawley, A.; Attenborough, R; Golson, J.; and Hide, R. pp 289–327. Canberra: Pacific Linguistics, Research School of Pacific and Asian Studies, Australian National University..

White, A. et al. 2010. Megafaunal Meiolaniid Horned Turtles Survived until Early Human Settlement in Vanuatu, Southwest Pacific. *PNAS* 107（35）: 15512–15516.

第12章 オセアニアの島嶼間ネットワークとその形成過程

印東道子

はじめに——オセアニアの島嶼間ネットワーク——

広大な海域世界であるオセアニアに暮らす人々は、近隣の島々と何らかの文化接触をもちながら居住しており、しばしば、ネットワーク状の島嶼間関係性を構築していた。

ネットワークは、点と線で結ばれた網状組織である。海域世界では島が結節点にあたり、海がその隙間に存在するため、きわめてわかりやすい編み目を作り出してきた。陸上の移動に比べて海上の移動は比較的遠距離の移動も可能であるのと同時に、不可抗力による偶然性に左右される移動も発生しやすいのが特徴としてあげられる。本書全体のテーマである海域ネットワークは、この網状組織の間に広がる海域も、活動の場としてとりこまれたものである。

しかし、考古学から復元される資料からは、物質や人の移動を網状組織として復元できても、当該海域における全体的な関係性までを明らかにすることは簡単ではない。特に、本章が対象とする新石器文化段階のミクロネシア島嶼居住民は、基本的には陸上において自給生活を行っており、海域を広く移動する商業活動を行っていたことはない。したがって、ここでは、二島以上の島嶼間にみられた継続的な関係性を「島嶼間ネットワーク」と定義する。ただし、個別の小さな相互ネットワークを含む広域内ネットワークに発展していた場合には、海域ネットワークとよぶ。

一九世紀以降にオセアニアで記録された伝統的な島嶼間ネットワークは、互酬制と威信財の存在を基盤にしており、近代の貨幣経済を基盤とした交易関係とは異なる側面をもっていた。その多くは、災害時の食糧援助や互助的関係性を念頭におきつつ平時における多様な関係性を持ったネットワークが各地に存在した（図12―1）。なかでも、面積が小さく陸上の自然資源に乏しいサンゴ島居住者は、長期間にわたって資源入手を確保する手段の一つとしてネットワークを形成していた場合が多い。[1] つまり、オセアニアのネットワーク形成の特徴は、島嶼環境という類似性ではなく、島嶼間の相違性に基づいた補完的関係性がその基礎の一つにあるといえる［印東 二〇〇七］。

前章でも紹介されているように、今から約三三〇〇年前に東南アジア島嶼部からオセアニア南部へと拡散してきた新石器集団（ラピタ集団）は、四五〇〇年間で四五〇〇キロメートルという早い拡散スピードで島づたいに南東へと居住域を広げていく中で、拡散元の母集団との接触を保つことをその拡散戦略の一つとしていた。初期遺跡から見つかる黒曜石は長距離を運ばれた証拠と解釈されるが、次第に、定住先の島嶼あるいはその近辺で入手できる資源に置き換わり、遠距離の資源移動はなくなっていった。しかし、近距離の島嶼間ネットワークは廃れることなく存続し続け、多様な資源や人が島嶼間を移動してきた［Kirch 1988; Weisler 1997］。

オセアニア諸島民が形成してきた各地の島嶼間ネットワークは、一九～二〇世紀に文化人類学者が観察し、研究したものが多く記録に残されている。最も広く知られるものに、マリノフスキーの古典的な研究であるニューギニア沿岸部のクラ交易があるが、それ以外にもマヌス交易網やニューアイルランド交易網、ヴィシアズ交易網、ヒリ交易網、マイルー交易網など、ニューギニア島沿岸部各地と島嶼部を結んだネットワーク（図12―1A）が発達し

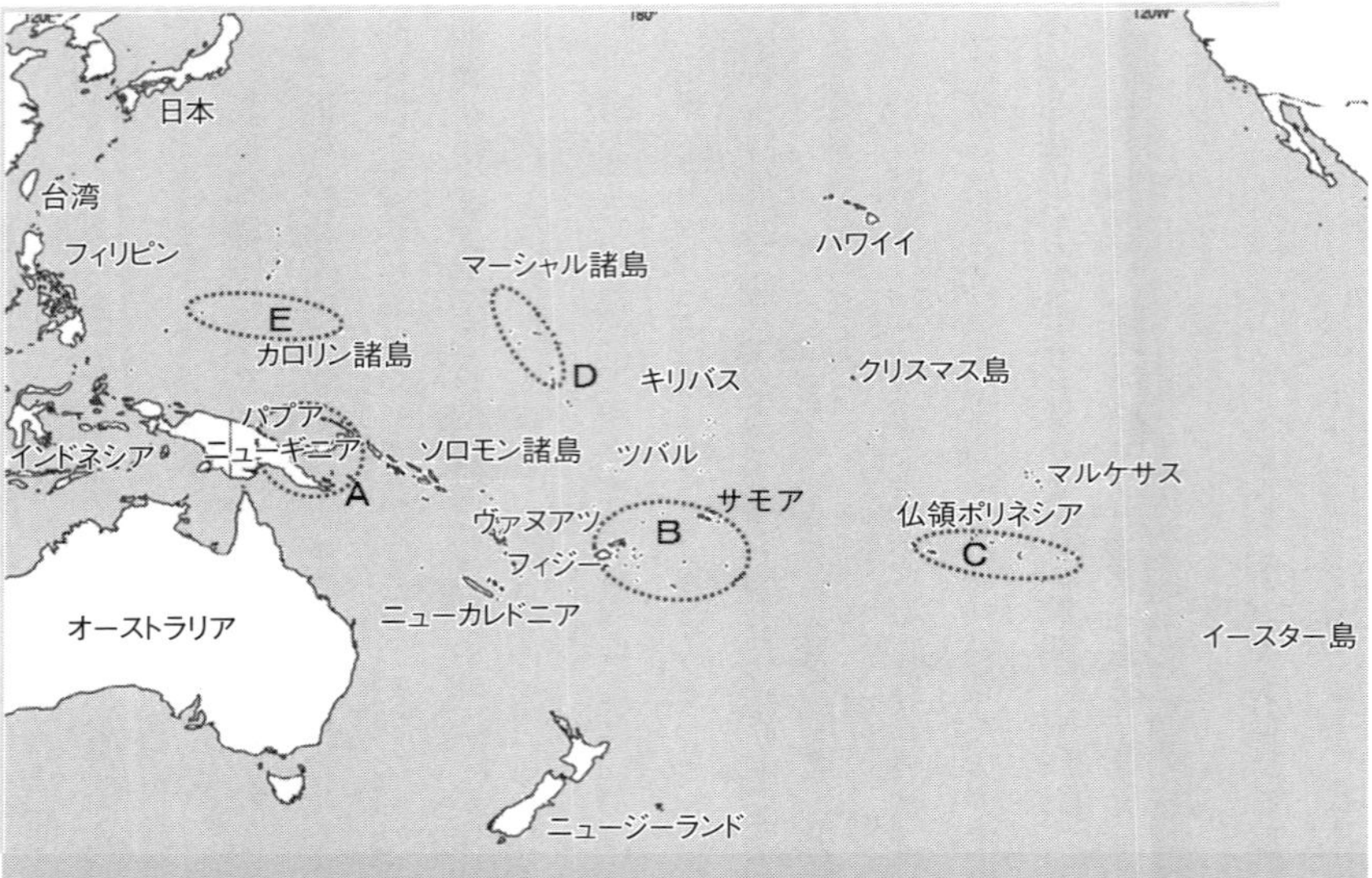

図12-1　オセアニア各地の伝統的な島嶼間ネットワーク

ていた［Terrell and Welsch 1990; 根岸 二〇〇九］。これらの交易網の規模や頻度などはそれぞれ異なるが、いずれも食糧の交換が含まれ、自然資源の偏りを補うシステムとして継続されてきた。

ポリネシアの場合は島嶼間の距離が大きくなり、島嶼グループ間の孤立性が高くなる。しかし、二つの顕著な島嶼間ネットワークが存在した。その一つは、比較的島嶼間距離の短い西部のフィジー、トンガ、サモアを結ぶ大規模な交易関係で（図12―1B）、木材や赤い鳥の羽根、敷物などが交換された［Kaeppler 1978; Kirch 1984］。もう一つは、環礁が集中している地域のツアモツ諸島やオーストラル諸島民が、近くの火山島であるタヒチとの間に形成していた交易ネットワークで（図12―1C）、食糧や石斧を作る石材などの資源を入手していた［Oliver 1974］。

本章で主に対象とするミクロネシアは、小さなサンゴ島が多数分布する海域で、島嶼間を文化的に結合するようなネットワーク組織が各地に存在していた。東のマーシャル諸島（南部環礁と北部環礁・図12―1D）チュークとモートロック諸島、そして民族誌的によく知られた中央カロリン諸島とヤップ島の間で形成されていたサウェイ交易ネットワーク（図12―1E）などが主なものである。ネットワークを維持する背景には、①サンゴ島内の自然環境の多様性が小さいので、資源の偏在性が顕著であること、②災害リスクが高く（暴風、高波、干ばつ）、災害時援助の必要性が高いこと、などが大きく影響していた。一九九〇年代には、グラフ理論を使用したネットワーク分析などが行われ、島嶼間の距離や位置などをもとにネットワークの性格などが分析されたが［Hage and Harary 1991, 1996; Petersen 1999］、民族誌に表れたネットワークの形成過程に関しては十分な検討をするだけの資料がなく、その側面からの分析が不十分であった。

筆者は、このサウェイネットワークに含まれるングルー環礁とファイス島において発掘調査を行ってきた［Intoh 1981; 印東 二〇一四］。出土品には、豊富な外来遺物が含まれ、資源に乏しいサンゴ島居住民が外部との関係性を保って居住を継続してきた様子が明らかになった。いっぽうで、サウェイ交易による物資の移動の様相とは必ずしも合致しない資料も多数出土している。本章では、ファイスなどサウェイ交易ネットワーク内のサンゴ島から得られた考古資料に基づいて、ミクロネシアの島嶼間ネットワークの形成過程について考察を加える。考古資料に基づいた議論を展開するという性質上、起源地である島嶼と移動先である島嶼とを結ぶ動きの復元はできても、本書が対象とする海域全体における活動を論じるには限界があることを最初にお断りしておきたい。

第1節　ミクロネシアの伝統的島嶼間ネットワーク

ミクロネシアの島々はメラネシアやポリネシアに比較して面積の小さなサンゴ島の割合が高い。比較的大きな火山島起源の島は、西部に南北に並ぶマリアナ諸島、ヤップ、パラオと、中央部のチューク、ポーンペイ、およびコスラエの六グループのみで、他はすべてサンゴ島起源の島である。特に低平な環礁島が集中しているのは、中央カロリン諸島［東経一四〇～一五〇度］、マーシャル諸島、そしてギルバート諸島である（図12―2）。

一九～二〇世紀のミクロネシアでは、伝統的島嶼間ネットワークが各地で維持されていた。それぞれのネットワークは、ネットワークに参加する島嶼数や島嶼間距離、交換される物質などにかなりの多様性が認められるが、いずれも互酬的な関係性を特徴としていた。ウィリアム・アルカイアは、それらのネットワークを規模や形態によって以下の三つのレベルに分けている［Alkire 1977］。

1　同一環礁内の礁島間のネットワーク

もっとも小規模なレベルで行われた島嶼間ネットワークで、単一の環礁内の複数の人間が居住する洲島間で行われていた相互扶助的な関係性である。

たとえば、ウォレアイ環礁内には人が居住する洲島が七島あり、西側の三島と東側の四島のグループに別れていた（図12―2A）。西と東の島々

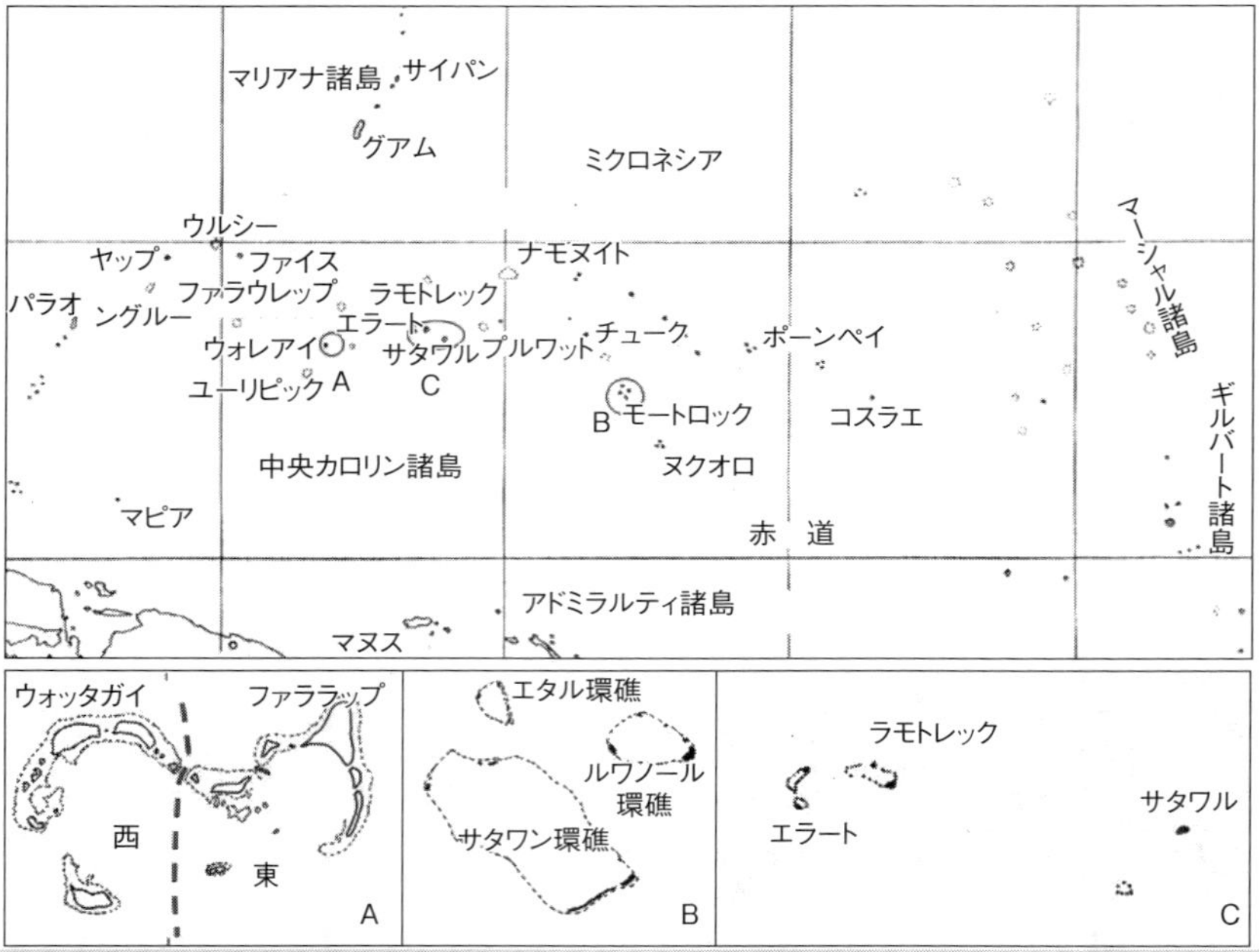

図 12-2　ミクロネシアにおける島嶼間ネットワーク図

はそれぞれ個別の関係を持ち、定期的にココナツやパンノキの実、魚などをパートナーに届けたり、パートナー同士が共同で環礁内の特定の場所の漁業権をコントロールしたりしていた。また、食糧が不足した場合はそれぞれのパートナーに要求して援助を受けることもできた。ウォレアイには環礁全体を支配するチーフは存在しないので、このチュリフェイマグと呼ばれる交換システムは、環礁全体を社会的に結合すると共に、資源を平均して分け合う役割も果たしていた。

2　複数の環礁やサンゴ島間のネットワーク

これは、近隣の複数個の環礁やサンゴ島が、互いの持つ資源の種類にはほとんど差がない中で、恒常的な関係性を築いたネットワークである。

たとえば、チュークの南方約二七〇キロメートルに散在する下モートロック諸島には、エタル、ルクノール、サタワンの三つの近接した（五～一〇キロメートル）環礁島を結ぶ密接なネットワークが存在した（図12―2B）。これらの環礁島は同じような自然環境であるため、生活環境に差がないように見えるが、実は、個々の洲島の形状や面積によって、栽培できる植物の種類や量に多少の差が存在する。もっとも小さなエタル環礁は、陸地面積が少ないので栽培できるタロイモの量には限界があるが、多数ある洲島上にはココヤシが大量に生育している。それに対し、ルクノール環礁はタロイモの栽培面積が他の島よりも大きく収穫量に余裕があり、サタワン環礁はラグーンが大きいため、漁獲量が多い。そのため、それぞれが入手できる余剰のココナツ、タロイモ、魚が三つの環礁間で交換され、不足する資源を補い合う形でネットワークが機能していた［Nason 1975］。

同様な例は中央ミクロネシアのラモトレックを中心としたフー（鉤の意）と呼ばれる環礁島間ネットワークにも見られる（図12―2C）。参加するのはエラート、サタワル、そしてラモトレックである。エラートとサタワルの首長は年に二回、ラモトレックの首長へ貢納品を送る。エラートからは三匹の生きたウミガメが贈られ、サタワルからは保存パン果や熟したココナツが送られた。エラートとサタワルの住民は、返礼としてラモトレックが所有する無人の環礁島でココヤシ、ウミガメ、魚などをとることを許され、さらに、食料が不足した際にはラモトレックに食料を請求する権利も与えられていた。このネットワークにおいては、資源が豊かなラモトレックが中心的存在であり政治的にも最高位に位置づけられていた。つまり、資源の再分配を行うネットワークであり、異なる階層と政治力に基づいた交換システムとしても位置づけられるのである［Alkire 1977］。

ミクロネシア東部のマーシャル諸島では、南北約一二〇〇キロメートルもの広い範囲に環礁島が連なり、これらを南北に結ぶネットワークが形成されていた。台風が発生する地点よりも東に位置するマーシャル諸島はその被害は受けないが、南から北へ移行するにつれ年間雨量が激減する特徴を持つ。幸い、北から南まであまり途切れずに環礁が並んでいるため、貿易風を利用して島嶼間を航海していた(2)。環礁島間では婚姻関係や養子関係を結ぶことも普通に行われ、島嶼間移動や災害時あるいは漂着時にはそれらの関係性を利用して危機を乗り越える手だてとしていた［Alkire 1977: 72］。

3　火山島を含む広範囲の島嶼間ネットワーク

ネットワークに火山島が加わると、食糧の他にサンゴ島では入手できない多様な資源（石、土器、サンゴ島に生育しない植物など）が運ばれることになる。ミクロネシア中央部、および西部の火山島とその周辺の複数の島嶼グループ間にネットワークが存在していた。

たとえば、チュークとポーンペイは、近隣のサンゴ島との間にそれぞれ小規模なネットワークを形成していた。チュークは特に良質のウコン（染料）を産することが知られ、それを求めてやってくる北西のナモヌイトや西方のプルワットなどと交易関係を持っていた。また、前述のモートロック諸島からもウコンを求めてチュークまで交易に来ていたことが知られている［Nason 1975］。

これにたいして、ヤップ島と中央カロリン諸島のサンゴ島間で行われたサウェイ交易ネットワークは、東西約一三〇〇キロメートルの広範囲の海域で行われた例で（図12―2D）、海域ネットワークと呼べる規模に達していた。そこで次節では、このサウェイ交易ネットワークの事例を中心に、ミクロネシアにおける島嶼間ネットワークで動く資源やその時系的な変化について整理する。

第2節　ネットワークで動くものとその変化

1　サウェイネットワークで動くもの

オセアニアの中でも、もっとも広範囲かつ組織的に維持されてきた島嶼間ネットワークがサウェイである。中央カロリン諸島の環礁群と、その西に位置するヤップ島を結ぶこのネットワークは、二〇世紀まで運用されていた。そこには交易者と呼べるエイジェントの存在はない。島民達みずからが移動し、ネットワークを維持してきたのである。サンゴ諸島民が話すミクロネシア諸語は、ヤップ島の言語とはかなり異なる。

年に一回行われたサウェイ交易では、ヤップ島の東に点在するサンゴ島民が大船団を集結してヤップ島のガギル地区まで貢納物を持参した。その大航海の起点はヤップから最も遠いナモヌイト、プラップ、プルスクで、これらの島を出たカヌーはプルワットに集まってサタワル経由でラモトレックへ向かう。これにエラートからのカヌーも加わったカヌーの一団がウォレアイにつくと、さらにイファルク、ユーリピック、ファラウレップのカヌーもこれに加わる（図12―3）。このカヌー集団はファイスに立ち寄って使者を乗船させてからウルシー環礁のモグモグ島に

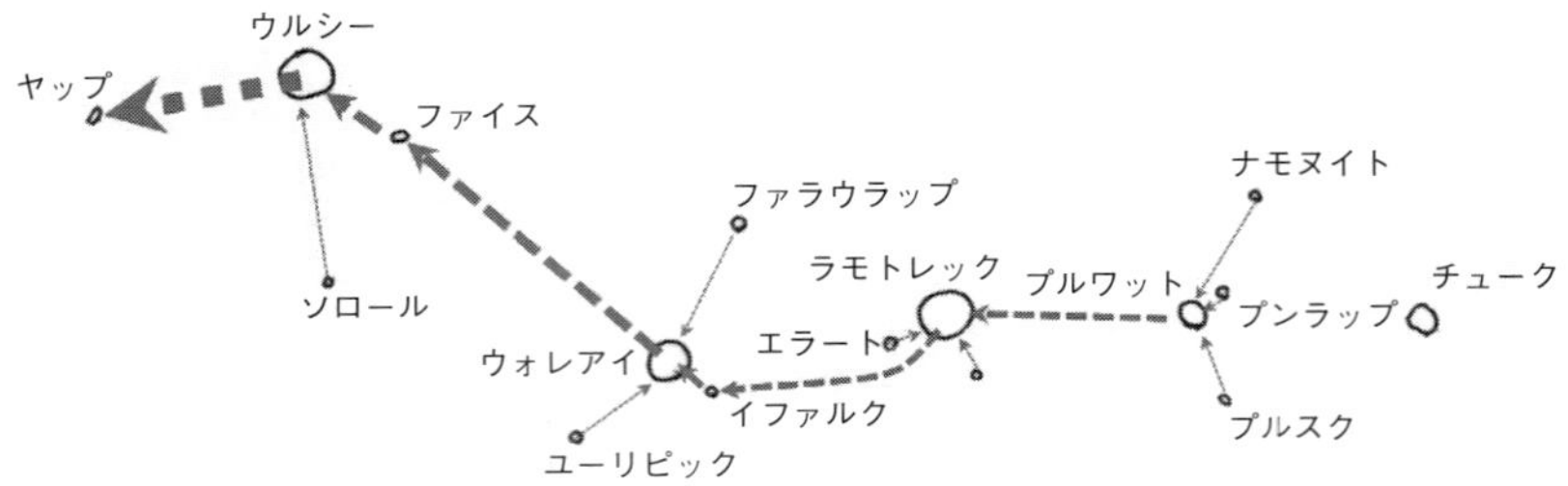

図 12-3　サウェイ交易の船団が動く模式図。

終結する。一部はここから帰属するが、船団は最終的にヤップのガギルに到着する。ファイス島民が自分たちのカヌーで航海しなかったのは、航海用カヌーを持たないから［Alkire 1978: 123］、あるいは航海術にすぐれないからなどと言われてきた［Lessa 1950: 39］。しかし後述するように、考古学からはそれを否定する証拠が見つかっている。

サンゴ島からはココナツオイル、腰布、ふんどし、椰子縄（ココナツロープ）、べっこう、貝貨類などの手工芸品が貢納物としてガギル地区の首長や各サウェイ相手に渡された。ファイス島からはドイツ統治時代以降に栽培されたタバコも貢納された。サンゴ島民がヤップ島に数ヵ月滞在する間は、サウェイ相手のガギル地区民に寝るところや食糧を供給してもらう。そして、季節風が変化してサンゴ島への帰路につく際には、食糧やウコン染料、土器、竹など、求めに応じた返礼品が用意された［牛島 一九八七：須藤 二〇〇八］。

サウェイネットワークは経済的互助関係が主体となっているが、それ以外にヤップ島との間に政治・軍事同盟関係や主従関係もみられ、呪術・宗教的支配をうけてもいた。これらの特徴は、サウェイ交易が単なる交易関係ではなく、ヤップ島社会の階層性に組み込まれた形で行われていたことと関連している［サウェイ交易に関する研究は、Lessa 1950; Alkire 1965; Lingenfelter 1975; 牛島 一九八七：須藤 一九九八：柄木田 二〇〇六など］。しかし、このネットワークの成立に関しては、民族誌的類推以上の研究はなかった［Hunter-Anderson and Zan 1996］。

2　ネットワーク維持の背景

以上の例で見てきたように、島嶼、なかでもサンゴ島居住民にとって、他の島々との関係性を維持することは居住戦略の一つであったことは明らかである。ネットワークを通じて食糧を融通し合い、相互に交換価値を認めるものを交換する、そこには双方にとっての経済的利点も存在した［印東 二〇〇〇］。

さらに、サンゴ島居住民にとって、これらの経済的利点にも増してこのネットワークを維持する目的となっていたのは、非常時における相互扶助という保険システムであった。非常時とは主として自然災害をさし、暴風や干ばつによる被害は時として居住空間の小さなサンゴ島民の生存を危うくする。災害後には、栽培植物を復活させるため、他島から苗などの援助を受ける必要がある。まさにレジリエンス機能としてのネットワーク関係であった。

サウェイのように火山島とサンゴ島を結ぶネットワークの場合は、経済的には明らかに離島民がより多くの利益を受けるようにみえる。しかし、一方的にサンゴ島民からの働きかけによって成り立っていたネットワークでもない。ヤップ島のガギル地区にとっても、サンゴ島産の品物、貝貨の原料や腰布などの威信財を入手することは、ヤップ島内の儀礼的な交換の場へそれらを独占的に提供できることを意味し、社会的な名声を高揚させ、政治的な地位を高めるのに役立っていた［牛島 一九八七；柄木田 二〇一二］。このことは、ガギル地区側が呪術的要素をサウェイ関係に持ち込み、年に一回の貢納を怠ればサンゴ島を被災させる呪術を行使すると脅し、確実に貢納品を入手できるようにしていたことにもつながる［Alkire 1978; 印東 二〇〇七］。

このようなサンゴ島側とガギル地区側との思惑が合致していたため、ネットワーク関係の維持がはかられたと考えられる。ただし、中央カロリンのサンゴ島民が話すミクロネシア諸語とヤップ語のあいだに言語的な影響はほとんどみられなかった。

3 近代化とネットワークの変化

一六世紀以降、鉄が西洋人によってもたらされ、オセアニアは石器時代から一気に鉄器時代へと変わっていくが、技術は入らずに製品のみがもたらされた。ヨーロッパ船が入港する大きな港が整備され、鉄を求めて各地からカヌーが集まるようになった［Couper 1973: 232-3; D'Aarcy 2006］。この現象は、従来のネットワークとは異なる島嶼間交流を生み出す作用をし、地域によってはネットワークの解体へとつながる一因ともなった。

スペイン人が早くから鉄を持ち込んだマリアナ諸島へは、いち早く中央カロリン諸島からのカヌーが来島するようになった［Hezel 1983］。これは、個別性の高い航海によるもので在来のネットワーク外の移動であった。彼らの情報網や地理的知識の広さのみならず、通常の航路外の長距離航海を行う能力や行動力の高さを示している。同様の例は、チュークでも見られ、鉄を求めてモートロック諸島やヌクオロなどからカヌーが来島するようになった。資源を求める島嶼間移動がネットワーク形成に先行することは明らかである。

一九世紀になると、商人たちがもちこんだ貨幣経済が浸透し始める。鯨油の代替としてココナツオイルが注目され、ドイツはマーシャル諸島を中心にココヤシプランテーションを作ってココヤシ栽培を奨励した。乾燥コプラは、今日に至るまで主要な換金作物となっている。その他、島民たちがその価値をほとんど認めていなかったものに商品価値が見いだされ、なまこ、燐鉱石、真珠などの商取引が行われた。

日本時代になると、鰹節や乾燥なまこ、マングローブ炭、ココナツ繊維（たわしの原料）、象牙ヤシの実などに商品価値が見いだされて交易に使われた。その他、タカセガイの養殖がチュークやポーンペイ、カピンガマランギで行われ、ボタンの材料として日本に輸出された。しかし、土産品として生産された木彫品は、マーケットが小さくて苦戦するなど、宗主国との直接的な交易関係の中で資源価値は多様に変化した［Fischer 1957］。

以上が、西欧人との接触期以降、文字記録が残された時代の島嶼間ネットワークの在り方、および変化である。では西欧人との接触期以前の先史時代における島嶼間ネットワークはどのようなものだったのか。約三三〇〇年前にさかのぼるラピタ人によるネットワークに代表されるように、ミクロネシアにも何らかの島嶼間ネットワークが古くから形成されていた可能性は否定できない。こうした先史時代のネットワークにアプローチできる唯一の手段が、地中に残された遺物から迫る考古学である。

第3節　考古資料の検討

サウェイ交易の起源や歴史を解明するのに重要な考古資料は、少しずつではあるが増加しつつある。しかし、考古資料による島嶼間接触の復元には、まず以下のような困難を伴うことを認める必要がある。

①　交易などでもたらされた物質が全て考古学的に残存するとは限らない。植物由来やべっこうなどの有機物の残存率は、雨量も多く湿度も高いミクロネシアのサンゴ島環境ではきわめて低い。

②　人工遺物の素材として一般に使われた貝や骨などは、ミクロネシアの多くの島で利用されてきたもので、素材の種類に基づいた産地特定は困難である。

③　オセアニアの他地域で島嶼間接触の有力な証拠として使われる黒曜石は、ミクロネシアには産地がなく、遺物としての出土もほとんどない。

こうした制約条件もあり、ミクロネシアで島嶼間の移動を特定するのにもっとも有効な考古資料として注目されてきたのが土器である。特に、粘土堆積のないサンゴ島で見つかる土器片は、確実に火山島産の外来遺物である。鉱物分析による産地同定をすればその生産地がわかる確率が高い。玄武岩や安山岩（ミクロネシアではヤップ島のみに存在）などの石材からも移動元の島の検討をつけることが可能であるが、場合によっては家畜など確実に人間と共に移動した動物なども資料になりうる。

そこで以下では、土器を中心にこれまでに中央カロリン諸島のサンゴ島で行われた発掘調査で島嶼間移動を示す出土遺物の発掘例を紹介し、限られてはいるが他島との交流の復元を試みる。具体的には、ングルー環礁の事例、ウルシー環礁の事例、そしてラモトレック環礁の事例の三つである。その上で次節では筆者が長年にわたり考古学調査を行ってきたファイス島の事例について検討する。

1　ングルー環礁の事例

ングルー環礁はヤップ島の南西約一一〇キロメートル、パラオの北東約三〇〇キロメートルに位置する大きな環礁（三八〇平方キロメートル）であるが、人間が居住していた南端にある洲島の大きさは〇・一四平方キロメートルにすぎない。パラオとヤップの中間に位置し、言語的にはサウェイ交易を構成する中央カロリン諸島と同じミクロネシア諸語に分類される。しかし、サウェイ交易ネットワークには含まれずに独自の関係性をヤップ南端のグロール村と結んでいた。地下淡水層が貧弱で、タロイモ（サトイモやミズズイキ）やバナナは育たず、魚とコプラ、若干のパンノキの実が主要な食糧とされている。

一九八二年に行った発掘調査では、三メートルを越す文化層から豊富な貝製品や約三〇〇片の土器が下層まで継続的に出土した。下層の年代は紀元後二〇〇〜三〇〇年と古いものであったが、いずれも若いシャコガイが測定試料であったためこの年代は保留とされ、設定された三つの文化期（紀元後八〇〇年以前、八〇〇〜一四〇〇年、一四〇〇年以降）は暫定的である［Intoh 1981］。

出土土器の大半はヤップ製で、ＣＳＴ、無紋、層状の三種類がほぼ全層位から見つかっている。ヤップのＣＳＴ

図 12-4　ングルー環礁から出土したヤップ・パラオ産の土器。

土器は細かいサンゴや貝起源の石灰質の砂が混和材として加えられた土器で、層状土器は断面が層状をなした特徴的な土器、無紋はどちらの特徴にも当てはまらない土器である。ヤップでは、まずCST土器が二〇〇〇年前ごろに作られ始め、無紋土器がほぼ同時期、あるいは少し後から出現し、今から八〇〇～六〇〇年前にもっとも多くなる。そして後六〇〇年以降は層状土器が作られはじめ、民族誌時代までにはほぼすべてが層状土器となった［Intoh and Leach 1985; Intoh 1990a］。

ングルー島の場合の出土分布を見ると、CST土器がもっとも下層から出土し、無紋土器と層状土器へと若干の重なりを持って変化する。これはヤップでの出土順序とほぼ同じで、継続的にヤップとの交流を持ってきたことは明らかである。さらに、少量のパラオの土器も後八〇〇年以降の層から出土している［Dickinson 1982］。パラオでもあまり出土しない爪形紋装飾土器（図12―4）が一点含まれており、特殊な関係性も想起される。しかし、年代が暫定的なため、これらがいつ頃持ち込まれたのか、継続的な持ち込みであったのかなど不明な点が多い。なお、存在が知られていなかったイヌの骨も出土したが、年代は今から七〇〇年前ごろであった。

2 ウルシー環礁の事例

サウェイ交易に加盟するサンゴ島の中でもっともヤップに近く（一七〇キロメートル東）、サウェイ内の地位も高かったのがウルシー環礁である。ジョン・クレイブが一九八〇年代に［Craib 1980］、クリストフ・デカンテスが一九九〇年代に［Descantes 1998］遺跡分布調査及び発掘調査をおこなった。しかし、第二次大戦時にアメリカの海軍基地として使われ、表面堆積のほとんどが破壊された歴史を持つ主島モグモグ島では、深い堆積は見つかっていない［Craib 1980: 198］。

現在のところ、ヤップとウルシーとのコンタクトを示す最古の年代は後六二〇年であるが、古いタイプのCST土器は一片もみつかっていない。下層から出土するヤップ無紋土器は少量で、デカンテスは、サウェイ交易によるものではなく単純交換［Berg, 1992による］によってもちこまれたものだろうとしている。

ヤップ層状土器は、後一三〇〇年頃から出土するが、一五世紀以降に出土量が増加し、ヤップとの活発な交流があったことを示している。デカンテスは、ウルシーから見つかる土器が「ガチャパル［ガギル地区の最高位村］の土器」とは異なるため、サウェイ交易が開始される前には別の村との関係を持っていたと推論している［Descantes 1998: 222］。しかし、そもそも「ガチャパルの土器」とは、近隣の土器作り村から持ち込まれたものであるため［Intoh 1990b］、この推論はあたらない。ただし、ガチャパル村がサウェイの窓口としてサンゴ島民との交易を独占した歴史的背景は、ヤップおよびサンゴ島の考古学資料の増加をまって再度検討すべき課題であろう。

3　ラモトレック環礁の事例

中央カロリン諸島のファラップ環礁とウォレアイ環礁およびラモトレック環礁では、一九七〇年代半ばに文化人類学調査を行ったアルカイア夫妻が発掘調査も行った。残念ながらファラップとウォレアイからは古い堆積が見つからず、土器片も出土しなかったのでここではラモトレック環礁の資料を紹介する［Fujimura and Alkire 1984］。

ラモトレック環礁では、サバイグ遺跡とボリピ遺跡が発掘され、貝斧、貝製スクレイパー、貝製腕輪片、土器片など多くの人工遺物が出土し、埋葬人骨も一体が発掘された。年代測定値は九点報告されているが、炭化物試料は皆無で、亀甲やシャコガイ、人骨のかかとが測定試料に使われたため、参考年代にとどめざるを得ない。(4) 亀甲年代はほとんどが後一一〇〇年以降を示していた。

合計二七片の土器片が出土したが、食糧残滓が出土する最下層から上層まで少量ずつ出土している。発掘層位の年代差などに不確かさが残るものの、ラモトレックの人びとが、拡散居住初期から土器を少量ながら継続的に得ていた可能性を示唆している。

土器片は、胎土の種類によって二種類に分けられ、六試料がウィリアム・ディッキンソンに送られ鑑定された。当初ディッキンソンは、グループAはヤップの土器（CST土器を含む）、グループBはパラオの土器であると鑑定した［Dickinson 1984］。しかし、グループBをパラオ製とした根拠が、特殊な混和材［パラオの土器に特徴的な砕いた土器］の使用であったため、後にヤップからも同様の技法を使ったヤップ製の土器がみつかると、グループBもヤップ製であると訂正している［Dickinson and Shutler 2000］。

ところが、発掘報告書に掲載されているボリピ遺跡の最下層から出土した土器片は、カラー写真から判断する限り、パラオ製の土器に特異な特徴（薄い酸化焼成された器表面にはさまれた黒色断面）を示しているので、グループB

にパラオ製の土器が含まれている可能性は残っている。グループAにはCST土器もかなり含まれているようで、初期居住年代は後一一〇〇年よりも古くさかのぼる可能性も考えられる。

土器の他に、サンゴ島にはない石も見つかり、鑑定された五例は、ラモトレックの五〇〇キロメートル東に位置するチュークのものである可能性が高いという［Fujimura and Alkire 1984: 113-4］。しかし、これらの石のサイズが記載されていないため、人為的にもちこまれたのか、あるいは木の根などにからまって流れ着いた小石であるかの判断ができないため、ここでは外界接触の証拠としては扱わない。

第4節　ファイス島の発掘調査からみえた先史時代の島嶼間ネットワーク―

1　ファイス島と発掘調査

ファイス島はウルシー環礁の東南約八〇キロメートル、ヤップ島の東約一八〇キロメートルに位置する隆起サンゴ島で、面積は約二・八平方キロメートル、中央台地は約一八メートルの海抜高度を持つ（図12―5）。環礁島とは居住環境が大きく異なり、土壌はリン酸分を含んで比較的肥沃であるが、地下の淡水層は深すぎて植物栽培に利用できない。主食はアロカシア（クワズイモ）やパンノキ、そして近年はサツマイモが栽培されている。

筆者が一九九一年から二〇〇五年にかけて三回の発掘調査を行った結果、三メートルを越す深い文化堆積の上層から下層まで人工・自然遺物が継続的に出土し、多くの外来遺物も含まれていた［Intoh and Shigehara 1994; Intoh 1996, 1999; Ono and Intoh 2011; 印東 二〇一四］。年代測定の結果、ファイス島には今から約一八〇〇年前から人間が家畜とともに居住をはじめたことがわかった。これは、周辺の環礁島の居住開始年代よりも約千年ほど早い。

これらの調査で得られた四七点の年代測定値と、出土遺物の種類の変化などから、ファイス島の先史文化は図

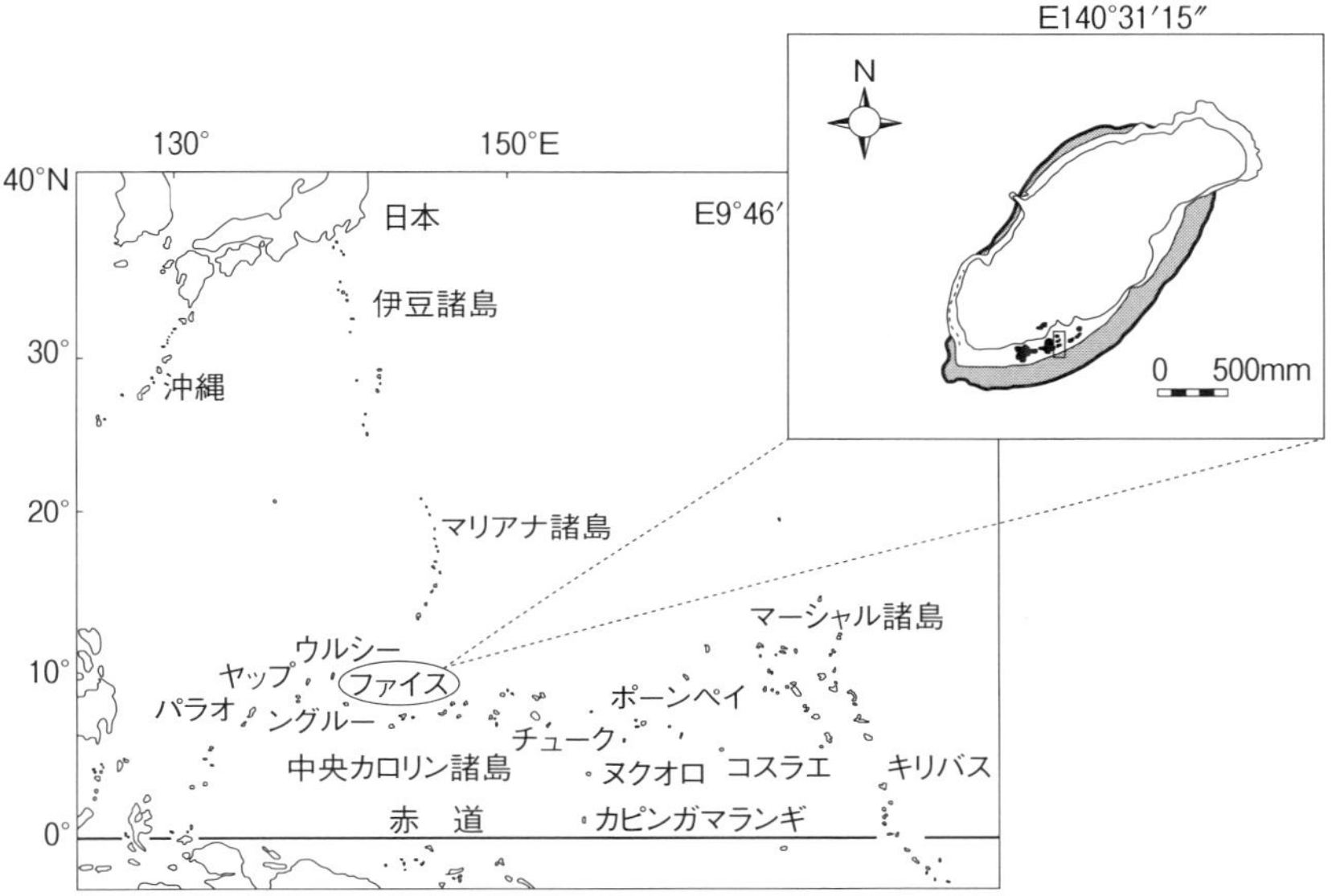

図 12-5　ファイス島の地図。

12―6のように四つの文化期に分けることができる［Intoh 2016］。

出土遺物は、土器片、石、サンゴ製品、貝製品（貝斧、スクレイパー、ルアー、装身具）、窄孔サメ歯（ナイフ、装身具）、亀甲製品（単式釣り針、ナイフなど）など豊富で、動物遺存体も多様であった（図12―7）。

外来遺物である土器は約一四〇〇片が得られ、第一期から四期までコンスタントに出土する。そのほとんどがヤップ産の土器で、少量のパラオの土器も混在する。ヤップで作られた三型式の土器（CST、無紋、層状）がファイスでも同じ順序で出土することから、ヤップと一八〇〇年にわたって継続的に文化的接触を行ってきたことは明白である。パラオ産の土器片も少量ながら全文化期から出土することから、パラオとも直接あるいは間接的に関係をもっていたようである［Intoh and Dickinson 2002］。

土器の他にヤップ産の小石（緑色片岩）も数点出土している。薬湯を作る際に、石を熱して蒸気を発生させていたことが知られており、意図的に持ち込んだ可

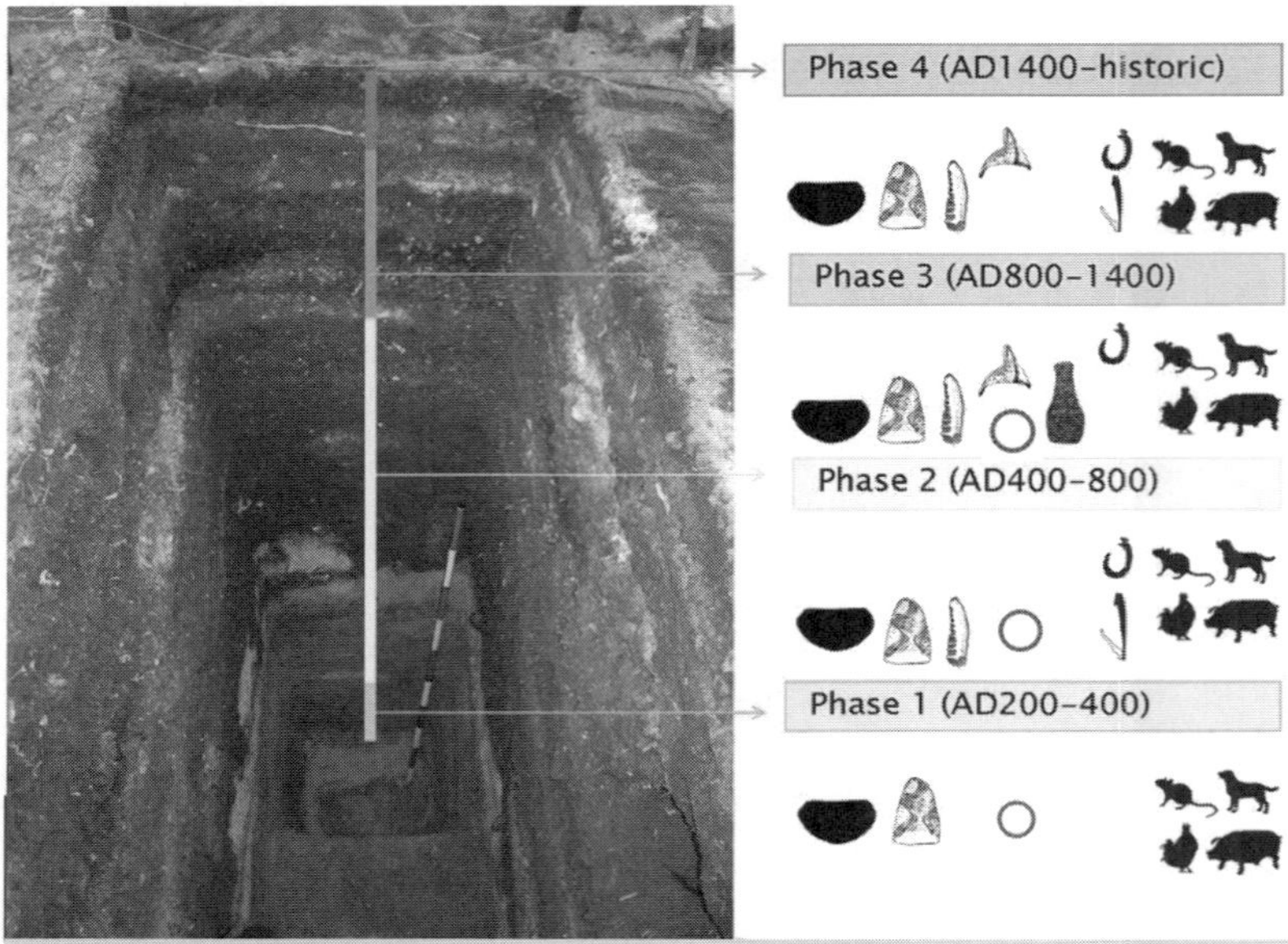

図 12-6　ファイス島の四つの先史文化期と主要な遺物類。

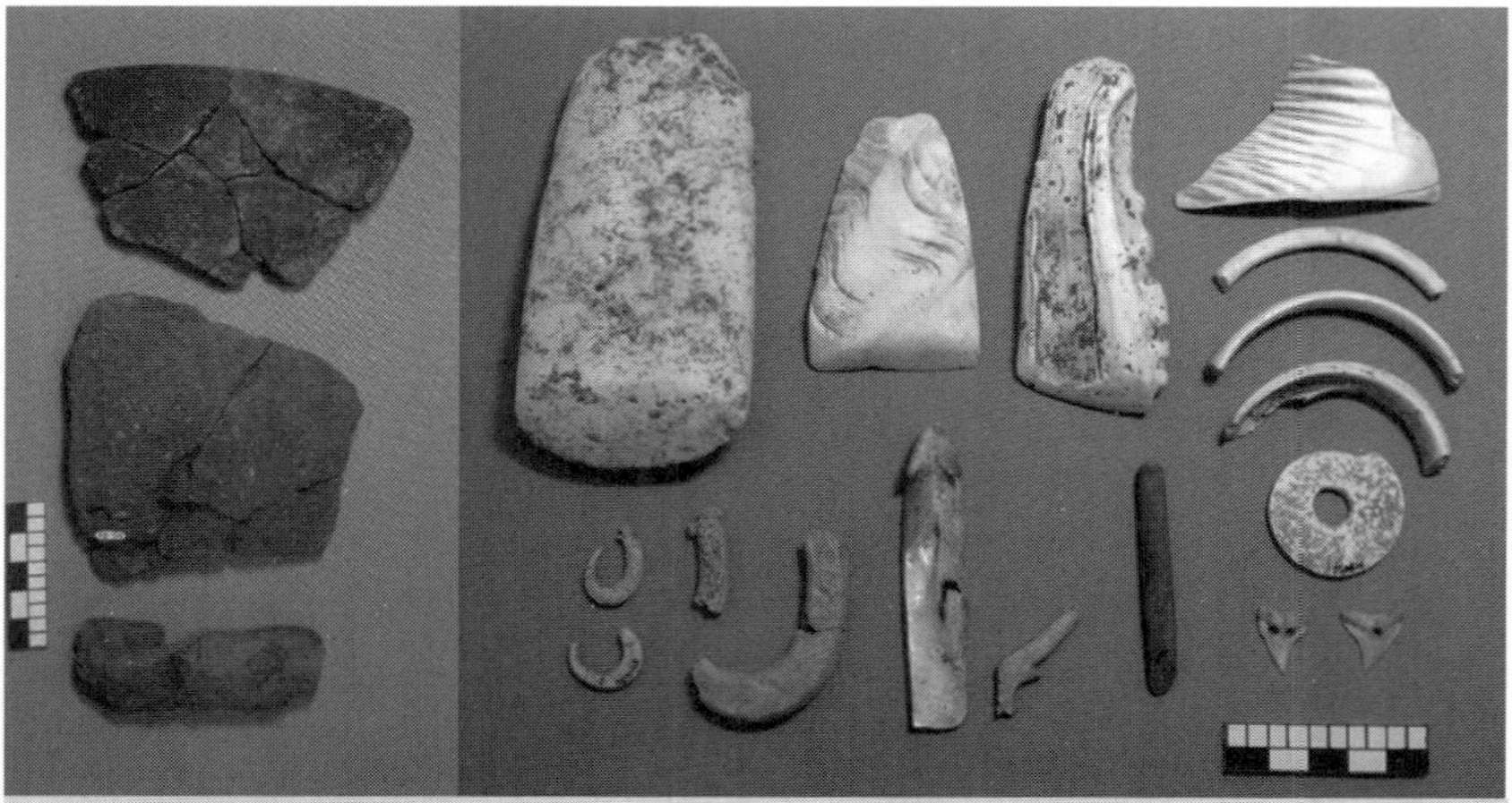

図 12-7　ファイス島より出土したおもな考古遺物。

能性は高い。

三種類の家畜骨（イヌ、ブタ、ニワトリ）も第一期から第四期にかけて継続的に出土した［Intoh and Shigehara 1994］。先史時代にこの三種類が揃って存在していた例はミクロネシアでは皆無で、ポリネシアでも主要な火山島に限られていた。初期居住者がこれらを持ち込んで継続飼育した可能性は高い。しかし、ブタの場合は小さなサンゴ島環境で長期にわたって飼育するのは難しいとする指摘もあり［Giovas 2006］、交易で入手した可能性を求めて出土ブタ骨の同位体分析を行ったところ、サンゴ島環境で成育したことが示された［Gakuhari, et al. 2014］。近隣のサンゴ礁島にはブタがいないので、もしメラネシアや東南アジアから入手したとすれば異なる同位対比を示す可能性が高い。つまりファイスのブタは交易で入手したのではなく、島内で飼育された可能性が高いことが示された。ネズミ骨もやはり全文化期から出土する。鑑定の結果、アジア産のクマネズミで、メラネシアやポリネシアには分布していない種類である。ヤップやパラオ、あるいはフィリピンやインドネシアなどから持ち込まれた可能性がある。

2　先史ファイス島における外界接触の時系列変化

先史ファイス島の外界接触を先史文化期ごとに検討すると以下のようになる。

(一)　第一期

ヤップのCST土器やクマネズミの存在は、早い段階でのヤップ島との関係性を示している。他方、三種類の家畜はヤップからも他のミクロネシアの島からも見つかっていないため、南方（おそらくメラネシア）か東南アジア島嶼部からの初期移住の可能性もある。もし後者であるなら、拡散元とは異なるヤップ島と居住開始直後から接触を持ち、土器を持ち帰っていたことになる。交易関係の萌芽もあったと考えられる。

（二）　第二期

ヤップとの接触は継続しており、ＣＳＴ土器とともに無紋土器や石も持ち帰っていた。ソロモン諸島に特異な形状の真珠母貝製ルアー（以下、ソロモンタイプ）が一点出土しており、南方との接触があったことを示している。量的に判断すると、偶発的なコンタクトの可能性がある。

（三）　第三期

引き続きヤップとのコンタクトが行われ、無紋土器や層状土器などが持ち帰られた。東南アジア島嶼部に生育するフタバガキ科植物の樹脂の小片が出土したが、漂着したカヌーなどに使われていた可能性も考えられ、継続性のある外界接触を示す可能性は低い。

（四）　第四期

層状土器に変化するが引き続きヤップとのコンタクトは継続されていた。埋葬人骨に副葬されていた二〇〇個を越す中国とイタリア製ガラスビーズは紀元後一四〇〇年ごろのもので、ヤップとの通常交易で入手したというより、東南アジア島嶼部からもたらされた可能性が高い。背景には偶発的な接触も考えるべきかもしれない。

これだけ長期間にわたって一定の島との交易関係を持っていたファイス島民が、前述のように「航海術を知らなかった」とは考えにくい。おそらく、ファイス島で歴史時代に生産され始めた上質のタバコが周囲のサンゴ島に対する優位性を生み出した結果であると考えられる。実際に、ウルシーの人々は、ヤップの次に重要な島はファイスであると認識しており[Alkire 1978]、他のサンゴ島民も、サウェイ時以外にファイスを訪れてタバコを入手していた。

ファイス島への人の拡散は、言語研究によって東カロリン諸島からの大きな人の流れのなかに位置づけられていたが［Intoh 1996］、それとは矛盾する西方と南方からの移住・移動という方向性が見えてきた。初期の拡散移動は本章の目的からそれるためこれ以上触れず、以下では定住後のネットワークについて考察を加えていく。

第5節　ネットワークの起源に関する考察——

1　考古資料から復元した島嶼間接触

一般に、考古学資料を使って先史交易ネットワークの様相を復原するには、以下のような分析要素を検討する——内容、重要性、交易物資の多様性、地理的距離、継続時間、交換の方向性、対称性、中心性、複雑性［Plog 1977］。サウェイ交易を考古資料から検討するには、まだ資料が貧弱であるが、可能な限り以下に考察を加えていく。

まずネットワークの「内容」であるが、主として土器がヤップから東方のサンゴ島へ移動したこと以上は明らかではない。しかし、ウルシー以外の中央カロリン諸島の例では、いずれも居住初期からヤップの土器を入手しており、航海する距離の大きさや危険度、言語の違いなどを考慮すると、土器の重要性というよりヤップとの関係性が重視され、そこにレジリエンスとしての機能も含まれていたと判断できるであろう。

「地理的距離」は、ヤップからウルシーが一七〇キロメートル、ヤップからファイスが二六〇キロメートル、ヤップからラモトレックが九五〇キロメートルである（図12—3）。ラモトレックの場合は、島嶼間の接触がたやすく行われなくなる距離といわれる八五〇～一〇〇〇キロメートル［Kirch 1988］を越えている。しかし、直線距離での比較はミクロネシアの場合は意味をなさず[5]、途中の島々を経由すれば、より短い距離をつないで航海することが可能になる。まさにネットワークを利用した航海であり、移動距離のみを比較することはあまり意味がない［たとえばHage and Harary 1996］。この点を考慮すれば、少なくともラモトレックに土器がもたらされた時点では途中のサンゴ島との間にも何らかのネットワークが存在した可能性は高いと考えられる。

「継続時間」については、ヤップ島との交易関係の長さは出土する土器の種類からも判断できる。ウルシー以外の三島は、居住開始初期からヤップのもっとも古いタイプのCST土器を持ち込んでおり、ファイスでは一八〇〇年間、ラモトレックとングルーでは約千年間前後の長い交易関係が確認できた。組織化されたネットワークが存在したかどうかは、現在利用できる資料からは判断ができないが、ファイスに関しては独自にヤップとの交渉を古くから持っていた可能性は高い。また、ウルシーからも将来的にはCST土器を含むより古い文化層が見つかる可能性は高いと筆者は予想している。

「交換の方向性や対称性、中心性」については、その全体像を復元することは難しく、ヤップによる支配性の有無などは利用できる考古資料からの判断は難しい。サウェイに参加していた島の考古資料が今後増加すれば、島嶼間の接触の長さや時期の違いなど、ネットワーク形成の歴史を再建できるであろう。

他方で、ファイス島に持ち込まれた土器以外の外来物資となるソロモンタイプのルアーについては、ヤップ以外の島との交易関係を示唆するほどの継続的出現性がない。おそらく海上交通にはつきものの漂流などの偶発性による文化接触でもたらされた可能性が高い。言語分布からは、中央カロリン諸島の人びとは東方から拡散してきたとされてきたが、そのような単純な人の動きだけでは到底説明のつかない、多様な外界接触の存在があったということである。不可抗力による偶発的接触は海域世界の特徴であり、それを利用して知識の拡大も図られていたと考えられる。漂着者は必ずしも平和的に受け入れられたとは限らないが［Alkire 1978］、そのまま漂着者が島に住み着いた例も多く知られている。漂着者から得られる未知の道具や食糧などの情報は、他島との交易で得られるものと同じくらい重要であったと言える［Bayliss-Smith 1978］。

2　ネットワークの形成

オセアニアでは新石器人類の拡散の歴史当初から、島嶼間を結ぶネットワークを形成してきたことが知られている。島づたいに速いスピードで南東へ拡散したラピタ集団は、拡散当初は母集団との間にネットワークを維持し、黒曜石など必要な資源を入手してきた［前章参照］。このネットワーク作りこそ、海域へ進出した集団が資源獲得、ひいては生存戦略の基本においた特徴であった［Kirch 1988］。

ネットワークは交易だけがその本質ではない。交易の前段階として、無人島の資源利用も広い意味では資源のネットワーク構築につながる。たとえ人が居住していなくても、ココヤシなどの有用植物を植え、必要に応じて資源を求めて立ち寄ることが広く行われていた［Fitzpatrick, et al. 2016］。このような複数島嶼間での資源利用行為は、近隣島嶼との互助的関係性をもったネットワーク構築へもつながっていったであろう。

サウェイネットワークの範囲内にも、独立した小さなネットワークが各地に形成されていたことは一節でみたとおりである。しかも、サウェイ圏の東端に位置する島々［プルワットやナモヌイトなど］は、チュークとのネットワークも形成しており、ウコン染料や鉄などを入手していた［Fischer 1957］。これらは、サウェイネットワークを通じてヤップへもたらされなど［チュークのウコンは上質であると認識されていた］、異なるネットワークをつなぐ形で物資が長距離を移動しており、異なる海域ネットワークをつないだ例ともいえるであろう。

サウェイネットワークの起源については、ヤップがサンゴ島を征服した過去を持つとする説［Lessa 1950; Alkire 1965; 1978; Lingenfelter 1975］、ヤップの人口増加がサウェイを発達させ［Descantes 1998］、それに伴ってヤップの階層性が離島へ延長されたとする説［Hunter-Anderson and Zan 1996］などが提案されてきたが、いずれもヤップからの働きかけを重視したものである。

考古学的証拠からは、ヤップの階層性が発達するかなり以前からサンゴ島居住民がヤップ島産の土器を入手していたことが明らかになった。もしヤップがサンゴ島を征服した過去を持つなら、ファイスに存在した家畜を当然のようにヤップに持ち帰っていたと考えられるし、ファイスから出土した亀甲製釣り針などもヤップに伝わっていたであろう。

考古学的には、中央カロリン諸島民の中でファイス島民が居住開始後、いち早くヤップから土器を入手する関係性を確立し、一八〇〇年間も継続させてきたと見ることができる。しかも、交易物資はファイス島民が選択的に持参したように感じられ（ヤップにはない家畜などは秘していた）、決してヤップ島の要請に服従する形でネットワークを維持していたのではなさそうである。少なくともヤップとファイスの関係は、ファイス島民側からの持続的な交流への働きかけによって維持されてきたものと思われる。

他のサンゴ島が参加した形のサウェイネットワークが形成された過程は、今後の考古資料の増加を待たねばならないが、近隣の複数のサンゴ島を結ぶ小規模なネットワークは早い段階から独立的に形成され、それらが統合する形でサウェイネットワークが形成されたと考えるのがもっとも説得的である。その過程において、ヤップ島内の階層性が発達し、従来からファイスなどとのネットワークをもっていたガギル地域が両者を結びつけることでヤップ内の自身の地位を確立させた可能性も考えられるであろう。

以上のように、サンゴ島居住民は、近隣の島々との交流を居住初期から何らかの形で継続していたことが明らかになった。彼らの生活は陸上における自給生活が基本であり、とくに海上移動の機会の限られた女性も含めて海民と呼ぶのは適当ではない。しかし、サンゴ島居住民にとって、島嶼間ネットワークの維持は、居住戦略そのものであり、資源や情報の獲得ツールとして、そしてレジリエンス装置として大切に育まれてきた。海域を生存圏内に取り込んでいたという意味においては、広義の海民と呼ぶこともできるであろう。

注

（1）サンゴ島は、造礁サンゴが離水してできた島で、その形状によって海面から数メートルしかない環礁や、更に隆起した隆起サンゴ島などがある。地表がサンゴ石灰岩に覆われているため、鉱物資源や土壌が貧弱である。

（2）波のパターンが島々のあいだでどのように変化するかを表したものが有名なstick chartで、これを使って航海術を学ばせる。

（3）ミクロネシアの土器は、西部～中央部の火山島で作られていた。西部では歴史時代まで作られていたのに対し、中央部では居住後、徐々に土器作りは放棄された［印東 二〇〇五］。

（4）特にシャコガイ斧から得られた年代は紀元前一三〇〇年より古く、使われた年代を表しているのではないことは明らかである。

（5）距離のみならず風や潮の流れる方向と強さも航海日数に大きく影響する［Baylis-Smith 1978］。

参考文献

印東道子　二〇〇〇「オセアニアの島嶼間交流」『交流の考古学』［現代の考古学5］小川英文（編）朝倉書店、五〇～七二頁。

――――　二〇〇五「土器を作った島、作らなかった島」『ミクロネシアを知るための58章』印東道子（編）五七～六〇頁、明石書店。

――――　二〇〇七「生態資源と象徴化」『資源と人間』［資源人類学01］内堀基光（編）一八三～二四〇頁、弘文堂。

――――　二〇一四『南太平洋のサンゴ島を掘る』臨川書店。

牛島巌　一九八七『ヤップ島の社会と交換』弘文堂。

柄木田康之　二〇〇六「島嶼間交易における集権化と分権化――サウェイ交易をめぐる論争」『環境と資源利用の人類学』印東道子（編）二四一～二六三頁。

――――　二〇一二「ヤップ州離島の公共圏の重層性――公務員アソシエーションと交易ネットワーク」『オセアニアと公共圏――フィールドワークからみた重層性』柄木田康之・須藤健一（編）一～三四頁　昭和堂。

須藤健一　一九九八「ヤップの離島支配――朝貢と交易にみる呪術・宗教的力」『海人の世界』秋道智彌（編）同文舘、一九八～二一七頁。

須藤健一　二〇〇八『オセアニアの人類学――海外移住・民主化・伝統の政治』風響社。
根岸洋　二〇〇九「メラネシアの海上交易」『オセアニア学』遠藤央、印東道子他（編）八一～九三頁、京都大学学術出版会。

Alkire, W.H. 1965. *Lamotrek Atoll and Inter-Island Socio-Economic Ties.* Urbana: University of Illinois Press.

——— 1977. *An Introduction to the Peoples and Cultures of Micronesia.* California: Cummings Publishing Company.

——— 1978. *Coral Islanders.* Illinois: AHM Publishing.

Bayliss-Smith, T. 1978. Changing Patterns of Inter-island Mobility in Ontong Java Atoll. *Archaeology and Physical Anthropology in Oceania* 13［1］: 40-73.

Berg, M.L. 1992. Yapese Politics, Yapese Money and the Sawei Tribute Network before World War I. *The Journal of Pacific History* 27: 150-164.

Couper, A.D. 1973. Islanders at Sea: Change, and the Maritime Economies of the Pacific. In *The Pacific in Transition*, edited by H.C. Brookfield, pp. 229-247. London: Methuen..

Craib, J.L. 1980. *Archaeological Survey of Ulithi Atoll, Western Caroline Islands.* Guam: Pacific Studies Institute.

D'Arcy, P. 2006. *The People of the Sea: Environment, Identity and History in Oceania.* Honolulu: University of Hawaii Press.

Descantes, C. 1998. Integrating Archaeology and Ethnohistory: The Development of Exchange between Yap and Ulithi, Western Caroline Islands. Ph.D. Dissertation, Department of Anthropology, University of Oregon, Oregon.

Dickinson, W.R. 1982. Temper Sands from Prehistoric Sherds Excavated at Pemrang Site on Yap and from Nearby Ngulu Atoll. *Bulletin of Indo-Pacific Prehistory Association* 3: 115-117.

——— 1984. Indigenous and Exotic Sand Tempers in Prehistoric Potsherds from the Central Caroline Islands. In *Caroline Island Archaeology*, edited by Sinoto, Y.H., pp. 131-135. Pacific Anthropological Records 35. Honolulu: B.P. Bishop Museum Press.

Dickinson, W.R. and Shulter, R.Jr. 2000. Implications of Petrographic Temper Analysis for Oceanian Prehistory. *Journal of World Prehistory* 14［3］: 203-266.

Fistsher, J. 1957. *The Eastern Carolines.* New Haven: Human Relations Area Files Press.

Fitzpatrick, S.M., 2008. Maritime Interregional Interaction in Micronesia: Deciphering Multi-group Contacts and Exchange Systems through Time. *Journal of Anthropological Archaeology* 27: 131-147.

Fitzpatrick, S.M.; Thompson,V.D.; Poteate, A.S.; Napolitano, M.F.; and Erlandso, J.M.,2016, Marginalization of the Margins: The Importance of Smaller Islands in Human Prehistory. *The Journal of Island and Coastal Archaeology*. 11 (2): 155-170.

Fujimura, K. and Alkire, H.W. 1984. Archaeological Test Excavations on Faraulep, Woleai, and Lamotrek in the Caroline Islands of Micronesia. In *Caroline Islands Archaeology: Investigations on Fefan, Faraulep, Woleai, and Lamotrek,* edited by Sinoto, Y.H., pp. 65-149. Honolulu: B.P. Bishop Museum Press.

Gakuhari, T.; Intoh, M.; Nakano, T.; and Yoneda, M. 2014. Strontium Isotope Analysis of Prehistoric Faunal Remains Excavated from Fais Island in Micronesia. *People and Culture in Oceania* 13: 69-81.

Giovas, C.M. 2006. No Pig Atoll: Island Biogeography and the Extirpation of a Polynesian Domesticate. *Asian Perspectives* 45 (1) : 69-95.

Hage, P. and Harary, F. 1991. Exchange in Oceania: *A Graph Theoretic Analysis.* Oxford: Clarendon Press.

——— 1996. *Island Networks: Communication, Kinship, and Classification Structures in Oceania.* Cambridge: Cambridge University Press.

Hezel, F.X. 1983. *The First Taint of Civilization: A History of the Caroline and Marshall Islands in Pre-Colonial Days, 1521-1885.* Pacific Islands Monograph Series 1. Honolulu: University of Hawaii Press.

Hunter-Anderson, R. and Zan, Y., 1996. Demystifying the Sawei, A Traditional Interisland Exchange System. *Isla* 4: 1-45.

Intoh, M. 1981. Reconnaissance Archaeological Research on Ngulu Atoll in the Western Caroline Islands. *Asian Perspectives,* 24: 69-80.

——— 1990a. *Changing Prehistoric Yapese Pottery Technology: A Case Study of Adaptive Transformation.* Michigan: UMI Press.

——— 1990b. Ceramic Environment and Technology: A Case Study in the Yap Islands in Micronesia. *Man and Culture in Oceania* 6: 35-52.

——— 1996. Multi-regional Contacts of Prehistoric Fais Islanders in Micronesia. *Bulletin of the Indo-Pacific Prehistory Association,*

15: 111-117.

——— 1999. Cultural Contacts between Micronesia and Melanesia. In *Pacifique de 5000 a 2000 avant le Present: Supplements a l'Histoire d'une Colonisation*, edited by Galipaud, J.-C. and Liley, I., pp. 407-422. Paris: Editions de IRD [Institut de Recherche pour le Developpement] .

——— 2008. Ongoing Archaeological Research on Fais island, Micronesia. *Asian Perspectives*, 47: 121-138.

——— 2016. Colonization and/or Cultural Contacts: A Discussion of the Western Micronesian Case. In *New Perspectives in Southeast Asian and Oceanian Prehistory*, edited by Piper, P.; Matsumura, H.; and Bulbeck, D., pp. 231-240. Canberra: ANU Press.

Intoh, M. and Dickinson, W.R. 2002. Prehistoric Pottery Movements in Western Micronesia: Technological and Petrological Study of Potsherds from Fais Island. In *Fifty Years in the Field: Essays in Honour and Celebration of Richard Shutler Jr.'s Archaeological Career*, edited by Bedford, S.; Sand, C.; and Burley, D., pp. 123-134. Auckland: New Zealand Archaeological Association.

Intoh, M. and Leach, B.F. 1985. *Archaeological Investigations in the Yap Islands, Micronesia: First Millennium B.P. to the Present Day*. Oxford: BAR.

Intoh, M. and Shigehara, N. 2004. Prehistoric Pig and Dog Remains from Fais island, Micronesia. *Anthropological Science*, 112: 257-267.

Kaeppler, A. 1978. Exchange Patterns in Goods and Spouses: Fiji, Tonga and Samoa. *Mankind* 11: 246-252.

Kirch, P.V. 1984. *The Evolution of the Polynesian Chiefdoms*. London: Cambridge University Press.

——— 1988. Long-distance Exchange and Island Colonization: The Lapita Case. *Norwegian Archaeological Review* 21: 103-117.

Lessa, W.A. 1950. Ulithi and the Outer Native World. *American Anthropologist* 52: 27-52.

Lingenfelter, S. 1975. *Yap: Political Leadership and Cultural Change in an Island Society*. Honolulu: University of Hawaii Press.

Nason, J.D. 1975. The Effects of Social Change on Marine Technology in a Pacific Atoll Community. In *Maritime Adaptations of the Pacific*, edited by Casteel, R.W. and Quimby, G.I., pp. 5-38. The Hague: Mouton.

Oliver, D.L. 1974. *Ancient Tahitian Society*. 3 vols. Honolulu : The University Press of Hawaii.

Ono, R. and Intoh, M. 2011. Island of Pelagic Fishermen: Temporal Changes in Prehistoric Fishing on Fais, Micronesia. *Journal of*

Island and Coastal Archaeology 6(2): 255-286.

Petersen, G. 1999. Sociopolitical Rank and Conical Clanship in the Caroline Islands. *Journal of the Polynesian Society* 108(4): 367-410.

Plog, F. 1977. Modeling Economic Exchange. In *Exchange Systems in Prehistory*, edited by Earle, T. K. and Ericson, J.E., pp. 127-140. New York: Academic Press.

Terrell, J. and Welsch, R.L. 1990. Trade Networks, Areal Integration, and Diversity along the North Coast of New Guinea. *Asian Perspectives* 29: 155-165.

Weisler, M. [editor] 1997 *Prehistoric Long-distance Interaction in Oceania: An Inter-disciplinary Approach*. 21. Auckland: New Zealand Archaeological Association.

第13章 ムシロガイ交易からみる地域史
――進行形のネットワーク記述に向けて

深田淳太郎

はじめに――

パプアニューギニア（以下PNG）、ニューブリテン島（以下NB島）の東端に位置する港町ラバウル（図13―1）の近郊に暮らすトーライ人は、タブと呼ばれる貝貨を伝統的に用いてきた。彼らは、この貝貨を婚資の支払いなどの慣習的な用途だけにではなく、日常的な商品売買においても使い続けてきており、さらに近年では税金や学校の授業料などの公金の支払いにまで用いるようになっている［深田 二〇〇六］。

貝貨タブ（図13―2）はムシロガイ（*Nassarius camelus*）という直径一センチほどの貝を数珠状に加工して作られたものである。穫り尽されたか、最初から生息しないかは定かではないが、ムシロガイはラバウル近辺には棲息しておらず、遠方からもたらされるものでる。少なくとも一九世紀後半にヨーロッパ人がこの地域に宣教や植民地経営に入った頃には、この貝はラバウルから二〇〇キロ以上離れたNB島中央部のナカナイ地域から輸入されてきていた。その後、貝殻の輸入元はNB島西部にも広がり、さらに一九八〇年代以降、その最大の供給源は隣国のソロ

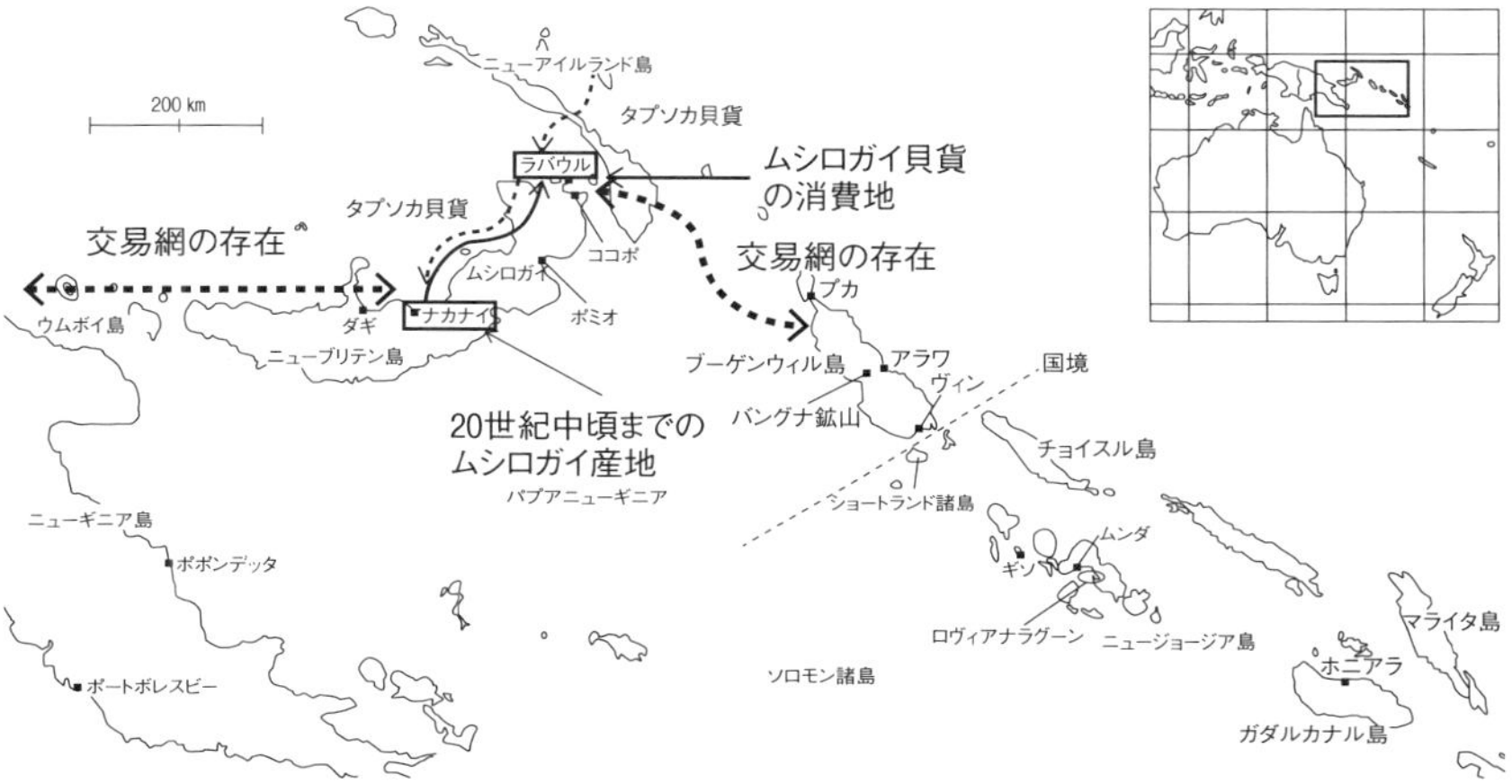

図 13-1　ラバウルの位置と伝統的なムシロガイ交易のルート。

モン諸島になっている。

マリノフスキーが描いたクラ交易で知られるとおり、メラネシアでは古くから島と島を結んで交易がなされてきた [Malinowski 1922]。この交易では、クラの首飾りや腕輪のような威信財だけではなく各地の特産物や日用品もやり取りされ、またそれぞれの地域が複数の交易先をもっていた [Harding

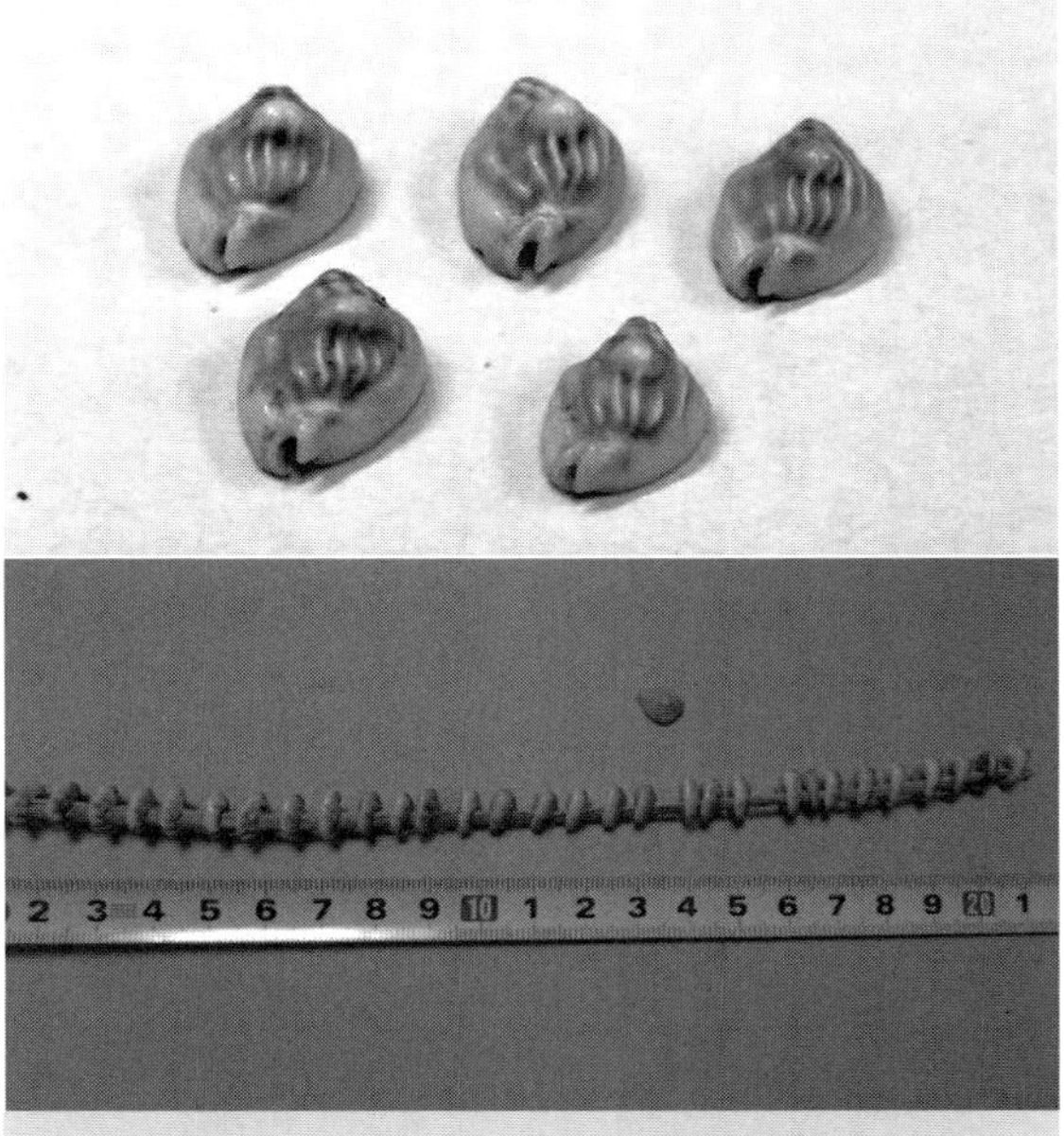

図 13-2　ムシロガイ（上）と貝貨タブ（下）。

1994; 小林 一九八九]。一定の地理的な広がりの中で、各地域が交易によって海を越えて網の目のように結び付いていた様子は、まさに海域ネットワークと呼ぶべきものであろう。またその交易に深く関わる人びと――貝の採捕者、貝の運搬者、そして貝貨の製作者――は、本書における広義の海民としても認識できよう[第1章を参照]。

第一章で紹介された、東南アジアの海民による海域ネットワークにおける商業志向の卓越という特徴と比較すると、メラネシアの特徴としてあげられるのは、中国やインドのような大国で珍重される特定の商品や貨幣のように広く通用する価値基準が存在しなかったことである。メラネシアでは、基本的に地域毎に使われる貨幣が異なっていた。多くの地域では、東南アジアの海民のような、交易自体をビジネスとして生業にしていた人々がいたわけではない。だが、海を越えて行なわれる交易は、この地域の諸社会にとって間違いなく重要なものであった。というのも、多くの社会において根本的な価値をあらわす貨幣や、儀礼において欠かせない威信財が、外部との交易を通してしか獲得できないものだったからである。トーライ社会の貝貨タブもその一例である。いわば、それぞれの社会の価値の基準であり、文化的なアイデンティティでもあるものが、交易を介して外部と接続することで形成されていたのである。社会における価値が本源的に外部に由来するという意味では、より深く海域ネットワークに依存していたとも言えるだろう。

だが、このような海域ネットワークの質は、一九世紀のヨーロッパ人との接触以降、大きく変質した。詳しくは後述するが、この変化によって多くの社会における伝統的な貝貨は、貨幣としての機能を失い、婚資や祭礼など狭い用途だけで使われるものになっていった。その一番の要因は新たに国家の法定通貨が通用力をもつようになったことだが、それ以外にも新たな国境の設定や、交通手段の変容、二度の世界大戦、鉱山開発、独立や内戦など、さまざまな出来事が、従来の海域ネットワークに影響を与え、貨幣の原料となる貝殻などの財が交易されなくなったのである。

こういった大きな変化の中で、現在まで交易され続け、お金として使い続けられている数少ない例外が貝貨タブの原料のムシロガイである。本章では、一九世紀末からの約百年間にわたるムシロガイ交易の変遷を記述し、その交易のネットワークがこの地域で起こったさまざまな歴史的出来事の影響をいかに受けて変容してきたのか、そして状況を根本から覆すような大きな出来事が連続し、多くの貝貨が使われなくなった中でなぜムシロガイ交易だけが継続しえたのかについて考察する。

ここでキーワードになるのは、やはりネットワークである。議論を先取りすれば、ムシロガイ交易が変化を繰り返しながらも継続しえたのは、一つ一つは小さく脆い複数の交易の回路が、その都度取引相手や量、タイミングを変えながらつながるネットワーク的なものだったからである。本章の前半では文献資料に基づき、かつて行なわれていた交易を記述し、その結果としてできていたネットワークが他の歴史的な出来事といかに関係していたのかを明らかにする。だが、ネットワークはそこに固定的にあるものではなく、その本質として常に変わり続けるものである。本章の後半ではフィールドワークで得た資料から、今まさに行なわれているムシロガイ交易を取り上げ、進行形で変わり続ける交易ネットワークを「前向き」に記述することについて考察する。

第1節　ヨーロッパ人との接触からパプアニューギニア独立まで

先述のように、古くからムシロガイの貝殻は、遠方より輸入してくるものだった。この節では、どこから誰がいかにしてムシロガイを運んできたのか、ヨーロッパ人と接触した一九世紀の後半から一九六〇年代まで、先行研究を参照して概観する。

1　伝統的な交易ネットワークの中のムシロガイ交易（一八七〇年代まで）

ガゼル半島にヨーロッパ人が本格的に進出してくるのは一九世紀後半である。一八八四年にはNB島を含むビスマルク諸島とニューギニア島東部の北半分がドイツの植民地統治下に入った。この時期、すでにトーライ人はムシロガイ入手のためにNB島中央部北海岸のナカナイ地域にまで遠征していた［Danks 1888: 305-306］。ナカナイはラバウルから直線距離で二〇〇キロ以上離れ（図13―1）、間には急峻な山地と異民族の居住地域を挟むため、陸路での移動は不可能である。人々は、親族集団や同じ村の男性数人で遠征隊を組み、アウトリガーカヌーに交易品を積んで、海岸沿いにナカナイまで移動した［Danks 1933: 107-122］。

ナカナイにはそれぞれ決まった交易のパートナーがおり、遠征隊は数週間から数ヵ月間、持参した交易品に見合うだけのムシロガイが集まるまで、パートナーの保護下で現地に滞在した。交易品には、食料などの他にニューアイルランド島で作られるタプソカ（tapsoka）と呼ばれる貝貨、あるいはレア（rea）という貝殻も含まれていた［Danks 1888: 306; Simet 1991］。ナカナイやその西方のNB島西部諸地域では、これらの貝やそれ以外にソロモン諸島で作られた貝貨も用いられていたという［Connel 1977: 81-83］。

先述したとおり、メラネシアでは古くから島と島を結んだ広い範囲で交易がなされていた［Malinowski 1922; Harding 1994］。ラバウルはニューアイルランド島、ブーゲンヴィル島（以下ブ島）に交易でつながっており、またナカナイもNB島西部からウンボイ島を介してニューギニア島北海岸につながるラヴェーンと呼ばれる交易圏に隣接していた［小林 一九九三］。このことからは、トーライ人によるナカナイへのムシロガイ獲得遠征は、二つの地域間で閉じた交易ではなく、広範囲に広がる貝貨を含む多種多様な財をやり取りする伝統的な交易ネットワークの一部であったと考えられる。

2 ヨーロッパ人との接触がもたらした変化（一八八〇〜一九四〇年代）

だが、一九世紀後半のヨーロッパ人との接触以降、ムシロガイ交易はその質を大きく変えた［Salisbury 1970: 28］。経済人類学では、西洋中心のグローバルな市場経済との接触による非西洋社会の慣習的な経済システムの変容について、多くの論者が議論を重ねてきた。これらの議論で興味深いのは、市場経済が非西洋の慣習的経済を破壊するという分かりやすい事例［Bohhanann 1959］だけではなく、逆に外部からの新たな商品の導入が刺激となり、慣習的な経済行為が以前よりも盛んになった事例も数多く報告されている点である［Gregory 1982; Healey 1985］。ラバウルで生じたのは、まさにこの後者の変化だった。

二〇世紀初頭に、ラバウルはドイツ領ニューギニアの政治・経済的な中心地となり、ガゼル半島のプランテーションでは島外からの契約労働者が多く働くようになった。トーライ人はヨーロッパ人のプランテーション経営者を相手に、労働者の食料となる野菜や魚を売っていた［Salisbury 1970: 285］。接触初期、トーライ人は金属製の道具を熱心に欲しがり、ヨーロッパ人はそれと引き換えに野菜や魚を入手していた。

だが一九世紀末にはすでに金属製品は十分に行き渡ってしまい、その後、トーライ人はヨーロッパ人商人に貝貨タブでの支払いを求めるようになった［Salisbury 1970: 285］。植民地行政府は二〇世紀初頭に、ヨーロッパ人との取引でのタブ使用禁止令を二度にわたって出している［Salisbury 1970: 185-186］。それだけ頻繁にタブは取引で用いられていたのである。

こうしてタブは、通貨としての座を一方的にドイツの法貨であるマルクに奪われるのではなく、対抗的な通貨［Errington and Gewertz 1994］としてむしろその需要を増していった。だが、このようなケースはラバウルだけで、隣接地域の多くでは貝貨はその存在感を失っていった。たとえばナカナイ地域では二〇世紀以降、貝貨の原料となるレアの貝殻の流通量が減り、第二次大戦以降は完全に入手できなくなった。この原因は、かつてムシロガイとの交換のためにレアを持参してきたトーライ人が、二〇世紀以降はドイツマルクの現金や金属製品しか持ってこなくなったことにある。植民地化以降、ナカナイでも人頭税が賦課されるようになり、その支払いのためには、トーライ人にムシロガイを売ってマルクの現金を獲得するほか方法がなかったのである［McPherson 2007］。

植民地の中心都市で経済力をつけ、マルクの現金や金属製品に優先的にアクセスできたトーライ人の貝貨は盛んに用いられ、結果ムシロガイは地域を超えた商品として流通し続けたのに対して、他民族の貝貨はその存在感を失っていった。端的に言ってしまえば、かつては各地で用いられる貝殻などをはじめとする多種多様なモノがやり取りされていた双方向的な交易が、接触以後はトーライ人による一方的なムシロガイの買い付けに変わったのである。

3　新たなムシロガイ採集地の発見（一九五〇～六〇年代）

一九四二～四五年の太平洋戦争中、日本軍が司令部を置いたラバウルは連合軍の激しい爆撃に曝され、トーライ人のナカナイ遠征も途絶えた。しかし戦後は、戦火で失われたタブを埋め合わせるために、以前にも増して多くのトーライ人がナカナイへ向かったという［McPherson 2007: 135; Salisbury 1970］。このようにムシロガイ獲得のナカナイ遠征は、一九六〇年代まで、その形を変えながら――交換財は食料や貝貨から金属製品や現金に、交通手段は帆船からフェリーに、行動単位は集団から個人に――続けられた［Simet 1991: 88-89］。

だが一九六〇年代半ばから、ムシロガイ交易におけるナカナイの重要度が下がりはじめた。これは第一に同地域でのムシロガイ採集量が減ったこと、第二には他地域でもムシロガイが発見されたことによる。後者の背景には、一九七五年のPNGの独立へ向けて、一九六〇年代後半からPNG人自身が教師や役人、軍人などとして国内の各地で職に就く機会が増したこと、また経済的自立に向けて開発された各地のプランテーションや鉱山での労働力確保のために、人の移動が盛んになったことがある。

ヨーロッパ人との接触が早く、教育程度が高かったトーライ人も各地に移住し、その結果として多くの場所でムシロガイが発見された。たとえばアブラヤシのプランテーションが開発されたNB島西部のダギ、材木伐採が進められたNB島南海岸のポミオ、銅鉱山が開発されたブ島などがそうである（図13―3）。この中から、現在まで続く新たなムシロガイ供給の中心地となったのが、ブ島から国境を超えてすぐのソロモン諸島ウェスタン州である[Simet 1991: 87-89]。

第2節　ソロモン諸島からブーゲンヴィル島を経てラバウルへ――

本節では一九七〇年代から二〇〇九年までのソロモン諸島ウェスタン州とラバウルの間のムシロガイ交易について見ていく。はじめにムシロガイの採集と加工・販売の実際の様子を、二〇〇九年にソロモン諸島ウェスタン州で実施した現地調査をもとに紹介し、続けてムシロガイ輸出に関わった人物の話を引いて、一九七〇年代から二〇〇九年までの歴史的な変遷を追う。

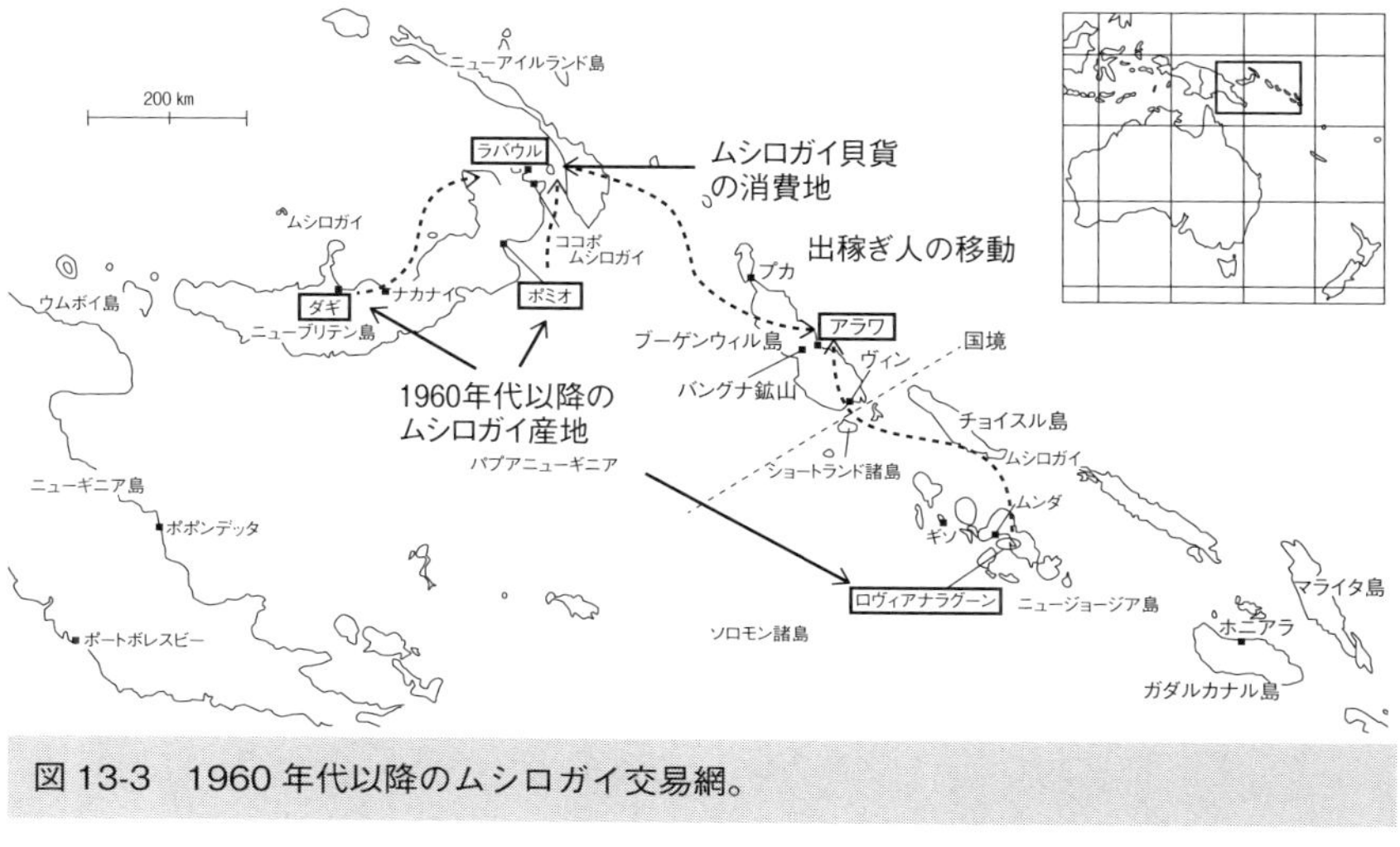

図 13-3　1960 年代以降のムシロガイ交易網。

1　村でのムシロガイの採集・加工

ムシロガイの採集は、ソロモン諸島ウェスタン州ニュージョージア島南岸のロヴィアナラグーン（以下ＲＬとする）と呼ばれる海域で行なわれている。この海域のＫという入江の水深一メートルほどの砂地の海底にムシロガイは生息している。そもそも現地ではムシロガイを食用・装飾用として採ることはなかった。かつては見向きもされない貝であったし、現在ももっぱら輸出するための商品として採集されている（図13―3）。

筆者が調査中滞在したO村は、空港があるムンダの町から船外機付きのボートで一時間ほどのところにある。O村から採集地Ｋまでは、さらにボートで三〇分ほどである。

図13-4　ムシロガイの採集風景。（筆者撮影）

ムシロガイは海底の砂の中に生息している。ゴーグルを装着して水中に潜り、底地表面の砂を手で払い、隠れているのを探し当て、採集する。ＲＬのある村では一七～六五歳の村民は一週間に平均して四～五日、一日平均で男性は一二時間、女性は一四時間、海に潜るという［Aswani 2000: 15］。町から遠く離れたこの地域では、ムシロガイ採集は貴重な現金収入源である。O村では全家庭のうちの八六パーセントがムシロガイ採集を行ない、七五パーセントではもっとも重要な収入源になっている［Aswani 2000: 15; Furusawa and Ohtsuka 2006］。

O村では、日常的な商品売買の際にソロモンドル（以下ＳＤ）だけではなくムシロガイも用いられている。ある商店では、一缶分のムシロガイ（三三〇ミリリットルの空き缶で計量）を二〇ＳＤで買い取り（二〇〇九年一二月時点）、またムシロガイで直接商品の代金を支払うこともできる。ある村人はムシロガイについて次のように話す。

何か必要になったら、ムシロガイを持って商店に行けばいい。一日でムシロガイを四～五缶分採集できれば一日八〇～一〇〇SDの高給取りだ。金が必要になったら銀行に行くのと同じようにわれわれは海に行く。海の中に金があるわけだから。「何？ 米と砂糖と紅茶が必要？ 授業料？ よし、じゃあ、お金を取ってくる」という具合にね。

2　ムシロガイの販売の実態

次に商品としてのムシロガイの売買の様子を見ていこう。仲買人は近くのムンダやウェスタン州の州都ギソなどの町から、ときには国境を越えてPNGのブ島からも来る（図13―3）。彼らはボートでRLの村々を巡回し、ムシロガイを買い付ける。ただ、彼らが来る時期は不定期で散発的である。またその買い取りの価格も不安定である。村人は何人かの仲買人の名前や携帯電話番号を知ってはいるが、連絡してもすぐに買い取りにくるわけではない。村人からすれば、仲買人がいつ来るか分からないのは困りものである。

こういった点でO村の商店は、価格は若干安いが身近で買い取ってくれる便利な存在である。商店の主人Bは、O村以外でもムシロガイを買い取っており、また採集地Kまでボートを出してくれるなど、O村周辺におけるムシロガイビジネスの取りまとめ役である。とはいえ、Bはあくまでローカルレベルの仲買人である。特別な販路を持つわけではなく、基本的には村人と同じく不定期に訪れる仲買人に売るだけである。しばらく仲買人が来ないとSDの現金が不足し、村人からの買い取りは停止せざるをえない。

二〇〇九年一二月当時、RLの村々から多くのムシロガイを買っていた仲買人の一人がムンダ在住のLであった。BもしばしばLにムシロガイを売っていた。しかし、このLもBよりは若干資金があるというだけで、安定的な販路を持っていたわけではない。ある程度ムシロガイが貯まると、ブ島の仲買人に電話して、買い取りに来るのを待つ。ブ島からムンダまでは国境を越える長距離の移動が必要になるため、しばしば到着は遅れる。するとLも資金不足に陥り、RLの村人からの買い取りは滞ることになる。

以上の状況からは、二〇〇九年当時のムシロガイ交易が、限定された狭い範囲で活動する多数の小規模な仲買人から仲買人へと、決して安定的ではない形で中継されて行なわれていた様子が見て取れる。買い付けの時期、量、買い取り価格は不安定であり、交通や資金に問題が出ればすぐに取引は滞る。Lはこの状況について次のように言っている。

いまはムンダやギソ、ブ島の各地に小規模な仲買人が点在し、バラバラに商売しているため、価格にしても買い付けの量にしても、不安定な要素が多すぎる。いろいろなコストやリスクを考えると決して利益は大きくない。

彼が言うコストやリスクとは、小さなボートでの長距離航海に伴う危険、国境越えの法的なリスク（仲買人の多くはパスポートを持たず、税関も通さない）、遠方の取引相手と安定的な関係構築の困難（いつ来るか、代金は支払われるかへの不安）などの要素である。この交易の不安定さは、ムシロガイの最終消費地であるラバウルにも影響を及ぼしていた。筆者が長期滞在していた二〇〇二～〇五年の間、ラバウルには常時ムシロガイを販売している店、人は存在しなかった。たまに誰かがムシロガイを入手した、あるいはあの店に仲買人が来ているという噂が流れると、聞きつけた人々が買いに訪れ、すぐに売り切れるというのが常態であった。ムシロガイは不安定な交易ネットワークを介して、不定期に、そして少量しかラバウルに入ってきていなかったのである。

しかしソロモン諸島からブ島を経由したムシロガイ交易は、はじまった当初から不安定だったわけではない。次に、このルートでのムシロガイ交易がはじまった一九七〇年代からの歴史的な変遷を見ていく。

3　ブーゲンヴィル島の鉱山とムシロガイ交易の盛衰

話は再びO村のBの商店に戻る。この村でムシロガイのビジネスをはじめたのはBの父Kである。KはRLからのムシロガイ輸出の最初期に関わった一人であり、彼の話からはRLからのムシロガイ輸出のはじまりとその後の展開が分かる。以下は二〇〇九年にKから聞いた話をまとめたものである。

Kがムシロガイの売買をはじめたのは一九七四年だった。彼はその年、ブ島南部の町ヴインを訪れ、そこで鉱山に出稼ぎに来ていたトーライ人がムシロガイを欲しがっている話を聞いた。彼はすぐにRLでムシロガイを採集し、ブ島に運んで、トーライ人に売るビジネスをはじめた。ムンダからショートランド諸島までは飛行機で移動し、そこからブ島まではボートでたった二〇分だ。

先述のとおり、ブ島の鉱山開発がRLのムシロガイ発見の発端だったことは、この話からもうかがえる。それまでO村には現金収入源が無かったため、村人は競って海に潜り、ムシロガイ採集に励んだ。ある村人の話によれば「畑で食料を栽培する生活から、ムシロガイを売った金で食料を買う生活に変わった」［深田 二〇一四］という。そして一九八〇年代にムシロガイ輸出は最盛期を迎える。以下はその盛況を伝えるKの話である。

一九八〇年代にはムンダ―アラワ（鉱山から最も近い町）の間を定期便が飛んでおり、Kはこの飛行機で、一年に二〇～三〇回ムシロガイを売りに行った。毎回ヴィザをとるのが面倒なので、ビジネス用のマルチエントリーヴィザをもらっていた。一九八三～八四年頃にはKが知るだけでも一三人もの仲買人がRLとブ島の間を行き来していた。

この一九八〇年代の状況は、二〇〇九年の調査で見た、小規模な仲買人が散発的に売買する不安定な状況とは明らかに異なる。飛行機の定期便という安定した交通手段と、鉱山で働くトーライ人という金払いの良い取引相手。

安定した経済・治安・交通状況の下で、大量のムシロガイが絶え間なくＲＬから輸出されていた様子が見て取れる（図13―3）。

だが、この盛況は長くは続かなかった。一九八九年にブ島の独立闘争が勃発したのである。鉱山の利益配分への不満や環境汚染問題に端を発したこの内戦で、島内の治安は極度に悪化し、出稼ぎに来た人々はもとより、地元の住民も島外に避難せざるを得なくなる［塩田 一九九二］。顧客のトーライ人はいなくなり、そもそも安全な移動もままならない。こうして一九九〇年代前半、ブ島経由の交易ルートは途絶えた。これ以降、ＲＬの人々が自分たちでムシロガイをブ島に運ぶことは無くなった。現在と同じ、仲買人を待つスタイルでの取引はこの時期からのことである。

一九九八年の停戦協定で内戦は終結するが、その後も二〇〇〇年代半ばまでブ島の治安は安定せず、交通インフラも整わなかった。ソロモン諸島側からは小型ボートでアクセスするしかなく、島内の主要道路は橋が落とされ、トーライ人がムシロガイを買いに来ることもない。こうして内戦で破壊されたＲＬからブ島経由の交易ルートは、二〇〇九年の時点でもまだ十分に回復せず、不安定で散発的な取引が続いていた。

第３節　ムシロガイ交易ネットワークの現在

二〇一一年夏のことである。ラバウルの隣町の州都ココポのマーケットで、私は二〇〇二年に調査を開始して以来はじめて、常時ムシロガイを売っている店を見つけた（図13―5）。店番の女性Ｅとその夫Ｒは、マーケットで毎日ムシロガイを売っているという。商品のムシロガイはブ島に住むＥの父親が定期的に十分な量を送ってくるのだということ。

先述のとおり二〇〇二〜〇九年の間、ラバウルにはムシロガイを常時売っている店はなかった。RとEの店に常時ムシロガイが供給されているという事態は、ムシロガイ交易に何らかの大きな変化が起きたことを示唆していた。そこで筆者は二〇一一年八月、ブ島に渡り、Eの父であるネルソンという仲買人にインタビューを行なった。先取りして言えば、彼がムシロガイ交易に大きな変化を起こした人物だったのである。

1　仲買人ネルソンのムシロガイ「ビジネス」

ネルソンは初老の男性で、かつて鉱山で栄えた町アラワで妻と息子と暮らしている。その経歴は後に触れるとして、さっそく彼の仕事ぶりを見ていこう。

彼はムシロガイ買い付けのために、アラワ近くの港町キエタから、船外機を付けた全長七メートル弱のFRP製ボートに乗り、ムンダまで三五〇キロ以上を単独で航海する（図13―6）。天候に恵まれれば早朝に発って日没前に到着する。二〇〇九年の調査では、仲買人の多くは出入国手続きを取らないと聞いたが、ネルソンは必ず警察署に立ち寄り、手続きする。

ムンダに到着すると、ボートでRLの村々を回り、ムシロガイを買い取る。彼はムシロガイの品質にこだわる。品質の安定こそが、顧客の信用獲得に重要と考えているのである。そのため、ムシロガイのサイズ、色、計量の方法、計量する缶の種類、徹底した乾燥など数項目の基準を定め、文書でRLの村々に告知している。

図13-5　ラバウルの隣町の州都ココポのマーケットで売られていたムシロガイ。（筆者撮影）

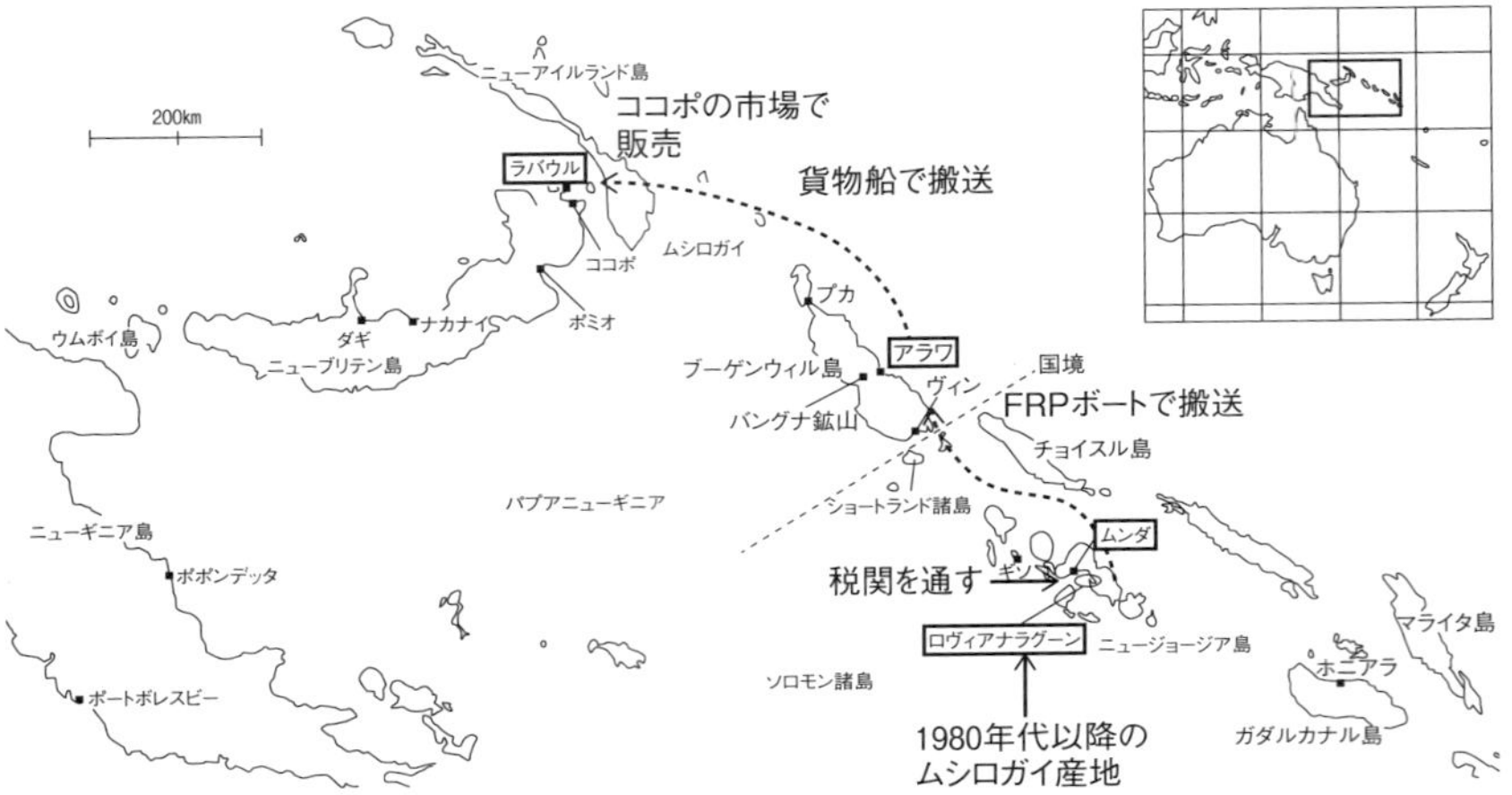

図 13-6　ネルソンによって開拓された新たなムシロガイルート。

こうして買い集めたムシロガイは、ムンダの町で二五キロの穀物袋（身近に手に入るものでは最大サイズの頑丈な袋）に詰め替えられる。この袋には約一〇〇缶分のムシロガイが入り、彼のボートには最大で一五袋積載できるという。一回の買い付けには、二週間から一ヵ月かかる。ボート一艘の燃料代は荷物の多寡にさして関係なく一定以上かかるため、できる限りたくさん買って、まとめて運びたいのである。

出国の際にもネルソンは必ず警察で手続きを取る。さらに買い取った商品も通関の手続きを取る。書類には、ネルソンの名前、会社名（後述）、輸出品目、商品重量、輸出経路などが書き込まれる。書類を受け取ったネルソンは、ムシロガイの重みで往路よりも明らかにスピードが出なくなったボートで丸一日かけてブ島に帰る。

アラワから先、ラバウルへの運搬には貨物船を使う。ムシロガイを大きな袋に詰めたのは、この貨物船の運賃が重さではなく一袋あたりで決まるからである。キエタからラバウルまでは旅客が乗る定期便はないが、貨物船が一ヵ月に一度ほど航行している。かつては自分でアラワからブ島北部のブカ島まで車で五時間ほどかけて運搬し、そこから週一便の旅客船でラバウルまで運んだこともあったが、時間と体力がかかりすぎるので、貨物船を利用するようになったという。自分で運ばないのは、ラバウルに信頼できるパートナーがいるという要素も大きい。貨物船がラバウルに到着すると、娘のEとその夫Rが受け取り、それをココポのマーケットで販売するのである（図13―6）。

私がネルソンにインタビューしたのは二〇一一年八月末だったが、彼はその年すでに買い付けで六回ソロモンに渡っていた。また前年には計八回行ったという。RLから定期的に大量のムシロガイを買い付け、それをラバウルに途切れなく送り、販売し、そこで回収した資金で再びムシロガイを買い付ける。こうした安定的なムシロガイ交易のサイクルをネルソンは新たに作り出したのである。

2　ネルソンの変革

このようにネルソンは、一九九〇年代からの不安定なブ島経由のムシロガイ交易に大きな変化をもたらした。ここで従来の仲買人とネルソンとでは何が異なるのかを整理し、なぜ彼にこのような変革が可能だったのかを考察してみよう。

違いの一点目は、ネルソンがムシロガイ交易を公的な形式を整えたビジネスとして行なったことにある。彼はムシロガイを商品として出入国、通関の手続きをきちんと行なっただけでなく、ムシロガイ売買のために会社を設立して、ソロモン諸島とPNGの両国に登記している。彼は意識的に自分のビジネスを他の仲買人たちと差別化しており、パスポート・通関なしの売買を「違法だ」と糾弾している。こうすることで彼は他の仲買人を排斥し、現在ではRLでのムシロガイ買い付けを半ば独占しているという。独占によって先述したムシロガイの品質管理の試みも実効性を増すだろう。

二点目は、買い付けから販売までの安定的なルートを確立した点にある。従来のソロモン諸島やブ島の仲買人は、安定的な顧客やパートナー、販売拠点を持てず、それゆえに不安定で散発的な商売しかできなかった。対して、ネルソンはラバウルにRというパートナーを持っている。安心して、大量に仕入れたムシロガイを途切れなくラバウルに送ることができるのである。

このようにネルソンは、ムシロガイの輸出入を公的な形式を備えたビジネスにし、安定的な販売のルートを確立することで、合法的に定期的に一定以上の量の品質管理されたムシロガイを安定的にRLからブ島を経て、ラバウルに輸出し、それを現金化することで再びムシロガイを定期的かつ大量に買い付けるというサイクルを作り出すことに成功した。こうして、現在ラバウルでは常時ムシロガイを買うことができるようになっている。

さて、ではこのような変革はいかにして可能になったのだろうか。まず挙げなければならないのは、彼の商売に対する生真面目さと勤勉さである。これが主観的な解釈に聞こえるのであれば次のように言い換えよう。それは、彼が他の仲買人とは比較にならない大金を投資し、極めて大きなリスクをとったことである。彼は片道三五〇キロの小さなボート単独での遠距離航海を、高い燃料費と遭難の危険にもかかわらず、年に七回も八回も行なっている。また敢えて税関を通し、いくらかかるか分からない関税を支払う。決して他の仲買人がやらないことである。どちらが合理的かといえば、金と時間があるときだけ私的に小規模にやる方が、元手もリスクも少なくて済むという点で理に適っているかもしれない。しかしネルソンは、勤勉に真面目に、そして大規模にこの方法で商売を行ない、コストやリスクをカバーできるだけの成功を手に入れた。賭けに勝ったのである。

3　偶然の積み重ねの結果としてのネットワーク

その一方で、注意深く見てみると、彼の成功は彼の個人的な資質や才覚だけに帰すこともできない。たとえばパートナーのRはビジネスに欠かせない存在だが、彼の娘EがRと出会い、結婚したことは単なる偶然である。もちろん、その偶然を生かしたのは彼の才覚だとも言えよう。だが、彼のここまでの人生を辿り直してみると、いくつもの、偶然がたまたま積み重なって、現在の成功につながっていることが分かる。

ネルソンはPNGの首都ポートモレスビーから車で一時間ほど離れた村で、一九五三年に生まれた。一九六七年に学校を卒業し、軍隊で二年間働いた後、一九七〇年に除隊し、当時開業したばかりのパングナ鉱山での仕事を求めてブ島にやってきた。十数年鉱山で働き、その間にブ島のアラワ出身の女性と結婚する。

一九八〇年代半ば、鉱山を辞め、中国人経営の商店で働きはじめる。一年後、オーナーの帰国に際して店の権利を買い取り、自身で商店の経営をはじめる。当時は国内の物流網が整備されておらず、ファックスや電話を使って、オーストラリアやニュージーランド、日本などから商品を輸入した。このときのビジネスはよい体験になったと彼は語る。

しかし一九八九年、内戦が勃発すると町の商店は軒並み襲撃され、彼もすべての財産を失った。他の島民と同様、ネルソン一家もブ島を離れ、ラバウルに疎開した。ラバウルには疎開者が多く集まり、ブ島の臨時の役所も設置された。ネルソンは役所で働きながら、一九九二年にはラバウルの町で商店経営を再開した。このラバウル滞在の数年間、しばしばトーライ人が貝貨を使っている様子を見かけたが、当時はこれがビジネスになるとは想像もしなかった。娘Eはラバウルの学校で、トーライ人男性Rと出会い、後に結婚する。

商店経営も軌道に乗ってきた一九九四年九月、ラバウル近郊の火山が噴火した。このときは数日前から地震が続き、避難勧告も出ていたので、ラバウルの町では噴火による直接の死者は出ず、ネルソン一家も無事避難できた。しかし、この噴火で高さ数メートルもの大量の火山灰が降り積もり、ラバウルの町は廃墟と化す。ネルソンの商店は灰の下に埋もれ、彼は再びすべての財産を失った。

これを機にネルソンはブ島に帰還し、アラワの病院再建の仕事に携わった。一九九七年にその仕事の目処が立つと職を辞し、今度は音楽機器の販売と音楽スタジオのビジネスをはじめた。彼がムシロガイの輸出入に関わるのは二〇〇八年からである。はじめは妻の姉の夫に同行して二、三度買い付けに行った。その結果から成功を確信し、二〇〇九年から本格的に参入した。その後、現在のビジネスモデルを確立し、成功に至る。

このように、そもそもネルソンはムシロガイ交易とは無縁のニューギニア島で生まれ、第2、3節で見たPNGの独立や鉱山開発などの歴史的な出来事に導かれて、労働者としてブ島に来て、結婚した。彼がビジネスのコツを学んだ商店経営にしても、そのきっかけとなる中国人オーナーの帰国の背景にはPNGの独立がある。その後、内戦でラバウルに避難し、そこで娘がトーライ人男性Rと出会う。火山が噴火せず、ラバウルでの商店経営がそのまま成功していれば、ブ島には帰らなかったかもしれない。

こうして見てみると、ニューギニア島生まれの彼が現在ブ島にいて、娘はラバウルで暮らしていて、ムシロガイ交易に携わり、成功を収めていることは、彼自身の意図ではどうすることもできない社会、政治、自然環境の変化の中で翻弄され、たまたま流された結果として見ることもできる。

同じ環境において他の人間が決してやらないことをやったという点で、現在のムシロガイ交易ネットワークはネルソンという個人の存在なしにはありえない。しかし、そのネルソンという個人もまた、この地域の歴史的な出来事の中に深く埋め込まれた存在である。

おわりに――進行形のネットワーク記述に向けて――

本章ではムシロガイが海底から掘り起こされてから、加工され、仲買人の手から手へとわたり、ラバウルで販売されるまでの交易のネットワークを、ヨーロッパ人がやって来た一九世紀後半から二〇一一年夏に至るまでの約一〇〇年間の時間軸の中で辿ってきた。

ムシロガイ交易は、広い地域を結び、多くの人やモノ、道具や制度が関わっているがゆえに、環境の変化に極めて影響を受けやすい。ヨーロッパ人の来訪、二度の世界大戦、ＰＮＧの独立、ブ島の独立闘争といった歴史的な出来事や、金属製品、帆船、飛行機、携帯電話といった新たなテクノロジーの登場、国境線や税関などの社会制度の変化、そして火山の噴火のような自然現象といった多様な要素と相関しながら、ムシロガイ交易はその採集地や関わる人間、運搬方法、経路、販売方法を常に変え続けてきた。

本章の前半部で行なったのは、現在から後ろ向きに振り返って、これらの過去の出来事を集め、再構成して、ネットワークの変遷を辿り直す作業であった。この作業から分かったことは、ネットワークが持つ脆弱性・可変性と継続性・粘り強さという相反するようにも見える二つの特徴である。上述したような新たな要素の登場・変化は、海で隔てられた複数の場所の間の、そもそも途切れやすいつながりを容易に寸断し、交易ネットワークを破壊する。しかし同時に、交易のルートが一本ではなく、ネットワークであることは、仮に一つのつながりが切れても他のつながりが保たれ（あるいは新たに作られ）、交易自体は消滅しないという粘り強さにつながるのだと言えよう。

だが、ここで注意しなければならないのは「ネットワークが粘り強い」という言い方は、現在ネットワークが存在するという事実から、後ろ向きに過去を振り返ってはじめて可能になるということである。私たちは、続いているという事実の中に「粘り強さ」を見出すのである。したがって「『粘り強い』から続いている」というのは同語反復に過ぎず、説明にはなっていない。では、ネットワークの継続はいかに記述すべきなのだろうか。

本章の後半で試みたのは、このネットワークが生成され続けることの前向きな記述であった。ＲＬの人々や仲買人、トーライ人は、そのときどきの社会状況の中で、手持ちの道具を使って、ムシロガイを採り、売り、買い、運んでいた。それは不安定で、多分に賭けの要素を含み、成功もあれば失敗もある。交易はその都度なんとかつながり、ときに途切れ、常にネットワークは異なる形に生成される。人々からすれば、ネットワークは予め存在するものではなく、常に生成の渦中にある。

こういったプロセスとしてネットワークを見る上で重要なのが、社会環境などの要素に還元できない、偶発的な個人の行為や才覚だった。繰り返し見たとおり、現在のムシロガイ交易ネットワークは、仲買人ネルソンの個人的才覚なしにはありえない。一〇〇年後の未来から後ろ向きに見れば、もしかしたら二〇〇九年以降の変化は、ブ島の治安回復という社会状況の変化から説明されるかもしれない。しかし、実際には治安が回復しても、ネルソンが参入するまでムシロガイ交易は不安定なままであった。社会的・経済的な条件は必要条件ではあるが、出来事を前向きに進めるのは、ネルソンのような特定の個人による、決して成功を約束されていない賭けのような実践なのである。そして、その賭けはまだ終わらない。すでに六〇歳を越えたネルソンが近い将来に引退した後、ムシロガイ交易がどうなるのかは極めて不透明である。まさに現在の交易ネットワークは、ネルソンが偶然にも中心となって行なっている、未来に向けていかようにも変わりうる進行形のネットワーキングなのである。

一〇〇年後の未来からの後ろ向きの歴史記述の中に、ネルソンがムシロガイ交易を合理的なビジネスに変えた重要人物として登場するか、たまたま一時期成功した人物として記憶されるか、それとも影も形も残らないかは、今後の偶発的な出来事の積み重ね次第であり、誰も知り得ない。それは本章が、ムシロガイ交易の歴史の一端を記述したことになるのかどうかについても同様である。繰り返すが、現時点から後ろ向きに振り返って「過去の出来事」として見出せるものは、同時代に起こっていた他のさまざまな出来事の中から、偶然現在につながったものに過ぎない。

現在を進行形で生きている人間を描く文化人類学の立場から、ネットワークの歴史的記述を豊かにするためにできることがあるとすれば、それは過去の各時点において前向きに生きていた個人の存在を頭の片隅に置き、過去から現在へのつながりを一本道ではないネットワークとして想像していくことであろう。

注

本章は拙稿［深田 二〇一四］に大幅に改稿を加えたものである。

参考文献

小林繁樹 一九九三「メラネシアの伝統的貨幣と交換」『オセアニア2 伝統に生きる』須藤健一ほか（編）東京大学出版会、九五～一一〇頁。

塩田光喜 一九九一「大地の破壊、民族の創成―1995―1990年ブーゲンヴィル島分離独立運動の経過と本質」『アジア経済』三二巻一二号、二五～四七頁。

深田淳太郎 二〇〇六 「パプアニューギニア、トーライ社会における貝貨タブをめぐる現在の状況」『くにたち人類学研究』第一巻、一～二三頁。

―― 二〇一四 「貝殻交易ネットワークの地域史：ビスマルク諸島とソロモン諸島地域間におけるムシロガイ交易の歴史的変遷と現状」『国立民族学博物館研究報告』三八巻三号、三七七～四二〇頁。

Aswani, Shankar 2000. Women, Rural Development and Community-based Resource Management in the Roviana Lagoon, Solomon Islands: Establishing Marine Invertebrate Refugia. *Traditional Marine Resource Management and Knowledge Information Bulletin* 12: 11-22.

Bohannan, Paul 1959. The Impact of Money on an African Subsistence Economy. *Journal of Economic History* 19（4）: 491-503.

Connell, John. 1977. The Bougainville Connection: Changes in the Economic Context of Shell Money Production in Malaita. *Oceania* 48（2）: 81-101.

Danks, Benjamin 1888. On the Shell-Money of New Britain. *Journal of the Royal Anthropological Institute of Great Britain and Ire-*

land 17: 305-317.

——— 1933. In *Wild New Britain: the Story of Benjamin Danks, Pioneer Missionary, from his Diary*. Seane, W. (ed.), Sydney: Angus & Robertson.

Errington, Frederick; and Gewertz, Deborah 1995. *Articulating Change in the "Last Unknown."* Boulder : Westview Press.

Furusawa, Takuro and Ohtsuka, Ryutaro 2006. Inter-household Variations in Subsistence Strategies within a Rural Society of Roviana, Solomon Islands: An Analysis of Agricultural Production and Cash Income in Relation to Socio-demographic Factors. *Tropics* 15 (1): 29-37.

Gregory, Christopher A. 1982. *Gifts and Commodities*. London: Academic Press.

Harding, Thomas G. 1994. Precolonial New Guinea Trade. *Ethnology* 33 (2): 101-125.

Healey, Christopher J. 1985. New Guinea Inland Trade: Transformation and Resilience in the Context of Capitalist Penetration. *Mankind* 15 (2): 127-144.

Malinowski, B. 1922. *Argonauts of the Western Pacific: An account of Native Enterprise and Adventure in the Archipelagoes of Melanesian New Guinea*. Oxford: Routledge and Kegan Paul.

McPherson, Naomi 2007. Myth, Primogeniture and Long Distance Trade-Friends in Northwest New Britain, Papua New Guinea. *Oceania* 77 (2): 129-157.

Salisbury, Richard F. 1970. *Vunamami: Economic Transformation in a Traditional Society*. California: University of California Press.

Simet, Jacob. 1991. Tabu: Analysis of a Tolai Ritual Object. (Unpublished Ph. D. Thesis) Dept. of Archaeology and Anthropology, Australian National University.

◉コラム5

海域ネットワークが生み出した リモートオセアニアの島嶼景観

山口 徹

太平洋の原型が形成され始めたのは、遅くとも二・五億年前にさかのぼる。パンゲア大陸の内海だったテチス海が、現在の東南アジアあたりの陸地と接して浅瀬をなし、多様な生物の揺籃の地となっていた。その東側はパンサラッサの広大な海洋世界で、地球を一周してパンゲア大陸の西海岸まで大きな陸塊は存在しなかった。それゆえ、太平洋の海洋生態系は今でも、東南アジアから東に遠ざかるほどに貧弱になる。

太平洋プレート上のすべての海洋島は、マグマが噴き出るホットスポットで形成された。大半は数百万年のあいだに誕生した島々である。いずれの大陸とも繋がったことがないから、陸上生態系も、孤立した新しい島ほど貧弱である。リモート・オセアニアの島々はまさに、人間の居住にとっては最後のフロンティアといってよい。

ソロモン諸島を超えて初めてリモート・オセアニアに船出した人類はラピタの人々で、フィジーや西ポリネシアの島々に三〇〇〇~二六〇〇年前には達していた［Rieth and Hunt 2008］。ところが、そこから東の海域となると、人間居住の痕跡はいっきに新しくなる。

東ポリネシアの初期居住期をめぐっては長らく論争が続いてきたが、これまでに蓄積された一四三四件もの^{14}C年代値を集成した上で、信頼性の再評価が近年おこなわれた［Wilmshurst et al. 2011］。確実に文化層から得られた試料で、かつ短命の樹種や種子、細枝、あるいは最外輪に近い木片の炭化材に限定すると、初期居住の年代がソサエティ諸島で紀元一〇〇〇~一一〇〇年、その他の主だった島嶼グループで紀元一二〇〇年前後に収斂することが分かった。これまで想定されていたよりも数百年以上新しい時期に、しかも極めて早いスピードで東ポリネシアの島々に人びとが拡散したことになる。この海域に住む島民の身体形質や言語が均質であること、そして祭祀建造物をはじめとする多くの文化要素

図コラム 5-1　草原に立つイースター島のモアイ像。
（ラノララク）

が共通することも、拡散の時期を新しく見積もるこのシナリオと親和的である。

　ところで、外来生物の侵入機会が少ない海洋島の陸上生態系は人間の移住に対してきわめて脆弱である。何よりも、建材・薪炭材となる有用樹の伐採や焼畑による森林後退は島嶼景観を大きく変えた。しかも、かなり短い期間に起こったことになる。イースター島はそうした島のひとつで、現在は草本植生が優占するため丘陵の連なりが遠くまで見渡せるが、湖底堆積物に残る花粉化石の分析から、かつてはヤシ科植物の大木で島じゅう覆われていたことが分かっている［Mann et al. 2008］。

　花粉の出現率に大きな変化が生じるのは八〇〇年ほど前で、ヤシ科の急減とともにイネ科やカヤツリグサ科の草本が急増し、時を同じくして堆積物中に無数の微粒炭も混じりはじめる。丘陵斜面のあちらこちらから採取された炭化材は、いずれも後一二〇〇年以降の年代を示す。火入れによる森林後退とともに丘陵斜面の土壌浸食が急速に進んだ全島的環境改変の証拠である。

　とはいえ、イースター島の先史社会が森林破壊によって「生態学的自滅」［ダイアモンド二〇〇五］に陥ったとする説は、最新の研究では支持されていない［Hunt and Lipo 2011］。島民たちは、マナヴァイという風よけの石囲いを無数につくり、バナナやサトウキビ、サツマイモなどを栽培してきたことが明らかになっている。

　人口増加が進むにつれて土地利用をめぐる社会的緊張と競争が高まるなかで、モアイ像が草原となった大地に無数に立つ島の景観が生み出された（図コラム5―1）。一七二二年に三〇〇〇人を数えた人口が激減したのは環境破壊に起因する自滅ではなく、西欧の船乗りたちが持ち込んだ伝染病や性病、そしてブラックバーディングと呼ばれる奴隷狩りが主因だったと今では考えられている。

　リモートオセアニアの島々は一見すると孤立しているように見えるが、そこに住み着いた人々は、波濤をこえて島から島へモノを運ぶ航海民でもあった。イースター島で栽培されてきたバナナやサトウキビはもともとニューギニア周辺を原産地とする作物だし、サツマイモは中南米原産である。逆にチリ中部の遺跡では、確実にコロンブス以前の年代を示すニワトリの骨が数多く出土し、そのDNA解析からポリネシア起源の可能性が高いという[Storey et al. 2007]。

図コラム5-2　環礁州島のピット耕地。

　また、リモートオセアニアの先史文化に広く認められる石斧の石材産地同定から、サモアのツツイラ島タタガ・マタウ産やマルケサス諸島エイアオ島産の緻密玄武岩からつくられた石斧が、数千キロ離れた島々にまで広域に分布することがわかっている[McAlister et al. 2013]。

　人間が運んだこうしたモノによっても、島の景観は大きく変わってきた。たとえば、サンゴ礁のうえに炭酸カルシウムの砂礫が堆積しただけのアトール（環礁）は、人間が住み着くことで植生が多様化してきた島々である。人の住む環礁州島では多くの場合、地下に溜まった淡水を利用して、タロイモやミズズイキ類の根茎類が栽培されている。そのために、砂礫を数メートル掘り下げてピット耕地がつくられている（図コラム5―2）。

　東ミクロネシアのマジュロ環礁で行った調査では、およそ二〇〇〇年前から一〇〇〇年前にかけてピット耕地の分布範囲がだんだんと広がってきたことが分かった[Yamaguchi et al. 2009]。今ではその数は一九五基に達し、周囲に積み上げられた廃土堤には、緑肥のもととなるココヤシやパンダナス、パンノキ、ハスノハギリなどが植栽され、環礁州島のなかでもっとも植生豊かな場所となっている。それはまさに、航海民らがときどきに持ち込んだ植物、いうなれば「旅行カバンの生物相」（クロスビー 一九九八）と環礁州島の環境が有機的に結びついた人為景観といってよい。

　オセアニア島嶼世界では、メラネシアのクラやミクロネシアのサウェイといった広域にわたる交易ネットワークが民族誌的によく知られている（本書第12章を参照）。贈与経済のもとではモノは移動することが美徳であり、モノが移動することによって、惜しみなく与える義務と手に入れる期待を人びとに喚起し、それゆえにネットワークのなかに人びとは巻き込まれていく。遠く離れた島の首長の名声が、交換財とともに島々を巡っていたことも指摘されている［Munn 1983］。

しかしながら、共時的な交換関係の網の目を考古学的証拠だけで示すことは難しい。交渉の双方向性や共時性を析出すること、交換の頻度を定量的に評価することに方法論的限界があるからだ。それゆえにオセアニア考古学では、ネットワークのかわりに「相互作用の範囲（interaction sphere）」ということばが用いられる［Weisler 2008］。逆にいえば、精緻な年代測定法と評価法に支えられる通時的視点をもつ考古学だからこそ、ネットワークの「作用」という側面を描出することができる。人やモノの移動が特定の島嶼社会や島嶼生態系に引き起こしてきた変化の動態を捉えるのである。島嶼世界の景観史は、その恰好の研究トピックなのだ［山口 二〇一三］。

参考文献

クロスビー A. W. 一九九八『ヨーロッパ帝国主義の謎——エコロジーから見た一〇～二〇世紀』（佐々木昭夫訳）岩波書店（Crosby, A.W. 1986. *Ecological Imperialism: The Biological Expansion of Europe, 900-1900.*）。

ダイアモンド、J. 二〇〇五『文明崩壊：滅亡と存続の命運を分けるもの』（楡井浩一訳）草思社（Diamond, J. 2005. *Collapse: How Societies Choose to Fail or Survive.*）。

山口徹 2013「絡み合う人と自然の歴史学に向けて——その学際的広がりにもとづく理論的考察——」『史学』82(3): 107-126, 三田史学会。

Hunt, T., and Lipo, C. 2011. *The Statues that Walked: Unraveling the Mystery of Easter Island*. New York, London, Toronto and Sydney : Free Press.

Mann, D.; Edwars, J.; Chase,J.; Beck, W.; Reanier, R.; Mass, M.; Rinney, B.; and Loret, J. 2008. Drought, Vegetation Change, and Human History on Rapa Nui (Isla de Pascua, Easter Island). *Quaternary Research* 69: 16-28.

McAlister, A.; Sheppard, P.J.; and Allen, M.S. 2013. The Identification of a Marquesan Adze in the Cook Islands. *Journal of the Polynesian Society* 122(3): 257-273.

Munn, N.D. 1983. Gawan Kula: Spatiotemporal Control and the Symbolism of Influence. In *The Kula: New Perspectives on Massim Excahnge*, edited by Leach, J.W. and Leach, E. pp. 277-308. Cambridge: Cambridge University Press.

Rieth, T.M., and Hunt, T.L. 2008. A Radiocarbon Chronology for Samoan Prehistory. *Journal of Archaeological Science* 35: 1901-1927.

Storey, A.A.; Ramirez, J.M.; Quiroz, D.; Burley, D.V.; Addison, D.J.; Walter, R.; Anderson, A.J.; Hunt, T.L.; Athens, J.S.; Huynen, L.; and Matisso-Smith, E.A. 2007. Radiocarbon and DNA evidence for a Pre-Columbian Introduction of Polynesian Chickens to Chile. *PNAS* 104(25): 10335-10339.

Weisler, M. 2008. Tracking Ancient Routes across Polynesian Seascapes with Basalt Artifact Geochemistry. In *Handbook of Landscape Archaeology*, edited by David, B. and Thomas, J., pp. 536-543, Walnut Creek, California : Left Coast Press.

Wilmshurst, J.M.; Hunt, T.L.; Lipo, C.P.; and Anderson, A.J. 2011. High-presicion Radiocarbon Dating Shows Recent and Rapid Initial Human Colonization of East Polynesia. *PNAS* 108 (5): 1815-1820.

Yamaguchi, T.; Kayanne, H.; and Yamano, H. 2009. Archaeological Investigation of the Landscape History of an Oceanic Atoll: Majuro, Marshall Islands. *Pacific Science* 63 (4): 537-565.

あとがき

本書は、平成二五年より国立民族学博物館（民博）の共同研究として三年半に渡って行われた「アジア・オセアニアにおける海域ネットワーク社会の人類史的研究――資源利用と物質文化の時空間比較」（研究代表：小野林太郎）の成果を基にしたものである。全体として研究メンバーの比重が多かった考古学的時間軸による研究事例の割合がやや大きいが、いずれの海域においても、海を越えた人びとの移動やネットワークについて異なる時間軸を用いて論じており、総計一三章と五編のコラムで構成されている。

海域ネットワークのメインアクターとなる人びとを、本書では広義の「海民」と総称した。しかし、考古学的視点において主な対象となった先史時代における人びとを、一括して「海民」と呼ぶのには無理があるのも確かである。実際、琉球列島の宮古・八重山諸島の先史時代人が残した痕跡には、狭義の「海民」的な要素はあまり見られなかった。

民族誌的視点においても、海民から想起されるイメージは、各海域によっても異なる。本書では海民的な暮らしや性格として、主に東南アジア海域における海民を軸としたが、それが東アジアやオセアニア海域に生きる海民と一致するわけでもない。むしろ本書では、その違いの方がより鮮明になった感もある。このような地理的、時間的差異により、海民を詳細に定義するのはかなり難しい。それでも「海民」と呼べるような、「海に生計・生活の基盤をおき」、「多様な生業や資源利用」を特徴として暮らす人びとが、アジアからオセアニアの海域世界には存在し、歴史的には新石器時代以降にそうした集団や生活の形が明確化してくることは、本書を通して確認できた一つの成果であると私たちは考えている。本書における二つ目の成果は、先述したように各海域における「海民」の多様な暮らしや性格、そしてネットワークのあり方における違い＝地域性を描出したところにあるだろう。

本書における三つ目の成果としては、「海民」や「ネットワーク」をテーマに、文化人類学者や民俗学者による民族誌的時間からの事例や考察と、考古学者による長期的、人類史的な時間軸からの事例や考察を同時に示した点が挙げられるかもしれない。人類学という共通した研究分野でありながら、文化人類学者と考古学者が注目する視点はかなり異なるのが一般的である。たとえば「ネットワーク」をとってみても、考古学者ならその通時的な変化に関心が広がることが多い。これは山口が指摘するように、限られた考古学的痕跡から、ネットワークの共時的な詳細を解明するのは困難だからでもある。

一方、基本的に同時代のネットワークを対象とする文化人類学者は、その共時的な詳細を、個人のレベルまで掘り下げ、描き出すことができる。具体的にどれだけのモノが動いているのか、その規模や期間、背後にある社会・文化的状況まで、その気になればアプローチが可能だ。しかし、個人や特定の世帯・集団における事例研究からは、より長期的、あるいは全体としてのネットワークのあり方を把握するのは、困難な場合も多い。こうした研究における制約もあり、「ネットワーク」を見る視点は、両者においてもかなり異なっていた。これに加えて、対象とする地域性の違いもあり、ここで紹介できた事例や議論には、まだ全体としての統一感が薄い部分があることは認めざるを得ない。

それでも私たちは、人類学的に海民や海域ネットワーク社会を検討する上で、両者による視点からの研究とその統合こそが、新たな海民研究や海域研究を開拓する原動力になると考えている。両者による成果を統合し、明快で美しい解を導き出すことができなかったとしても、それがより厳しい茨の道だったとしても、両者は向き合い、議論を重ねるべきなのである。本書と、その基となった共同研究はその最初の一歩として認識できよう。その挑戦はまだ始まったばかりでもあるが、今回は詳しく対象とできなかった地域や時代も視野に入れ、今後のさらなる展開が求められよう。

本書出版にあたり、館外での出版を奨励する国立民族学博物館の制度を利用した。また昭和堂の鈴木了市編集部長には出版を快く引き受けて頂いた。深くお礼を申し上げる次第である。研究会ではメンバーのほかにも、特別講師として多くの研究者に発表頂き、発表後の討論にも積極的に参加してもらった。ときに討論は時間内で収まらず、飲み屋に場を移し、深夜まで繰り広げられることもあった。貴重な時間を研究会のために提供してくださった方々にも心から感謝したい。

編者一同

事項索引

アルファベット

あ　行

か　行

さ　行

た　行

な　行

は　行

ま　行

や　行

ら　行

地名索引

あ　行

か　行

さ　行

た　行

な　行

は　行

ま　行

や　行

ら　行

わ　行

島袋綾野（しまぶくろ あやの）

石垣市教育委員会。専門分野は八重山考古学。

主な業績：「宮古・八重山諸島の墓」『法政大学沖縄文化研究所所報』第74号、2014年。「八重山諸島を探る――考古学の視点から――」「明和大津波の痕跡を探る」『八重山の社会と文化』、2015年など。

玉城　毅（たましろ たけし）

奈良県立大学准教授。専門は文化人類学。

主な業績：「第三章　兄弟のつながりから地域社会のまとまりへ：近代沖縄におけるムラの流動性と社会形成」高谷紀夫・沼崎一郎編『〈つながり〉の文化人類学』東北大学出版会、2012年。「階層文化としての親族：地方役人層と一般の百姓にとっての『門中化』」『アジア民衆史研究』22、2017年など。

片桐千亜紀（かたぎり ちあき）

沖縄県立埋蔵文化財センター主任専門員、九州大学地球社会統合科学府共同研究者、専門は海洋考古学。

主な業績：『沖縄の水中文化遺産――青い海に沈んだ歴史のカケラ』南西諸島水中文化遺産研究会（編）ボーダーインク、2014年。「更新世の墓域は語る」『科学（特集：よみがえる先史沖縄の人びと）』6、岩波書店、2017年など。

橋村　修（はしむら おさむ）

東京学芸大学教育学部准教授。専門は民俗学、歴史地理学。

主な業績：『漁場利用の社会史』人文書院、2009年。「海の民俗学――祭事での魚利用と海を渡る魚名――」石井正己編『国境を越える民俗学――日韓の対話によるアカデミズムの再構築――』三弥井書店、2016年など。

深田淳太郎（ふかだ じゅんたろう）

三重大学人文学部准教授。専門は文化人類学。

主な業績：「ビッグマン、ビジネスマン、強欲な老人とただ村にいた人：交換行為の道徳的評価をめぐる一試論」『社会人類学年報』40巻、2014年。クリス・ハン&キース・ハート、深田淳太郎&上村淳訳『経済人類学：人間の経済に向けて』水声社、2017年など。

山口徹（やまぐち とおる）

慶應義塾大学教授。専門はジオ・アーケオロジー、歴史人類学。

主な業績：「ウリ像をめぐる絡み合いの歴史人類学――ビスマルク群島ニューアイルランド島の造形物に関する予察――」『史学』85、2015年。Coral Reef: Strategy for Ecosystem Symbiosis and Coexistence with Humans under Multiple Stresses. Springer, 2016（共著）。『石垣島の景観史研究（Ⅰ）――名蔵地区の浅層ボーリング調査と低地発掘調査――』慶應義塾大学、2016年など。

■執筆者紹介（執筆順）

秋道智彌（あきみち ともや）

総合地球環境学研究所名誉教授、国立民族学博物館名誉教授。専攻は生態人類学、海洋民族学、民族生物学。

主な業績：『漁撈の民族誌 東南アジアからオセアニアへ』昭和堂、2013年。『越境するコモンズ――資源共有の思想をまなぶ』臨川書店、2016年、『魚と人の文明論』臨川書店、2017年など。

飯田 卓（いいだ たく）

国立民族学博物館／総合研究大学院大学文化科学研究科 准教授。専門は生態人類学、文化遺産の人類学。

主な業績：『海を生きる技術と知識の民族誌――マダガスカル漁撈社会の生態人類学』世界思想社、2008年、編著書に『文明史のなかの文化遺産』臨川書店、2017年など。

田中和彦（たなか かずひこ）

鶴見大学文学部文化財学科准教授。専門分野はフィリピン考古学。

主な業績：「「赤の時代」から「黒の時代」へ――ルソン東北部、カガヤン川流域、ラロ貝塚群における後期新石器時代から鉄器時代の土器編年」『上智アジア学』23号、2005年。「フィリピンの先史時代」（菊池誠一・阿部百里子編『海の道と考古学――インドシナ半島から日本へ――』高志書院、2010年）など。

深山絵実梨（みやま えみり）

東京藝術大学社会連携センター特任助手。専門は東南アジア考古学。

主な業績：「先史時代東南アジアにおける耳飾と地域社会：3つの突起を持つ石製玦状耳飾の政策体系復元」『古代（特集　世界考古学：東アジア・東南アジア』135、2014年。「鉄器時代海域東南アジア出土・採集の双獣頭形耳飾とその形態学的検討」『史観』173、2015年など。

鈴木佑記（すずき ゆうき）

国士舘大学政経学部専任講師。専門は文化人類学、東南アジア地域研究。

主な業績：『〈現代〉の漂海民――津波後を生きる海民モーケンの民族誌』めこん、2016年。「水のゾミア試論――東南アジアの海民を事例として」『東南アジア研究』54（1)、2016年など。

山形眞理子（やまがた まりこ）

岡山理科大学経営学部教授。専門はアジア考古学。

主な業績：編著書に“The Ancient Citadel of Tra Kieu in Central Vietnam: The Site and the Pottery.” Kanazawa Cultural Resource Studies 14、2014年。“The Excavation of Hoa Diem in Central Vietnam.” Showa Women’s University Institute of International Culture 17、2013年など。

赤嶺　淳（あかみね じゅん）

一橋大学大学院社会学研究科教授。専門は食生活誌学・フィールドワーク教育論

主な業績：『ナマコを歩く――現場から考える生物多様性と文化多様性』新泉社、2010年。『鯨を生きる――鯨人の個人史と鯨食の同時代史』吉川弘文館、2017年など。

山極海嗣（やまぎわ かいし）

琉球大学戦略的研究プロジェクトセンター特命助教。専門は東アジア南西諸島の先史考古学。

主な業績：「宮古・八重山諸島・無土器期における地域間変異と生態資源利用」『物質文化』95、2015年。「先史南琉球から見た東南アジア島嶼地域の「貝斧利用文化」が北上した可能性」『東南アジア考古学』37、2017年など。

■編者紹介

小野林太郎（おの りんたろう）

東海大学海洋学部准教授。専門は海洋考古学、東南アジア・オセアニア地域研究。
主な業績：著書に『海域世界の地域研究―海民と漁撈の民族考古学』京都大学学術出版会、2011年、『海の人類史―東南アジア・オセアニア海域の考古学』雄山閣、2017年、共編著書に“Prehistoric Marine Resource Use in the Indo-Pacific Regions”（Australian National University Press, 2013）、『海洋考古学入門』東海大学出版部、2018年（近刊）など。

長津一史（ながつ かずふみ）

東洋大学社会文化システム学科准教授。専門は東南アジア地域研究、文化人類学。
主な業績：「境域の言語空間――マレーシアとインドネシアにおけるサマ人の言語使用のダイナミクス」（森山幹弘・塩原朝子編『多言語社会インドネシア――変わりゆく国語、地方語、外国語の諸相』）、めこん、2009年。『開発の社会史――東南アジアにおけるジェンダー・マイノリティ・境域の動態』（共編）風響社、2010年。『小さな民のグローバル学――共生の思想と実践をもとめて』（共編著）、上智大学出版会 2016年など。

印東道子（いんとう みちこ）

国立民族学博物館人類文明誌研究部教授。専門はオセアニア先史学・民族学。
主な業績：『オセアニア　暮らしの考古学』（朝日選書715）朝日新聞社、2002年。『人類大移動：アフリカからイースター島へ』（朝日選書886）（編著）朝日新聞出版、2012年。『南太平洋のサンゴ島を掘る―女性考古学者の謎解き』（フィールドワーク選書4）臨川書店、2014年。『ミクロネシアを知るための60章［第2版］』（編著）明石書店、2015年。『人類の移動誌』（編著）臨川書店、2013。『島に住む人類―オセアニアの楽園創世記』臨川書店、2017年など。

海民の移動誌――西太平洋のネットワーク社会――

2018年3月30日　初版第1刷発行

編者　小野林太郎
　　　長津一史
　　　印東道子

発行者　杉田啓三

〒607-8494　京都市山科区日ノ岡堤谷町3-1
発行所　株式会社　昭和堂
振替口座　01060-5-9347
TEL（075）502-7500/FAX（075）502-7501

印刷　亜細亜印刷

ISBN978-4-8122-1718-4
＊落丁本・乱丁本はお取り替えいたします
Printed in Japan